现代农业产业与技术

发展报告（2023）

农业农村部科学技术司
财政部科教和文化司　主编
农业农村部科技发展中心

中国农业科学技术出版社

图书在版编目(CIP)数据

现代农业产业与技术发展报告. 2023 / 农业农村部科学技术司，财政部科教和文化司，农业农村部科技发展中心主编. -- 北京：中国农业科学技术出版社，2024.6. -- ISBN 978-7-5116-6902-5

Ⅰ．F323

中国国家版本馆 CIP 数据核字第 2024EY2672 号

责任编辑　穆玉红
责任校对　马广洋
责任印制　姜义伟　王思文

出 版 者	中国农业科学技术出版社
	北京市中关村南大街 12 号　　邮编：100081
电　　话	（010）82106626（编辑室）　　（010）82106624（发行部）
	（010）82109709（读者服务部）
网　　址	https://castp.caas.cn
经 销 者	各地新华书店
印 刷 者	北京建宏印刷有限公司
开　　本	185 mm×260 mm　1/16
印　　张	19.75
字　　数	500 千字
版　　次	2024 年 6 月第 1 版　2024 年 6 月第 1 次印刷
定　　价	88.00 元

━━━━◄ 版权所有·翻印必究 ►━━━━

《现代农业产业与技术发展报告 2023》

编 委 会

主　　　任　周云龙　杨礼胜
副　主　任　李　岩　蒋丹平　张　文
委　　　员　石祖梁　王　琳　杨　琴　李梦捷
　　　　　　王英凡　连　庆　邵华莎

主　　　编　温　雯　许　宁
副　主　编　李　董　王　蕊　张　慧
编辑与审校　张　敏　谢　虎　徐　彬　王西成
　　　　　　王文涛　姜　英　张　凯　陶　虎

前　言

为了增强农业科技自主创新能力，保障国家粮食安全、食品安全，实现农民增收和农业可持续发展，2007年，中央财政设立现代农业产业技术体系建设专项资金，支持农业农村部围绕水稻、小麦、生猪、大宗淡水鱼等主要农产品，建设现代农业产业技术体系（以下简称体系）。截至目前，已建成50个农产品体系，体系专家围绕产业重大问题，开展大联合大协作，提供全产业链综合技术解决方案，为加快农业科技创新发展和农业现代化步伐提供了有力支撑，取得了显著成效。

收集、整理、分析产业及技术发展动态信息，为政府决策提供咨询，为社会发布技术成果信息和技术需求信息是体系的重要任务之一。为了进一步促进体系对产业发展基础信息资料的收集与总结，强化体系对产业发展的技术支撑作用和效能，2023年，我们组织水稻、玉米、小麦、大豆、大麦青稞、谷子高粱、燕麦荞麦、食用豆、马铃薯、甘薯、木薯、油菜、花生、特色油料、棉花、麻类、糖料、蚕桑、茶叶、食用菌、中药材、绿肥、大宗蔬菜、特色蔬菜、西甜瓜、柑橘、苹果、梨、葡萄、桃、香蕉、荔枝龙眼、天然橡胶、牧草、生猪、奶牛、肉牛牦牛、肉羊、绒毛用羊、蛋鸡、肉鸡、水禽、兔、蜂、大宗淡水鱼、特色淡水鱼、海水鱼、虾蟹、贝类、藻类50个体系的首席科学家牵头编写了《现代农业产业与技术发展报告2023》，供各级农业及相关行业行政主管部门、科研教学单位、推广机构和各类企事业单位参考和借鉴。由于水平所限，书中如有疏漏之处，敬请读者指正。

编　者

2024年4月

目　　录

2023 年度水稻产业与技术发展报告 ·· 1
    一、水稻生产变化分析 ·· 1
    二、水稻市场与贸易变化分析 ·· 1
    三、水稻加工与消费变化分析 ·· 2
    四、水稻技术研发变化分析 ·· 2
    五、主要结论与政策建议 ·· 6

2023 年度玉米产业与技术发展报告 ·· 7
    一、玉米生产变化分析 ·· 7
    二、玉米市场与贸易变化分析 ·· 7
    三、玉米加工与消费变化分析 ·· 8
    四、玉米技术研发变化分析 ·· 9
    五、主要结论与政策建议 ·· 9

2023 年度小麦产业与技术发展报告 ·· 11
    一、小麦生产变化分析 ·· 11
    二、小麦市场与贸易变化分析 ·· 11
    三、小麦加工与消费变化分析 ·· 12
    四、小麦技术研发变化分析 ·· 13
    五、主要结论与政策建议 ·· 14

2023 年度大豆产业与技术发展报告 ·· 16
    一、大豆生产变化分析 ·· 16
    二、大豆市场与贸易变化分析 ·· 16
    三、大豆加工与消费变化分析 ·· 16
    四、大豆技术研发变化分析 ·· 18
    五、主要结论与政策建议 ·· 19

2023 年度大麦青稞产业与技术发展报告 ································ 21
    一、大麦青稞生产变化分析 ·· 21
    二、大麦青稞市场与贸易变化分析 ·· 22
    三、大麦青稞加工与消费变化分析 ·· 22
    四、大麦青稞技术研发变化分析 ·· 23
    五、主要结论与政策建议 ·· 25

2023 年度谷子高粱产业与技术发展报告 ··· 27
    一、谷子、高粱、糜子生产变化分析 ··· 27
    二、谷子、高粱、糜子市场与贸易变化分析 ······································ 28
    三、谷子、高粱、糜子加工与消费变化分析 ······································ 28
    四、谷子、高粱、糜子技术研发变化分析 ··· 29
    五、主要结论与政策建议 ··· 33

2023 年度燕麦荞麦产业与技术发展报告 ··· 35
    一、燕麦荞麦生产变化分析 ·· 35
    二、燕麦荞麦市场与贸易变化分析 ·· 35
    三、燕麦荞麦加工与消费变化分析 ·· 36
    四、燕麦荞麦技术研发变化分析 ·· 36
    五、主要结论与政策建议 ·· 38

2023 年度食用豆产业与技术发展报告 ··· 40
    一、食用豆生产变化分析 ·· 40
    二、食用豆市场与贸易变化分析 ·· 41
    三、食用豆加工与消费变化分析 ·· 41
    四、食用豆技术研发变化分析 ·· 41
    五、主要结论与政策建议 ·· 43

2023 年度马铃薯产业与技术发展报告 ··· 45
    一、马铃薯生产变化分析 ·· 45
    二、马铃薯市场与贸易变化分析 ·· 45
    三、马铃薯加工与消费变化分析 ·· 46
    四、马铃薯技术研发变化分析 ·· 47
    五、主要结论与政策建议 ·· 48

2023 年度甘薯产业与技术发展报告 ··· 50
    一、甘薯生产变化分析 ··· 50
    二、甘薯市场与贸易变化分析 ·· 50
    三、甘薯加工与消费变化分析 ·· 51
    四、甘薯技术研发变化分析 ··· 52
    五、主要结论与政策建议 ·· 53

2023 年度木薯产业与技术发展报告 ··· 55
    一、木薯、辣木、咖啡、胡椒、菠萝蜜生产变化分析 ···························· 55
    二、木薯、辣木、咖啡、胡椒、菠萝蜜市场与贸易变化分析 ················· 56
    三、木薯、辣木、咖啡、胡椒、菠萝蜜加工与消费变化分析 ················· 57
    四、木薯、辣木、咖啡、胡椒、菠萝蜜技术研发变化分析 ···················· 58
    五、主要结论与政策建议 ·· 58

目 录

2023 年度油菜产业与技术发展报告 ·· 60
    一、油菜生产变化分析 ·· 60
    二、油菜市场与贸易变化分析 ·· 60
    三、油菜加工与消费变化分析 ·· 62
    四、油菜技术研发变化分析 ·· 63
    五、主要结论与政策建议 ·· 65

2023 年度花生产业与技术发展报告 ·· 70
    一、花生生产变化分析 ·· 70
    二、花生市场与贸易变化分析 ·· 71
    三、花生加工与消费变化分析 ·· 71
    四、花生技术研发变化分析 ·· 72
    五、主要结论与政策建议 ·· 73

2023 年度特色油料产业与技术发展报告 ·· 75
    一、特色油料生产变化分析 ·· 75
    二、特色油料市场与贸易变化分析 ·· 76
    三、特色油料加工与消费变化分析 ·· 77
    四、特色油料技术研发变化分析 ··· 77
    五、主要结论与政策建议 ·· 78

2023 年度棉花产业与技术发展报告 ·· 80
    一、棉花生产变化分析 ·· 80
    二、棉花市场与贸易变化分析 ·· 81
    三、棉花加工与消费变化分析 ·· 83
    四、棉花技术研发变化分析 ·· 83
    五、主要结论与政策建议 ·· 84

2023 年度麻类产业与技术发展报告 ·· 86
    一、麻类生产变化分析 ·· 86
    二、麻类市场与贸易变化分析 ·· 86
    三、麻类加工与消费变化分析 ·· 86
    四、麻类技术研发变化分析 ·· 87
    五、主要结论与政策建议 ·· 88

2023 年度糖料产业与技术发展报告 ·· 90
    一、糖料生产变化分析 ·· 90
    二、糖料市场与贸易变化分析 ·· 90
    三、糖料加工与消费变化分析 ·· 91
    四、糖料技术研发变化分析 ·· 91
    五、主要结论与政策建议 ·· 93

2023 年度蚕桑产业与技术发展报告 ·· 95
　一、蚕桑生产变化分析 ·· 95
　二、蚕桑市场与贸易变化分析 ·· 96
　三、蚕桑加工与消费变化分析 ·· 96
　四、蚕桑技术研发变化分析 ··· 97
　五、主要结论与政策建议 ·· 98

2023 年度茶叶产业与技术发展报告 ·· 100
　一、茶叶生产变化分析 ·· 100
　二、茶叶市场与贸易变化分析 ·· 100
　三、茶叶加工与消费变化分析 ·· 101
　四、茶叶技术研发变化分析 ··· 101
　五、主要结论与政策建议 ·· 103

2023 年度食用菌产业与技术发展报告 ·· 105
　一、食用菌生产变化分析 ·· 105
　二、食用菌市场与贸易变化分析 ·· 106
　三、食用菌加工与消费变化分析 ·· 106
　四、食用菌技术研发变化分析 ··· 108
　五、主要结论与政策建议 ·· 108

2023 年度中药材产业与技术发展报告 ·· 111
　一、中药材生产变化分析 ·· 111
　二、中药材市场与贸易变化分析 ·· 111
　三、中药材加工与消费变化分析 ·· 111
　四、中药材技术研发变化分析 ··· 112
　五、主要结论与政策建议 ·· 114

2023 年度绿肥产业与技术发展报告 ·· 115
　一、绿肥生产变化分析 ·· 115
　二、绿肥市场与贸易变化分析 ·· 117
　三、绿肥加工与消费变化分析 ·· 118
　四、绿肥技术研发变化分析 ··· 118
　五、主要结论与政策建议 ·· 120

2023 年度大宗蔬菜产业与技术发展报告 ·· 121
　一、大宗蔬菜生产变化分析 ··· 121
　二、大宗蔬菜市场与贸易变化分析 ··· 121
　三、大宗蔬菜加工与消费变化分析 ··· 122
　四、大宗蔬菜技术研发变化分析 ·· 122
　五、主要结论与政策建议 ·· 124

目　录

2023 年度特色蔬菜产业与技术发展报告 ··· 126
　　一、特色蔬菜生产变化分析 ··· 126
　　二、特色蔬菜市场与贸易变化分析 ·· 126
　　三、特色蔬菜加工与消费变化分析 ·· 127
　　四、特色蔬菜技术研发变化分析 ··· 127
　　五、主要结论与政策建议 ··· 129

2023 年度西甜瓜产业与技术发展报告 ·· 131
　　一、西甜瓜生产变化分析 ··· 131
　　二、西甜瓜市场与贸易变化分析 ··· 131
　　三、西甜瓜加工与消费变化分析 ··· 132
　　四、西甜瓜技术研发变化分析 ·· 133
　　五、主要结论与政策建议 ··· 135

2023 年度柑橘产业与技术发展报告 ··· 137
　　一、柑橘、猕猴桃生产变化分析 ··· 137
　　二、柑橘、猕猴桃市场与贸易变化分析 ······································· 141
　　三、柑橘、猕猴桃加工与消费变化分析 ······································· 142
　　四、柑橘、猕猴桃技术研发变化分析 ·· 144
　　五、主要结论与政策建议 ··· 146

2023 年度苹果产业与技术发展报告 ··· 149
　　一、苹果生产变化分析 ·· 149
　　二、苹果市场与贸易变化分析 ·· 149
　　三、苹果加工与消费变化分析 ·· 150
　　四、苹果技术研发变化分析 ·· 151
　　五、主要结论与政策建议 ··· 152

2023 年度梨产业与技术发展报告 ··· 155
　　一、梨生产变化分析 ··· 155
　　二、梨市场与贸易变化分析 ·· 155
　　三、梨加工与消费变化分析 ·· 155
　　四、梨技术研发变化分析 ··· 156
　　五、主要结论与政策建议 ··· 159

2023 年度葡萄产业与技术发展报告 ··· 160
　　一、葡萄、蓝莓、蓝靛果生产变化分析 ······································· 160
　　二、葡萄、蓝莓、蓝靛果市场与贸易变化分析 ······························· 160
　　三、葡萄、蓝莓、蓝靛果加工与消费变化分析 ······························· 161
　　四、葡萄、蓝莓、蓝靛果技术研发变化分析 ·································· 162
　　五、主要结论与政策建议 ··· 164

2023 年度桃产业与技术发展报告 ······ 166
    一、桃、枣、樱桃生产变化分析 ······ 166
    二、桃、枣、樱桃市场与贸易变化分析 ······ 167
    三、桃、枣、樱桃加工与消费变化分析 ······ 168
    四、桃、枣、樱桃技术研发变化分析 ······ 169
    五、主要结论与政策建议 ······ 171

2023 年度香蕉产业与技术发展报告 ······ 173
    一、香蕉生产变化分析 ······ 173
    二、香蕉市场与贸易变化分析 ······ 175
    三、香蕉加工与消费变化分析 ······ 177
    四、香蕉技术研发变化分析 ······ 177
    五、主要结论与政策建议 ······ 180

2023 年度荔枝龙眼产业与技术发展报告 ······ 182
    一、荔枝龙眼生产变化分析 ······ 182
    二、荔枝龙眼市场与贸易变化分析 ······ 183
    三、荔枝龙眼加工与消费变化分析 ······ 184
    四、荔枝龙眼技术研发变化分析 ······ 184
    五、主要结论与政策建议 ······ 186

2023 年度天然橡胶产业与技术发展报告 ······ 188
    一、天然橡胶生产变化分析 ······ 188
    二、天然橡胶市场与贸易变化分析 ······ 191
    三、天然橡胶加工与消费变化分析 ······ 195
    四、天然橡胶技术变化分析 ······ 197
    五、主要结论与政策建议 ······ 198

2023 年度牧草产业与技术发展报告 ······ 200
    一、牧草生产变化分析 ······ 200
    二、牧草市场与贸易变化分析 ······ 201
    三、牧草加工与消费变化分析 ······ 202
    四、牧草技术研发变化分析 ······ 202
    五、主要结论与政策建议 ······ 204

2023 年度生猪产业与技术发展报告 ······ 205
    一、生猪生产变化分析 ······ 205
    二、生猪市场与贸易变化分析 ······ 205
    三、生猪加工与消费变化分析 ······ 206
    四、生猪技术研发变化分析 ······ 206
    五、主要结论与政策建议 ······ 208

2023 年度奶牛产业与技术发展报告 ······ 211
一、奶牛生产变化分析 ······ 211
二、奶牛市场与贸易变化分析 ······ 211
三、奶牛加工与消费变化分析 ······ 212
四、奶牛技术研发变化分析 ······ 212
五、主要结论与政策建议 ······ 215

2023 年度肉牛牦牛产业与技术发展报告 ······ 216
一、肉牛牦牛生产变化分析 ······ 216
二、肉牛牦牛市场与贸易变化分析 ······ 216
三、肉牛牦牛加工与消费变化分析 ······ 217
四、肉牛牦牛技术研发变化分析 ······ 217
五、主要结论与政策建议 ······ 219

2023 年度肉羊产业与技术发展报告 ······ 220
一、肉羊生产变化分析 ······ 220
二、肉羊市场与贸易变化分析 ······ 221
三、肉羊加工与消费变化分析 ······ 222
四、肉羊技术研发变化分析 ······ 223
五、主要结论与政策建议 ······ 224

2023 年度绒毛用羊产业与技术发展报告 ······ 226
一、绒毛用羊生产变化分析 ······ 226
二、绒毛用羊市场与贸易变化分析 ······ 228
三、绒毛用羊加工与消费变化分析 ······ 230
四、绒毛用羊技术研发变化分析 ······ 231
五、主要结论与政策建议 ······ 234

2023 年度蛋鸡产业与技术发展报告 ······ 237
一、蛋鸡生产变化分析 ······ 237
二、蛋鸡市场与贸易变化分析 ······ 238
三、蛋鸡加工与消费变化分析 ······ 239
四、蛋鸡技术研发变化分析 ······ 239
五、主要结论与政策建议 ······ 240

2023 年度肉鸡产业与技术发展报告 ······ 242
一、肉鸡生产变化分析 ······ 242
二、肉鸡市场与贸易变化分析 ······ 242
三、肉鸡加工与消费变化分析 ······ 243
四、肉鸡技术研发变化分析 ······ 243
五、主要结论与政策建议 ······ 245

2023 年度水禽产业与技术发展报告 ... 247
- 一、水禽生产变化分析 ... 247
- 二、水禽市场与贸易变化分析 ... 247
- 三、水禽加工与消费变化分析 ... 248
- 四、水禽技术研发变化分析 ... 249
- 五、主要结论与政策建议 ... 249

2023 年度兔产业与技术发展报告 ... 252
- 一、兔生产变化分析 ... 252
- 二、兔市场与贸易变化分析 ... 253
- 三、兔加工与消费变化分析 ... 254
- 四、兔技术研发变化分析 ... 254
- 五、主要结论与政策建议 ... 255

2023 年度蜂产业与技术发展报告 ... 257
- 一、蜂生产变化分析 ... 257
- 二、蜂市场与贸易变化分析 ... 258
- 三、蜂蜜加工与消费变化分析 ... 260
- 四、蜂技术研发变化分析 ... 260
- 五、主要结论与政策建议 ... 261

2023 年度大宗淡水鱼产业与技术发展报告 ... 264
- 一、大宗淡水鱼生产变化分析 ... 264
- 二、大宗淡水鱼市场与贸易变化分析 ... 265
- 三、大宗淡水鱼加工与消费变化分析 ... 265
- 四、大宗淡水鱼技术研发变化分析 ... 266
- 五、主要结论与政策建议 ... 267

2023 年度特色淡水鱼产业与技术发展报告 ... 269
- 一、特色淡水鱼生产变化分析 ... 269
- 二、特色淡水鱼市场与贸易变化分析 ... 270
- 三、特色淡水鱼加工与消费变化分析 ... 270
- 四、特色淡水鱼技术研发变化分析 ... 271
- 五、主要结论与政策建议 ... 272

2023 年度海水鱼产业与技术发展报告 ... 274
- 一、海水鱼生产变化分析 ... 274
- 二、海水鱼市场与贸易变化分析 ... 276
- 三、海水鱼加工与消费变化分析 ... 276
- 四、海水鱼技术研发变化分析 ... 277
- 五、主要结论与政策建议 ... 278

2023 年度虾蟹产业与技术发展报告 ·· 280
 一、虾蟹生产变化分析 ··· 280
 二、虾蟹市场与贸易变化分析 ··· 280
 三、虾蟹加工与消费变化分析 ··· 281
 四、虾蟹技术研发变化分析 ·· 281
 五、主要结论与政策建议 ··· 282

2023 年度贝类产业与技术发展报告 ·· 284
 一、贝类生产变化分析 ··· 284
 二、贝类市场与贸易变化分析 ··· 286
 三、贝类加工与消费变化分析 ··· 287
 四、贝类技术研发变化分析 ·· 289
 五、主要结论与政策建议 ··· 289

2023 年度藻类产业与技术发展报告 ·· 291
 一、藻类生产变化分析 ··· 291
 二、藻类市场与贸易变化分析 ··· 291
 三、藻类加工与消费变化分析 ··· 293
 四、藻类技术研发变化分析 ·· 293
 五、主要结论与政策建议 ··· 295

2023年度水稻产业与技术发展报告

（国家水稻产业技术体系）

一、水稻生产变化分析

2023年我国水稻面积43 423.7万亩*，比2022年减少751.5万亩，减幅1.7%；亩产475.8千克，提高3.8千克，再创历史新高；总产20 660.3万吨，略减189.3万吨，减幅0.9%。其中，早稻面积减少33.0万亩，亩产提高4.8千克，也创历史新高，总产增加21.4万吨；中晚稻减产210.7万吨，主要是东北地区结构性调减水稻面积。2023年，我国稻谷价格和单产有所提高，水稻生产收益略高于2022年。从生产问题看，主要是极端天气造成局部灾难性损失风险加剧，如东北地区洪涝灾害造成部分地区水稻受灾较重。

据联合国粮农组织（FAO）作物前景报告，预计2023/2024年度全球稻谷产量达到7.48亿吨，比2022/2023年度小幅增产0.8%。一方面，印度尼西亚、坦桑尼亚受不利气候条件影响造成减产；另一方面，越南、俄罗斯和委内瑞拉水稻种植面积增长，稻谷产量也有所增加。世界气象组织预测本轮厄尔尼诺现象将至少持续到2024年4月，导致我国气温总体偏暖，但对水稻生产影响整体较小。预计2024年，稻谷最低收购价格继续小幅提高，我国水稻种植面积以稳定为主，单产小幅提高，总产略有增加。

二、水稻市场与贸易变化分析

（一）市场价格变化

2023年我国稻谷和大米价格总体高于2022年水平。早籼稻全年平均收购价格每吨2 665.7元，同比上涨66.4元，涨幅2.6%；中晚籼稻全年平均收购价格每吨2 772.8元，上涨65.7元，涨幅2.4%；粳稻全年平均收购价格每吨2 742.5元，上涨9.6元，涨幅0.4%。早籼米、晚籼米、粳米全年市场平均批发价格分别为每吨3 931.7元、4 068.3元和4 191.7元，同比分别上涨2.7%、0.6%和2.7%。稻米市场价格上涨的主要原因：一是稻谷最低收购价继续上调；二是部分地区中晚籼稻收获延迟，阶段性供给偏紧；三是国际大米价格持续高位运行，对国内市场具有一定联动效应。

2023年国际大米市场价格大幅上涨，处于近5年的高位水平。据联合国粮农组织（FAO）监测，2023年12月国际大米价格指数为141.1，比1月上涨11.6%，比2022年同期上涨18.6%。以泰国含碎25%大米FOB价格为例，2023年平均价格为每吨501美元，比2022年上涨95美元，涨幅达到23.3%。国际大米市场价格大幅上涨原因，主要是受厄尔尼诺气候现象引发大米主要出口国减产预期，印度实施大米出口限制措施，以及全球地缘政治冲突不断等因素影响。

（二）进出口贸易变化

2023年我国大米进出口贸易量均明显减少。据国家海关统计，2023年我国进口稻谷

---

* 1亩≈666.7平方米，全书同。

和大米 263.1 万吨，比 2022 年同期减少 355.7 万吨，减幅达 58.4%；出口稻谷和大米 162.1 万吨，比 2022 年同期减少 59.1 万吨，减幅 26.7%。其中，越南、缅甸和泰国是我国进口大米的主要来源，进口量占比分别达到 35.5%、20.6% 和 18.9%，从印度进口大米比 2022 年同期减少了 193.9 万吨，减幅 88.9%，主要是 2023 年印度政府颁布大米出口禁令，禁止除蒸谷米和印度香米外的大米出口。

预计 2023 年世界大米进出口贸易量达到 5 216.3 万吨，比 2022 年减少 396.3 万吨，减幅 7.1%。出口大国中，印度出口 1 650 万吨，比 2022 年减少 561.9 万吨；泰国出口 820 万吨，增加 51.8 万吨；越南出口 760 万吨，增加 54.6 万吨；巴基斯坦出口 500 万吨，增加 47.5 万吨。预计 2023 年国际大米库存量为 16 725 万吨，比 2022 年减少 856 万吨，减幅 4.9%；库存消费比 32.0%，继续呈现下滑势头，比 2022 年降低 1.8 个百分点。

三、水稻加工与消费变化分析

（一）加工变化

2023 年，我国稻米加工继续呈现产能过剩态势，大米加工产能利用率（大米年产量占大米处理能力比重）仅为 32%；行业集中度偏低，加工产能最大的中粮粮谷、益海嘉里金龙鱼，合计产能约 1 000 万吨，仅占全国加工处理稻谷产能的 3.7%；大米加工 50 强企业分布与生产消费布局匹配度不高。黑龙江企业数量最多（11 个），其次为湖北（7 个）、江苏（5 个）、安徽（5 个）。江西、湖南、广东等水稻生产大省，大米加工龙头企业相对较少。

（二）消费变化

2023 年我国稻谷消费量预计为 20 367 万吨，比 2022 年减少 1.87%。其中，口粮消费量 15 617 万吨，同比减少 0.4%；饲用消费量 1 786 万吨，同比减少 30.60%；工业消费量 1 692 万吨，同比增加 1.31%；种用消费量 227 万吨，同比持平；其他消费及损耗量 1 045 万吨，同比减少 5%。随着我国居民可支配收入增加和城镇化水平提高，居民饮食结构中的肉蛋奶消费增加，人均大米口粮消费呈下降趋势。加上 2023 年我国人口减少 208 万，大米口粮消费总量略减。同时随着玉米、小麦价格的高位回落，稻谷替代性饲用消费需求逐渐减少。稻米工业消费主要用作加工米粉、米糕、汤团类食品及酿酒、酿醋等，保持稳定略增趋势；种用消费量保持稳定，损耗量减少。

2023/2024 年度世界大米消费量预计为 52 234 万吨（折合稻谷量 74 620 万吨），同比减少 0.05%。其中，大米口粮消费量 42 323 万吨，同比增加 1.00%；饲用消费量 2 113 万吨，同比减少 15.11%；其他消费量 7 798 万吨，同比减少 0.88%。

四、水稻技术研发变化分析

（一）遗传育种技术研发进展

一是基因编辑技术快速发展，生物育种新技术产品研发应用加快。中国科学院遗传与发育生物学研究所高彩霞研究组开发的 PrimeRoot 技术，通过系统整合优化的引导编辑工具和位点特异性重组酶系统，实现长达 11.1 kb 的大片段 DNA 的高效精准定点插入；南方科技大学朱健康院士团队优化开发 A-K 碱基编辑工具，实现水稻和番茄可遗传基因编辑；万建民院士团队开发了新型的多重正交碱基编辑器 MoBE 和随机化多 sgRNA 组装技术；李家洋院士团队实现了目的蛋白的上调或下调并塑造了"绿色革命"性状，为作物遗传育种或者快速驯化育种提供了新的技术方法。

二是重要性状相关基因发掘取得新进展。南京农业大学及中国农业科学院等多家单位合作，克隆并解析籼粳杂种花粉不育主效位点 RHS12；华南农业大学农学院刘自强团队报道了一个籼粳杂种不育基因座 Se 促进水稻籼粳亚种间生殖隔离的新机制；上海师范大学杨仲南/朱骏教授团队发现了一个不育性稳定的水稻温敏不育的新位点 ostms15；华中农业大学熊立仲教授克隆了全球首个水稻再生力基因 RRA3；中国科学院上海逆境生物学中心合作揭示水稻开花调控的关键调控因子 FT-L1；云南大学发现首个可培育高锌低镉稻米的优异基因 OsMTP1；中国科学院植物所宋献军研究组发现一个控制水稻谷粒长度和产量的遗传位点 TGW3；中国农业大学李自超教授团队克隆水稻根系发育的负调控因子 RRS1 基因提高水稻抗旱性；华南农业大学王兰/刘向东团队鉴定了一个调控水稻粒型的新基因 GSW3；华中农业大学邢永忠教授团队发现一个水稻增产重要基因 GY3。

三是分子育种新技术为提升作物育种效率提供了新的思路和方法。中国水稻研究所王克剑团队得到了结实率几乎不受影响的无融合生殖杂交水稻植株；安徽农业大学联合中国农业科学院作物科学研究所发布水稻"Rice3K56"基因芯片；中国水稻研究所张健团队利用合成生物学手段成功创制籽粒油脂含量媲美大豆的水稻种质；中国农业科学院作物科学研究所大数据智能设计育种创新团队联合多家单位开发出了利用植物海量多组学数据进行全基因组预测的深度学习方法，实现了育种大数据的高效整合与利用。

国际基因编辑产品商业化应用加快，放宽了基因编辑在农业等领域的监管限制。截至2020年，美国已经批准非管制基因编辑植物81例，包括大豆、玉米、油菜和番茄等20种作物。其中已获准商业化的基因编辑作物包括大豆、番茄、蘑菇、苜蓿、水稻、亚麻荠、油菜和玉米8种。2023年，Pairwise公司的基因编辑绿叶蔬菜系列Conscious™食品，预计将通过零售渠道和餐厅进入美国市场。2023年2月，欧洲最高法院宣布常规使用且具有长期安全记录的体外植物基因编辑技术被排除在限制使用转基因生物的欧盟法律之外，很大程度放宽了基因编辑在农业等领域的监管限制。

我国在水稻新基因发掘、新品种选育等领域已达到国际领先水平，近年来在基因编辑、高通量测序、多维度生物组学数据分析等技术方面也取得快速进展，但基因编辑底盘技术仍较多受制于国外专利，基因编辑产品商业化进程缓慢。智能育种技术进入起步阶段，但绝大多数育种单位缺少标准化自动化的表型采集平台，育种技术体系的信息化与智能化程度与欧美发达国家相比，还有较大差距。

（二）栽培与土肥技术研发进展

2023年，水稻少人化、轻简化、智能化栽培技术应用取得新进展，长毯育秧、双毯育秧等育秧方式推陈出新，减少了机插环节的劳动力；水稻精准条播提高了机插质量，实现了水稻长秧龄带蘖机插，解决了多熟制下秧龄延长难题；山区坡地采用覆膜种植，推进水稻节水减损增产、激活丘陵山地产能；再生稻机插生产取得新突破，宽窄行机插配套窄履带收割机降低了头季稻收割的碾压率，实现了再生稻生产的丰产增效；有序机抛、精准条播及无人机有序播种，有效降低了育秧、移栽成本与直播倒伏风险；构建自动化集中育秧中心、智能化施肥和无人机变量施肥、研制集成稻田智慧灌溉系统、建立再生稻无人农场，为水稻生产全环节的少人轻简化栽培模式提供技术支撑；基于气象灾变的抗逆品种、以水调温、化学调控等防灾减灾技术最大限度降低了气象灾害的影响；基于镉低积累水稻品种的筛选、微生物产品的污染稻田安全生产及土壤调理剂的应用，为健康稻田土壤培育制定了技术规范；快速腐熟剂和微生物菌肥的研发及秸秆还田少搅浆固碳培肥，解决了北方寒地水稻秸秆还田难题；南方秸秆回收再利用与肥料、基质等生产，促进了稻田有机质的培肥；稻田氮磷控源增汇技术和碳氮水协同调控减排技术，实现水稻丰产减排；以优质高产、艺机融合、气候灾变和土质安全为核心的技术创新与应用，为提质增效、稳产保供、可持续发展提供了技术支撑。

产业发展中的突出技术问题是优质稻高产高效栽培技术相对滞后，生产中优质不高产、高产不优质等问题突出，优质丰产协同技术需要进一步加强。

（三）病虫害防控技术研发进展

从国内水稻病虫草害重点研发技术变化看，鉴定了 1 个稻曲病菌分泌蛋白 Uv1809，可以通过靶向增强水稻组蛋白去乙酰化酶 ossrt2 介导的组蛋白去乙酰化，干扰防御基因的转录激活，从而抑制水稻免疫；NAD（+）依赖的组蛋白去乙酰化酶 UvHST2 作为稻曲病菌次生代谢产物的全局调控因子，负调控稻曲菌素的生物合成；水稻蛋白酶体成熟因子的一个天然等位基因 *UMP1*（*R2115*）对多种水稻病害具有广谱抗性；成功克隆和鉴定了一个拟禾谷根结线虫显性抗性基因 *MG1*。褐飞虱为害诱导的抗性水稻挥发物处理 TN1 植株后可降低褐飞虱雌成虫产卵量和蜜露分泌量，降低对褐飞虱雌成虫的引诱作用；褐飞虱成虫不同密度与不同时长的取食胁迫均引起水稻植株中 Chl 与 TP 含量变化，变化强度与响应时间因褐飞虱成虫取食密度不同有明显差异。利用无人机多光谱影像监测稻纵卷叶螟危害，建立了水稻分蘖期、拔节期和孕穗期的卷叶率反演模型，为无人机遥感技术在区域范围内精确识别稻纵卷叶螟危害提供重要参考。发现了一个抗氯氟吡啶酯的稗草种群，并通过转录组的方法，揭示了抗性稗草种群和敏感稗草种群在氯氟吡啶酯处理下激素信号传导途径不同的响应模式。

从世界水稻病虫草害重点研发技术变化看，开发了一种用于实时显示稻瘟菌附着胞膜张力的分子机械传感器；大麦 MLA3 识别稻瘟菌的寄主特异性效应子 Pwl2；稻瘟菌侵染水稻的时空转录组发掘了受时空共调控的、结构保守的不同家族的效应子；发现纹枯菌 AOS2 蛋白激活水稻 *SWEET2a*，AOS2 与水稻转录因子 WRKY53 和 GT1 相互作用，激活糖转运基因 *SWEET2a* 和 *SWEET3a*，负向调节水稻对 ShB 的抗性；研究了茉莉酸甲酯（MeJA）在纹枯菌侵染样品中的基因表达、酶活性和氧化损伤方面的抗氧化反应，表明植物抗氧化防御系统受 JA 的转录控制；通过对接种水稻条纹花叶病毒（RSMV）的 *OsARF17* 突变体水稻进行转录组分析，发现 OsARF17 在调控寄主防卫反应及 RSMV 侵染中发挥着重要作用；不同种类的病毒可以通过 OsNPR1 破坏 SA 和 JA 在单子叶植物水稻中介导的协同抗病毒免疫。此外，国外开展了大量二化螟抗药性机理研究，主要是酰胺类药剂的抗性机制，发现新型药剂环丙氟虫胺具有高效的杀虫活性，但二化螟体内 *CYP4G90* 和 *CYP4AU10* 基因会参与对该药剂的代谢，表明这两个基因是环丙氟虫胺的重要抗性形成因子。

从存在问题看，一是水稻病虫害呈逐年上升趋势，江南稻区防治压力较大，主要是重发生区的二化螟对常用药剂产生了较高抗性；二是原创性害虫绿色防控技术不多，褐飞虱迁飞规律、致害性变异的分子机制、抗虫基因的机制与应用和抗虫品种智能鉴定技术等亟需深入研究；三是根结线虫发生范围迅速扩展，但生产上普遍缺乏抗根结线虫品种；四是华南、长江流域等稻区水稻细菌性病害发生加重，监测稻区的白叶枯病菌系趋向多样化，毒性分化明显；五是防治水稻纹枯病缺乏免疫品种，短期很难解决纹枯病在田间的发生危害；六是生物防治效果常受环境因子及其他防治措施影响，有害生物治理面临措施间的协调一致问题。

（四）产后处理及加工技术研发进展

2023 年，在稻米加工副产物方面，米糠油是从米糠中提取出的一类油脂，与其他食用油脂相比，富含谷维素、生育三烯酚、角鲨烯等生物活性成分，在初期加工阶段，米糠需经钝化，使得 LA、LOX 和过氧化物酶等酶失活才可稳定贮藏利用，但目前常用的挤压法处理量小，还会破坏米糠蛋白等营养成分。射频加热是一种穿透力更强的处理技术，且可实现连续和大规模加工，目前已进入中试研究阶段；在后端生产阶段，米糠油主要的提取方法为压榨法和浸出法，但物理压榨提取率较低，浸出法又会影响米糠油的成品品质。相比于这两种方法，水酶法、超临界和亚临界 CO_2 提取法研究较多，也是在提取率、环保等方面具有较高优势，但设备造价高，技术难度较大，最终产业生产端难以应用，市场端价格也不利于接受。在我国稻米适度加工产业技术方面，为适应技术革新需求，在智能分选设备上不断研发创新，提出了应对回砻谷含糙过多的整体解决方案——谷糙质选，将回砻谷中的糙米控制在 2% 以内，避免因二次挤压搓撕而产生糙碎和爆腰粒，成功实现大米加工砻谷工段的节粮减损。传统四道碾米工艺中，将第三道成品中 10%～20% 碾磨未达标稻米选出进行回碾，合格品直接进入抛光段，避免了合格米再次碾磨损耗破碎，降低了电耗。在形成新质生产力、开辟新赛道方面，稻米加工新产品——留胚米和发芽糙米易煮米，以产品出米率高、营养更加丰富等逐渐进入大众消费领域，其加工技术也愈发系统化、智能化，产品越发多样化。

在产业发展中遇到的问题是对现有加工生产线更新难，新产品还需要加大宣传力度以惠及更多的大众消费者。

（五）设施与设备技术研发进展

2023 年，国内水稻机械化领域围绕耕地质量保护、肥药减施增效、育秧植保提质、机收粮食减损、稻米产后多元化、智慧农业关键技术等农机装备短板弱项开展研究并取得有效进展。耕地质量保护方面，将秸秆还田与耕地肥效提升相结合，推广应用先进成熟适用的耕作模式，推进高标准农田建设标准，优化和完善耕地质量保护机械配备方案、作业规划和作用标准；育秧植保提质方面，持续推进水稻工厂化育秧进程，推广带有侧深施肥功能的插秧机及配备撒播器植保无人机，研发高效精准无人喷药系统及配备风幕防飘、恒压和变量喷洒系统的喷杆喷雾机；机收粮食减损方面，持续降低生产各环节损耗浪费，完善水稻收获与干燥减损作业标准和操作规范，研发丘陵山地轻简化收获机及再生稻收获装备；稻米产后多元化方面，研发和试验示范先进、智能的储粮机械，加大绿色热源烘干设备推广力度，完善从单一的大米产品向优质米蛋白、米淀粉、米糠油及稻壳发电等深加工及综合运用的循环经济模式；智慧农业应用方面，促进物联网、大数据、移动互联网、智能控制、卫星定位等信息技术在农机装备和农机作业上的应用，进一步扩大数字化无人农场应用，加快推广应用农机作业监测、维修诊断、远程调度等信息化服务平台。

从产业发展中遇到的突出技术问题看，随着我国水稻产业由高产稳产向绿色高质方向发展，整体已进入机械化主导阶段，亟须建立集约化、标准化、专业化的产业模式，补齐水稻全程机械化装备短板弱项。一是农业生产区域跨度大、农艺差异大、农业标准不统一，整体标准化差异性较大；二是国内农机产品装备水平较低、工艺技术落后、产品质量不高，高端农机装备及核心零部件长期依赖进口；三是水田农机装备应加快智能化高端化升级，耕、种、管、收、存储及加工全过程突破关键核心技术封锁。

五、主要结论与政策建议

（一）结论与展望

在党中央、国务院高度重视和各级地方党委政府及有关部门的共同努力下，我国水稻生产总体呈现稳定发展势头。尽管种植面积受结构调整、种稻比较效益偏低等因素影响略有下调，但单产水平稳步提高并再创历史纪录，稻谷总产连续13年稳定在2亿吨以上，为保障国家粮食安全作出重要贡献。2023年以来，水稻遗传育种、基因编辑等基础研究继续取得显著进展。国内外科学家以水稻为研究对象，在 Science、Nature 子刊等国际顶尖学术期刊上发表了一批研究论文。在水稻栽培与土肥技术、病虫害防控技术、产后处理及加工技术、设施与设备技术等应用技术研究方面，科技工作者在水稻优质高产栽培理论创新、优质水稻栽培技术研发、绿色优质丰产协调规律与广适性等方面研究取得积极进展；病虫害发生规律与预测预报技术、化学防治替代技术、化学防治技术、水稻与病虫害互作关系、水稻病虫害分子生物学等方面研究继续取得积极进展；稻米加工的新工艺、新技术、新产品得到快速发展和应用，稻米副产品的综合利用不断向新产品新技术扩展。

预计2024年我国水稻面积基本稳定，单产小幅提高，大米市场稳步上行，优质稻较快发展，水稻遗传育种、栽培与土肥、病虫害防控、产后处理及加工、设施与设备等技术研究进一步深化。

（二）政策建议

一是加大政策扶持。建议现行稻谷最低收购价标准继续提高0.02元/斤以上，稳定农户种粮预期；建议将"一种两收"的再生稻视同双季稻生产，中央及各地应将再生稻视为"一季水稻"进行补贴；建议在粮食生产功能区基础上，建立适宜口粮消费的"优质稻功能区"和适宜加工、储备的"普通稻功能区"，形成差异化发展格局；建议继续强化对耕地"非粮化""非农化"的动态监测，千方百计稳定水稻面积。

二是强化科技支撑。支持育种单位构建标准化自动化表型采集平台，通过整合基因组学和表型组学数据，促进水稻育种从经验育种向智能设计育种转变；加快培育适口性好、抗逆性强、产量稳定的高产优质稻；加强省工省力、减肥减药、高产高效、绿色生态等高效技术模式研发与集成推广，促进水稻节本增效和单产提高；加强水稻病害防控技术和防控产品研发，构建智能化预警技术体系；瞄准多区域多环节农业机械化需求，加快推进农机装备创新，补齐水稻全程机械化短板，积极推动无人化示范应用，引导智能高效农机装备加快发展，实现数据信息互联共享。

三是强化防灾减灾。采取综合性措施，提高防灾减灾能力。分季节、分区域及早制定应对方案、确保水稻安全生产；及早制定稻瘟病、稻飞虱、螟虫等常发性病虫害的防治预案，加强病虫害预测预报工作，及时发布灾情信息，加强防灾减灾技术指导，有效减轻灾害损失。

四是降低种植成本。扩大水稻生产完全成本保险试点，同时保障农户土地、劳动力和物化成本，确保农民收入稳定；构建农资市场干预机制，在价格过快上涨时出台限价令，稳定农资价格；加强土地市场干预，创新土地流转机制，降低租金；出台镉限量分类标准，完善超标稻谷收购处置体系，确保超标稻谷按时、等价和应收尽收。

（国家水稻产业技术体系首席科学家　胡培松　提供）

2023年度玉米产业与技术发展报告

(国家玉米产业技术体系)

一、玉米生产变化分析

2023年我国玉米生产整体状况良好，种植面积继续增长，叠加单产提升，总产量再创历史新高。2023年，国家实施新一轮千亿斤*粮食产能提升行动，全方位夯实粮食安全根基。各地贯彻落实粮食安全党政同责，调整优化种植结构，积极推进间套复种、整改复耕，挖掘面积潜力。2023年我国玉米播种面积6.63亿亩，比上年增加1 723.2万亩，增长2.7%。尽管华北、东北部分地区发生洪涝灾害，但全国大部分农区光温水匹配较好，气象条件总体有利于粮食作物生长发育和产量形成。全国玉米单产435.5千克/亩，比上年增加6.4千克，增长1.5%。综合种植面积和单产来看，全国玉米总产量28 884万吨，同比增加1 164万吨，增幅4.2%，再创历史新高。

2023年，全球玉米产销两旺，期末库存显著增加，供需关系由上年度的偏紧转向宽松。2023/2024年度，全球玉米预期产量为12.21亿吨，同比增长5.5%；预期消费量为12.05亿吨，同比增长3.2%；期末库存量预计为3.15亿吨，同比增长5.3%。美国玉米预期产量为3.87亿吨，同比增长11.1%，主要原因是玉米收获面积预计同比增长10.1%。巴西玉米预期产量为1.19亿吨，同比减少9.4%，主要原因是生产成本高且叠加厄尔尼诺所致降雨异常，导致播种面积和单产下降。欧盟玉米预期产量为6 007万吨，同比增长14.9%。阿根廷玉米预期产量为5 500万吨，同比增长61.8%，恢复至常年水平。

由于2023年玉米价格普遍偏低，农户种植积极性受挫，预计2024年我国玉米种植面积难以实现明显增长。全球整体供需来看，由于美国玉米产量大幅上升，阿根廷产量同比增幅较大，巴西玉米产量仍维持较高水平，2023/2024年度全球玉米供需基本面维持宽松。

二、玉米市场与贸易变化分析

2023年第一季度国内玉米价格呈现缓慢下跌趋势，5月中旬后国内玉米价格有所回升，后呈现高位震荡，进入第三季度后，国内玉米价格止涨回落，第四季度价格大幅下跌。2023年1月大连商品交易所（大商所）玉米合约期货平均价格为每吨2 875元。受初期玉米集中上市、小麦新陈替代压力衔接影响，5月中旬玉米期货合约价格跌至上半年最低价每吨2 590元。5月之后伴随市场玉米余粮减少，贸易商挺价意愿增强，7月玉米期货合约价格上涨至每吨2 820元。进入第三季度后，新季玉米逐渐上市，玉米增产预期相对明确，市场供应量持续增加，加工企业和贸易商对未来玉米价格预期偏空，建库收购意愿较低，价格大幅下跌。10月大商所玉米近月主力合约平均收盘价为每吨2 528元，每吨环比下跌130元，跌幅4.9%；每吨同比跌328元，跌幅11.5%。11—12月是基层农民传

---

* "斤"为计量习惯用法，1斤=0.5千克，全书同。

统售粮高峰，售粮压力加大，而玉米期货价格下跌，深加工、饲料养殖和贸易企业等市场收购主体谨慎，不愿大量建立库存，市场供应增加，下游需求不足，玉米价格下行，导致国内玉米现货市场大幅下跌。2023年12月，我国玉米产区平均价格2 494元/吨，环比下降102元/吨，降幅3.9%；同比下降380元/吨，降幅13.2%。玉米销区平均价格2 687元/吨，环比下降110元/吨，降幅3.9%；同比下降377元/吨，降幅12.3%。

2023年以来，国际玉米市场价格总体震荡下行，年末至翌年初玉米国际市场价格预计呈阶段性下行走势。全球玉米贸易规模显著扩大，美国、巴西出口量均大幅增加，乌克兰玉米出口量下降。2023/2024年度，全球玉米预期贸易量为1.99亿吨、同比增长10.3%。美国玉米预期出口量为5 271万吨、同比增长24.9%。巴西二季玉米丰收，预期出口量为5 900万吨、同比增长9.3%，位居全球首位。乌克兰玉米出口呈现大幅下跌态势，2023/2024年度预期出口量为2 000万吨、同比降低25.9%。阿根廷玉米预期出口量4 100万吨、同比增长78.3%。

我国2023年累计进口玉米2 713万吨、同比增长31.6%。其中，全年自巴西进口1 280.6万吨，占比达47.2%，超过美国成为我国玉米第一大进口国。自美国进口714.4万吨，占比26.3%；自乌克兰进口551.8万吨，占比20.3%。

三、玉米加工与消费变化分析

（一）精深加工用途占比逐年上升

目前，玉米加工业已成为全球重点发展的农产品加工业，特别是美国、中国和欧洲等玉米生产大国（地区），更是把玉米加工业视为关系国计民生的支柱产业。中国是全球第二大玉米主产国，产量约占全球的24%。玉米作为我国重要的工业原料，是加工程度和综合利用率最高的粮食作物。近五年我国玉米年均工业消费量超过8 000万吨，精深加工用途占比逐年上升，淀粉产品（55%）和酒精产品（30%）占主导位置，其次为味精、赖氨酸、柠檬酸等产品。

当前我国玉米加工环节仍然存在"低端加工产能过剩、高端需求供给不足、贮藏玉米存在损失、核心装备研发滞后"的结构性问题。2022年我国玉米深加工产能约1.1亿吨，行业整体开工率不足60%。应根据不同消费方向与不同加工场景对玉米优质化、多样化和专用化加工需求，大力推进适度化、精准化和高值化精深加工技术创新及其新装备、新产品研发，实现加工环节与玉米全产业链的紧密衔接和有效延伸。

（二）玉米消费量持续增加

2022/2023年度玉米饲用消费、工业消费、总消费量均同比增加。2022/2023年度，全国玉米总需求为2.905亿吨，比2021/2022年度略有上涨。2023年由于生猪养殖亏损，能繁母猪存栏持续下降，但当前生猪养殖集团化规模化水平提高，抗风险能力增加，国内生猪产能仍处于较高水平，去产能化速度较慢。小麦、稻谷等替代谷物饲用消费量下降，新年度玉米饲用消费量有所增加。据国家粮油信息中心2024年1月数据，2022/2023年度玉米饲料消费18 800万吨，同比增加200万吨。2023年，玉米深加工行业产能持续扩张，玉米精深加工项目发展尤为迅速，产业链不断延伸，集团化规模化趋势明显，新增产能达到700万吨，玉米深加工总产能达1.26亿吨的历史最高水平，玉米深加工实际消耗量约为8 100万吨，同比增加100万吨。2022/2023年度，玉米总消费量2.905亿吨、同比增加280万吨、增幅0.98%。玉米市场年度供需结余539万吨，同比减少135万吨。

预计 2023/2024 年度全球玉米总消费量 11.97 亿吨，同比增加 3 821 万吨。主要是美国、巴西、阿根廷和欧盟消费量增加，印度等国消费下降。

四、玉米技术研发变化分析

（一）玉米育种基础研究快速发展，生物育种技术推动品种迭代升级

我国玉米基础研究得到快速发展，提出全新的玉米起源模型；通过泛基因组、eQTL 等手段解析了玉米杂种优势机制；解析了调控铁进入玉米籽粒的关键基因 $ZmNAC78$ 的分子机制。单倍体、基因编辑、转基因、合成生物学、人工智能等技术呈现快速融合趋势，推动玉米品种迭代升级。至 2023 年底，我国已批准颁发 22 个转基因抗虫耐除草剂玉米转化体生产性应用安全证书，37 个转基因玉米品种首次通过国家审定。

（二）玉米密植丰产高效技术创新有效支撑稳产保供

以密植精播促丰产、以精准管理促高效，创新东北、黄淮海、西北和西南玉米密植精播关键技术，进一步优化种植密度和调控群体质量推进玉米高产稳产，建立了精播保苗丰产高效栽培技术。重视缓控释肥、液体肥、生物肥等新型肥料的投入，不断探索提高机械化、信息化、集约化水平，提出了有机—无机控释配方肥免追高效施肥、测墒精准灌溉水肥一体化等技术，有力推动了玉米单产和总产双提升。

（三）病虫草害绿色防控技术研发与应用进一步提升

利用害虫迁飞轨迹模型对害虫迁飞虫源地、途经区域和降落地的理论预测研究达到国际先进水平。筛选出对双斑长跗萤叶甲防治效果较好的 48% 噻虫胺种衣剂，对幼虫和成虫均有很好的防治效果。研发了适合植保无人机撒施的微型颗粒剂造粒技术。以木霉—芽孢杆菌生物种衣剂种子包衣为前提，结合防控药剂能够高效控制病虫害。研发获得一种抑制杂草萌发的菜籽粕生物除草剂。

（四）高效精准农业机械化技术升级加快产业转型

玉米生产机械装备仍以小型为主，并向高端智能方向发展。适合丘陵山区玉米生产的轻简型耕整地、播种、收获机械化技术装备得到较快发展。卫星导航定位、智能监控等技术正逐渐应用。开展了电驱高速精量排种、变速施肥、玉米联合收获机作业工况参数监测与智能控制研究，玉米复杂性状的表型—模型融合解析技术和面向玉米健康需水、需氮过程的智慧水肥决策模型研究取得实质进展。

（五）玉米资源综合利用技术及精深加工产品开发创新能力持续提升

由单纯的原料组分分离和低端食用性开发，进入采用发酵工程、营养组配和协同增效等对原料修饰改性，并实现新型自主装备研发。我国玉米淀粉（糖醇）、健康食品和副产物高值化利用等产业能耗进一步降低，淀粉及淀粉糖市场占有率稳居世界第一位；高端鲜食玉米和功能性健康食品市场需求量逐年增大；我国淀粉加工领域完全自主的、大型自动化加工装备已达到国际先进水平。

五、主要结论与政策建议

（一）结论与展望

从玉米产量来看，2023 年我国玉米生产状况良好，种植面积增长，叠加单产增加，总产量环比去年实现增长，再创历史新高。从国内玉米价格来看，2023 年我国玉米价格第一季度呈现缓慢下跌趋势，5 月中旬后有所回升，后呈现高位震荡，进入第三季度后止

涨回落，第四季度大幅下跌。从玉米进口量来看，全年累计进口玉米 2 713 万吨、同比增长 31.6%，巴西成为我国第一大进口国。从整体供需来看，2023/2024 年度全球玉米供需基本面维持宽松，预计国际期货价格震荡偏弱运行。由于 2023 年玉米价格普遍偏低，农户种植积极性受挫，预计 2024 年我国玉米种植面积难实现明显增长。

（二）政策建议

积极提高国内玉米生产能力。一是加速转基因玉米的商业化生产，提高玉米单产潜力。按照转基因玉米单产提高 10%、推广面积占玉米种植面积 20% 计算，可使玉米产量增加 2%，总产量增加 540 万吨左右。二是通过示范推广高产优质耐密品种，集成运用精量播种、侧深施肥、种肥同播、肥水精准调控、绿色植保、机械收获等技术，促进玉米大面积单产提升。

适当控制燃料乙醇等玉米深加工产业发展。应按照"不与人畜争粮，不与粮林争地"的基本原则，强化粮食供求调节"蓄水池"的功能定位，科学管控粮食燃料乙醇总量，提前制定玉米燃料乙醇项目退出机制，优先保证玉米饲用需求。近年来，我国每年用于生产燃料乙醇的玉米消耗量约为 500 万吨，约占玉米总产量的 1.5%。考虑到我国前几年玉米深加工产业产能增长较快，应继续限制以玉米为原料的燃料乙醇产业，减少甚至停止玉米深加工企业建厂投资。停止玉米深加工建厂审批有利于减少无效投资，稳定国内饲用玉米供应。

继续推进玉米进口来源多元化。2023 年巴西超过美国成为我国玉米第一大进口国，从巴西进口玉米，拓展国内进口玉米采购途径，有助于打破进口玉米严重依赖美国的市场风险。应继续增强玉米进口来源的多元化，形成北美、南美、黑海互为补充的玉米多元流通格局。重构我国目前的玉米进口结构和中美间玉米贸易结构，确保来源渠道稳定有效与安全可控。阿根廷于 2023 年 5 月底宣布完成玉米输华议定书的更新签署，将有助于简化阿根廷对华出口流程，建议开启阿根廷玉米的进口通道。

（国家玉米产业技术体系首席科学家　李新海　提供）

2023 年度小麦产业与技术发展报告

（国家小麦产业技术体系）

一、小麦生产变化分析

1. 国内小麦生产情况

2023 年小麦播种面积同比增加，总产居历史第二高位。国家统计局数据显示，2023 年我国小麦播种面积 3.54 亿亩，比上年增加 163.2 万亩，增长 0.5%；受收获期严重"烂场雨"天气影响，小麦单产 385.4 千克/亩，比上年减少 5.0 千克，减幅 1.3%；小麦总产 2 731.8 亿斤，比上年减少 22.7 亿斤，减幅 0.8%，位于历史第二高位。2023 年 12 月中旬以来，北方冬小麦未出现明显冻害，仅江淮、江汉部分地区晚播小麦轻微受冻；12 月底北方地区回暖明显，墒情适宜，为 2024 年小麦丰收奠定良好基础。

小麦生产效益波动较大。近年来小麦生产净利润整体呈增长趋势，从 2018 年的 -159 元/亩上升到 2021 年的 129 元/亩。2023 年受收获期"烂场雨"天气等多重因素影响，多数主产区公开数据显示小麦净利润明显下降，如山东省禹城 2023 年小麦亩净利润预计为 705.70 元（未除去土地成本），降幅 17.18%；内蒙古自治区年小麦亩均净利润预计为 97.65 元，降幅 43.32%。近年来小麦生产成本刚性上涨，2023 年小麦生产成本继续呈上涨态势，如山东省禹城 2023 年小麦每亩生产成本预计为 837.8 元，同比增加 0.20%；湖北省钟祥市 2023 年亩成本为 1 062.17 元，同比增 9.32%。

部分地区小麦品质下降。2019—2022 年新收获小麦整体质量较好，其中 2020 年小麦质量为十年来最好，2022 年一等小麦占比约为 63.1%、三等及以上占比为 96.2%；2023 年新麦品质参差不齐，受"烂场雨"天气影响，河南、安徽等地区出现不同程度的芽麦，2023 年河南省三等以上小麦占比为 64.4%，较上年大幅下降；河北、山东、江苏大部分地区新麦质量较好，江苏省新收获小麦三等以上样品占比为 99.1%，较 2022 年上升 0.1%。

2. 国际小麦生产情况

全球小麦播种面积增加，总产量下降。据联合国粮农组织 2023 年 11 月报告，2023 年的全球小麦产量预计为 7.851 亿吨，较上年下降 2.2%，原因是受厄尔尼诺现象和乌克兰危机等不确定性影响，欧盟、俄罗斯等主产区产量减少，欧盟 2023 年产量预计为 1.33 亿吨，同比减少 0.69%；俄罗斯 2023 年产量预计为 9 200 万吨，同比降低 11.74%。2023 年，全球小麦种植面积预计为 22 304.4 万公顷，较上年提高 1.39%。

二、小麦市场与贸易变化分析

1. 国内小麦市场与贸易情况

2023 年国内小麦价格总体呈先降后升态势。受国际小麦价格下跌、新麦产量和标准品质小麦占比双降等因素综合影响，国内小麦市场价格总体先下降后上升。其中，普通小麦和优质小麦价差扩大。

上半年，小麦价格下降明显。最低收购价小麦、临储小麦以及各级储备轮换小麦稳定投放市场，贸易商也积极售粮，市场流通粮源充足，而面粉和麸皮销售进度缓慢，加工企业对原粮需求偏弱；同时进口小麦大量到港，市场供应充裕，多重因素导致小麦价格持续走低。5月，河南地区普通小麦市场价格为1.35元/斤，比1月下降14.56%；河南地区优质小麦市场价格为1.56元/斤，比1月下降6.59%。下半年，小麦价格稳中上涨。受"烂场雨"等因素影响，优质小麦数量减少，小麦价格恢复性上涨。12月，普通小麦市场价格上涨至1.45元/斤，比5月提高7.41%。优质小麦市场价格上涨至1.68元/斤，比5月提高7.69%。

小麦进口量、出口量同比均明显增长。据海关最新统计数据，2023年1—12月，我国进口小麦及制品1 209.96万吨，同比增加21.5%，进口金额44.20亿美元，同比增加15.20%；同期出口20.50万吨，同比增加40.41%，出口金额1.01亿美元，同比增加44.29%。进口主要来自澳大利亚（693.91万吨，占进口总量的57.35%）、加拿大（254.83万吨，占21.06%）、美国（92.57万吨，占7.65%）；出口主要目的地是朝鲜（10.74万吨，占出口总量的52.39%）和中国香港地区（7.23万吨，占35.27%）。

2. 国际小麦市场与贸易情况

2023年国际小麦市场价格总体呈下降趋势。受全球小麦供给充足、俄乌冲突阶段性缓和等因素影响，国际小麦市场价格整体弱势震荡下行。2023年12月，美国墨西哥湾硬红冬麦（蛋白质含量12%）平均离岸价为291美元/吨（直接折人民币价格为2 065.45元/吨，到岸税后价格约2 974.88元/吨），比2023年1月跌23.82%，同比跌24.68%。目前，全球小麦供应充足，加上美国冬小麦主产区的干旱情况得到改善，优良率较前期提高，黑海地区廉价小麦出口量较大，国际小麦价格有进一步走低的可能，但法国和德国等小麦主产国的天气风险可能导致2024年度小麦种植面积和产量低于预期，给国际麦价带来支撑，综合来看未来一段时间全球小麦价格呈弱势震荡态势。

全球小麦贸易量同比下降。据联合国粮农组织11月报告，2023年世界小麦贸易量预计为1.94亿吨，较2022年下降2.8%。主要是受澳大利亚和加拿大等国小麦产量下降和出口量减少，以及乌克兰受战争影响，全球小麦出口量下降。

三、小麦加工与消费变化分析

1. 国内小麦加工与消费情况

2023年国内小麦消费总量略降。随着国内居民生活水平和城镇化率持续提高，居民主食消费更加多样化，人均传统主食消费呈下降趋势，结合人口下降和老龄化加剧因素，小麦食用消费量下降，间接消费量增加；值得关注的是，国内面包等烘焙行业市场规模不断扩大，带动了优质专用小麦的消费量快速增长。2023年我国小麦用于制粉消费为9 200万吨，比2022年减少了180万吨，用于饲用、工业以及种用消费为4 400万吨，比2022年增长了1 000万吨（数据来源：国家粮油信息中心）。

2023小麦加工规模日趋集中，加工产能过剩竞争日益加剧。2023年我国小麦粉消费量为6 900万吨，次粉460万吨，麸皮1 840万吨。长粉路细化分级制粉工艺，以及配麦、配粉、品质改良等技术配套应用可以实现多粉联产、食品工业定制式指标粉的生产，计算机技术、信息技术、传感技术等应用于传统小麦加工，企业的规模化、自动化程度逐步提升。五得利集团、益海集团、中粮集团三家企业年加工小麦总量约4 370万吨（数据来源：企业官网），接近全国小麦粉产量的40%。小麦加工产能严重过剩，导致小麦加工企业竞争日益加剧，企业开始重视小麦资源综合效益的提升，全麦粉以及产品的发展促进了麸皮和胚的可食化利用，优质植物蛋白及产品市场需求增加，促进了以后路粉生产谷朊粉（面筋蛋白粉）和小麦淀粉工业领域的发展。另外，2023年河南等地收获期雨害造成大量小麦穗发芽，其有效加工和利用依然是困扰加工业的一个难题，给今年的加工行业造成很大的影响。

2. 国际小麦加工与消费情况

全球小麦消费量稳中有增。全球小麦消费情况整体呈增长趋势，主要是食用消费增加所致。近年来，小麦消费稳中有增，据国际谷物理事会（IGC）最新发布的报告，2023年全球小麦消费量预计达8.04亿吨，同比增加1.06%。食用消费在小麦总消费量中占比最大，为70%左右；其次是饲用消费、种用消费、工业消费。2023年食用消费预计达5.6亿吨，饲用消费预计达1.5亿吨，种用消费预计达3 800万吨，工业消费预计达2 500万吨。

加工产品趋向方便多样以及营养健康。从世界范围内而言，小麦加工产品种类日趋多样，由传统主食产品之外的产品向休闲方便化及营养健康化产品延伸。除小麦经过制粉得到小麦粉及其制成面条、馒头、面包等传统产品外，小麦籽粒经过熟化、成型等得到的各类休闲方便性主食及休闲类零食，面筋蛋白产品、高纤产品、各类芽麦制品等营养健康食品等得到快速发展。加工技术也越来越回归理性、天然和绿色，保留小麦营养及降低能耗的新型短粉路制粉技术开始应用，全麦粉及全麦产品的种类逐渐增加，小麦加工中添加剂的应用越来越受到限制，小麦加工产品由追求外观、口感逐渐向追求口感及营养转变。另外，由于生活方式的变化，便捷化的产品正逐渐成为市场的主流，如各类预混粉、预制面制品、方便化的主食及休闲食品等。

四、小麦技术研发变化分析

1. 我国小麦产业重点研发技术变化

小麦新品种高产纪录连续飞跃，科技支撑千亿斤粮食产能提升计划。黄淮麦区继续引领我国小麦高产纪录。2023年，安徽省'皖垦麦22'高产攻关田实打亩产891.7千克，创安徽省小麦单产纪录；山东省'烟农1212'高产攻关田实打亩产880.9千克，创山东省小麦单产纪录；江苏省'郑麦1860'高产攻关田实打亩产819.9千克，为江苏省小麦最高单产。江苏省'扬麦33'百亩方实测亩产604.0千克，创江苏省小麦百亩方单产纪录；新疆生产建设兵团'新冬52号'百亩方实测亩产818.7千克，创新疆小麦百亩方单产纪录。小麦高产纪录不断取得新突破，得益于优良品种的培育和推广，以及栽培、土肥、植保、机械等新技术的全方位配套与高效全面应用发力。

改良土壤提升地力，创新小麦高产高效技术。以土壤酶活性、微生物多样性和微生物量等为重要指标，借助随机森林和神经网络模型等机器学习算法，构建新的土壤质量评价体系。围绕土壤有机碳和有机质提升，研发基于生物反硝化抑制剂和原花青素等土壤改良产品，推动了土壤改良与质量提升。发现麦田土壤钾的过度消耗，提出土壤补钾技术，重金属污染的防治技术进展显著。明确了秸秆还田方式、周年种植模式与保护性耕作等在麦田土壤改良与生产能力提升中的作用与机制。节水灌溉技术、高效施肥技术、全程化控技术研究不断深入，推进了水肥一体化技术的发展与应用。

智能化监测预警技术和绿色农药开发是重点和热点。监测预警实现病害科学精准防控，减少农药使用量的重要技术保障之一。利用近地高光谱和无人机遥感等技术实现了锈病、白粉病的快速实时监测，利用人工智能图像识别技术开发了自动识别手机软件，准确率超过 90%。小麦条锈病、赤霉病、白粉病智能化预测预报模型及智能装备、软件系统，已在全国推广应用。病虫害预警技术一直是难点，传统预测模型一直存在适用范围窄、准确度低的问题。近年来大数据、人工智能、高性能传感器等技术的应用，极大促进了病虫害预测预报技术的发展。智能吸虫塔及麦蚜预警系统，实现了麦蚜种类自动识别和统计。

智能机械化播种管理收获水平显著提升。我国小麦耕种收综合机械化率 97.55%（2022 年），高效、智能化机械装备技术研究成为新亮点。高速精量排种、精准投种与种肥在线监测技术取得突破，小麦播种的自动化和智能化水平显著提升。地埋滴灌及地埋式自动伸缩喷灌在黄淮海等麦玉轮作区形成了成熟的技术模式，基于柱塞式注肥泵的水肥一体化技术大幅提升了施肥均匀性，保障了水肥精准施用，提升肥料利用率。小麦收获机械化生产正处于从横轴流机型向大喂入量纵轴流机型过渡阶段，以高效、减损为目标的收获作业信息化管理，以及适时收获、烘干的不落地收获模式推广是小麦机械化收获技术的发展方向。

2. 国际小麦产业重点研发技术变化

启动大型科研项目促进小麦基础研究。英国皇家研究院生物技术和生物科学研究委员会（BBSRC）资助 76.6 亿英镑，计划在 2023—2028 年这 5 年内，开展可持续小麦研究（DSW），旨在应对小麦未来健康、产量和生产方面的关键挑战。国际小麦基因组测序委员会（IWGSC）获得美国国家科学基金会（NSF）的资助，拟通过最新的测序技术和数据，推动和解决小麦遗传资源保护、挖掘和利用的问题。欧盟通过启动健康谷物以及全谷物计划，推动主食营养健康和加工减损。

极端气候影响全球小麦生产。根据公开的文献数据报道，干旱已成为世界小麦生产的主要限制因素，根据 1980—2015 年全球 2 829 个小麦试验数据点，减少 40% 的灌水量可导致小麦减产 20.6%；干旱导致非洲部分国家小麦减产 45%。低温冻害干热风等给小麦产量带来了重大损失，1998—2010 年美国堪萨斯州发生了 41 次春季低温霜冻事件；澳大利亚小麦每年因倒春寒造成的经济损失高达 3.6 亿澳元；根据 1960—2018 年的北美小麦育种试验数据，气温升高 1℃ 将导致冬小麦和春小麦的产量分别下降 3.6% 和 7.5%；1982—2020 年美国大平原小麦遭受干热风影响，灌浆期间 10 个小时的干热风可导致产量降低 10%。

机械装备进入智能化阶段。世界小麦生产农业装备技术研究从机械化和以电控技术为基础的自动化，进入以信息技术为核心的智能化阶段，呈现高效化、智能化、网联化、绿色化发展趋势。

五、主要结论与政策建议

（一）结论与展望

1. 小麦产业正处于结构转型阶段

2023 年国内外产消波动明显加大，我国小麦直接消费、间接消费均呈下降趋势。随着消费者对食品品质要求的提高，未来绿色优质专用麦需求将会继续增加，优质麦与普通麦的价差将扩大，小麦的生产和加工方式会逐渐向绿色、优质、高效的模式靠拢。生产方式的转变也与建设资源友好型农业的要求相契合，这同时也要求各级农业部门提高对农户的培训力度，帮助农户适应小麦产业转型期间的生产技术要求。

2. 需要在品种改良提单产上持续发力

育成审定了一批高产优质、绿色抗逆、专用特用小麦新品种，示范推广了一批新品种、新技术，全国各地高产典型不断涌现，科技支撑国家粮食安全。受"烂场雨"等极端天气影响，国内小麦产量和单产均有下降，如何提高全国小麦单产的要求更加迫切。突破性重大品种仍然匮乏，超过1 000万亩的品种只有2个，第一大品种济麦22已经审定推广了17年，品种同质化问题仍然严重。

3. 综合防控和一体化管理技术逐步强化

小麦病虫害智能化监测预警技术方面取得了显著突破，其准确度随着推广应用范围的不断扩大、数据的逐步积累而进一步提高，更有效地服务小麦生产。水肥一体化、智能化技术越来越受欢迎，需加强农机农艺融合，研发植保无人机喷雾系统高性能关键部件，进一步提高植保无人机施药质量。

（二）政策建议

1. 加大科研和推广投入，选育小麦优质品种，提高我国小麦产业竞争力

在小麦生产环节中的土地培育、区域配套栽培管理和低产区域增产等方面加大投入力度，同时注重各环节技术创新以及体制机制创新，促进我国小麦单产水平和质量水平同步提高。

2. 要加强小麦科技推广体系建设，提高产业信息化、智能化水平

注重强化农业科技推广体系，增强基层小麦科技服务站的农情调度、农技指导能力，提高小麦科技转化率。加强对小麦生产、农情变化情况的监测，提高对小麦产业监测预警能力。建立试点区域内重要农业生产物资基层储备制度，保障小麦生产者有充足的物资基础有效应对自然灾害、疫情等公共卫生事件及其他突发事件。

3. 加大对农业节水灌溉设备研发和集成技术的推广应用

加大对设备创新研发单位和生产厂家的支持力度，创制更多简易、轻便、耐用、经济的节水灌溉设备；加强技术指导与技术培训，确保节水灌溉设备发挥最大的效率和功效。在国家高标准农田建设中，充分考虑高效节水灌溉技术的应用，加强对节水灌溉技术应用的集成；适当包含高效节水装备资金，解决节水灌溉装备一次性投入较大、经费难以落实的问题。

（国家小麦产业技术体系首席科学家　刘录祥　提供）

2023 年度大豆产业与技术发展报告

(国家大豆产业技术体系)

一、大豆生产变化分析

(一) 我国大豆播种面积和产量再创历史新高

2023 年我国大豆播种面积为 1.57 亿亩，较 2022 年增加 345.10 万亩；总产量为 2 084 万吨，较 2022 年增加 56 万吨，连续两年创新高。大豆单产为 132.73 千克/亩，较 2022 年提高 0.73 千克/亩。由于东北地区推行粮豆轮作，黄淮海、西北、西南地区推广玉米大豆带状复合种植，我国大豆播种面积、单产和总产继续保持增长。

(二) 世界大豆总产有所增加

2023 年世界大豆收获面积为 20.40 亿亩，较 2022 年增加 870 万亩。其中，美国、巴西收获面积分别为 5.03、6.65 亿亩。世界大豆总产量为 3.72 亿吨，较 2022 年增加 1 116 万吨。其中，美国、巴西总产分别为 1.12 亿吨、1.60 亿吨。世界大豆平均单产为 182.35 千克/亩，较 2022 年增加 4.15 千克/亩。其中，美国、巴西单产分别为 222.67 千克/亩和 240.60 千克/亩。

二、大豆市场与贸易变化分析

(一) 国内大豆价格走低，期货价格下跌

2023 年我国大豆市场均价为 2.56 元/斤，较 2022 年降低 1.33 元/斤，国产大豆行情弱势下行。一方面，大豆产量增长后，国产大豆出现结构性过剩；另一方面，国内外大豆价格倒挂，进口大豆进一步挤压国内大豆的销售市场，导致国内大豆市场价格走低。

2023 年 CBOT 大豆期货均价为 1 375.67 美分/蒲式耳，较 2022 年降低 145.21 美分/蒲式耳。其中，5 月 CBOT 大豆期价跌至 1 300 美分/蒲式耳，创下 2022 年以来的最低水平。

(二) 我国进口量增加，世界进出口贸易持续活跃

2023 年我国进口大豆总量为 9 941 万吨，增幅为 11.40%。大豆进口总金额为 598 亿美元，进口均价为 601 美元/吨。进口结构方面，自巴西进口大豆 6 995 万吨，占比 70.37%；自美国进口大豆 2 417 万吨，占比 24.31%。

2023 年世界大豆总出口量为 1.70 亿吨，较 2022 年减少 72 万吨。其中，美国、巴西大豆出口量分别为 4 776 万吨、9 950 万吨。2023 年世界大豆进口量为 1.68 亿吨，较 2022 年增加 351 万吨。

三、大豆加工与消费变化分析

(一) 大豆加工领域

1. 我国大豆加工产业发展现状

(1) 大豆加工呈现地域分布特色。大豆加工制品生产区域分布呈现消费地区企业多、

原料生产地区企业少的局面。具体来看，传统豆制品生产以广东、山东、安徽、四川、江苏、吉林等省份为主；新型豆制品中，大豆饮品生产以沿海地区为主，如福建、台湾、广东、江苏等地；休闲豆制品生产集中于四川、湖南、浙江、重庆、江苏等省份；大豆压榨行业则已形成了环渤海、华东沿海、华南沿海、长江流域和中西部地区的五大进口大豆压榨区域布局。

（2）国内企业大豆油脂供给能力提升。2023年，大豆规模以上压榨企业达122家，日均加工大豆能力超过3 800吨。前十大压榨企业占全国产能的75.1%，其中，中粮约为18%，益海嘉里为16%，九三和中储粮各占8%左右。国有大豆压榨企业共有41家，合计产能占比36.9%；民营大豆压榨企业共有41家，产能占比34.7%；外资大豆压榨企业共有33家，产能占比28.4%。

（3）传统豆制品加工量逐步增加。据计算，我国用于加工制品的大豆投豆量为1 300万~1 500万吨，占国产大豆消耗量近70%。但传统豆制品生产由于存在大量规模以下企业和作坊，统计数据存在误差，且实际投豆量应大于统计数量。

2. 世界大豆加工产业发展现状

（1）世界大豆加工量不断增长。2023年全球大豆加工量超过3亿吨。随着人口不断增长和生活水平提升，对高蛋白饮食、健康油脂摄入的需求快速增长，全球大豆加工量呈上升趋势。尤其在亚洲国家，由于对植物性蛋白需求旺盛，大豆加工和消耗尤为显著。

（2）大豆加工产品多样化开发。目前全球市场上的大豆加工产品呈现多样性，除传统的豆油、豆粕外，还有豆腐、豆浆、肉类替代品等产品，大豆加工领域不断扩展。同时，利用绿色生物制造技术和多组分复配技术制备高附加值，以及具有保健功能的产品，已逐步成为大豆食品高值化加工利用的开发方向。

（3）大豆加工技术待转型。随着全球环保意识的提高，可持续性在农业生产和加工中日益受到关注。大豆加工业中，以豆渣和黄浆水为代表的副产物问题严重，大豆产业的高耗能生产模式尚未发生质变。

（二）大豆消费领域

1. 我国大豆消费发展情况

（1）食用大豆油脂消费量稳步上升。目前我国大豆油年消费量约为1 600万吨，非转基因大豆油消费量约为80万吨，持稳中有升的增长趋势。从消费构成来看，家庭消费占比约92%，主要采购小包装油；餐饮渠道占比6%，食品加工业企业和大型餐饮企业多使用散装油和中包装油，中小型餐饮企业多使用中包装油；还有少量用于婴幼儿食品加工、医药生产等领域。

（2）大豆蛋白市场需挖掘消费潜力。我国大豆蛋白产量约为120万吨，推测整体大豆蛋白产业市场规模在70亿~80亿元。根据产业调研结果，业内对于传统大豆蛋白下游产业发展存在担忧，从业者普遍认为蛋白已进入产能过剩阶段，亟须挖掘新的市场消费潜力。

2. 世界大豆消费发展情况

（1）大豆产品消费量逐年增长。全球大豆产品消费量总体呈上升趋势。亚洲国家对植物蛋白的需求日益增加，带动大豆消费量逐年递增。此外，以动物蛋白为传统饮食模式的美国、加拿大等国消费市场，出现了植物基食品消费浪潮，大豆产品消费量明显增长。

（2）大豆产品消费需求存在地域差异。不同地域对大豆产品的需求存在巨大差异。例如，中国、印度等亚洲国家具有植物基饮食习惯，其大豆油和豆制品消费占据很大比重；而美国和巴西的大豆产品则主要用于动物饲料生产。

（3）大豆产品消费形态多样化。大豆产品形式正逐渐由传统的豆油、豆粕，延伸到豆奶、豆腐、大豆蛋白等形式，市场选择更加多元。同时，大豆蛋白类的功能性食品、特殊膳食食品、保健食品等高值化产品已逐步问世，极大丰富了大豆制品的市场多样性和占有率。

四、大豆技术研发变化分析

（一）国内大豆产业技术研发进展

1. 育种技术进展推动品种更新换代

大豆基因组学进展显著。首次构建大豆的泛三维基因组，组装端粒到端粒无缺口的大豆基因组，构建高质量变异参考图谱——4kSoyGVP，为大豆遗传改良和分子标记辅助育种等工作提供了基因组信息资源。克隆一批重要性状基因，包括调控油分 $GmFATA$1、BFA9，百粒重基因 $qHSW$、$GmPLATZ$，株型基因 RIN1，开花期基因 qFT13-3、Tof8、$TOE4b$，核不育基因 $MS2$ 等。

2. 品种培育速度与应用加快

2023年高油高产品种培育力度加大，审定油分含量超22%、区试增产超5%的高油高产大豆24个，推动我国高油大豆品种更新换代。耐除草剂转基因大豆产业化进程有序推进，14个转基因大豆新品种通过国审，中黄6106和DBN9004转育的品种在生物育种产业化试点种植效果显著，全面推进了我国转基因大豆产业化进程。

3. 高产技术集成取得新进展

大豆宽台大垄匀密高产栽培技术、黄淮海夏大豆免耕覆秸机械化生产技术不断优化完善，为大豆密植匀植高产生产提供了技术支撑；大豆优质安全丰产高效生产技术、大豆苗期病虫害种衣剂拌种防控技术，为大豆减损稳产提供了技术支撑，上述技术均入选农业农村部主推技术。集成盐碱地大豆轻简化栽培技术和大豆玉米带状复合种植全程机械化技术，为大豆扩面积提产能提供了技术储备，分别入选了农业农村部主推技术和农业重大引领性技术。

4. 病虫害防控技术标准取得新突破

修订《一类农作物病虫害名录》，根腐病成为大豆首个"一类"防控对象，为我国大豆重大病虫害治理指明了方向。国家级大豆品种审定标准提高了大豆品种抗病性要求，花叶病毒病、灰斑病、炭疽病的抗性鉴定指标整体提高1级，增加胞囊线虫病、根腐病抗性指标，为从根本上减轻我国大豆重大病虫危害提供了重要制度保障。

5. 大豆机械生产趋向智能化发展

耕播机械方面，逐渐向电驱智能化播种发展，可实现高速作业、精确定位、播深稳定控制、实时监测等功能，通过物联网、大数据、卫星定位技术实现无人驾驶作业，提高作业效率和质量。田间管理方面，主要采用地理信息系统和实时传感器实现精准施药技术。收获机械方面，逐步向专用化、大型化、智能化方向发展。大豆专用收获装备、区域性种植模式适配收获装备、大喂入量收获装备、收获质量实时监测与调控是近年研发重点。

（二）世界大豆产业技术研发进展

1. 育种方面

国际上在高油大豆、抗胞囊线虫、杂交大豆育种技术等方面取得一定进展。美国科迪华农业科技发掘到等位基因 $GmDGAT1b-3AA$，大豆油脂和蛋白质含量分别增加 2.3% 和 0.6%。康奈尔大学证明基于 barnase/barstar 的雄性不育/恢复系统可用于生产大豆杂交种。巴斯夫公司评估抗胞囊线虫转基因大豆 GMB151 和 $rhg1b$ 的组合对于控制大豆胞囊线虫和提高产量效果更好，使大豆胞囊线虫季节繁殖量减少 50%，大豆产量增加 44%。

2. 栽培方面

系统分析大豆物候期与气候变化的关系，为大豆生产应对气候变化提供了理论依据；分析大豆非叶器官光合作用特征，明确了大豆荚和种子的光合作用产量贡献率。利用转基因大豆品种，集成秸秆全量还田条件下的免耕直播技术，单产水平不断提高，生产成本不断下降，国际竞争力不断增强。高产创建方面，美国农民阿历克斯·哈雷尔，在佐治亚州史密斯维尔农场，以每英亩 206.799 7 蒲耳（折合亩产量 926 千克）的产量刷新了世界大豆纪录。

3. 病虫草害防控方面

英国发现大豆根腐病菌干扰植物免疫的新机制。美国、英国联合绘制了大豆锈病菌基因组草图，发现基因组高达 1.25Gb，转座元件约占 93%，揭示了转座元件对病菌寄主适应、胁迫反应和遗传可塑性的影响。德国通过转基因增加了大豆中香豆素的积累，提高了大豆对胞囊线虫和镰刀菌（含猝死综合征）的抗性。美国农业部分析 248 份大豆种质资源，通过 GWAS 分析确定了可能的镰刀菌抗性位点，有助于大豆抗根腐病品种的选育。

4. 机械方面

发达国家大豆生产机械化的发展充分考虑当地大豆种植模式，生产机具与农艺措施相互配套，为大豆机械化发展提供了全程、全面的作业机具。大型机具方面，美洲国家研发了适合当地种植模式的大型联合耕整地、耕作播种复式作业机具、大型高地隙喷杆喷雾机、大型智能化大豆联合收获机；小型机具方面，日本等国研发了适合于丘陵、小地块为主的大豆机械化作业机具，小型大豆联合收获机、青毛豆采摘机具等与当地种植模式配套，全面满足了当地大豆机械化作业实际需求。

五、主要结论与政策建议

（一）结论与展望

1. 大豆生产能力持续提升，进口数量将依然保持高位

随着大豆和油料产能提升工程持续推进，我国大豆总产量连续两年创新高。在育种、生产技术进步和种植结构优化的加持下，2024 年我国大豆生产能力预计将稳步提升。但目前国产大豆占需求总量比重不足 20%，考虑到国内大豆产能提升是一个长期过程，压榨企业可能会增加大豆采购量以对冲市场风险，预计 2024 年我国大豆进口量仍将保持在较高水平。

2. 大豆加工产业稳健增长

2023 年国产大豆供应充足，为豆制品行业发展提供了有力支撑，预计 2024 年国产大豆量大价低的局面仍将持续。此外，应持续推动产品创新和产业升级，推广副产物高值化利用技术，逐步形成以中高端产品为主要发展方向、精细化品类为特色、规模化大企业为行业主流的发展格局，保持稳健增长。

3. 技术进步贡献持续加大

大豆基因组学进展显著，高油高产大豆新品种培育加快，为大豆遗传改良和种质资源创新提供有力支撑。大豆玉米带状复合种植、盐碱地种植大豆、果园间套种大豆等生产技术模式的推广应用将进一步促进大豆扩面；品种、技术集成落地，推动大豆大面积单产提升。转基因作物产业化应用体系制度逐步完善，产业化进程将进一步加快。

（二）政策建议

1. 继续以扩面积提单产为核心，多措并举提升大豆产能

建议继续提高大豆生产者补贴，加大金融保险信贷支持，提高农户种豆积极性。继续以大豆大面积单产提升三年行动方案为指导，集中资源重点解决我国大豆在育种、栽培、机械化生产等方面的关键核心技术问题，推进大豆单产稳步提升。

2. 稳定大豆国际贸易，防范化解安全风险

建议继续培育具有规模化和影响力的大企业参与国际竞争，引导企业集团"走出去"，充分利用海外资源与市场。拓展多元化大豆进口渠道，开发并有效利用俄罗斯、非洲等国家和地区的资源潜力，开展与"一带一路"国家深度交流与合作，推进构建内外联动、优势互补、相互促进的多元化市场格局。

3. 推动居民食物消费转型，缓解大豆供给压力

推动居民食物消费向节约资源、可持续方向转型是缓解大豆供给压力的重要手段。开源方面，要充分考虑拓展食物消费来源，挖掘大豆蛋白和植物肉等需求潜力，加强其对动物蛋白的替代。节流方面，建议引导居民膳食结构优化调整，增加奶类制品及水产品的消费，适当减少肉类消费，实现大豆需求减量。

（国家大豆产业技术体系首席科学家　吴存祥　提供）

2023 年度大麦青稞产业与技术发展报告

(国家大麦青稞产业技术体系)

一、大麦青稞生产变化分析

(一) 生产变化

据国家大麦青稞产业技术体系统计，2023 年我国大麦青稞收获面积为 104.06 万公顷，同比增加 3.9%；总产为 442.25 万吨，同比增加 2.7%；单产为 4.25 吨/公顷，同比减少 1.2%。其中，大麦（包括啤酒大麦和饲料大麦）收获面积为 64.22 万公顷，同比增加 4.4%；总产为 310.20 万吨，同比增加 2.7%；单产为 4.83 吨/公顷，同比减少 1.7%。青稞收获面积为 39.84 万公顷，同比增加 3.0%；总产为 132.06 万吨，同比增加 2.7%；单产为 3.31 吨/公顷，同比减少 0.3%。

我国大麦青稞生产存在以下主要问题：一是部分产区遭遇不利天气条件，安徽、内蒙古、甘肃等省（区）在 2023 年初出现"倒春寒"和低温冻害，黑龙江、云南、四川、新疆等省（区）在灌浆期出现干旱；二是部分产区发生病虫害，青海部分地区青稞发生黑穗病，云南保山大麦发生白粉病和蚜虫危害，西藏河谷地区青稞发生蝗虫和蚜虫危害；三是大麦青稞种植成本攀升、收益下降，导致净利润下降，影响农户种植积极性。

2023/2024 年度，据 2023 年 11 月美国农业部预测数据，世界大麦收获面积为 4 737 万公顷，同比增加 0.1%，哈萨克斯坦、澳大利亚和加拿大增幅明显。世界大麦单产为 3.00 吨/公顷，同比减少 6.5%，澳大利亚、加拿大、英国和哈萨克斯坦降幅明显。由于世界大麦单产降幅大于收获面积增幅，世界大麦总产为 1.42 亿吨，同比减少 6.1%。

(二) 趋势展望

我国啤酒大麦产地主要位于江苏、甘肃、新疆、内蒙古等省（区），预计 2024 年我国啤酒大麦种植面积和总产基本稳定。其他省份所产大麦主要作为畜牧业饲料或加工原料、特色大麦白酒酿造原料和特色食品加工原料，特别是在云南、四川等西南省份和安徽、湖北等中部省份。近年来，我国畜牧业和食饮品加工业发展较快，预计 2024 年我国饲用和加工用途大麦种植面积和总产稳中有增。近年来，我国政府加大青藏高原生态环境保护力度，2023 年 9 月 1 日起正式施行的《青藏高原生态保护法》明确提出青藏高原的"生态保护红线、环境质量底线、资源利用上线"，预计 2024 年我国青稞种植面积和总产基本稳定。

据 2023 年 11 月联合国粮农组织发布的《作物前景与粮食形势》报告，从北半球看，2024 年大麦种植面积和总产增长可能有限。在欧盟，中部地区种植条件普遍有利，但西部地区降水过多且影响播种和作物早期生长；在乌克兰，俄乌冲突引起投入品成本居高不下，导致 2024 年大麦种植面积将进一步萎缩；在俄罗斯，天气条件改善，2023 年 11 月下旬冬大麦种植已基本完成，预计 2024 年大麦总产有所增加；在美国，据 2023 年 11 月美国农业部发布的《饲用谷物展望》报告，预计 2024 年大麦总产增加。从南半球看，阿根廷预计2024年天气条件良好，大麦总产将增加；在澳大利亚，据2023年11月澳大利亚农业渔业林业部发布的《第四季度农产品报告》，受厄尔尼诺现象影响，2024年澳大利亚将出现持续炎热干燥气候，虽然比小麦适应性更强的大麦种植面积将增加，但总产预计下降。总体预计2024年世界大麦种植面积和总产将稳中有降。

二、大麦青稞市场与贸易变化分析

（一）价格变化

据国家大麦青稞产业技术体系统计，2023年我国啤酒大麦和饲料大麦的市场价格分别为2.58元/千克和2.58元/千克，同比分别下跌3.6%和3.3%，青稞市场价格为4.05元/千克，同比上涨4.2%。

据联合国粮农组织数据，2023年，1—10月法国雷恩饲料大麦月度价格持续下跌且跌幅为23.1%；澳大利亚南部州饲料大麦月度价格在1—6月下跌，6—10月上涨，10月比1月下跌11.6%。2023年1—10月，法国雷恩饲料大麦和澳大利亚南部州饲料大麦的平均价格分别为258美元/吨和261美元/吨，同比分别下跌25.8%和20.2%。

（二）贸易变化

据中国海关数据，2023年1—10月我国进口大麦844.71万吨，同比猛增82.5%；其中法国、阿根廷、加拿大、哈萨克斯坦、澳大利亚进口大麦分别占36.8%、22.0%、21.9%、7.1%、3.7%。中国商务部决定自2023年8月5日起终止对原产于澳大利亚的进口大麦征收反倾销税和反补贴税；2023年10月起中国恢复进口澳大利亚大麦。2023年1—10月中国出口大麦13.58吨，同比增加4.3%；其中83%出口到美国。总体上，我国大麦贸易处于大幅逆差，进口来源较为集中，进口大麦对国产大麦产生替代效应，缺乏对全球供应链和定价权的掌控力。

据2023年11月联合国粮农组织发布的《食物展望》报告，2023/2024年度以进口量表示的世界大麦贸易量为2 880万吨，同比减少60万吨，主要因为土耳其、欧盟和沙特阿拉伯大麦进口量减少。2023/2024年度，大麦主要进口市场是中国、沙特阿拉伯、伊朗、欧盟和日本，分别占28.8%、16.3%、9.7%、5.2%、4.2%；大麦主要出口市场是欧盟、澳大利亚、俄罗斯、阿根廷、加拿大和乌克兰，分别占24.3%、21.9%、17.4%、10.4%、9.7%和8.7%。

三、大麦青稞加工与消费变化分析

（一）加工变化

2023年我国大麦青稞加工领域受到技术、需求和市场趋势等因素的影响，加工领域的变化主要集中在以下几个方面。

（1）加工技术升级：包括提高加工效率、降低能耗、改善产品质量等方面。例如，优化麦芽生产工艺、提高青稞酿造的自动化、智能化控制系统的应用。这些设备能够实现大麦加工过程的智能化控制，通过传感器和计算机技术对生产过程进行实时监控和调整，提高产品质量和生产效率。

（2）产品多样化：针对市场需求，加工企业不断推出更多样化的产品，如麦芽、酒精、饮料等。随着消费者需求的多样化，大麦青稞定制化加工将成为趋势。

（3）品质控制与标准化：加工过程中更加重视品质控制，加强生产标准化和质量管理，以确保产品符合国内外市场的质量要求和标准。

存在的问题。藏区作坊式加工企业较多，同质化、低水平加工品较多，销售区域受限；随着消费者对营养、保健食品需求提高，推进居民膳食营养健康改善，成为产业拓展动力。传统的糌粑加工，加工设备、加工工艺比较落后，加工质量、加工效率已经不能满足要求；先进的加工设备存在开工不足，设备利用率低等问题；传统的青稞酒小作坊酿造企业比较多，政府正在引导进行规范化、标准化建设。

（二）消费变化

据2023年6月国家粮油信息中心发布的《饲用谷物市场供需状况月报》，2023/2024年度我国大麦消费量为1 190.8万吨，同比增加46.9%；其中食用、饲用、工业（酿造啤酒等）、种用消费量分别占5.2%、63.0%、31.1%、0.01%。近年来，我国以啤酒酿造为主的大麦加工需求较为稳定，畜产品消费持续增长引起的大麦饲用需求增长较快。青稞是青藏高原地区自给消费型特色粮食作物，2023年我国青稞表观消费量为132万吨，同比增加2.7%；其中食用（包括加工成食饮品）、饲用、种用与储备消费量分别约占80%、5%、15%。

据2023年11月联合国粮农组织发布的《食物展望》报告，2023/2024年度世界大麦利用量预计为1.44亿吨，同比减少1.8%；欧盟、俄罗斯、中国、土耳其、澳大利亚、伊朗、加拿大、沙特阿拉伯的大麦利用量位居前8位，分别占世界的28.8%、10.2%、6.9%、6.5%、4.0%、4.0%、3.7%和3.3%。

四、大麦青稞技术研发变化分析

（一）我国大麦青稞产业中重点研发技术变化情况

1. 育种技术

目前，我国大麦青稞育种技术依然以传统为主，对产量和品质性状改良的追求导致我国大麦青稞品种的遗传基础狭窄，这使得它们对快速进化的病原体种群或不断变化的气候环境极为敏感。分子育种技术的发展和应用，为精确改良大麦青稞耐逆性迎来了新的发展契机。

2023年我国大麦青稞育种方向呈现出多元化的发展，除了追求传统的高产、高抗育种目标以外，糯性、富含花青素或黑色素、特殊加工专用和粮苗草兼用等目标成为大麦青稞育种的热点方向，多元化的育种方向也扩展了大麦青稞产业的覆盖范围，形成新质生产力，为大麦青稞产业开辟了新领域新赛道。新的育种技术应用也为大麦青稞育种提供了全新的途径。例如，小孢子培养技术与化学诱变技术结合，为后续诱变技术体系的持续优化和诱变群体创制奠定了基础。鉴定到多个耐盐相关的转录因子和钙调蛋白等上游调控因子，解析了大麦耐盐的分子调控网络，为耐盐品种的选育和耐盐栽培调控技术研发提供了理论基础。通过重测序、转录组等多组学研究，揭示了西藏野生大麦独特的耐旱机制，为耐旱育种和生产调控提供了理论基础。

2. 农机装备集成技术

当前，大型大马力机械、丘陵山区适用小型机械以及智能化等是我国农机装备短板。2023年2月，中共中央、国务院《关于做好2023年全面推进乡村振兴重点工作的意见》指出，要加快先进农机研发推广，加紧研发大型智能农机装备、丘陵山区适用小型机械和园艺机械，支持北斗智能监测终端及辅助驾驶系统集成应用。2023年国际农机展反馈产业研发取得了重大的成果和变化。中国一拖集团有限公司的东方红 MH904M 丘陵山地拖拉机具备了向市场小批量推广的条件，预计将填补国内丘陵山地专业型拖拉机产品的空白。北京博创联动科技有限公司展示了其最新的智能拖拉机 2.0 解决方案，在标准地块作业时，车辆行驶与农具作业由智能系统精准控制，可以彻底解放驾驶员。2023 年青稞机械化研发支持力度加大，西藏自治区正在考虑设立农机专项，加大对农机科研投入；设立高原农业科技联合创新中心，专设农机装备组，加强农机科研力量。在西藏研发适用的高效播种开沟联合作业机具、气吸式单粒播种机，推动新技术的推广应用。2023 年度对履带式割捆机的改进和试验示范，提升了西藏日喀则地区青稞收获机械化水平和作业质量。

3. 植保技术

目前，大麦青稞育种单位更加重视新品种的抗病性和稳产性，如发掘和引进抗病新基因材料，除了常规杂交育种，还采用基因编辑技术、单倍体加倍技术，加快抗病性等关键农艺性状改良进程，培育多抗、持久抗病品种，从而有力保障主栽品种在不同环境气候条件下高产稳产水平，提高抵抗逆境造成的经济损失。

4. 栽培与土肥调控技术

在青稞优质高产抗逆机械化轻简栽培技术研究与集成方面，完成青稞穗腐病药剂防控、云纹病药剂防治、种衣剂使用效果、耕地地力监测、农药减量增效等试验 7 个。研发适期播种、大麦全程机械化、测土配方施肥技术和病虫草绿色防控等大麦绿色高产高效技术 1 项，生态效益指标≥10%。解析了浅埋滴灌宽幅匀播栽培模式实现节水高产的生理机制，这种模式改善了群体冠层结构，提高了光合有效辐射截获率和光能利用效率，减少了土壤水肥无效蒸发，提升了肥料偏生产力。开展了大麦青稞"冬放牧、春青刈、夏收粮"种养结合生产技术的研究集成与示范，确定甘青 4 号、甘青 11 号为适合于放牧的青稞品种，建立示范基地 70 亩，辐射带动 2 000 亩，经济与生态效益显著。在大麦/其他作物间作、套播等多熟制种植模式方面收效显著，在云南、湖北等地开展"烤烟套种青贮玉米轮作大麦"一年三熟模式示范、"再生稻+大麦""棉花+大麦"全程机械化模式；在东北创建"大麦青贮/玉米间种"一地双收土地高效利用栽培模式和熟化"大麦（饲草大麦）/大豆复种"一年两收高产高效耕作模式，为国家大粮仓稳粮扩豆、稳粮增饲提供重要产业支撑。

（二）国际大麦产业中重点研发技术的变化情况

目前，全球大麦总产量以每年 1%~2% 的速度持续增长，大麦在全球农业贸易、酿酒和饲料产业中仍占有重要的地位。2023 年国际著名大麦育种家李承道提出全球气候环境变化引起的各种胁迫如干旱、高温、盐碱、低温、病虫以及涝渍等是影响全球大麦产业的主要因素，这些因素限制了大麦产量的提升并造成了较大的经济损失。提高大麦对多种胁迫的耐受性是确保大麦产业健康发展的当务之急，培育具有综合抗逆性、抗倒伏、高产特性的大麦是当今世界大麦育种的主要目标之一。

1. 育种技术

本年度大麦育种相关研究报道主要集中于对逆境胁迫适应和农艺性状改良方面。研究表明，澳洲大麦育种筛选的重点是选择发育快，开花早的品种，使得澳洲大麦更能适应高温和强日光辐射的环境。Robertson 等筛选出的强抗旱特性的澳洲大麦品种 Hindmarsh，可能在耐旱大麦品种改良中有潜在的应用价值。

2. 农机装备集成技术

欧美等西方先进国家，农业生产已经实现了全程机械化，已向大型高端化、自动化、智能化、高效、环保方向发展。据2023年汉诺威农机展Agritechnica、美国农场进步展和中国武汉国际农机展、互联网等方面汇集的相关信息统计，与大麦产业相关的农业机械技术研发成果颇丰。例如，纽荷兰T4全电动拖拉机已经投入量产；纽荷兰T7.270甲烷动力拖拉机是世界上第一台甲烷动力拖拉机，实现秸秆、沼气的碳循环，解决环保问题；AMAZONEN曲线控制撒肥技术，可以在转弯时实现精准施肥控制等。

五、主要结论与政策建议

（一）结论与展望

2023年，不利天气条件和病虫害导致我国大麦青稞单产略降，但收获面积和总产"双增"，成本上升和收益下降导致大麦青稞种植净利润收窄；啤酒大麦和饲料大麦价格下跌，青稞价格上涨。1—10月大麦进口量同比猛增82.5%，大麦消费量大增，青稞消费量小幅增长。2023/2024年度，大麦单产降幅大于收获面积增幅导致世界大麦总产下降，2023年1—10月法国和澳大利亚大麦价格以降为主，世界大麦贸易量和利用量均小幅下降。

预计2024年我国啤酒大麦和青稞的种植面积和总产基本稳定，饲用和加工用途大麦的种植面积和总产稳中有增。预计2024年世界大麦种植面积和总产稳中有降。

（二）政策建议

1. 强化种业科技创新

以进一步提升青稞保障涉藏地区粮食安全能力，延长饲料大麦种养结合产业链，提高啤酒大麦自给率，满足专用特用大麦青稞新消费需求为目标，构建以种质资源收集与鉴定为基础，高效生物育种技术研发为抓手，优质啤酒大麦、优质饲料大麦、粮草兼用青稞、专用特用大麦青稞等多元化品种培育为核心，打造大麦青稞种业科技创新链，集中资源、联合攻关，为大麦青稞产业高质量发展和综合生产能力提升提供品种支撑。

2. 强化技术产品创制

深入开展播种、肥水统筹管理、病虫害防控、田间苗期放牧、青饲刈割、全程机械化等大麦青稞高产高效栽培技术和配套机械化生产设备研究，以及青稞发酵饮品、青稞啤酒、青稞全麦粉等安全健康食饮品加工关键技术创新及产品研制。集成示范推广不同产区不同用途大麦青稞简化精准优质高产高效生产模式，促进种养循环、产加一体、粮饲兼顾、农牧结合、草畜配套，实现大麦青稞产业链全程绿色化和标准化发展。

3. 强化产业模式创建

以创制的新品种、新技术、新设备和新产品为支撑，创建"市场牵龙头→龙头带基地→基地连农户"的现代产业化模式，联合主产区内外啤酒、麦芽、食品、饲料和饲草加工及畜牧、水产养殖等龙头企业，合作建设专用加工原料种植基地，通过订单生产销售，进行专业化标准化选种育种、种苗管理、病虫害防治和收获作业，有效提高种植环节的良种化率、技术水平和产品质量，实现全产业链增产增效。

4. 强化进口供应掌控

加强与俄罗斯、哈萨克斯坦等"一带一路"大麦主要出口国经贸合作，推动构建更加多元、稳定、可靠的大麦进口来源市场新格局。加快培育跨国大型粮商和农业企业，深度布局全球供应链，增强对大麦进口来源地产能、物流等环节和大麦国际定价权的掌控力。加强全球大麦供应链风险及影响的识别、分析和研判，跟踪主要生产国和出口国大麦市场动态，针对异常市场波动，提早预判，提前预警。

(国家大麦青稞产业技术体系首席科学家　郭刚刚　提供)

2023 年度谷子高粱产业与技术发展报告

(国家谷子高粱产业技术体系)

一、谷子、高粱、糜子生产变化分析

(一) 2023 年国内生产变化分析

2023 年全国谷子种植面积约 1 300 万亩，较 2022 年减少 7.8%；单产约 280 千克/亩，较 2022 年减少 2.9%；总产约 364 万吨，较 2022 年减少 10.4%。全国高粱种植面积约 1 150 万亩，较 2022 年增加 3.9%；单产约 365 千克/亩，较 2022 年增加 2.24%；总产约 420 万吨，较 2022 年增加 6.21%。全国糜子种植面积约 770 万亩，较 2022 年减少 1.28%；单产约 230 千克/亩，较 2022 年增加 3.6%；总产约 177 万吨，较 2022 年增加 2.28%。

据本体系调研，2023 年体系谷子平均生产成本 1 121 元/亩（含地租），较 2022 年减少 1.92%，其中物质成本 368 元/亩，较 2022 年减少 3.92%；人工成本 143 元/亩，较 2022 年增加 2.14%；亩净利润 503 元，比 2022 年减少 6.33%。高粱平均生产成本 1 085 元/亩（含地租），较 2022 年减少 1.11%，其中物质成本 375 元/亩，较 2022 年减少 1.83%；人工成本 130 元/亩，与去年基本持平；亩净利润 295 元，比 2022 年减少 12.46%。糜子平均生产成本 832 元/亩（含地租），较 2022 年减少 2.80%，其中物质成本 342 元/亩，较 2022 年减少 1.16%；人工成本 250 元/亩，较 2022 年减少 2.34%；亩净利润 410 元/亩，比 2022 年增加 9.63%。

2023 年生产的主要特点：一是华北、东北部分地区遭遇较重的洪涝灾害、西北局部地区遭遇干旱等极端天气，但对谷子、高粱影响较小，充分显示了谷子、高粱抗旱、耐涝的特性；二是玉米价格持续高价位运行，玉米、大豆种植补贴政策不断完善，降低了谷子种植积极性；三是部分产区前期墒情较好，农户选择了种植玉米，墒情较差情况下才会选择谷子、糜子；四是金苗 K1、冀杂金苗 3 号、冀酿、红缨子等优质、专用品种快速替代传统品种，农户、收购商、加工厂融合程度进一步加强。

(二) 2023 年国际生产变化分析

2023 年世界粟类作物种植面积预计约 4.47 亿亩，与去年基本持平；总产预计约 3 095 万吨，比 2022 年增加 0.29%。2023 年世界高粱种植面积预计约 6.05 亿亩，比 2022 年减少 0.82%；总产预计约 5 760 万吨，比 2022 年增加 0.03%。

(三) 2024 年国际国内生产趋势展望

在"2023 国际小米年"影响下，内蒙古、河北、山西等产区政府积极推动谷子种植；与此同时，河北、山西谷子产业集群被立项为国家级产业集群，两省谷子产业迎来新的发展契机。随着白酒产业转型升级，品牌白酒企业高度重视专用品种选择和自建酿造原料基地。同时，在大食物观、农食系统转型、盐碱地综合利用以及粮食单产提升政策影响下，抗旱、耐盐碱、营养丰富等谷子、高粱、糜子特色杂粮生产越来越受到干旱、半干旱以及盐碱地区域地方政府的重视。预计2024年，国际上对小粒旱地作物生产重视程度将进一步提升；国内谷子、高粱、糜子主产区生产面积保持平稳，新型产区种植比例逐步扩大，订单生产比例进一步提高，优质、高产、专用新品种将进一步替代传统品种。

二、谷子、高粱、糜子市场与贸易变化分析

（一）2023年国内市场价格变化分析

2023年谷子市场供需矛盾突出，终端需求疲软，主产区原粮价格偏弱运行。2023年上半年全国谷价整体呈"U"形走势，以内蒙古赤峰张杂谷13号为例，年初谷子价格维持在5.00元/千克，2—5月谷价一路下滑，跌至4.25元/千克，6月初谷价有所回弹，上涨至7月上旬的5.15元/千克，随后新季谷子开秤价格较高，在8月底涨至5.20元/千克，进入9月，随着新谷大量上市，谷价有所回调，截至12月底，谷价为5.00元/千克。2023年糜子价格整体较为稳定，1—3月均价为4.40元/千克，进入4月后糜价开始持续小幅上扬，截至12月底，糜价为4.50元/千克。2023年国内高粱货源供应充足，价格整体呈低开高走态势，以辽宁朝阳建平县红高粱为例，年初价格维持为4.00元/千克，3—6月价格跌至3.70元/千克，进入7月后，价格小幅上调，8月价格为4.06元/千克，伴随新高粱逐步上市，价格开始下滑，由9月的3.90元/千克跌至11月的3.30元/千克，截至12月底，辽宁朝阳建平县红高粱价格为3.20元/千克。本年度市场和流通主要特点：一是不同档次的谷子价格逐步拉开差距，一类米和二类米价差由0.4元/千克拉大到1.2元/千克，表明优质商品受到市场认可和欢迎；二是加工贸易商由单纯收购到选择专用品种自建基地，生产、贸易、加工进一步深度融合。

（二）2023年贸易变化情况分析

2023年1—11月，累计出口谷子4 771.41吨，同比增长23.45%；出口谷子平均每吨8 237.57元，同比降低6.38%。其中，主要出口韩国1 023.83吨，出口日本791.43吨，出口印度尼西亚783吨，出口德国591.78吨，出口越南371.5吨，出口荷兰131.71吨。1—11月，累计进口高粱486.64万吨，同比降低51.51%；进口高粱平均每吨2 481.58元，同比增加2.19%。其中从美国进口233.49万吨，澳大利亚182.77万吨，阿根廷70.08万吨，缅甸0.29万吨。2023年1—11月，累计出口高粱2 013.26吨，同比降低41.21%；出口高粱平均每吨6 688.97元，同比增长21.05%。

三、谷子、高粱、糜子加工与消费变化分析

（一）2023年我国杂粮食品加工领域的变化

2023年，杂粮食品加工与消费领域发生了显著的变化。一是杂粮食品加工技术不断创新应用，超高压技术、新型干燥技术、酶技术等新型加工技术在杂粮加工中的应用越来越广泛，提高了杂粮食品的加工效率和产品品质；二是开发产品类型更加多样，针对不同群体消费需求开发了富硒、富锌、富叶酸等多种功能成分产品以及燕麦酸奶、小米锅巴、莜麦粉条、杂粮饼干等多种类型加工产品，满足了消费者多元化需求；三是品种、基地、加工不断深度融合，小米加工企、知名酒企选择专用优质品质，在优势产区建立基地采取订单收购成为大势所趋；四是更加注重品牌建设，培育了"敖汉小米""伊川小米""武安小米""沁州黄小米"等一批区域公用品牌和企业品牌，通过品牌打造提高杂粮产品的知名度和美誉度，增强消费者对品牌的认知度、信任感和忠诚度，从而在市场竞争中取得

更大的竞争优势。

（二）杂粮加工突出问题

一是杂粮加工企业的技术水平和加工设备与国外相比相对落后，由此导致的加工效率和产品品质无法与发达国家相比，在国际市场竞争力有待提升；二是杂粮加工企业缺乏稳定原材料供应基地，目前杂粮加工企业与农户缺乏直接稳定合作关系，市场波动加剧将降低原料稳定供应；三是杂粮加工企业系统化培育品牌需要加强，需要在符号、传播、质量控制、营销、危机与预防方面系统化培育品牌。

（三）世界食品加工领域的发展情况及展望

据统计，全球食品加工市场规模已经超过了 4.5 万亿美元，每年还在以 8% 的速度增长，加工食品向市场细分化、功能多样化、类型丰富化发展。据联合国粮食及农业组织（FAO）最新《食品价格指数》报告显示，2023 年全年国际食品价格指数同比下降 13.7%，困扰家庭开支的食品价格上涨势头正趋向缓和，消费者对食品数量和质量需求将相应增加。2024 年国内外食品加工趋势：从全球的角度看，主食消费量持续下降，休闲零食类食品消费量上升；产品的更新迭代加快，食品加工企业不断推陈出新，加快产品迭代速度，提供差异化、个性化的消费体验，以吸引更多的消费者；消费者更加注重营养健康，越来越多的消费者注重食品的健康与营养，杂粮产品消费呈增加趋势；品牌意识增强，消费者对于品牌的认可度逐渐增加，更愿意购买有知名度和良好口碑的食品品牌，降低食品安全风险。

四、谷子、高粱、糜子技术研发变化分析

（一）2023 年我国谷子、高粱、糜子产业重点研发技术变化

2023 年我国谷子、高粱、糜子以产业需求为导向，以粮食安全和特色农产品有效供给为目标，紧紧围绕"强科技、兴业态"的工作定位，聚焦核心种源、绿色提质增效生产技术、产后延链增值、关键农机装备等领域，全力破解产业难点取得了新突破，产业技术和产品创新都取得了新高度。

1. 基础研究更加注重关键核心技术突破，育种技术研究取得重要进展，为精准高效育种提供了技术支撑

构建了谷子图基因组，优化了谷子全基因组选择预测技术体系，大大提升了预测的准确性。构建了糜子首个泛基因组，批量发掘了控制重要性状的基因位点，形成了糜子分子育种平台。研发出高效鉴定谷子优异基因单倍型的方法和软件包，克隆了谷子籽粒产量关键基因 $SGD1$ 并开发出 SGD1 分子标记；构建了糜子香味基因 $BADH2$ 基因编辑载体并获得阳性单株，开发出糜子株高连锁实用 Indel 分子标记；开发高粱抗丝黑穗病主效基因 SSR 标记，建立了高粱多性状选择 KASP 技术，为提高育种精度和效率、支撑育种新材料创制提供了技术支撑。开发出谷子幼苗黄绿叶基因 $SiCHLI$ 选择标记，为杂交种鉴定提供了备选标记。

2. 种质资源更加注重突破性种质创新，创制出一批品质优异、中矮秆、抗除草剂、抗旱耐盐、优异株型等种质材料，为高值化育种贮备了材料

通过谷子、高粱、糜子耐旱耐盐、特殊品质、抗除草剂、抗倒伏、新型不育系等种质的精准鉴定，谷子创制筛选出"香米"新种质，比普通品种油酸含量高 3 倍的高油酸新种质，直立株型优质春谷新种质，抗嘧草硫醚除草剂新种质；高粱创制出黑色籽粒、耐

旱、耐盐碱新种质和亲本系，抗草铵膦杂交组合；糜子创制出中矮秆宜机收抗倒伏新种质、全糯高淀粉优质新种质和新不育系。谷子高粱糜子新种质创新，为提升品质、抗性育种水平贮备了丰富的材料。

3. 新品种培育更加注重产业化应用，育成了一批适宜不同环境、满足不同用途的特色新品种，支撑了产业高质量发展

35 个谷子新品种完成登记，12 个获得新品种权。育成的冀杂金苗 6 号在 4 个生态区较对照增产 13.61%，广适性突出；育成的金苗 K7、中谷 25、冀杂金苗 5 号优质抗除草剂品种，成为传统主推优质米品种黄金苗、汾选 3 号的替代品种；冀杂金苗 3 号、中谷 19、中谷 25 成为谷子优质米开发的主力军，张杂谷 13 号被农业农村部评选为农业主导品种，《优质谷子》团体标准通过审定，将推动谷子优质育种和产业发展。登记专用高粱新品种 36 个，19 个不同用途品种实现了成果转化。优质食用品种辽杂 69 蛋白含量 12.02%、辽糯 15 淀粉高达 80.21%，饲草品种晋牧 6 号粗蛋白含量提高到 18.8%，酿造专用品种晋杂 110 粗淀粉含量 76.44%、单宁含量 0.09%、粗蛋白含量 11.53%，酿造高产品种金糯粱 10 比对照增产 12.6%，酿造型广适品种龙杂 34 在所有试点全部增产，较对照平均增产 8% 以上。育成的高粱新品种，有力支撑了高粱产业优质高效高质量发展。育成优质、广适、宜机收、加工专用的糜子新品种 4 个，晋黍 16 号株高低于 145 厘米、适性强、品质优良；广适性新品种冀黍 10 号株高 133.9 厘米，适宜河北、山西、辽宁种植；优质加工专用型新品种陇糜 22 号淀粉 83.90%、赖氨酸高达 0.41% 是普通品种的 2 倍。新品种在重要性状改良上有较大突破，支撑了特色产业发展。

4. 栽培技术研发更加注重一体化配套，集成了一批全程机械化轻简化绿色生产技术，推动了产业提质增效

谷子方面，多角度研究了谷子逆境胁迫下产量、生理及代谢响应，探讨了化肥减量、有机肥替代化肥、微肥及植物生长调节剂对谷子品质和产量的影响，为谷子抗逆优质栽培提供了科学依据。探索了不同生态区"小麦+谷子""玉米+谷子"最佳种植模式，为品种配套栽培提供了技术支撑。集成的谷子轻简高效绿色生产技术在平原轻度盐碱地获得了机械实收 507.6 千克的高产，谷子全覆膜穴播水肥一体化种植技术亩节省人工成本 150 元以上，亩综合节本增效 295 元。高粱方面，形成绿色、轻简栽培技术 6 套，实现高粱主产区应用覆盖率 50% 以上。集成的"酿酒专用高粱轻简化栽培技术"成为辽宁省主推技术，较当地一般生产技术增产 15% 以上、平均增收 250~300 元/亩。盐碱地高粱栽培技术较当地一般生产技术增产 10.0% 以上、平均增收 250 元/亩以上。糜子方面，探究了耐盐碱、耐旱、重金属胁迫等抗逆生态生理机制，集成示范了精量播种、绿色防控、全程机械化等核心技术，亩节本增效 250 元以上，示范效果良好。黍子全程机械化栽培技术成为山西省农业主推技术，糜子优质绿色栽培技术集成示范增产 13% 以上、化肥农药投入减少 15%、机械化率达 90% 以上，亩节省用工 2~3 个。

5. 病虫草害防控更加注重绿色化，研发的检测与防控技术保障了产业健康持续发展

研究了粟负泥虫触角转录组及嗅觉相关基因，建立的谷子线虫病检测技术大大提高了种子携带病原线虫检测的准确性，研发出的春谷区谷子专用种衣剂防控效果达 94% 以上。对高粱抗炭疽、黑束和靶斑病基因进行了初定位，获得了诱导高粱抗镰孢菌根腐病生防菌株，确证高粱条斑症状为生理性病害；对多种药剂在高粱田主要病虫草害防控效果进行了评价，改进高粱田主要病虫害绿色综合防控技术。多组学揭示糜子对黑穗病菌侵染的响应，形成了糜子黑穗病高效防控技术体系；变废为宝，探索了糜子黑蘑菇营养特性与功能食品开发利用。

6. 产后加工更加注重功能成分的研究，为特色产品加工和延链增值奠定了坚实基础

针对不同品种小米煮粥品质的差异，研究了不同时间段米汤溶出物、米粒吸水、米粒结构、米汤黏度等的变化，阐明了醇溶蛋白对淀粉溶出的影响。分析了不同品种小米制作酸粥营养物质、挥发性风味物质组成、微生物组成的变化；分析了不同品种高粱单宁含量、淀粉特性差异。明确了醇溶蛋白水解物对糖尿病小鼠血糖水平的调节作用，发现了 EMPFPK、FFVGGNWK 和 GFAGDDAPR 功能肽。分析了小米糠多糖的结构，并评价了其体外降血糖作用；分析了不同加工工序（发酵、焙烤等）对营养组分、活性成分、抗氧化能力等的影响，为选择适宜的加工方式、配方、提升产品附加值提供了依据。研究了高粱面不同替代比例切片面包葡萄糖转化抑制效果。明确了籽粒＞粗面＞细面，切片面包在替代比例≥25%时表现出较好降低葡萄糖转化量作用。

7. 农机装备研发更加注重智能化和能效提升，全程机械化率进一步提升满足了丘陵山地对农机的基本需求

研发的谷子、高粱电控智能精准变量施肥播种机，其独立伺服驱动精准排种系统的电驱排种器计数监测准确率达到 99.42%，总体排种计数监测误差平均值小于 1.00%，支持高、中、低全车速，支持多种作业机型，支持标准信息交互，可实时精准调节播种量，对播深进行实时监测。改进与完善的谷子清茬施肥播种机，设计播深自适应控制技术，播种单体下压力控制系统，提高了复杂工况下播深和下压力检测准确性。研发出丘陵山地智能播种装备、谷子探墒沟播精量播种机，丘陵山区小型履带式无人驾驶谷子播种机，满足了丘陵山地对农机的需求。优化了谷子、高粱联合收获机结构参数和作业参数，70 厘米等行距 3 万株/亩处理下作业效率最高；改进了谷子无人驾驶联合收获机关键部件，无人驾驶系统稳定性提升。

8. 更加注重产业咨询服务，开辟新赛道科学普及工作再上新台阶

加强顶层设计、统筹规划制作相关科普微视频 124 个，广泛宣传产业关联技术。发布 18 期简报报告了产业市场动态变化、生产要素变化、发展趋势与建议。紧密和主产县市结合出谋划策，为相关政府部门提供咨询报告 11 篇，起草的"秸秆焚烧与综合利用"调研报告获得农业农村部批示，作为智库专家协助河北和山西的农业农村厅申报获批国家谷子产业集群建设，三年国家投资 4 亿元。在敖汉、沁县、武安、伊川、兴县等建立了体系、县、岗站专家、企业四级工作机制，协助敖汉小米、米脂小米入选了农业农村部农业精品品牌目录。加强了与中国农学会、中国科协、中国作物学会粟类作物专业委员会、中国种子协会、植物新品种保护办公室等多个平台的联系、联合和合作，在中央电视台新闻直播间、农民日报、财经网、新华网、人民网、光明网等国家级媒体报道 52 次，让广大民众对谷子高粱糜子等特色杂粮作物在新时期的生产技术价值、生态价值、文化价值、健康价值有了更深刻的认知。

（二）产业发展中遇到的突出技术问题

2023 年我国谷子、高粱、糜子从技术研发、材料创制、新品种新产品研发、生产技术、植保和农机技术、品牌建设等方面，都紧密结合产业发展需要，对接企业和新型生产经济主体（稳定对接企业 120 多家），全产业链一体化推进产业技术进步和产业质量提升，使谷子的生产效率提高了 20 倍，机械化率提高到 60%以上；高粱新增江苏和安徽多个产业新区（酒粮基地），陕北米脂小米新军凸起，为乡村振兴贡献了新力量。但是，仍然存在如下主要问题：一是种业创新能力仍然偏低，谷子、高粱、糜子在基因编辑、全基因组选择等新兴交叉领域技术创新不足，在产量、品质、抗逆、株型等方面突破性的品种还比较少；二是稳定提高生产水平的难度仍然较大，产业技术研发不够，生产过程中灾害类型多范围广，针对不同区域自然资源、气候特点、种植水平和发展潜力等因素开展的防灾减灾抗逆技术、农田抗灾防灾能力提升技术研究和配套不足，高产高效、资源节约、环境友好的绿色增产技术模式单一，不能满足不同产区和用户的需要；三是产业链还不协调，加工新产品的研发和产业化应用少，价值链增值缩水，产业稳定性较差，融合发展不够。此外，产业链和供应链现代化水平不高造成国内大市场循环供给质量不高，不能有效满足消费者对消费品转型升级的要求，使得生产和消费之间、供给和需求之间不能很好地实现动态匹配。

（三）2023 年世界谷子高粱糜子产业中重点研发技术变化情况

谷子方面，国外仅印度、日本、美国等国家在谷子种质资源基因型和表型鉴定及营养品质评价、干旱和盐等胁迫的根叶生理生化响应和蛋白组学分析等方面有一些研究，重点研发则在谷子的功能成分和加工利用等方面，通过以小米为基础的添加物料替代食品研究，开发出了含有更高水平的蛋白质、钙、膳食纤维、抗性淀粉的可用作糖尿病患者、骨质疏松患者、肥胖症者的健康零食食品；通过小米营养品质特性和加工工艺研究，开发出小米富营养速溶面条（方便面）、无麸质小米饼干，制备出谷子蛋白质浓缩物，谷子的营养功能和加工价值得到充分发挥。2023 年全球在生物学和农业科学高质量学术期刊上发表的谷子论文 165 篇。其中，研究型论文 146 篇，主要研究人员是我国谷子高粱产业技术体系的刁现民研究员，发表论文 13 篇，位列第一；国家谷子高粱产业技术体系贾冠清研究员、沈群教授发表论文 7 篇，位列第二；体系人员唐沙等发表论文 6 篇，位列第三。从论文发表单位看，排列前三位的分别是山西农业大学发表论文 31 篇，中国农业科学院作物科学研究所发表 22 篇，中国农业大学发表 16 篇。论文所属的研究领域分别是作物科学 63 篇，食品科学与技术 27 篇。从发表论文情况看，我国在谷子领域发表的论文最多，尤其在谷子植物科学和食品加工学相关领域已呈主导优势，产业技术体系支持已使我国谷子研究居国际领先水平。

高粱方面，基因编辑等新技术应用和耐逆境胁迫基因的挖掘是国外高粱遗传研究热点。目前开发的高粱 CRISPR/Cas9 基因编辑工具平均基因突变效率可达 41.36%，2023 年美国农业部动植物卫生检验局（APHIS）也豁免颁布了耐乙酰乳酸合成酶抑制剂类除草剂的基因编辑高粱。在耐逆境胁迫研究中发现，窄根角基因型在干旱胁迫下更高产，耐冷性基因座 qSbCT04.62 与主要基因 WD40 转录调节因子 Tannin1 的共遗传阻碍了高粱耐冷性的育种。在全球气候剧烈变化背景下，采取多样化的种植系统和综合技术措施，包括间作、充分使用化肥、选用耐寒旱品种、改善灌溉条件等，是提高高粱产量、应对气候变暖条件下高粱可持续发展的关键。迄今国外对高粱酚类物质组成、高粱淀粉加工特性、高粱抗性淀粉形成、高粱消化特性及其在食品加工中的功能特性进行了深入研究，并开发出了除传统面食外的高粱基啤酒、酸奶、面包、威化饼干、冲调粉和膨化食品等休闲产品。

2023年全球在生物学和农业科学高质量学术期刊上共发表高粱论文1 544篇，美国发表345篇，占比22.35%，总被引次数264，H指数6，综合排名全球第一；中国发表336篇，占比21.76%，排名第二，总被引次数362，H指数6，综合排名第二；印度发表167篇，占比10.82%，位居第三，总被引次数113，H指数4；巴西发表121篇，占比7.84%，排名第四，总被引次数43，H指数3。从发表论文情况看，尽管我国高粱发文影响因子不高，也不是高被引论文，但产业技术体系支持已使我国高粱基础研究领域形成主导优势。

糜子方面，国外产业技术研发重点主要集中在不同糜子品种、不同栽培条件下糜子淀粉理化特性和体外消化特性的研究上。此外，关注了糜子小麦复合提取物的抗氧化和抗炎作用及通过WNT/β-连环蛋白信号通路促进头发生长的潜力研究上，也关注低剂量的Zn通过提高渗透物质、抗氧化活性、光合色素等对盐胁迫下的糜子具有明显的促进生长发育的修复作用。2023年全球在生物学和农业科学高质量学术期刊上共发表糜子论文54篇，主要的研究领域是食品科学与技术以及作物科学。主要研究者是国家谷子高粱产业技术体系体系冯佰利教授（5篇）、西北农林科技大学杜尚奎教授（4篇）、印度Ranjan Kumar Simmi（2篇）。研究单位主要有西北农林科技大学和印度农业研究所等。从发表论文情况看，我国在糜子领域发表的论文最多，尤其在糜子作物科学和食品科学技术相关领域已呈主导优势，产业技术体系支持已使我国糜子研究领先国际水平。

五、主要结论与政策建议

（一）结论与展望

2023年全国谷子种植面积减少，高粱种植面积增加，糜子基本稳定。种植面积受市场供求、玉米价格、墒情和政策影响较大，金苗K1、冀杂金苗3号、冀酿、红缨子等优质、专用品种快速替代传统品种，农户、收购商、加工厂一体化发展趋势明显。在杂粮加工方面，加工技术不断创新应用，开发产品类型更加多样，品种、基地、加工不断深度融合，培育了一批区域公用品牌和企业品牌。在科技创新方面，聚焦打赢种业关键核心技术攻坚战，在全基因组选择、分子育种平台方面取得重大突破，构建了谷子图基因组，优化了谷子全基因组选择预测技术体系，平均预测准确度达到0.8以上，为开发谷子全基因组选择芯片奠定了数据基础。新品种培育更加注重产业化应用，育成了一批适宜不同环境、满足不同用途的特色新品种，支撑了产业高质量发展。2024年在国际小米年推动下，小粒旱地作物营养、生态、健康将持续普及，产区地方政府对杂粮重视程度持续加强，为产业发展带来了新的机遇。同时，在大食物观、农食系统转型、盐碱地综合利用以及粮食单产提升政策影响下，抗旱、耐盐碱、营养丰富的特色杂粮生产面积基本保持平稳，生产、贸易、加工进一步深度融合，区域品牌效应进一步凸显。

但是，由于谷子、高粱、糜子小作物都没有列入国家粮食生产能力规划和《全国种植业"十四五"发展规划》，仍然缺乏政策支持，直接影响农户种植积极性，也无法真正体现出特色杂粮的优势和价值。同时，谷子、高粱、糜子优异基因挖掘相对滞后，分子育种技术刚刚起步，真正在产量、品质、抗逆、株型等方面有突破性的品种也还比较少；良种良法配套、农机农艺融合、水肥一体化协同提升品质和产量的栽培技术研发还有较大的提升空间，都需要从技术层面解决关键问题以促进谷子产业持续发展。此外，产业链和供应链现代化水平不高造成产业国内大市场循环供给质量不高，不能有效满足消费者对消费品转型升级的要求，使得生产和消费之间、供给和需求之间不能很好地实现动态匹配。

（二）政策建议

1. 加强科技创新，助推产业高质量发展

针对谷子高粱糜子产业发展需求，加强全产业链科技创新。在做好国家谷子高粱体系工作的同时，加强与国家重点研发专项、国家自然科学基金等项目横向联合，加强谷子高粱糜子基础研究和产业技术创新，培育优质、加工专用、功能保健谷子高粱糜子新品种，研发绿色高效生产技术、开发大众化食品、功能保健食品、休闲食品等；加强交叉学科研究，在农耕文化与产业发展、三产融合发展等交叉学科开展研究，促进谷子高粱糜子产业高质量发展。

2. 强化监测预警，助力保供稳价

加大国际、国内两个市场的监测、评估和预警工作，建立完善谷子高粱糜子全产业链信息分析监测预警体系，着重建立从地头到餐桌的监测统计体系，构建面积、产量、价格、库存、消费、贸易等产销信息变化数据库，尤其要加强对高粱主要进口国的生产与贸易情况监测力度，增强全球经济衰退、战争、国家政策等国际、国内环境变化引致的市场供需形势分析与研判能力，提高市场风险防范能力，为保证国内谷子高粱生产稳定，引导生产者进行科学决策提供信息支撑。

3. 强化政策支撑，保障国内生产稳定

在大食物观、新一轮千亿斤粮食产能提升行动以及盐碱地综合利用的大背景下，谷子、高粱、糜子等特色杂粮作物抗旱、耐瘠、耐盐碱，同时营养丰富均衡，增产潜力和消费潜力巨大。建议在国家层面出台谷子、高粱、糜子等特色杂粮发展规划与政策体系，完善对谷子、高粱、糜子等主产区种植、加工、物流等全产业链的扶持政策，引导健全和优化农业补贴制度，积极创新农业补贴的方式方法，积极推动新增补贴更多地向主产区调整优化倾斜，确保谷子高粱特色杂粮稳定生产。

4. 加快数字化转型，培育产品销售新体系

发展多种形式的加工产品线上销售方式。鼓励加工企业与天猫、京东等大型电商企业开展线上市场合作，同时鼓励加工企业利用互联网渠道、微信小程序等社交网络平台，拓展线上销售渠道。鼓励加工企业建立以大型商超专柜为主体、社区便利店为支撑、自助销售设备为补充的销售网络，构建线上线下互动的销售网络，扩大消费群体。

（国家谷子高粱产业技术体系首席科学家　刁现民　提供）

2023 年度燕麦荞麦产业与技术发展报告

(国家燕麦荞麦产业技术体系)

一、燕麦荞麦生产变化分析

1. 国际燕麦荞麦生产概况

根据美国农业部统计数据，2023 年全球燕麦收获面积为 839.1 万公顷，较上一年同期缩减 10.07%；总产量约 2 042.5 万吨，较上一年减少 18.71%。产量面积都有缩减，说明 2023 年燕麦单产水平总体递减。全球范围内，产量超过 50 万吨的国家和地区包括：阿根廷（61 万吨）、澳大利亚（110 万吨）、巴西（122 万吨）、加拿大（250 万吨）、中国（60 万吨）、欧盟（681 万吨）、俄罗斯（350 万吨）、英国（85 万吨）、美国（82.8 万吨）。与 2022 年相比，澳大利亚、白俄罗斯、加拿大、欧盟等 4 个国家和地区的燕麦产量大幅降低，中国、挪威、土耳其保持不变，阿根廷、智利燕麦产量有所增加，较上一年同期增加 42.19%、42.86%。

根据 FAO 统计数据，2022 年全球荞麦收获面积为 223.65 万公顷，总产量约为 223.52 万吨，较上一年同期分别增长了 12.6%、19.4%，可见世界荞麦单产变化较大。荞麦生产产量超过 5 万吨的国家和地区包括：俄罗斯（122.24 万吨）、中国（50.64 万吨）、乌克兰（14.77 万吨）、巴西（6.44 万吨）、美国（8.53 万吨）、哈萨克斯坦（8.98 万吨）。全球荞麦的增产，主要来源俄罗斯荞麦产量的大幅增长。

2. 国内燕麦荞麦生产概况

据国家燕麦荞麦产业技术体系统计，2023 年，我国燕麦种植面积约 1 248 万亩，其中籽粒燕麦 565 万亩、饲草燕麦 683 万亩；收获燕麦籽粒 75.8 万吨，燕麦饲草 288 万吨。2023 年，全国荞麦种植面积 915.2 万亩，其中甜荞 445.8 万亩，苦荞 469.4 万亩；收获荞麦共 88.078 万吨，包括 31.148 万吨甜荞和 56.93 万吨苦荞，比上一年略有下降。

2023 年燕麦荞麦的收获面积和总产量较上一年均有所下降，这一趋势将会进一步持续，并且在种植结构方面存在被其他高附加值作物替代的风险。2024 年消费市场仍存在较大上升空间，世界和我国人均年燕麦消费量为 2.57 千克和 0.67 千克；荞麦人均年消费量为 0.29 千克和 0.4 千克。因此，从深化供给体系、建立有效需求体系和与其他产业深度融合的角度提升行业集中度和产业创新，是 2024 年燕麦荞麦产业发展的主要方向。

二、燕麦荞麦市场与贸易变化分析

2023 年，全球燕麦出口总量为 236.5 万吨，主要出口国家和地区包括加拿大（160 万吨）、澳大利亚（40 万吨）、欧盟（10 万吨）、俄罗斯（12.5 万吨）。除欧盟外，其他各国燕麦出口量均有不同程度的下降。出口量较上年同期下降 14%。

全球燕麦进口总量为 246.2 万吨，主要进口国家为美国（146.5 万吨）、中国（30 万吨）、墨西哥（12.5 万吨）。

根据联合国商品贸易数据库数据，2022年，全球燕麦出口总量为307万吨，主要出口国家包括加拿大（125万吨）、澳大利亚（59万吨）、芬兰（23万吨）、瑞典（22万吨）和波兰（14万吨）。除澳大利亚和瑞典外，其他各国燕麦出口量均有不同程度的增加。出口量较上年同期下降17.96%。

据中国海关进口数据统计，2022年中国进口燕麦干草15.24万吨，同比下降28.2%；进口金额6 536.81万美元，同比下降10.1%；平均到岸价336.20美元/吨，同比下降3.8%。中国燕麦草进口全部来自澳大利亚，受澳洲燕麦草生产工厂出口许可证到期影响[1]，澳洲可出口中国燕麦草工厂仅剩3家，进口量下降明显[2]。

总的来说，随着贸易全球化和中国对外开放的深化，以及中国居民健康理念的认知与提升，国内市场对燕麦及其加工品需求不断增加；同时，随着国内畜牧业发展，燕麦作为品质优良的饲料作物，对其需求迅速增加。但是，在贸易量不断攀升之际，国内燕麦产业转型升级较为缓慢，我国燕麦生产的优势相对不明显，国内燕麦市场和企业面临越来越大的进口冲击。目前，澳大利亚、美国等国际燕麦主产国发展迅速，国际市场不断扩大。比较而言，国内燕麦加工企业数量较少且规模普遍较小，国际竞争力较为薄弱，以传统企业经营管理为主，抗风险冲击能力不强。另外，国内燕麦加工较为粗放，多数企业仍以初级产品加工为主，仅少数企业具有自己的品牌和一定的创新能力，精深加工产品缺乏，市场建设能力不足，无论是燕麦的产品质量，还是市场知名度与消费者认可度，均与国外产品存在较大差距，在面对进口的燕麦产品对国内产品市场的加压还缺乏足够的抗击能力。

三、燕麦荞麦加工与消费变化分析

从消费来看，2023年全球燕麦消费总量为2 187.6万吨，其中消费量最大的国家和地区包括欧盟（712.5万吨）、俄罗斯（340万吨）、美国（220.5万吨）、加拿大（185万吨）、澳大利亚（85万吨）、英国（82.5万吨）、巴西（120万吨）、中国（90万吨）、阿根廷（60万吨）以及智利（52.5万吨）。美国、英国、澳大利亚、阿根廷、智利、俄罗斯、加拿大、欧盟、中国国内燕麦消费均较前一年有所缩减，其中俄罗斯、加拿大降幅较大。

从燕麦消费类型看，2023年全球饲用燕麦1 419.2万吨，较去年同期下降13.05%。其中饲用燕麦量超过50万吨的国家和地区有欧盟（570万吨）、俄罗斯（190万吨）、巴西（117.5万吨）、澳大利亚（65万吨）、美国（103万吨）、加拿大（75万吨）。

四、燕麦荞麦技术研发变化分析

（一）燕麦荞麦育种研究

2023年燕麦育种主要涉及种质资源筛选、品比试验、新品种选育、重要性状基因挖掘、再生和遗传转化体系建立等方面。遗传育种主要涉及抗病性鉴定、抗病基因遗传定位、抗旱种质资源筛选、种质资源遗传多样性分析及重要性状关联分析等。国内完成了二倍体燕麦 Avena longiglumis 线粒体基因组测序工作，进一步完善了燕麦参考基因组。针对

---

[1] 海关总署澳洲燕麦草出口商名录里的工厂有效期为每年2月到期。
[2] https：//baijiahao.baidu.com/s？id＝1717997220726592449&wfr＝spider&for＝pc

抗旱、耐盐碱、抗倒伏等抗逆特性，从形态特性、蛋白组、代谢组和转录组等层面进行了研究，筛选出 12 个可能响应重度干旱胁迫的关键基因，建立了一种评估耐旱性的方法。从基因型、激素种类和浓度等方面优化了裸燕麦胚性愈伤组织的诱导并建立了离体再生体系。选育出高产优质宜机收燕麦新品种'银燕 6 号'和优质圆粒加工专用型裸燕麦新品种'坝莜 19 号'。

荞麦育种主要涉及四倍体金苦荞种质创制与评价、种质遗传多样性分析、种质资源评价、杂交后代遗传分析、功能基因挖掘、基因定位及分子标记开发、突变体库构建等。甜荞半矮秆抗倒伏新种质创制、高质量基因组组织和自交不亲和基因的鉴定及功能验证、种子大小和落粒性遗传定位，苦荞种子大小遗传定位、抗病基因、抗非生物胁迫基因和黄酮代谢基因的鉴定，苦荞稳定遗传转化及基因编辑体系建立。

（二）燕麦荞麦栽培研究

2023 年国外燕麦栽培从之前播期管理上转变以肥料施用和耕作方式为主要的研究方向，研究发现液源氮可作为一种更可持续的燕麦施肥技术，这一技术的应用将会提高生产力，并减缓对环境的影响。在六田轮作（8 次轮作，24 年耕作）中研究矿物肥料对燕麦效果，明确了施用不同剂量矿物肥料对燕麦的影响程度，并确定了最有效的矿物肥料施用量。不同氮肥梯度试验研究表明，施用氮肥显著促进了燕麦生长，提高燕麦产量。

国内燕麦栽培技术研究主要集中在不同栽培模式和"燕麦耐盐碱品种+农艺措施"改良利用盐碱地技术，研究发现燕麦宽幅匀播栽培有利于构建合理的群体结构适宜的作物密度，调节燕麦生长小环境，又可显著提高燕麦光合效率，提高燕麦产量和品质。燕麦带状复合种植技术研究，初步明确了区域最佳的燕麦带状复合种植模式与配套技术，量化了燕麦带状种植的增产效应，并揭示其根际酶学和微生物学调控机制。

关于荞麦栽培方面的研究主要集中在种植模式、耕作措施、施肥（化肥和微肥）和化学调控等对荞麦生长发育、农艺性状、产量、品质和缓解胁迫等方面的影响。在种植模式、耕作措施方面，重点关注"荞麦—大豆"轮作、"食荚豌豆—夏大豆—荞麦""烟草—荞麦"间作、"荞麦—高粱"间作和"玉米—荞麦—菠菜"一年三熟高效种植模式及配套栽培技术。在化肥及微肥施用方面，明确了黄土高原的最佳施氮量（180 千克每公顷），提高了荞麦产量、农艺性状和氮素转运，增加了蛋白质产量和蛋白质组分积累；叶面喷施亚硒酸钠能改善甜荞光合作用和叶绿素荧光参数，增加各器官干物质积累量，并促进干物质向籽粒转运，从而提高甜荞籽粒产量和富硒；不同水平的硼处理提高了荞麦根和叶对铝毒的耐受性。在化学调控方面，研究发现外源萘乙酸（NAA）处理（最佳处理浓度 150 毫克）和外源赤霉素（GA3）处理（最佳处理浓度 100 毫克/升）薄壳苦荞籽粒能延缓薄壳苦荞衰老；外施褪黑素可有效提高苦荞茎粗、单株粒数、籽粒黄酮含量和游离氨基酸含量。

（三）燕麦荞麦加工研究

关于燕麦加工的研究主要集中在不同燕麦品种基因型对脂质含量和脂肪酸组成的影响，探讨了燕麦酚酸和蒽酰胺基因型与环境的相互关系，不同粒径的燕麦粉的理化品质；亚临界乙醇-水提取燕麦淀粉品质的工艺改进；通过阿魏酸接枝对燕麦 β-葡聚糖改性。关于燕麦草的加工研究，主要集中在不同生长阶段和青贮技术对燕麦青贮品质和瘤胃消化的影响，燕麦饲草预处理研究，燕麦裹包青贮饲料可提高动物生长性能和营养成分利用效率，改善反刍动物瘤胃发酵性能。

荞麦加工与营养的研究中，在功效研究方面，富含多酚的苦荞提取物对酒精性脂肪肝的保护作用，阐明苦荞提取物可能通过调节磷脂酰胆碱/磷脂酰乙醇胺稳态来发挥其降脂作用；荞麦水解白蛋白对餐后血糖升高的抑制作用及其作用肽鉴定的研究。在加工工艺方面，喷射磨粉技术的应用显著降低了荞麦粉的粒径，且荞麦粉的受损淀粉含量、水溶性指数、吸水指数和膨胀性均有所提高，制成的全荞麦挤压面条的破碎率和蒸煮损失有效降低，高压短时间介质阻挡放电等离子体处理可加速淀粉水解过程，可应用于酿造和食品发酵等。

五、主要结论与政策建议

（一）结论与展望

燕麦荞麦产业在生产环节存在种植收益低，易被其他高收益作物替代；在加工环节存在企业规模普遍较小，市场结构趋于完全竞争状态，产品同质化较为严重，创新性产品研发和有影响力的品牌缺乏，产品基本处于价值链低端的低水平竞争状态；在消费市场存在受消费习惯、品牌形象、产品设计等影响，市场范围狭小和占有率低，在进出口方面存在我国燕麦和燕麦饲草进口逐年增加，荞麦出口逐年下降等问题。

（二）政策建议

1. 强化科技创新驱动

一是鼓励燕麦荞麦产业的科学技术创新，充分发挥"互联网+"、大数据、云计算的优势，在燕麦荞麦产业的生产、加工、销售与服务过程中注入科技新力量，扩大产品的目标销售市场，精准定位目标顾客群体；研发先进的生产加工工艺，学习科学的管理技术，提升燕麦荞麦的产品商品率。

二是助推产学研结合加速科研成果转化。燕麦荞麦产业的高质量发展需要具备较强的产品研发能力和科技创新水平，燕麦荞麦产品只有经过精深加工形成品类繁多、标准化高、符合市场需求的新产品，才能提高加工转化率。因此，燕麦荞麦产业应搭建高水平的产学研结合平台，汇聚企业、高等院校、科研机构在科技创新中的合作力量，做好不同主体、资源要素间的协调配合，提高燕麦荞麦产业科研成果的转化率和产品的加工转化率。

2. 发挥龙头企业示范引领作用

一是发挥龙头企业引领优势。以龙头企业为主导延伸产业链，向前对接燕麦荞麦产品生产基地，向后打通农产品营销渠道，构建一体化的燕麦荞麦产业综合服务体系，实现资源要素在全产业链间的流动。并且，要以龙头企业为平台推广实践经验，向中小微企业、农户提供覆盖产供销全过程的生产技能、经营管理和科学技术等指导，以点带面引领整个行业的发展。

二是共享产业联盟成果。燕麦荞麦产业升级要依靠不同产业间的优势互补，龙头企业间加强合作更容易起到示范引领作用。从全国范围看，跨地域、跨领域的龙头企业间要注重信息的交流与合作，形成优势互补的产业联盟，通过共享生产资料和技术节约生产成本，通过合作研发降低研发成本与缩短周期，通过联合培训、互动学习丰富经营管理模式，以合作共赢实现龙头企业间的协同发展，进而带动燕麦荞麦产业的高质量发展。

3. 做好产业链和供应链战略设计和精准施策

一是引领研发、生产和加工部门延伸产业链，提高产品附加值；二是助推构建上下游一体化产业链，推进生产集聚化和规模化，引入战略合作伙伴和先进管理理念、管理机制，推动产业链上下游资源整合；三是建立以产品升级为主导产业发展格局，一体化推进生产、销售和消费联动，着力在重点领域和关键环节，加大创新力度，加快转变生产方式，全面提高经营水平，增强燕麦荞麦产业发展活力和后劲。

（国家燕麦荞麦产业技术体系首席科学家　任长忠　提供）

2023年度食用豆产业与技术发展报告

（国家食用豆产业技术体系）

一、食用豆生产变化分析

（一）2023年我国食用豆生产变化基本情况

1. 食用豆播种面积、总产量呈现双升态势

2023年食用豆播种面积4 776.42万亩，较去年增加45.15万亩，增幅为0.95%；产量2 067.11万吨，较去年增加225.17万吨，增幅为12.22%。

2. 食用豆单产呈现增长态势

我国食用豆单产稳中向好，其中云南省、四川省、贵州省、安徽省、辽宁省、江苏省等地区每亩达到300斤。单产提高，良种培育与推广是关键因素。据食用豆体系统计，2023年，绿豆主要种植品种有'中绿5号''苏绿2号''科绿2号'等，蚕豆有'通蚕鲜6号''云豆早7号''云豆早6号'等，豌豆有'云豌18号''中豌6号''苏豌6号'等。食用豆体系育成品种占主导地位。

同时，食用豆体系近年来的高产创建活动与高效栽培模式结合带来的增产效应表现显著。食用豆单产提高也促进了种植规模的扩大，数据分析表明，食用豆单产高值与种植面积高值基本重合，食用豆生产的规模效应也得到体现，规模效应也是促进食用豆单产提升的重要因素。

（二）生产中遇到的突出问题

1. 食用豆生产面临劳动力供给短缺的困境

随着我国人口老龄化的加剧，农业劳动力老龄化问题也日趋严重。我国食用豆种类多、地域分布广、种植模式多样，与之对应的高效生产装备缺乏。下一阶段，加紧食用豆生产机械的研发与推广仍是重点工作。

2. 食用豆生产的政策支持仍然相对缺乏

目前，中央财政投资主要倾向于小麦、玉米和水稻等主粮作物，以及大豆等油料作物。在投资内容上，主要包括育种领域的投资（育种研发投资、育种基地建设等），以及农机和农技的研发、推广和作业补贴等。现阶段，缺乏对食用豆生产的政策引导、补贴激励。

（三）2023年国际食用豆生产情况及对比分析

从劳动生产率、土地生产率和投入产出比为主要指标，以美国芸豆、加拿大豌豆、澳大利亚蚕豆、缅甸绿豆、印度小豆为比较对象的对比分析表明，我国食用豆在土地生产率和投入产出比较其他国家具有一定优势，在劳动生产率上需较大提高，要继续加大食用豆机械研发与推广。

（四）2024 年食用豆生产趋势展望

1. 大食物观树立，为食用豆产业发展带来机遇

近年来，国家对"大食物观"的阐释不断丰富和发展。食用豆是大食物观下的重要食物资源，为我国蛋白供给、热量供给提供重要支撑。近年来，中央及地方持续出台相关政策支撑打造大食物观先行示范地（例如，黑龙江省），探索多来源的食物供给渠道，这为食用豆产业发展提供了重要的抓手，以此为契机，有望缓解食用豆政策支撑不足问题，进而扭转局部区域局部豆种种植面积少量下降态势。

2. 经营管理模式优化，机械化水平不断提升，2024 年食用豆单产将进一步提高

现阶段，食用豆单产呈现增长态势，从历年数据看，未来将延续此趋势，保持增长态势。其中，代耕代种、生产托管等经营管理模式优化与全程机械化水平提升是主要的因素，2024 年食用豆单产有望进一步提升。

二、食用豆市场与贸易变化分析

据农业农村部数据，2023 年食用豆市场价格在不同品种间存在异质性波动。绿豆、红小豆和豌豆市场价格较为稳定。2023 年我国各省绿豆市场价格均值围绕 10 元/千克存在小浮动波动，红小豆围绕 13 元/千克略有波动，豌豆围绕 12 元/千克略有波动。此外，2023 年 12 月绿豆、红小豆和豌豆市场价格与 2022 年同比波动幅度较小，年际市场价格也较为平稳。

全年我国食用豆的净进口数量为 232.46 万吨，净进口额为 10.37 亿美元，进出口品种较为集中。绿豆的出口数量和金额占比最多，其次是芸豆、红小豆和其他干豆等，主要出口品种绿豆、红小豆和芸豆的出口量约占总体的 85%，出口额约占总体的 90%。豌豆仍是我国重点的食用豆进口品种。

主要出口创汇品种绿豆、红小豆、芸豆中，芸豆是我国量值齐增的出口产品。进口方面除豌豆和蚕豆的进口量同比上涨，其他食用豆的国内进口量值显著下降，未来我国食用豆进口规模可能进一步缩小。贸易伙伴方面，豌豆和绿豆进口格局仍高度集中化，需积极寻求更多元贸易对象。

三、食用豆加工与消费变化分析

随着越来越多的消费者选择素食或减少动物产品的摄入，对植物蛋白和健康食物的新需求带动了食用豆生产与消费的持续增长。市场研究公司 Global Market Insights 数据显示，截至 2023 年，全球豌豆蛋白市场以每年 13.5% 的速度增长，至 2027 年全球豌豆蛋白市场预计将达到 29 亿美元。而在中国市场，根据 CBNData 数据，中国豌豆蛋白产量的年增幅超过 25%，远高于年增幅不到 10% 的大豆蛋白。

2023 年度我国食用豆加工领域的突出变化主要表现在以下两方面，一是豆沙类产品及其衍生品不断推陈出新：随着国潮文化兴起，以中式点心和新茶饮为代表的产品市场持续火热。二是以豆类蛋白为主要原料的植物肉发展势头逐渐放缓。

四、食用豆技术研发变化分析

（一）国内技术研发进展

研制绿豆基因组 SNP 基因分型芯片，构建高效准确的全基因组选择育种模型，提升育种效率 3 倍以上。选育出高产广适抗枯萎病绿豆新品种'冀绿 23 号'等食用豆新品种

23个，'苏绿2号'入选农业农村部唯一绿豆主导品种，新品种累计推广面积达种植面积42%左右。以绿豆为代表开展了杂种优势利用的研究，育成绿豆杂交种'苏绿10号'，较常规主栽品种增产20%以上。绿豆新品种'冀绿23'配套春播绿豆地膜覆盖轻简栽培技术亩产170.6千克，较地方品种增产20%以上；'中绿12'在雄县张岗乡林下种植示范中亩产达180.9千克。小豆新品种'冀红26''中红9号'在林下种植示范中亩产分别是265.6和252.2千克。重庆高温伏旱高湿生态区应用体系自主育成的'通蚕鲜6号'新品种和"蚕豆稻茬免耕栽培技术""蚕豆机械化覆膜垄作生产技术"，鲜食蚕豆荚亩产首次突破4 000斤大关，通过与水稻轮作，实现了"吨粮田"和"万元田"。宜机早熟高产有限型蚕豆品种'青蚕16号'首次在海拔3 000米区域实现全程机械化，示范面积150亩，产量高达350千克/亩，产值达3 000元/亩，实现历史性突破。

2023年构建了食用豆产地土壤生产、生态与环境功能等多要素指标数据库，探索了食用豆产地土壤健康评价方法和指标体系，初步实现了食用豆产地土壤健康状况评价和信息管理。以绿豆为代表，集成了耐盐品种、高效施肥、秸秆还田等关键技术措施为主的盐碱地高效栽培技术。使用RGB+多光谱+热红外传感器和多种机器学习算法，精准估测蚕豆等收获指数（HI）。提出南方稻后蚕豌豆高产栽培技术、盐碱地食用豆肥料制度和轮作制度研究、玉米—食用豆带状复合种植等高产高效栽培技术，通过新品种和新技术的研制、示范推广，食用豆单产提高5%~8%。

开展抗（耐）除草剂、枯萎病、白粉病、豆象等重大病虫害种质资源的创新和利用研究。首次在国内鉴定了由群结腐霉引起的菜豆根腐病，明确了5%咪唑乙烟酸对蚕豆田主要阔叶杂草苣荬菜、野荞麦、猪殃殃和部分禾本科杂草有效，尤其对苣荬菜防效显著。建立了玉米—豌豆带状复合种植田间草害防治技术，研究集成了北方春播区土壤处理和茎叶处理"两封一补"杂草化学防控技术。大力开展绿豆豆象、叶斑病、晕疫病和蚕豆赤斑病、病毒病的绿色防控范推广工作，总示范面积超300万亩，成效显著。

在加工利用方面，依据芽用特性综合指标值筛选出'南阳大绿豆''苏绿1号''保定1028''苏绿7号'和'化西2019'等芽用特性优异的绿豆品种10份。对传统广式月饼馅料工艺改良，在以食用豆原料为主的基础之上，添加抹茶、玫瑰等天然营养辅料，提高了月饼皮料和馅料的营养与感官属性，并开发出一款适用于中式面点低GI食用豆黑麦预拌粉的产品和一款白芸豆风味固体饮料。创新绿豆蛋白改性及乳制品加工技术、红芸豆乳加工技术以及高绿豆含量面条加工技术；开发绿豆酸奶、红芸豆乳、高绿豆含量面条（70%、100%）、神池系列月饼等产品。

突破适宜扁平大籽粒蚕豆种子的精量排种技术，研发适宜规模化种植的宽幅高速蚕豆精量播种机，在青海互助、山西兴县、河北雄县、云南曲靖、甘肃定西、山东青岛等地开展试验示范，作业效果良好。研制了蚕豆、绿豆、鹰嘴豆和豌豆等食用豆联合收获装备并对其作业性能进行了进一步优化，实现了食用豆的高效低损优质收获，损失率<5%。

（二）产业发展中遇到的突出技术问题

一是尽管我国在品种选育上取得了一定的进展，但是生产上依然缺乏高产、优质、多抗、广适、出口专用且适宜机械化收获的食用豆新品种。

二是与机械化水平较高的大宗作物相比，食用豆生产中农机农艺结合度不够，亟须从适宜机械化作业的品种筛选、高效栽培、绿色植保以及全程机械化生产等方面进行全面统筹和技术集成，以促进食用豆产业降低生产成本、提高生产效率和种植效益。

三是病毒病、细菌性病害是影响食用豆生产的主要病害，生产用种的健康水平对病害的发生和流行起到至关重要的作用，如何生产无病种子是食用豆产业发展中遇到的突出技术问题之一。

（三）国际食用豆产业重点研发技术变化

国际上对食用豆产业重点研发技术主要集中在抗病、耐逆境育种、豆科作物轮作体系相关优势、人工智能和基于深度学习的食用豆病害自动检测和害虫分类、新的绿色防控方法等方面。

巴西黑芸豆抗旱育种取得了成功。Witcombe 等比较了豆科作物轮作体系下的土壤有机碳（SOC）库的变化，通过 6 年轮作试验结果发现，豆科轮作相比玉米连续单作增加了易利用 SOC 库中 C 的含量；与禾本科—小麦轮作相比，豆科轮作对小麦产量和氮素利用效率有正向影响。豌豆—马铃薯轮作和蚕豆—马铃薯轮作能显著改善土壤理化性质和微生物数量、增强酶活性；与连作马铃薯作物相比，产量分别提高了 21.19% 和 28.38%。

印度科学家提出了一种基于深度学习技术识别绿豆病虫害的模型，已成功识别出 6 种不同类型的绿豆病害和 4 种害虫，基于智能手机的绿豆病虫害检测深度学习模型平均准确率为 93.65%；西班牙科学家 Osuna-Caballero 等研发了基于 RGB 图像方法用 R 语言鉴定豌豆叶片锈病病害发展进程。纳米颗粒作为防治植物病害的一种新的有效途径被应用于食用豆病害的防控，能够提高蚕豆对枯萎病的抗性，并显著提高产量。

五、主要结论与政策建议

（一）结论与展望

2023 年食用豆种植面积、单产和总产、单价整体上涨，绿豆、小豆依然保持出口优势，蚕豆出口恢复性上升，豌豆进口略有减少。随着种植效益的不断提升，预计 2024 年食用豆种植面积将进一步扩大，籽粒食用豆略有增加，鲜食食用豆继续快速发展，单产水平将进一步提升。全程机械化生产将进一步扩大，食用豆生产逐步从小农户的种植向合作社、种植大户等新型农业主体转变，实现规模化种植，提高生产效益。从消费变化看，食用豆消费市场扩大，尤其是在一线城市和发达地区，结合整体情况看，食用豆食物及其产品有成为热门消费领域的潜力。

（二）政策建议

1. 抓住大食物观带来的发展机遇

深挖食用豆"五谷杂粮""五谷为养"属性价值，融合地方政府农业政策，开展食用豆种植补贴，引导南方冬闲田、盐碱地综合利用和食用豆间作套种等多类型推广种植。

食用豆富含植物蛋白、膳食纤维及微量元素，被看作是健康食品的代表，也是我国构建多元化食物供给体系的重要一环。建议在有条件的地区如内蒙古、黑龙江、江苏、河南等地进行补贴试点，调动和保护食用豆种植积极性，促进食用豆产业可持续发展。

努力开辟食用豆种植区域，推广盐碱地食用豆综合利用、南方冬闲田种植蚕豌豆等多类型种植模式，有助于缓解我国豌豆进口的依赖性，利用蚕豆高蛋白特性填补我国大豆原料缺口、降低大豆进口依赖性。

2. 加大科技投入

促进绿豆等食用豆实行品种登记制度，加强新品种良种繁育基地建设，适当培育种子和加工的龙头企业，实施食用豆现代种业提升工程。

部分食用豆主产省市出台"揭榜挂帅""种业振兴"等计划，显著促进食用豆种业发展。建议进一步加强国家和地方政府科技项目支撑，为食用豆科研生产提供新动能。对绿豆、小豆、芸豆等食用豆实行品种登记制度，规范种业市场。进一步加强科研院所与种业公司、技术推广部门的合作，在不同区域布局建立不同食用豆优良品种的原种和良种的繁育基地建设，生产高质量生产用种供应市场。

3. 加强食用豆全程机械化技术示范

提升食用豆生产适度规模化经营水平，促进食用豆生产农机农艺融合，推动食用豆产量效益协同提升。

关注多豆种通用型、中小型轻简化生产机具研发应用，以适宜丘陵山区的中小型食用豆播种、田间管理及收获机具的需求，基于一机多用和降低生产成本的考量，加强轻简型、多用精量播种和广适模块化低损收获等技术及装备的研制。引导适度规模经营，加强农机农艺有机融合，在典型食用豆主产区建立全程机械化示范基地，促进各食用豆主产区生产方式的优化升级。

4. 加强食用豆功能成分挖掘利用，助力产品健康转型与价值提升，上中下游协同发展推动产业转型升级

现阶段我国食用豆类加工水平仍处于初级加工阶段，在健康成分挖掘、健康机理研究方面不够深入，科技助力下的健康导向与附加值提升是持续提升食用豆行业的发展空间的必经之路。此外，在注重产品多元化提升的同时，重视招牌产品的发掘和推广，以此提高行业价值竞争的优势。

5. 加强食用豆灾害及病虫草害防控工作，降低食用豆生产损失影响

极端气候灾害仍然是食用豆产业发展面临的严峻挑战。需进一步加强食用豆主产区气象灾害防控体系建设，提高食用豆灾害监控预警和防控水平；完善食用豆气象灾害保险机制，充分发挥农业保险政策在食用豆生产与经营中的巨大作用。

（国家食用豆产业技术体系首席科学家　陈新　提供）

2023 年度马铃薯产业与技术发展报告

(国家马铃薯产业技术体系)

一、马铃薯生产变化分析

(一) 国内生产变化分析

1. 总种植面积和总产量均小幅度下降，单产依然增加

据产业技术体系专家统计，2023 年马铃薯总播种面积 7 592 万亩，总产量 11 835 万吨，分别比 2022 年减少 2.96% 和 1.04%。种植面积增幅 3% 以上和减幅 3% 以上的省（区）分别有 11 个和 10 个，总产量增幅或减幅 3% 以上的省（区）分别有 13 个和 10 个，其中中原和南方早熟区增幅明显，北方中晚熟区降幅 13%～28%，四川和云南面积增幅较明显但云南总产减幅明显。平均亩产 1 558 千克，比 2022 年增加 30 千克，增幅为 1.98%，主产区山西、湖北和贵州中原二季作区的各省份普遍增产，减产严重主要发生在西北一季作区。

2. 成本收益双增

本体系 23 个省份的 534 个固定观测农户数据显示：商品薯平均亩产 2 306 千克，比 2022 年增 7.36%；产地田间价格平均每千克 1.91 元，较 2022 年上升 13.02%；平均亩生产成本为 2 411 元，比 2022 年上升 13.95%；亩净收益为 1 573 元，比 2022 年增加 4.03%。

3. 存在的主要问题

北方一季作区和西南混作区春季普遍少雨干旱，尤其进入 6 月后甘肃和宁夏主产区发生夏秋连旱，在产量形成关键期水分严重亏缺，旱作产量较往年平均减产 30% 以上。由于多年连作，北方一季作区土传病害日益严重，尤其粉痂病和疮痂病，严重制约了该区域产业发展，尤其是种薯生产。生产要素价格较 2022 年上涨 20% 左右，收获期捡拾劳力紧张、价格上涨等多重因素导致马铃薯生产成本和运输成本大幅增加。

(二) 国际生产变化分析

据联合国粮食组织 FAO 统计数据[①]，2022 年全球马铃薯面积略降，单产增长明显，总产保持稳定。种植面积 2.67 亿亩，较上年降 1.90%；总产量 3.75 亿吨，降 0.33%；亩产 1 405 千克，较 2021 年增 1.61%。亚洲种植面积持续增长，占全球马铃薯总面积的 58.45%；欧洲的面积持续下降，降幅为 4.7%。

二、马铃薯市场与贸易变化分析

(一) 我国市场与贸易变化

1. 产地田间价格

价格走势符合"前高后低翘尾"的季节变化规律，但总体水平明显高于 2022 年，尤

---

① 数据来源 FAO 统计数据库，http://faostat.fao.org，2024 年 1 月 18 日

其是 8 月之前同期相比上涨幅度较大，2 月和 3 月同比涨幅均接近 100%，4—6 月同比涨幅均超过 30%，到 8 月同比涨幅仍达 12.42%，9 月后与去年同期相当。

2. 批发市场价格

价格走势符合季节变化规律，比 2022 年总体涨幅明显，尤其是上半年同比涨幅较大，各月均超 25%，5 月和 6 月达到 40% 左右。进入下半年，总体价格按照正常年份的季节变化规律有所下降，同比涨幅逐渐收窄，9 月比去年同期涨幅降到 7.54%，10 月开始低于上年同期水平，11 月和 12 月均比上年同期下降将近 15%。

（二）国际贸易情况

2023 年，我国马铃薯制品进出口总额 6.24 亿美元，比上年增加 0.83 亿美元，增幅为 11.42%。其中，出口额 4.87 亿美元，同比增长 14.46%；进口额 1.37 亿美元，同比增长 6.96%。颗粒全粉出口增长率 373.54%，冷冻薯条等制品出口增长率超过 50%、出口额占比接近 40%。马铃薯淀粉进口下降 15%，但雪花全粉和颗粒全粉分别增长 107.8% 和 87.5%，冷冻薯条等制品增长 15.35%。

根据联合国商贸数据统计[①]，2023 年 1—11 月马铃薯及制品世界贸易总额为 355 亿美元（比上年增幅 2.4%），其中出口额 178.84 亿美元、进口额 165.12 亿美元。冷冻薯条仍是第一大贸易品，分别占出口额和进口额的 55.0% 和 49.8%，占比增加；其次是鲜薯，出口和进口额占比分别为 18.0% 和 22.4%，贸易额均有所下降；第三是鲜切脱水薯片薯条等未冷冻马铃薯，出口和进口贸易额占比分别为 14.1% 和 13.2%。国际贸易集中在欧美地区，主要国家为荷兰、美国、比利时、法国、加拿大和德国。

（三）存在主要问题

国内市场与贸易全年整体情况向好，但 8 月之前历史最好行情到 9 月之后回归正常年份行情的落差较大，导致种植户和经销商心理承受能力底线被打破，9 月后田间出售意愿严重受损，入库贮藏急剧增加，但市场行情和价格事与愿违，再加上入库后成本增加使亏损更大。国内加工原料薯奇缺、价格偏高。

三、马铃薯加工与消费变化分析

（一）贮藏量下降和贮藏损失减少

收获后贮藏量估计在 1 800 万吨，占总产量的 20% 左右。其中北方一作区因贮藏设施和技术水平较高以及市场价格波动的影响，贮藏比例较高约为产量的 25%；西南混作区的贮藏比例 14.6%，且多以农户自用的简易贮藏为主。2022—2023 年贮藏季贮藏损失持续降低，北方一作区 5 个月以上的长期贮藏仅少部分由于管理不到位，损失达 10% 左右。

（二）加工产品更丰富、产能持续扩张、原料价格普涨，实际加工量远低于产能

加工产品涵盖了淀粉、全粉、变性淀粉、薯条/片（冷冻）、脱水薯块（片）、粉条/粉丝/粉皮、方便粉丝、鲜切薯片、复合薯片、炸薯片、膳食纤维、蛋白粉、蛋糕/饼干、面条/挂面、馒头和面膜共 10 余个大类。北方一作区集中了全国 87% 的加工产能，主要是淀粉、全粉、变性淀粉、薯条/片（冷冻）和粉条/粉丝/粉皮等产品；其他区域加工产品主要为鲜切油炸薯片/复合薯片等休闲食品，以及面条、挂面、薯饼、土豆丸子和脱水薯

---

① 数据来源联合国商贸数据库，http：//comtrade.un.org，2024 年 1 月 15 日

块（片）等主食产品。内蒙古、河北和甘肃为实际加工量前三位、占全国的74%。内蒙古和宁夏等加工产能受当地产业政策刺激进一步扩张，导致薯片薯条原料薯每吨上涨1 000元、涨幅71%，淀粉原料薯每吨上涨200元左右、涨幅25%~30%；加工制品整体上涨2 000~3 000元/吨。据调查全国加工产能超过300万吨，实际生产量仅133万吨，加工转化率不足10%。

（三）市场消费情况

甘肃、河北、陕西、山东和广西各地的马铃薯分别销往6~9个省（区），其中甘肃马铃薯的销售范围最广，达北京、山东和湖南等9个省（区）。北京市场马铃薯货源最多样化，有河北、宁夏和内蒙古等8个省（区）的供应。湖南、上海、广东、山东、浙江和四川的马铃薯来源也较为广泛。推测上述省（区）应为我国鲜薯销售的热点区域，在价格和需求量上较为突出。

（四）国际上加工稳定

国际上马铃薯加工相对稳定。速冻薯条和薯片加工集中在北美和欧洲。美国全年消费马铃薯1 693.1万吨，其中加工消耗达1 164.2万吨，占总消费量的68.8%；加拿大马铃薯加工占65%左右。淀粉加工主要在欧洲国家。

（五）存在问题

企业生产不足，大宗产品如淀粉、全粉生产企业的原料薯不足，而小食品加工市场扩展度却不够；技术研发不足，传统食品的产业化生产较少，不能满足不同消费群体的需要；速冻薯条加工产能不理性扩张、生产量大幅增加，价格和品质在国际贸易中竞争力较弱，面临着进口增加、国外市场占有率扩大困难的风险。

四、马铃薯技术研发变化分析

（一）遗传育种

国内主要在全基因组选择育种、分子标记辅助选择育种、单倍体诱导和抗病抗逆品质机理研究等领域取得重要进展，尤其是分子技术在种质资源精准鉴定及基因挖掘中应用加强。全国登记马铃薯新品种110个，其中，包括有鲜食品种59个，鲜食和加工兼用型40个。获得品种权授权品种37个，申请保护品种29个。国际上在泛基因组构建、新型育种技术、CRISPR/Cas9基因编辑和抗病抗逆品质机理研究等领域取得重要进展。提出了综合考虑全部基因型、家族及成员影响的品种选育技术；CRISPR/Cas9获得三等位基因或四等位基因突变品系和高支链淀粉含量的新种质；育成了高产高淀粉、多抗薯条加工或全粉加工等专用品种。

（二）土肥与栽培技术研发进展

国内研究热点主要是智慧农业形成新质生产力、水肥管理模式、旱作与节水栽培和气候变化对农作物产量的影响。建立了马铃薯10多个重要性状的田间表型信息遥感快速获取技术；突出多源大数据融合趋势、遥感数据与农学机理的融合，优化了水分、叶绿素、氮素和生物量等无损快速监测的方法，显著提升生产管理的精准性；在全国主产区重点研究了不同旱作马铃薯节水灌溉集成技术以及配套智能化栽培管理技术。国际上的研发重点聚焦在利用平台和光学传感器遥感，监测马铃薯氮素营养状况的时空变化和调控施氮量，避免过度使用化肥，减少氮素淋失和地下水污染。欧美学者分别报道了马铃薯精准农业最佳管理技术，并将先进的感知技术应用于智能灌溉系统、气候变化对马铃薯生产种植模式的影响和逆境胁迫响应机制。

（三）病虫草害防控技术

晚疫病仍为我国马铃薯首要病害，研发热点为致病机理、抗病机制和综合防治等。在晚疫病菌效应蛋白及其靶向机制上取得突破，研发了一些防控晚疫病的新型农药产品和措施；国外研究热点与国内相似，主要在马铃薯免疫识别受体、抗病基因与效应基因识别、效应子功能及靶向机制等方面取得突破。建立了利用哈茨木霉菌、解淀粉芽孢杆菌和内生芽孢杆菌等生物菌剂对黑痣病、黄萎病等土传病害的防控技术，但仍缺乏对粉痂病高效的防控技术；国际上结合近红外光谱与机器模型开发了一种早期高效检测黄萎病菌的技术。细菌病害以黑胫病（软腐病）和疮痂病为主，研发技术仍然围绕新致病菌株、生物防治与致病机制展开；国外研发重点在致病机理、品种抗性以及生物防治等。国外在杂草抗药性上取得突破，发现了多个全新靶标抗药性突变位点，并鉴定出一些非靶标抗药性代谢相关基因。

（四）机械化技术

据不完全统计，2023年国内马铃薯机械耕种收综合机械化率达56%，较2022年提高了2.89个百分点，机播率约33%，机收率约37.7%。成功研制了适用丘陵山区的小型机械以及一批智能化关键短板机具，国产中小型机械的机型增多，产品质量和性能得到提升。丘陵山区播种机突破了关键技术瓶颈，形成了新质生产力；智能机械化切种工艺流程和智能化装置的成功研制，打破了国外长期技术垄断的局面，但种薯精准切块技术仍处于起步阶段，多功能、一体化和智能化作业机具亟待研发。国外发达国家研发大型智能化播种机和收获机为主，自动化程度高、使用效果好。

（五）贮藏加工技术

我国的研究主要涉及采后贮藏与保鲜、营养与品质、加工技术与装备等方面，研究聚焦扩展加工应用、淀粉糊化行为预测、传统食品特性评价、品质快速无损检测和块茎贮藏保鲜与抑芽等技术。如马铃薯降解糖浆替代部分麦芽糖浆的淡啤酒酿造加工技术、预测淀粉糊化和回生行为的阻抗谱技术、改良地方食品洋芋搅团的营养和低血糖功能性；国际上的研究聚焦在发芽调控、提高鲜切薯短期贮藏品质以及利用等离子体、植物精油及玉米蛋白等抑制块茎发芽等技术。

存在的问题：我国地域和民族特色的加工传统食品的现代产业化加工技术，需解决其产业加工及装备、品质保持与包装等技术问题。

五、主要结论与政策建议

（一）结论与展望

1. 生产规模展望

生产经营主体逐渐稳定，以商品生产为主的长期规模化种植主体和对市场变化不甚敏感的小农户种植主体并存。预计2024年我国不同地区不同马铃薯生产主体会有不同程度的变化，整体种植面积将稳中有降，总产量将基本持平。加工专用原料薯过剩。

2. 市场贸易展望

如果不出现严重影响产量的大范围灾害，鲜薯市场价格将不可能再出现2023年春夏的高位运行行情，2024年影响国内市场的因素更复杂，受突发事件刺激出现异常波动的可能性较大，预测总体上鲜薯价格将维持在盈亏临界点以上。受红海危机等事件的影响，亚洲马铃薯及其制品价格较高，由于在动乱地区的特殊地位，我国马铃薯及其制品出口整体表现仍为利好、但东南亚市场风险增加；国内加工制品进口将增加。

3. 加工消费展望

如2024年春节过后商品薯不能迎来一波行情，4月部分菜薯将作为淀粉加工薯转卖淀粉厂，淀粉原料薯的供应会较往年增加。加工业投资的周期和刚性，决定了中短期内加工原料薯供应的短缺将持续，淀粉加工专用薯需求将增加。预计2024年加工专用薯种植面积将明显增加、加工原料薯价格有下滑风险。

（二）政策建议

1. 加大科技研发投入，促进产业创新发展

加大科技研发投入，加强优质新品种选育、水肥高效利用、病虫害综合精准防控、遥感数字化监测、全程机械化和食品加工等环节的新技术、新装备、新模式研发和推广，加快马铃薯产业发展新质生产力的形成。

2. 加强科企合作，促进专用良种推广

适应消费市场细分趋势，尤其是弥补加工专用薯生产短板，加强科企合作，加强专用品种及其用途的有关知识科普和技术的培训，提高种薯企业、种植企业和种植大户对优良品种的认知，引导其生产决策行为。

3. 发展加工践行大食物观，促进产业协调发展

针对不同地域和大中城市消费需求，积极推进以净菜、鲜切菜和预制食品加工技术研究与推广。针对不同用途，加强推进产地分级包装、半成品、小马铃薯等多元化菜用以及休闲食品开发，提升马铃薯价值，提高城市餐厨原料质量。增强丰富多彩的传统、地域特色加工食品的现代工业化加工技术的研发与推广，丰富和方便餐桌食品，提高国人饮食的幸福感。

4. 强化行业管理部门引导作用，促进产业稳定发展

各地政府科学制定马铃薯产业发展规划，适当调整种植结构，出台产业政策，通过针对性扶持智慧化生产、加工和技术服务等环节，带动种植结构的优化调整。以新型经营主体为抓手，合理优化区域布局和品种结构培育壮大以鲜食、休闲食品和加工等特色、专用的马铃薯品牌。利用权威渠道，发布生产、加工和市场等相关信息。

（国家马铃薯产业技术体系首席科学家　金黎平　提供）

2023年度甘薯产业与技术发展报告

(国家甘薯产业技术体系)

一、甘薯生产变化分析

FAO数据显示，近年来，全球甘薯种植规模总体平稳，2022年种植总面积724.84万公顷，总产量8 641.04万吨，平均单产11.92吨/公顷，分别较2021年下降0.44%、1.23%和0.79%。2022年我国甘薯种植面积和产量分别为215.73万公顷和4 682.88万吨，平均单产21.71吨/公顷，是世界的1.82倍。2023年甘薯数据还未公布，综合考虑2022年长江流域遭遇干旱、2023年甘薯生长期天气条件整体较好，主产区甘薯单产水平总体要高于往年。结合预测和专家估算，2023年甘薯种植面积小幅下降，约为211万公顷，单产略增，平均22.17吨/公顷，总产基本持平，为4 681万吨左右。

1. 我国甘薯生产中遇到的突出问题

①病虫害问题较突出。甘薯连作障碍及脱毒种薯种苗利用率低，造成甘薯病毒病、甘薯茎腐病、甘薯小象甲等病虫害有加重的趋势。②机械化程度低。特别是丘陵山区，机械化率低，影响了产业的发展。③化肥施用缺乏科学性，导致土壤恶化。存在过量使用化学肥料而有机肥、微生物菌剂施用比例低的现象，导致土壤性状恶化，加重连作障碍和土传病害。④贮藏保鲜技术和设备不足，应对市场风险能力明显不足。收获期鲜薯价格大幅低于同期，农户销售意愿降低，销售难度增大，影响2024年的种植积极性。⑤缺少大型龙头企业。规模加工企业少，区域品牌影响力不够，产品缺乏市场竞争力。

2. 2024年我国甘薯生产趋势

预计2024年全国甘薯种植面积持平，受到鲜食甘薯价格下跌的影响，北方种植面积将会减少，但随着进出口贸易的逐渐恢复、销售途径的扩大、非粮化改造的深入实施，以及果间套种等种植模式的推广，西南薯区、南方薯区和长江中下游薯区种植面积有所上升，鲜食和特用甘薯种植面积将增加。2024年正常情况下，单产会略有提高。各薯区品种布局保持稳定，鲜食型品种仍以'烟薯25''普薯32''济薯26''浙薯13'等为主；淀粉型品种仍以'商薯19''渝薯27'等为主；紫薯型品种'徐紫薯8号''徐紫薯3号''南紫008'等应用前景较好；国外品种'哈密''玛莎丽'等以及近年来培育的新品种面积会有所增加。

二、甘薯市场与贸易变化分析

1. 2023年全国甘薯批发行情持续走低，但零售端发展良好

2023年1—5月，全国鲜甘薯市场批发价走势与去年同期基本接近，但从6月开始，整体市场行情持续走低，其中11月同比跌幅超过20%，秋收甘薯出货速度普遍慢于往年。特别是鲜食型甘薯，整体行情显著低于上年，因此，不少种植户希望通过存储的方式，延缓上市，降低损失。零售价格方面，2023年我国鲜食甘薯电商零售价普遍高于上一年度，

3—12月的10个月中，有6个月同比涨幅超过10%，且走势相对较为平稳，年内波动幅度较上一年度小。

2. 2023年全球甘薯进出口贸易总量持续下降

世界贸易中心最新公布数据，2023年1—8月，全球甘薯进口贸易总额48 819.2万美元，较上年同期下降1.93%；出口总额39 007.9万美元，较上年同期下降0.65%。中国甘薯出口总额有所提高。2023年1—11月中国甘薯出口总量2.53万吨，出口总额1 487.84万美元，分别较去年同期提高72.99%和76.76%，"其他鲜甘薯"出口额占比稳步提高，"冷冻甘薯"出口额占比持续下降。中国甘薯进口规模大幅提高。2023年1—11月，我国甘薯进口总量4 023.45吨，进口总额213.88万美元，分别较去年同期提高952.54%和1 107.97%，达历史最高。贸易中遇到的主要问题：近年来，中国主要出口甘薯产品"其他鲜甘薯"出口价格逐年下降，2023年1—11月，全国"其他鲜甘薯"出口平均单价跌至0.53美元/千克，较2022年下降9.36%，仅为历史最高点2018年平均价格的39.95%。1—11月，第二大出口产品"冷冻甘薯"平均出口单价1.06美元/千克，较上年下降0.44%。

三、甘薯加工与消费变化分析

全球甘薯产品更加多元化，鲜薯、加工产品及副产物均注重营养保健功能，充分体现甘薯的特点和优势。我国以淀粉及其制品为主，据中国淀粉工业协会甘薯淀粉分会年报不完全统计，2022年我国甘薯淀粉总产量22.36万吨，同2021年统计数据（23.81万吨）相比减少了1.45万吨，减少6.08%，导致甘薯淀粉价格攀升。

1. 加工中突出问题

①淀粉加工：小型加工企业生产工艺、加工技术、设备落后，导致淀粉提取率低，制品品质差，资源浪费；大规模淀粉甘薯不多，大型淀粉加工企业原料生产基地少，原料不足，淀粉生产周期短，废水废渣短期无害化处理难度大，造成环境污染。副产物综合利用率低。②食品加工：国内中小型加工企业缺乏精深加工产品，附加值低，产品同质化严重，主要为薯干、薯片等；新产品、新技术多停留在实验阶段，距离成果转化还有差距。

2. 我国甘薯加工发展趋势

淀粉加工业向绿色高效方向发展，加工产品多元化并不断升级。随着冷链物流的迅速发展，冰烤薯、速冻薯泥、速冻薯块等速冻产品将是今后的发展方向。甘薯全粉制品以及代餐粉、甘薯植物肉、甘薯即食粥等即食产品的市场份额也有望增加。另外，甘薯多糖、蛋白、多酚类产品具有独特的保健功能，可以提升加工业的附加值，具有良好的发展前景。

3. 2023年我国甘薯消费情况

总体上看，鲜食甘薯销售市场呈现形式多样化，电商销售占比上升，零售端优质鲜食甘薯价格稳中有升，保健型鲜食甘薯市场前景持续看好；薯干、薯片等新型特色休闲加工产品的开发应用仍是市场热点；传统产品"三粉"的价格保持相对稳定。鲜食型甘薯售价根据不同区域和时间变动幅度较大，比如海南元旦期间鲜食甘薯4~7元/千克；而北方薯区10月中下旬大量上市时仅0.6~0.8元/千克。淀粉型甘薯价格相对稳定，一般在1~1.6元/千克；淀粉价格保持高位，一般能达到10元/千克，粉条14~28元/千克，薯脯超过20元/千克。

4. 消费中遇到的突出问题

品牌意识不强，优质甘薯的价格与普通甘薯价格差异不大，造成消费者在选购甘薯产品时很难区分内在品质，只能从外观上看一下好坏。加工产品比较低端，中高端产品还满足不了消费者日益增长的需求。

四、甘薯技术研发变化分析

我国甘薯产业中技术研发稳步推进，主要体现在：①甘薯遗传转化技术实现新突破。建立快速、高效的遗传改良新技术—原位转化法，转化效率93.8%；甘薯基因编辑效率超过73%，单靶点编辑效率达89.47%。克隆多个与甘薯重要性状相关的新基因，并明确分子调控机制。②发现甘薯植土地膜残留出现新问题。地膜田间残留导致聚乙烯微塑料（PE-MPs）被甘薯根尖、茎的表皮与内皮层组织吸收，促进甘薯地下块根和地上茎叶对镉吸收，加剧甘薯镉积累，增加食用风险，及时发现问题并提出风险预警和技术解决方案。③甘薯地下害虫防控提出新策略。研发提出小象甲世界性防控难题的分子靶标防控新策略。筛选出小象甲防控RNAi新靶标基因3个，具有很好的应用前景。④甘薯生产机械研发取得新进展。创制甘薯苗带式自动移栽机，采用"苗带载苗、苗带喂苗、苗带分苗、自动送苗、培土立苗、镇压定植"技术方案，即采用苗带整卷喂苗替代人工单株喂苗，将薯苗状态从无序变为整卷单株有序，以苗圃规格化装带作业替代田间机械化单株分苗作业，提高作业效率与栽植质量。创新升级丘陵用轻简型自走式甘薯联合收获机，优化改进防缠绕浮动限深挖掘、高质顺畅低损交接、全液压驱动底盘动力匹配、行走作业适应性提升关键技术，适用于丘陵缓坡地及小地块收获作业。⑤甘薯渣纤维素利用获得新产品。创建盐酸水解法制备甘薯渣纤维素纳米晶关键技术，并实现产业化试生产，所得甘薯渣纤维素纳米晶呈棒状，与市售采用硫酸水解法制备的纤维素纳米晶无显著性差异；甘薯渣纤维素纳米晶结晶度由纤维素的34.2%提高至61.0%；最大热降解温度由纤维素的327.48℃提高至347.88℃；ζ-电位达-40.07毫伏，具有良好的胶体稳定性。

1. 技术支撑产业提质增效

依托国家甘薯产业技术体系研发力量，通过召开甘薯产业博览会、产业发展大会、现场观摩会等形式，从总体上技术支撑了甘薯产业提质增效；通过建立示范基地开展新品种新技术新装备示范、建设专家工作站、科技特派团等形式推进成果转化，促进甘薯从业者提质增效；通过现场培训、网络、纸质资料发放等方式为企业、合作社及薯农提供了《甘薯防灾减灾技术手册》《甘薯贮藏保鲜剂使用情况分析和注意问题》和《甘薯软腐病防控技术要点》等资料，降低了甘薯生产和贮存保鲜的风险。

2. 甘薯产业技术面临的突出问题

①甘薯基因组复杂，重要性状基因的挖掘有限；缺乏更高密度分子连锁图谱和SNP图谱，重要性状QTL和分子标记实用化程度低；甘薯育种技术传统、效率低。②甘薯品种的遗传背景较窄，优质、高抗的特异种质较少；优质、高抗、适合机械化种植的品种缺乏。③甘薯块根膨大研究进展缓慢，植薯土壤中、微量元素对产量和品质影响及其潜在机制研究相对薄弱；在植物—根系—根际—菌丝际—土体及其微生物整个生命共同体层面的甘薯养分高效利用仍缺乏系统研究；植薯土壤地膜覆盖缺乏土壤和环境的长期效应研究；污染物管控与修复亟待展开。④我国甘薯机具智能化水平较低，还未完成高度自适应集薯、自动限深挖掘、自动对行等智能技术的研发推广应用。⑤甘薯重要病虫害致病机制和

成灾机理不清楚，防控缺乏科学依据；对甘薯有害生物防控新技术探索不足，需要加强甘薯病虫害可持续绿色防控技术的创新与应用。⑥绿色、环保、高效、低成本的贮藏新技术和产品少；食品加工和副产物综合利用规模化生产技术、设备匹配性以及能耗、工序复杂度等缺乏研究，成果转化不够；除单一质量安全风险因子外，多因子的协同作用还需加强；甘薯营养保健成分的体内功能评价研究仍较少。

五、主要结论与政策建议

（一）结论与展望

1. 结论

①全球甘薯种植规模总体平稳，我国种植规模较上年小幅下降，单产水平提升，但总产量基本持平，预计2024年全国种植面积持平，产量增加。②全国批发行情持续走低，但零售端发展良好。③全球甘薯进出口贸易总量持续下降，中国甘薯出口总额有所提高、进口规模大幅提高。④加工产品更加多元化，无论是甘薯、甘薯加工产品还是加工副产物均注重其营养保健功能，充分体现了甘薯的优势。⑤鲜食甘薯销售市场呈现形式多样化，电商销售占比上升，零售端优质食用甘薯价格稳中有升，保健型鲜食甘薯市场前景持续看好。⑥薯干、薯片等休闲加工新型特色加工产品的开发及应用是市场的热点，传统加工产品"三粉"的价格保持相对稳定。⑦甘薯技术研发稳步推进，实用技术支撑产业提质增效。

2. 展望

①甘薯品种需求多样化，优质特色专用型甘薯品种更受青睐。②健康种薯种苗快繁技术推广面积逐步扩大。③农机农艺结合的标准化、轻简化、高效栽培技术不断集成示范。④加工产品提档升级技术及废弃物无害化处理技术逐步产业化。⑤物流保鲜、智慧贮藏等技术不断熟化。⑥加工产品仍以传统淀粉、粉条、粉丝加工为主，但菜用甘薯加工、冰烤薯、薯干、薯酒、发酵饮料以及甘薯预制菜将不断涌现市场。⑦鲜食甘薯呈现销售形式多样化，电商平台，社区销售量增加，以及休闲甘薯产品的不断涌现。⑧预计2024年我国甘薯价格稳中略升，食品加工型甘薯受市场供求关系影响较大，预计淀粉型甘薯价格保持稳定。

（二）政策建议

1. 统筹区域产业特点，制定科学发展规划

政府引导，市场主导，因地制宜，分类施策。根据不同地区的农业种植结构，市场需求情况，科学确定本地区甘薯种植的种类、规模。

2. 助力产学研深度融合，健全甘薯种苗繁育体系

依托国家甘薯产业技术体系和甘薯育种攻关联合体，建立高效的甘薯脱毒种苗繁育体系，大力扶持种苗繁育企业，提供技术指导和监管，完善质量监督控制体系，加大种薯种苗市场的监控力度。

3. 集成熟化已有技术，强化人员技术培训

加快甘薯病虫草害综合防控、轻简化高效栽培、化肥农药减施增效等技术的熟化集成，组织农民培训，编制通俗易懂、可操作性强的培训资料，提升新技术在生产中的普及应用率。

4. 延伸加工产业链条，提高产品价值

发展甘薯深加工产业，延伸产业链、提升价值链、打通供应链，促进甘薯产业高质量发展，增强高品质粉条、粉丝、薯条的生产能力。

5. 完善市场销售网络，拓宽产品经营渠道

不仅打通农产品批发市场、商超等传统销售网络，还要积极拓展社区团购、电商平台和产业信息平台渠道，建立甘薯品牌意识，形成订单生产模式，助力乡村振兴。

6. 出台全产业链补贴政策，促进企业健康发展

制定甘薯产业扶持政策，激发农户生产积极性，培育和壮大龙头企业，加强甘薯加工新产品的研发和精深加工技术的研究，通过加工端带动种植端，促进全产业链发展。

7. 塑造地区特色品牌，打响市场知名度

培育区域公共品牌，实施标准化管理，确保产品质量安全。通过多种渠道和形式进行地区特色品牌的推广和营销，提高品牌知名度和美誉度，以品牌效应促进甘薯产业发展。

(国家甘薯产业技术体系首席科学家　李强　提供)

2023 年度木薯产业与技术发展报告

(国家木薯产业技术体系)

一、木薯、辣木、咖啡、胡椒、菠萝蜜生产变化分析

(一) 木薯生产变化分析

近年来,我国木薯生产规模呈现出平稳增长态势。受益于良种良法的推广,我国木薯单产水平持续提高,2022 年我国木薯单产达 16.58 吨/公顷,同比提高 0.93%,因而在 2022 年我国木薯种植面积 30.46 万公顷及同比下降 0.68% 的情况下,产量却同比增长 0.24%,达 504.90 万吨。总体来看,近几年我国木薯生产规模扩大,效益提高,但是机械化、智能化、农机农艺结合等先进技术应用程度仍需提升。

从世界木薯生产情况来看,随着地缘冲突等不确定性风险的加剧,国际粮价总体处于高位,特别是小麦价格高涨使木薯在非洲作为粮食作物的重要性地位更加凸显,驱动世界木薯生产规模扩大。根据 FAO 数据,2022 年世界木薯种植面积增加到 3 204.31 万公顷,产量增长到 3.30 亿吨,同比分别增长 1.85% 和 1.35%,其中,安哥拉、刚果(金)、尼日利亚、莫桑比克、柬埔寨、加纳等世界前六大木薯主产国的木薯产量分别同比增长 6.90%、6.79%、4.00%、4.46%、3.81% 和 2.38%。受气象灾害和病虫害影响,作为世界木薯出口大国的泰国,2022 年木薯产量下降到 3 406.80 万吨,同比下降 2.92%;同期越南木薯产量同比增长 0.58%,为 1 062.69 万吨。在需求推动尤其是非洲木薯增产潜力将进一步得到有效挖掘的情况下,预计 2024 年世界木薯生产规模将进一步扩大。

(二) 辣木生产变化分析

我国辣木主要分布在云南、广西、海南、广东、贵州、福建等热带和亚热带地区。2022/2023 年度,中国辣木种植面积约 12 万亩,同比有小幅度增加,年产鲜叶 10 万吨以上。印度是世界辣木最大的生产国,种植面积 60 万亩左右,年产果荚约 120 万吨。目前,辣木已成为埃塞俄比亚、肯尼亚等非洲国家数百万人的主食。2023 年,随着辣木在食品添加和畜禽养殖方面的广泛应用,世界辣木生产规模继续扩大;美国等发达国家通过国际合作的方式在印度等发展中国家发展辣木种植,受到联合国工业发展组织(UNIDO)的重视,为发展中国家的辣木生产提供了良好的契机。

(三) 咖啡、胡椒、菠萝蜜生产变化分析

2022/2023 产季,我国咖啡种植面积 129 万亩,同比减少近 10 万亩;咖啡总产量 11.50 万吨,较上年 10.91 万吨增长 5.40%。但是优良品种的种植面积小,产品精品化率低,产业精深加工不足。2022/2023 年全球咖啡收获面积 1 136.63 万公顷,同比增长 2.93%;单产每亩 50.71 千克,同比下降 21.42%,咖啡总产量 1 036.50 万吨,较上年增长 3.96%。

2022 年我国胡椒种植面积约 33 万亩,与上年持平;总产量 4.05 万吨,较上年减少 0.2 吨左右。我国胡椒单产出现下滑的原因:一是价格较低;二是生产成本尤其是人力成本趋高,管理水平下滑,生产资料投入减少。据国际胡椒协会(IPC)预测,2023 年全球

胡椒总产量为 54.30 万吨，较上年下降约 2 万吨。

截至 2023 年底，我国菠萝蜜种植面积超 50 万亩，年产量 33.5 万吨。同期，世界菠萝蜜种植面积约 400 万亩，鲜果产量近 400 万吨。未来我国菠萝蜜生产仍将以自主特色品种培育推广、产期调节、品质提升和品牌打造为重点。

二、木薯、辣木、咖啡、胡椒、菠萝蜜市场与贸易变化分析

（一）木薯市场与贸易变化分析

2023 年国内木薯市场呈现出供需两旺态势，下游木薯加工企业对优良木薯品种和木薯的需求扩大，有效支撑了国内木薯收购价格上涨。按照不同类型的收购主体计算，木薯淀粉（酒精）厂商收购的木薯平均收购价格上涨到 700 元/吨，上涨 40~60 元/吨，其中在广西北海、崇左等地的收购价高达 750 元/吨；相比之下，虽然食用木薯加工企业的生产经营规模较小，但是其木薯产品利润较高，使木薯收购价更高，平均达到了 2 000 元/吨。在需求推动下，2023 年国际木薯价格也趋于上涨。其中，泰国和越南的木薯收购价分别从 2022 年的 520 元/吨、900 元/吨大幅上涨到 2023 年的 580 元/吨和 1 100 元/吨，同比上涨 11.54% 和 22.22%。

由于国内酒精市场需求下降和国际木薯市场价格居于高位，2023 年我国木薯干片进口规模大幅下降，进口量和进口额分别为 560.83 万吨、15.51 亿美元，同比分别下降 21.12% 和 23.86%；同期，木薯淀粉进口量和进口额分别为 331.52 万吨和 17.05 亿美元，同比分别下降 23.08% 和 22.75%。我国是世界最大的木薯产品进口国，2022 年的进口量占世界进口总量的 62.46%。因而，中国木薯进口规模的下降导致 2023 年世界木薯贸易规模大幅萎缩，其中，作为世界最大的木薯出口国，泰国的木薯干片出口量、出口额分别为 452.49 万吨、11.45 亿美元，同比分别下降 24.45% 和 23.30%；木薯淀粉出口量和出口额分别为 281.20 万吨、14.73 亿美元，同比分别下降 29.13% 和 15.66%。同样，越南和柬埔寨的木薯出口规模也出现较大幅度的下降，其中，越南木薯和木薯产品的出口量、出口额分别为 295.36 万吨和 13.04 亿美元，同比分别下降 9.13% 和 7.27%；柬埔寨木薯和木薯产品的出口量为 336.22 万吨，同比下降 9.80%。中老铁路的开通运营促进了老挝对华木薯出口，2023 年老挝向中国出口木薯淀粉 21.73 万吨，同比增长 14.43%，出口额达到 9 970.18 万美元，同比增长 10.38%。总体来看，世界木薯供需不平衡的态势加剧，特别是随着老挝、柬埔寨等国家的木薯产业升级，所产鲜薯主要用于本国加工利用，鲜薯在东南亚国家之间的跨国流动受限，可能会进一步推动区域木薯加工原料上涨，进而提高中国木薯的进口成本。

（二）辣木市场与贸易变化分析

国内经营辣木的企业多为中小型企业和种植散户，规模小且零散，原料基本上是在本地区自产自销，或加工成产品，通过网络平台进入市场；2023 年我国生产的辣木叶、辣木叶粉、辣木籽油等原料，以"未列名主要用作药材的植物及其某部分"的海关编码出口，但市场占有量不大。

（三）咖啡、胡椒、菠萝蜜市场与贸易变化分析

2023 年中国咖啡价格 30.44 元/千克，同比增长 24.19%；全球咖啡平均价格 190.63 美分/磅，同比增长 12.93%。2023 年中国咖啡出口量 5.60 万吨，同比减少 62.13%；全球咖啡出口量 835.55 万吨，同比下降 3.25%；2023 年，国内咖啡市场价格高于国际市

场，原料生豆出口量急剧下降。

2023年，我国白胡椒单价为36~42元/千克，均价约38元/千克，处于近年来低位。据估计，目前胡椒存货占年产量比例低于3成，将会对明年及之后的价格产生一定影响。

由于菠萝蜜栽培分散，果实个头大，且大部分种植主体以小农户为主，销售渠道单一，较难形成规模化的销售集散地；产期调节能力差，每年海南、广东菠萝蜜集中在6—8月上市，导致市场价格波动大（收购价格介于1~10元/千克）。

三、木薯、辣木、咖啡、胡椒、菠萝蜜加工与消费变化分析

（一）木薯加工与消费变化分析

1. 木薯加工利用多元化进程持续推进

食用木薯粉加工技术已进一步得到规范，木薯食品化加工利用也在广西兴业县和海南儋州等地持续深入市场，其中广西兴业县正积极开展食用木薯预制产品的开发和木薯羹商品化、产业化销售的试点，海南儋州已建设国内最大规模的食用木薯粉湿法加工生产线，广东东莞、江门等传统种植区，开始形成食用木薯产业链。

2. 副产物饲料化和综合利用力度增强

木薯及木薯叶作为肉鸡和蛋鸡的能量与蛋白来源饲料，饲养效果良好；东南亚持续开展利用木薯渣饲养反刍动物的应用研究；微波辅助、微藻处理木薯淀粉造纸废液，木薯浆水解产物中葡萄糖转化率为88.1%；木薯叶氰化物提取物对人胶质母细胞瘤（LN229）细胞抗肿瘤作用的研究，结果表明提取液使细胞活力降低至（14.07±2.15)%。

3. 2024年国内外加工趋势

木薯食品种类多样性不断丰富，包括木薯饼干、木薯酒、木薯羹等，为消费者提供更多选择。同时，受国内外其他行业竞争的影响，大型跨国公司和财团凭借技术和资金优势占据市场份额，整合木薯淀粉、酒精和木薯粉等木薯产业大宗产品的加工领域，技术和产品日益趋于标准化、规模化和产业化，智能化和专业化设备的创新研制也将成为引领产业发展的关键领域。

（二）辣木加工与消费变化分析

辣木是一种很有前途的营养补充剂，可满足不同人群的营养需求。由于其高营养价值和丰富的活性成分，广泛应用于食品业和保健品加工。通常在食品中用作膳食补充剂或天然添加剂。研究表明，辣木含有多种生物活性化合物，因此，利用辣木叶作为膳食补充剂开发天然绿色健康食品将成为食品开发行业的一种趋势。

（三）咖啡、胡椒、菠萝蜜加工与消费变化分析

我国咖啡加工以初加工为主，目前正在向精深加工加快转型。世界咖啡加工领域变化不大，主要还是以哥伦比亚水洗豆、巴西日晒豆、越南罗豆等大众化产品为主。2022年我国咖啡豆消费量为28.80万吨，市场规模为4 856亿元。同期，全球咖啡市场规模达4 000多亿美元。我国胡椒以加工白胡椒为主，主要集中在海南；云南胡椒主要加工成黑胡椒。从全球来看，随着大健康市场的崛起，作为调味品消费的胡椒，其食药两用的功能将会得到挖掘，药用、日化等将是胡椒深加工发展方向。目前我国菠萝蜜以鲜果销售为主，加工量仅占生产总量的15%~20%，保鲜技术缺乏，产品附加值低。

四、木薯、辣木、咖啡、胡椒、菠萝蜜技术研发变化分析

（一）木薯技术研发变化分析

从基础研究领域看，耐贮藏机理、抗性机理和淀粉等食品品质形成机制的研究进一步得到加强，包括优良专用品种选育技术、脱皮技术、多糖多肽等高值化利用技术、块根品质稳定性检测技术、副产物资源化利用技术、绿色低碳废水处理技术等领域持续深入，轻简化、高值化和资源化利用将是今后木薯基础研究的重点；从产业技术看，国内产业技术标准（规程）进一步健全，包括加工工艺技术规程、检测技术标准、产品标准等，今后将在食品加工专用机械、食品制作专用装备的研制等领域；同时，木薯作为重要的粮食作物在服务"一带一路"倡议和《中国助力非洲农业现代化计划》将有突出作为。

（二）辣木技术研发变化分析

目前，辣木精深加工产品涉及医药、保健、食品、美妆等领域，主要有辣木保健食品、健康产品及辣木化妆品等。辣木活性物质的提取和分离纯化技术多种多样，但企业很少将多种技术联合应用于生产加工，技术成果转化率较低。大多数企业只采用传统的热水浸提法对辣木进行简单提取或直接试验辣木叶粉进行添加。此法操作简单，但对活性物质提取率和原料利用率均较低。这些企业往往生产的是初级加工产品，产品附加值低。只有少数大型企业采用水提、醇提等多种技术相结合来提取辣木活性物质，再进一步分离纯化，将辣木提取物添加到产品中，大幅度提高产品价值。

（三）咖啡、胡椒、菠萝蜜技术研发变化分析

选育高产、优质咖啡新品种，研发便捷化干燥技术和设备，大力推广精加工技术的萃取和产品多元化研发，对于支撑咖啡产业提质增效，开辟新领域、新赛道具有重要的作用。需重点解决原生种优良资源缺乏、施肥精准性不足、发酵加工稳定性不强等制约咖啡产业发展问题。挖掘胡椒健康功能、开发高附加值胡椒产品，开辟大健康、快消品等新赛道是胡椒产业突破传统餐桌调味品用途的发展方向，因此，应加大研发机械化高效生产技术以及高附加值加工技术。对于菠萝蜜种植来讲，实现良种化、轻简化栽培技术，推广有机替代、配方施肥、水肥一体化等减肥增效技术，实现病虫害精准测报，开展高效低毒农药筛选及绿色防控技术研发，以及实现化肥农药减施增效是当前菠萝蜜种植需要重点解决的问题。

五、主要结论与政策建议

（一）结论与展望

1. 聚焦全产业链关键技术，科技创新能力明显增强

在市场需求增加和科技创新驱动下，近年来，我国木薯、辣木、咖啡、胡椒和菠萝蜜产业都呈现出良好发展势头，生产规模总体扩大，种植效益提高。从遗传育种、栽培、病虫草害防控到产品加工利用，全产业链技术研究成果不断显现，其中，木薯育种、食品化加工、全程机械化等领域的关键技术研发已走在世界前列，粮饲化关键技术研发与集成应用取得了较多创新性成果，实现了从资源输入国向品种和技术输出国的转变；通过开展辣木、咖啡、胡椒、菠萝蜜育种和栽培等关键技术攻关，有效缓解了种质资源匮乏和栽培技术不规范等问题。

2. 产业发展提质增效，助力国家粮食安全和乡村全面振兴

我国木薯、辣木、咖啡、胡椒、菠萝蜜产业发展质量和效益提高，在服务国家粮食安

全战略和乡村全面振兴中日益发挥着重要作用。其中，随着功能特性和营养价值功效的不断挖掘，木薯和辣木产业在粮饲化方面发展迅速，正日益成为大食物观下的可靠食源；咖啡庄园化发展趋势推动一二三产业融合发展，通过咖啡文旅融合，把中国独特的、有限的资源转化为产业优势，促进了海南、云南多民族地区的经济发展；胡椒和菠萝蜜在丰富膳食营养方面的作用也在增加，产品附加值的提高有效提升了经济效益。

3. 政策支持力度不足，产业规模和效益有待进一步提高

我国热区面积相对较小，且对木薯、辣木、咖啡、胡椒和菠萝蜜的政策支持不足，使产业面临地区发展不平衡、规模效益不明显、综合利用效率低、原料缺口大和贸易依存度高等一系列问题。其中，木薯原料供应不足与下游加工业对木薯原料需求不断增加之间的矛盾，已成为我国木薯产业发展的一大瓶颈。胡椒、菠萝蜜生产经营仍以小农为主，面临生产成本高、加工水平低的突出问题。

（二）政策建议

1. 加大政策和科技资金扶持力度

有效发挥政策创新和财政激励对产业发展的"催化剂"作用，鼓励主产区各级政府将木薯纳入粮食作物范畴，支持企业流转撂荒地扩大木薯种植，强化国内木薯的生产供给保障；鼓励辣木、咖啡、胡椒和菠萝蜜主产区将其作为特色作物，重点在种质资源研发、新技术示范和推广等重点环节给予财政支持。

2. 因地制宜地推动机械和装备研发推广，提升产业现代化发展水平

因地制宜地推广机械化和间套种技术，加快生产和加工环节的现代化转型，在开展木薯、辣木、咖啡、胡椒和菠萝蜜高产高效栽培技术集成研究的同时，推动主产区标准化生产技术体系建设，加快生产方式向适度规模经营、机械化、智能化和标准化转变，如土肥水及病虫草害防控的智能化。

3. 延长产业链和拓宽价值链，打造区域特色品牌

注重产品特色和品牌打造，以服务县域经济为重点，加大科技服务对接企业的力度，延伸产业链条，提高产品附加值，包括木薯精深加工和特色产品开发；提升精品咖啡率和精深加工率，加快精品咖啡庄园建设；深入挖掘辣木和胡椒在医药、美妆等领域的应用；加快建设菠萝蜜专业合作社、家庭农场，推动区域菠萝蜜品牌化发展。

（国家木薯产业技术体系首席科学家　李开绵　提供）

2023 年度油菜产业与技术发展报告

(国家油菜产业技术体系)

一、油菜生产变化分析

(一) 国内油菜生产概况

据国家统计局数据[①],2022/2023 年度[②]中国油菜籽收获面积为 725.35 万公顷,较上一年度的 699.16 万公顷增加了 26.19 万公顷,同比增加 3.75%;油菜籽产量达 1 553.14 万吨,较上一年度的 1 471.35 万吨增加了 81.79 万吨,同比提高 5.56%;油菜籽平均单产为 2 141.24 千克/公顷,较上一年度的 2 104.46 千克/公顷增加 36.78 千克/公顷,同比提高 1.75%。

(二) 国际油菜生产概况

据相关统计数据[③],2022/2023 年世界油菜总收获面积为 4 189.5 万公顷,较上一年度的 3 845.8 万公顷增加了 343.7 万公顷,同比增加 8.94%。印度、加拿大、中国和欧盟的收获面积排在前四位。其中,中国占比 17.31%。2022/2023 年度世界油菜籽总产量为 8 881.5 万吨,较上一年度的 7 578.6 万吨提高 1 302.9 万吨。其中,欧盟、加拿大、中国和印度依次排在前四位,中国占比 17.49%。世界油菜籽平均单产为 2 120 千克/公顷,较上一年度的 1 970 千克/公顷增加了 150 千克/公顷。其中,智利是世界单产最高的国家,为 3 790 千克/公顷。

二、油菜市场与贸易变化分析

(一) 市场价格走势

据相关统计数据[④],2022/2023 年度我国油菜籽现货均价为 7 343.66 元/吨,较上一年度的 6 596.27 元/吨上升了 11.33%。2022/2023 年度国内油菜籽现货价格平稳,总体呈先升后降的趋势。2022 年第四季度,油菜籽价格呈明显上涨趋势,由 10 月的 7 105.33 元/吨上涨至 12 月的 7 468.64 元/吨。2023 年第一季度仍保持小幅上涨的趋势,2 月上涨至 7 538.10 元/吨,达到本市场年度价格峰值,较上一年度同期增长 18.22%。3 月起,油菜籽价格开始回落,直到 6 月跌至本市场年度最低价 7 217.52 元/吨。7 月之后,油菜籽价格又呈上涨趋势。

2022/2023 年度油菜籽进口到岸价均价为 4 960.67 元/吨,较上一年度的 4 865.02 元/吨上升 1.97%。国内油菜籽现货价格与进口到岸价继续保持较高价差,年度平均价差为

---

① 数据来源于国家统计局网站:https://data.stats.gov.cn/easyquery.htm?cn=C01
② 时间跨度为市场年度,2022/2023 年度指 2022 年 10 月至 2023 年 9 月,下同。
③ 数据来源于美国农业部 (USDA) 网站:https://apps.fas.usda.gov/psdonline/app/index.html#/app/advQuery。
④ 数据来源于布瑞克农业数据智能终端。

2 382.99 元/吨，同比增长 37.65%。2022/2023 年度，国内外油菜籽价差呈逐渐扩大趋势，最大价差出现在 2023 年 7 月，价差为 2 815.14 元/吨。国内外油菜籽价差长期高企不下，这种"倒挂"使得国产油菜籽完全处于价格劣势，扩大了国外油菜籽的进口量。

据官方统计数据，2022/2023 年度国产菜籽油现货平均价格为 10 476.01 元/吨，与上一年度平均价格 13 774.64 元/吨相比，下降了 23.95%。2022/2023 年度国产菜籽油价格总体呈震荡下行态势，2022 年 11 月菜籽油价格为 13 805.98 元/吨，为本市场年度最高价格，此后国产菜籽油价格开始下跌，到 2023 年 5 月国产菜籽油价格下跌至 8 123.83 元/吨，为本市场年度最低价。6 月起国产菜籽油价格有所回升，7 月价格已回升至 9 596.67 元/吨。8 月菜籽油价格出现小幅度下降。之后，菜籽油价格继续下跌，未来短时间内预计不会出现大幅上涨。

2022/2023 年度菜籽油进口到岸价均价为 8 613.16 元/吨，较上一年度的 9 900.47 元/吨下降了 13.00%。总的来看，菜籽油进口到岸价呈稳步下降趋势，国产菜籽油价格与进口菜籽油的到岸价价差呈先缩小后扩大态势。2023 年 5 月之前价差持续缩小，5 月国产菜籽油价格低于进口到岸价，随后价差持续扩大。这主要是国产菜籽油价格出现小幅上涨，而进口菜籽油到岸价持续下跌所导致。

（二）贸易情况分析

根据海关总署统计数据①，2022/2023 年度我国油菜籽进口总量 533.52 万吨，同比增长 221.91%；进口贸易总额 37.97 亿美元，同比增长 205.43%。自 2022 年 10 月起，我国油菜籽进口量大幅增加。2023 年 1 月进口量增加至 65.27 万吨，2 月虽然出现大幅下降，但持续时间短暂，3 月即出现大幅增长并持续到 5 月，进口量达到 68.63 万吨，为本市场年度月进口量最大值。随着新季国产油菜籽上市，进口量相应减少到 2023 年 7 月的 14.83 万吨，随后呈增加态势。由图 3 可以看出，与上一市场年度相比，本年度油菜籽进口量大幅增加且波动幅度较大。预计 2023/2024 市场年度期初我国油菜籽进口量将有所减少，这主要是由于 2022/2023 年度供需结余较多，也就是 2023/2024 年度期初的库存显著增多。在国内油菜籽保持稳产增产的态势，进口量将明显减少。

根据海关总署统计数据，2022/2023 年度，我国菜籽油进口总量 197.79 万吨，同比增长 103.20%；进口贸易总额 24.35 亿美元，同比增长 63.96%。自 2022 年 10 月起，我国菜籽油进口量呈波动性上升趋势，2023 年 4 月进口量增加至 30.93 万吨，为本市场年度月进口量最大值，随后呈波动性下降趋势。与上一市场年度相比，本年度菜籽油进口量大幅增加且波动幅度较大。预计下一市场年度期初菜籽油进口量将有所减少，这主要由本期供需结余和库存增加所导致。

据官方统计数据，2022/2023 年度世界油菜籽出口总量 2 020.5 万吨，较上一年度的 1 531.9 万吨增加了 488.6 万吨；加拿大、澳大利亚和乌克兰排在出口国前三位，其中，加拿大占比为 39.37%。世界油菜籽进口总量为 2 005.9 万吨，较上一年度的 1 384.0 万吨增加了 621.9 万吨；欧盟、中国和日本排在前三位，其中，中国占比为 26.60%。

2022/2023 年度世界菜籽油出口总量 645.8 万吨，较上一年度的 532.4 万吨增加了 113.4 万吨；其中，加拿大占比最大，占到了 46.72%。世界菜籽油进口总量为 685.8 万

---

① 数据来源于海关总署网站：http://stats.customs.gov.cn/。

吨，较上一年度的512.9万吨增加了172.9万吨；美国、中国和挪威排在前三位，占比分别为41.48%、29.13%和7.29%。

三、油菜加工与消费变化分析

（一）国内油菜籽、菜籽油消费情况

根据官方统计数据编制的中国油菜籽供需平衡表（表1），近5年油菜籽国内消费量总体呈上升趋势，2022/2023年度国内油菜籽消费量为1 932.5万吨，同比增长13.51%。油菜籽总体供给较为充足，供需总体较为宽松，预计下一年度油菜籽本国消费量将继续保持高位水平。

表1　中国油菜籽供需平衡表（10^3吨）

年度	2018/2019	2019/2020	2020/2021	2021/2022	2022/2023
期初库存	1 353	1 145	1 203	1 522	868
产量	13 281	13 485	14 049	14 714	15 531
进口量	3 486	2 558	2 795	1 657	5 335
总供给	18 120	17 188	18 047	17 893	21 734
出口量	0	0	0	0	0
压榨量	16 475	15 485	16 000	16 500	18 700
损耗	500	500	525	525	625
总消费	16 975	15 985	16 525	17 025	19 325
期末库存	1 145	1 203	1 522	868	2 409

中国菜籽油供需平衡表如表2所示，2022/2023年度菜籽油消费量上升明显，达到890万吨，同比增长7.23%，创菜籽油历史最高消费水平。目前国内下游餐饮疫后恢复速度较快，对菜籽油需求有所扩大，菜籽油消费量预计将有较大提升空间。

表2　中国菜籽油供需平衡表（10^3吨）

年度	2018/2019	2019/2020	2020/2021	2021/2022	2022/2023
油菜籽压榨量	16 475	15 485	16 000	16 500	18 700
出油率	0.39	0.39	0.39	0.39	0.39
期初库存	1 741	1 358	1 233	1 736	841
菜籽油产量	6 425	6 039	6 240	6 435	7 293
进口量	1 507	1 940	2 365	973	1 998
总供给	9 673	9 337	9 838	9 144	10 132
出口量	15	4	2	3	4
总消费	8 300	8 100	8 100	8 300	8 900
期末库存	1 358	1 233	1 736	841	1 228

（二）世界油菜籽、菜籽油消费情况

根据官方统计数据，2022/2023 年度世界油菜籽消费总量为 8 531.3 万吨，较上一年度的 7 618.0 万吨增加了 11.99%。欧盟、中国、印度和加拿大排在前四位，占比分别为 29.19%、22.65%、13.36% 和 12.55%。

2022/2023 年度世界菜籽油消费总量为 3 252.9 万吨，较上一年度的 2 994.9 万吨增加了 8.61%；其中，欧盟、中国、印度和美国排在前四位，占比分别为 30.34%、27.36%、11.31% 和 11.06%。

四、油菜技术研发变化分析

（一）加工技术

1. 国内油菜籽加工技术研发现状与趋势

我国大部分油脂加工企业规模比较小，工艺落后，加工产品较为单一，菜粕则主要应用于饲料领域和肥料，综合利用率也很低。很多油脂加工企业自主经营能力薄弱，所产的油脂均为初级产品，并未经过深加工，直接销售给大型知名加工企业，仅赚取微弱的差价，产品价值无法实现最大化。同时，油脂加工企业缺乏深加工和品牌包装意识，市场占有率比较低，不能带动当地油菜产业发展。目前，政府正致力于加大对龙头企业的扶持，不断更新设备，淘汰生产率低、工艺落后的小作坊加工厂，并鼓励企业加强与高校和科研所的合作，提高技术创新能力，开展油菜产品精深加工研究。

在菜籽油加工工艺方面，目前国内主要油脂加工企业均采用高温压榨工艺，菜籽油提取率低、能耗量大，与国家节能减排、低碳环保的发展模式相背。随着科技发展，生物技术、高压膨化技术、微波技术等在菜籽油加工行业的突破，首先要求大中型油企进行节能环保加工工艺升级改造。例如，冷榨技术是当今世界科技开发的适宜脱皮菜籽高效加工的新技术，低温压榨出的油脂中必需脂肪酸破坏程度小、天然维生素 E 与植物甾醇等活性物质含量多，属于天然原生态食用油脂。中国农业科学院油料作物研究所目前已研发出国际领先的高品质 7D 菜籽油产地绿色高效加工技术和成套装备，高品质菜籽油产品在安全、营养、卫生与质量等方面均优于同类产品。这一项新制油技术累计到 2023 年为止，已经在湖北、湖南、四川、贵州、江西、浙江等 12 个省（区）的 70 余家企业应用，开发出了很多地方品牌，取得了显著的经济效益。

2. 国外油菜籽加工技术研发现状与趋势

2023 年在菜籽加工产业技术研发方面，国际上主要集中在菜籽油的改性高值化利用方面。例如开发高效、可持续和创新的技术，从可再生生物资源中制造材料，对于克服聚合物行业的挑战至关重要。拉脱维亚国家木材化学研究所高分子实验室的研究人员以菜籽油为原料合成 Michael 给体，通过 Michael 反应进行亲核聚合，得到高分子材料。以环氧菜籽油为原料，采用氧环开环反应，合成了四种不同的生物多元醇作为 Michael 给体单体的前体。合成的生物多元醇羟基与乙酰乙酸叔丁酯发生酯交换反应，将乙酰乙酸官能团引入结构中。以已开发的乙酰乙酸酯和市售的三甲基丙烷三丙烯酸酯为原料，通过碳-Michael 反应制备了生物基聚合物。由差示扫描量热法和动态力学分析确定所得聚合物的玻璃化转变温度范围分别为 -11.0~56.7℃ 和 11.2~60.5℃，热稳定性高达 300℃。通过改变聚合物基体的交联密度来调整聚合物的性能，可以获得具有弹性体行为和刚性玻璃材料的聚合物；该聚合物的各种物理机械性能为其应用开辟了广阔的范围。

（二）栽培与生产技术

1. 国内油菜籽栽培与生产技术发展状况

针对稻油、稻稻油和盐碱地油菜产区，国内分别研发和集成了相应的绿色高效丰产栽培技术，在百亩示范方油菜产量表现优异，有效提升了油菜单产。核心技术包括：①直播油菜密植再高产栽培技术，主要技术环节有品种选择、翻耕深度、"三沟"深度、秸秆还田、密度与行距配比、科学施肥及机械收获等环节，该技术在长江流域近两年累计推广面积达3 500万亩，大面积示范亩产达180千克以上，小面积示范亩产突破250千克。②耐迟播油菜高产栽培技术，主要技术环节有品种优选、保墒齐苗、半量飞播、平衡施肥、芽前封闭、绿色防控和减损收获等环节，该技术大幅度提升了迟播条件下油菜产量，在全国油菜高产竞赛中稻油轮作组百亩示范方最高亩产量分别达到了301.34千克（安徽）和282.87千克（浙江）。③稻稻（再）油"三熟三高"模式，主要技术环节有油稻品种优选、缩行增密、种肥同播、机械播栽、肥密促早、起垄降渍、化控防冻、一促四防和机械收获，该模式下油菜单产超130千克，含油量超43%，两季水稻单产超900千克，周年亩日产能增加3 000~5 000千焦，亩增效300~500元。

此外，针对湖南、江西和广西三熟制区域土壤多呈酸性、供钾潜力低、镁、硼缺乏比例大且程度高等现状，初步确定了短生育期油菜的施肥策略，即重视钾镁硼、前期重肥促长促发保高产、中期调肥抗逆抗灾保稳产、后期控肥促早熟促适机。当目标产量在130~140千克/亩时的全生育期施用氮肥（纯N）10千克/亩、磷肥（纯P_2O_5）4.5千克/亩、钾肥（纯K_2O）6千克/亩、镁肥（纯MgO）2.5千克/亩、硼肥（纯B）0.15千克/亩，为优化短生育期油菜专用肥配方和施用技术提供了依据。

2. 国外油菜籽栽培与生产技术发展状况

油菜整个生育期经常遭受各种不利气候的影响，从而形成严重的非生物胁迫。干旱胁迫是国际上各大油菜产区普遍遇到共性问题，国外许多研究者从多维度开展了油菜抗干旱技术的研发。在土壤中添加0.8%的锌量子点生物炭添后，在干旱胁迫下，油菜的出苗率、长势以及产量构成因子均显著改善。此外，油菜的光合速率、蒸腾速率以及气孔导度分别增加了13.46%、199.71%和129%。采用抗蒸腾剂膜在油菜抗干旱中也有较好的效果。研究表明，当抗蒸腾剂膜用量每提高1%，籽粒可提高0.23~0.61吨/公顷。当油菜遭受干旱时，结合科学施肥，是一种简单、成本可控的重要调节方法。但是如果只用纯化学肥料，则会降低油菜含油量，而采用接种根际细菌配合化肥，不仅能够减少67%的化肥使用量，还能促进油菜产量和含油量。油菜在生育后期还容易遭受热害。当油菜在花后14天遭受高温和遮阴胁迫后，在中产区油菜产量的降幅可达39%，但是在高产区产量却不受影响。在油菜高产区，高温和遮阴双重胁迫下产量未降低原因在于籽粒数量（降低40%）和籽粒千粒重（增加43%）之间的补偿机制；但在中产区，油菜产量降低则是由于籽粒千粒重降低了25%。研究者试图通过接种根际细菌（假单胞杆菌 *Pseudomonas*），提高油菜耐热性。但是研究结果却发现在未进行热胁迫时该菌种似乎对油菜生长不利；在热胁迫下油菜根系C分配策略由于受到菌种的影响而打破了原有的平衡。由此可见，克服不利生长环境，提高油菜产量，达到油菜稳产和丰产是油菜提单产重要方向。

（三）植保技术

1. 国内油菜植保技术发展状况

菌核病是冬油菜生产的主要限制因子之一，尤其是南方冬闲田或稻稻（再）油三熟早熟短生育期油菜发病严重。国内相关研发团队已阐明了早花早熟发病重的遗传基础，并成功定位和克隆了控制花期和抗性基因，提出了早花早熟和抗病品种培育技术方法，创制出优良种质，打破了抗病和早熟的技术瓶颈，为国家冬闲田扩种油菜和油菜产能提升提供了技术支撑。此外，还通过发掘和编辑油菜基因 RLK902 获得了抗菌核病且产量性状优良的新种质，发掘和克隆到生防菌盾壳霉抑菌基因 CmSp1，转基因油菜花瓣可显著抑制核盘菌子囊孢子侵染花瓣，初步研发出了植物疫苗技术，这些为油菜菌核病防控提供了新策略。在检疫和风险病害油菜茎基溃疡病菌的诊断与防治技术方面，研发了新的高灵敏度的病菌检测技术。

油菜根肿病已由西南部分地区扩散到长江中下游和南方油菜产区，部分地区严重发生，扩散和流行速度远超预期，给冬闲田扩种油菜和油菜产能提升带来严重挑战。目前，我国抗根肿病品种缺乏，且已出现抗病性丧失现象，加上非移栽田油菜缺乏有效化学和其他防控措施，未来几年根肿病很可能大暴发。为此，国家油菜产业技术体系植保岗位团队在挖掘出广谱抗根肿病材料的基础上，加速基因克隆和品种转育工作；我国科学家从拟南芥中鉴定克隆到一个高抗根肿病的基因 WTS，并阐明了其分子机制，从白菜中定位克隆了小种特异的抗病基因，这些也为抗根肿病品种提供了抗原。

2. 国外油菜植保技术发展状况

国内外油菜病虫害防控技术研究主要集中在生物防控、化学生态、杀虫剂筛选、RNAi 害虫防控。如采用高毒力 Bt 处理土壤，可更有效地控制黄曲条跳甲危害；利用 RNAi 技术，注射或饲喂靶基因的 dsRNA 导致黄曲条跳甲死亡率显著增高；发现小猿叶甲 B 类清道夫受体基因 SR-B4 的 RNAi 抑制可大大提高微生物对小猿叶甲的防治效果；发现利用 3-甲基-1-丁醇可开发出夜蛾引诱剂；发现过量表达甘蓝型油菜 COMT1 可以增强对小菜蛾的抗性。

五、主要结论与政策建议

（一）2023 年油菜产业发展特点

1. 油菜籽收获面积稳中有升，总产量及单产稳步提高

2022/2023 年度我国油菜籽收获面积为 725.35 万公顷，较上一年度增加了 26.19 万公顷，同比增加 3.75%，油菜扩种成效显著；2022/2023 年度油菜籽产量达 1 553.14 万吨，较上一年度增加了 81.79 万吨，同比提高 5.56%；油菜籽平均单产为 2 141.24 千克/公顷，比上一年度增加了 36.78 千克/公顷，同比提高 1.75%。

2. 油菜籽价格上涨较明显，菜籽油价格呈波动性下降趋势

2022/2023 年度我国油菜籽现货均价为 7 343.66 元/吨，较上一年度上升了 11.33%；2022/2023 年度菜籽油现货平均价格为 10 476.01 元/吨，比上一年度下降了 23.95%；2022/2023 年度菜籽油现货价格总体价格低于往年同期水平，自 2022 年 10 月达到最高位后呈下跌趋势，至 2023 年 5 月达到最低点，6 月起菜籽油价格有所回升。

3. 油菜籽和菜籽油进口量均显著增加，进口俄罗斯菜籽油持续增加

2022/2023 年度我国油菜籽进口总量 533.52 万吨，同比增长 221.91%；同期菜籽油进口总量为 197.79 万吨，同比增长 103.20%。目前我国主要的菜籽油进口国是俄罗斯，2022/2023 年度，我国从俄罗斯进口菜籽油 117.72 万吨，占到菜籽油进口总量的 59.52%。

4. 油菜籽供需总体较为宽松，菜籽油消费量达到高位

2022/2023 年度，油菜籽总体供应较为充足，总消费量达 1 932 万吨，期末库存 241 万吨。在价格下降与产量提升的情况下，2022/2023 年度我国菜籽油消费量持续上升，达到历史最高的 890 万吨。

5. 国产油菜籽压榨利润亏损大幅增加，进口油菜籽压榨利润由亏转盈

截至 12 月 21 日，2022/2023 年国产油菜籽压榨利润平均亏损 1 765.83 元/吨，上一年度平均亏损 24.58 元/吨，扩大了 1 741.25 元/吨；截至 12 月 21 日，2022/2023 年进口油菜籽压榨利润平均盈利 200.54 元/吨，上一年度亏损 310.78 元/吨，进口油菜籽压榨利润实现由亏转盈。

（二）2023 年油菜产业发展存在的主要问题

1. 种植成本居高不下，种植效益偏低

劳动用工、生产资料、土地流转费用等持续上涨，导致我国油菜生产成本居高不下。由于进口油菜籽的低价冲击，2022/2023 年度油菜籽收购价格持续低迷，种植净利润偏低。

2. 产业链纵向延伸不足，整体联结不紧密

国内菜籽油加工以中小型企业为主，分布较为分散，加工技术与设备较为落后，标准化程度不高，导致劳动生产率和利润率偏低，市场竞争力较弱；油菜产业链联结机制不紧密，油菜籽收购市场和菜籽油主副产品销售市场之间处于条块分割的利益分配状态，特别是小农户与现代农业有机衔接不够。

3. 进口依存度偏高，进口来源国集中

我国油菜产品对加拿大、俄罗斯等主要进口来源国的依赖性过高，供应链风险较大。2022/2023 年度虽然从俄罗斯进口的占比有所增加，对加拿大菜籽油的依赖度有所下降，但进口来源国依旧过于集中，产业链容易受制于人。

4. 缺乏有影响力的国产菜籽油品牌，加工企业加工品质等竞争力有待进一步提升

国内菜籽油品牌众多，但各品牌之间竞争较为激烈，缺乏具有强大品牌影响力的加工企业。现有加工企业绝大多数为中小企业，缺乏菜籽油营养、功能与安全质量等鉴定标准，加工技术多处于初加工阶段，精深加工不足，利润率偏低。

5. 根肿病在冬油菜产区迅速扩散，在未来几年暴发成灾的可能性需要高度警惕

抗根肿病品种培育和防控技术需要得到有关方的更加重视，加快推进，尤其广谱抗病基因的利用。随着早花早熟与菌核病抗性遗传基础的阐清及抗病/感病基因的克隆，需加快利用基因编辑和分子标记选择技术培育早熟抗病品种培育，缓解冬闲田和短生育期油菜种植的困境。此外，油菜黑腐病、白粉病和黑斑病在冬油菜区已由零星发生演变成在部分地市普遍和严重发生造成严重产量损失。

（三）2024 年油菜产业发展趋势分析

1. 全球油菜籽播种面积预计将增加，油菜籽产量预计将保持稳定或小幅下降

据官方数据预测，2023/2024 年度全球油菜籽播种面积预计为 4 244.1 万公顷，较上一年度增加 54.6 万公顷，全球油菜籽产量预计为 8 697.9 万吨，较上一年度减少 183.6 万吨，预计同比减少 2.07%。其中主要原因是澳大利亚受到干旱影响减产，但总体来说减产幅度不大，仍将会保持相对稳定。

2. 我国油菜籽收获面积预计将会有所增加，油菜籽产量将保持增长

据官方数据预测，我国2023/2024年度油菜籽预计收获面积为735万公顷，较上一年度的725.35万公顷同比增长1.33%；2023/2024年度，我国油菜籽产量预计1672万吨，相较上一年度的1553.14万吨同比增长7.65%。

3. 油菜籽进口量预计将保持稳定

从需求端来看，2023/2024年度我国油菜产品需求量预计将有所扩大，但当前油菜籽处于库存筑顶阶段，供需矛盾并不突出。从供给端来看，加拿大2023/2024年油菜籽产量预计为1880万吨，俄罗斯2023/2024年度油菜籽产量预计为400万吨，较上一年度均变化不大。因此，2023/2024年度油菜籽进口量预计将保持稳定。

4. 菜籽油价格预计将呈先降后升趋势

据官方数据预测，2023/2024年度全球油菜籽预期将小幅减产，但全球菜籽压榨量预计将达到历史最高的8198万吨，因此全球菜籽油供应仍然将保持相对宽松的格局。目前国内油厂已开启新季菜籽的压榨，油厂开机率的趋势基本和2023底相同，因此上半年菜籽油价格上升的动力不足，预计可能还会存在小幅下降。2024年下半年，若厄尔尼诺气象事件持续加剧，叠加国内需求增加，菜籽油价格预计将呈小幅上升趋势。

5. 油菜的综合效益进一步提升

未来，油菜培育将向高产、高油、高质、高效等方向发展。近年，为破解油菜产业发展瓶颈问题，提升油菜综合效益，陕西省杂交油菜研究中心还开展油菜绿色高效技术的规模化示范与应用，建立油菜全产业链绿色高效技术模式，实现了化肥农药减量、油菜增效和环境安全互赢，为落实国家"扩种油料"战略及乡村振兴注入更多动能。同时，中国农业科学院油料作物研究所已研发出国际领先的高品质7D菜籽油产地绿色高效加工技术，对于创建油菜种、产、加、销全链条高质量、高效、高生产的产业化经营模式，带动农民产地就近就地就业，提高农民收入作出了突出贡献，开创了中国特色的油菜产业发展新模式和新业态。

6. 油菜的多维度开发前景广阔

目前，全球油菜研发的关键点大多在菜籽油，然而，菜籽饼粕富含植物蛋白，亦可通过加工技术进行深度开发利用。此外，全球在多彩油菜观光旅游、土壤修复、饲料加工等领域多维度开发利用尚有不足，但预计前景广阔，相关开发利用有待加强。实际上，澳大利亚已利用油菜作为生物载体，通过合成生物学，将深海鱼油中长链不饱和脂肪酸如DHA和EPA合成相关基因经转基因方式导入油菜，大规模人工合成DHA和EPA用于商业利用，应用前景十分广阔。

（四）2024年油菜产业发展建议

1. 建立健全油菜专业化社会化服务体系，夯实产业发展基础

以发展社会化服务体系为抓手，大力发展社会化服务组织，通过代耕代种、代育代栽、代管代收等多元化方式，开展油菜种植全程托管、环节托管、联耕联营、联合作业等，提高小农户油菜种植机械化水平，大力推广油料绿色增产增效模式、良种良法配套、农机农艺融合，加快新品种新技术集成示范推广，实现小农户与现代农业的有机衔接。

2. 加强油菜全产业链开发，推动油菜产业增值增效

加强油菜全产业链布局与产品开发，促进一二三产深度融合，将一产种植效益变成二产加工效益和三产服务效益，全面提升油菜产业综合收益。以"三全高效"模式为引领，推行油菜全区域布局、全价值链挖掘（榨油、菜用、观花、蜜源、饲用等）、全产业链开发（产加销一体化、品牌化发展）的新模式。根据"双全战略"对油菜各生育期的全价值链进行充分发掘，对各价值点进行全产业链开发。完善乡村交通、物流、信息网络等基础设施建设，支持更多地区打造油旅融合的特色发展模式，帮助农户提高收益，调动农户扩种油菜积极性。

3. 优化进口来源地格局，提升产业链韧性和安全水平

在全面提升油料生产能力、守好自给安全底线的基础上，用好"两种资源、两个市场"，拓宽油菜产品进口渠道，优化进口来源地格局。推进战略性农业国际合作，加强与"一带一路"国家的合作与贸易，建立多元稳定可靠的进口渠道，推动油菜产品进口市场多元化。同时，为提高产业链韧性和安全性，完善油料储备体系，在长江流域等主产区建设国家食用油战略储备基地。加强油料储备管理，密切监测市场供需动态，科学核定油料静态库存量，适当扩大储备规模。

4. 提升国产菜籽油品牌影响力，加强食用油健康宣传科普

在稳步提升食用油自给率和保障食用油安全的基础上，一是规范国产油菜籽加工标准，积极认证"三品一标"油菜产品，对国产油菜籽加工企业给予设备升级和工艺优化补贴，打造名特优油菜产品，提升国产菜籽油品牌影响力；二是加大双低和高油酸菜籽油市场宣传力度，加强食用油健康知识的科学普及活动，引导老百姓科学用油、健康吃油，以健康消费引领产业发展，以品牌溢价推动产业增效。

5. 创新政策补贴形式，强化产业科技支撑

一是围绕精准化、差异化、多样化目标，创新油菜产业政策补贴形式。加大对早熟耐迟播、抗旱抗寒或耐盐碱油菜新品种的补贴力度。二是强化"藏油于地"，鼓励外部资本或工商资本等对冬闲田、盐碱地、撂荒地、贫瘠地等进行改良、开发与季节性流转经营。三是强化"藏油于技"的科技支撑，加大科技投入。集中国家油菜产业技术体系、国家油菜工程技术研究中心等优势力量，加强联合攻关与技术集成，加大油菜科研的政策与投入支持力度，扩大油菜新品种、新机械研究示范的扶持范围，打通从研发到应用的关键环节，加快科技成果转化落地。

6. 创新菜籽油加工技术，依靠科技促进菜籽油加工产业升级

在菜籽油加工工艺方面，通过生产技术创新提高菜籽油加工效率，降低加工成本。采用高温压榨工艺，菜籽油提取率低、能耗量大，与国家节能减排、低碳环保的发展模式相背。随着科技发展，生物技术、高压膨化技术、微波调质低温压榨技术等在菜籽油加工行业有所突破，首先要求大中型油企进行节能环保加工工艺升级改造。

7. 围绕油菜提单产扩面积增效益，重点开展油菜高产区集成更高产栽培技术、冬闲田高产栽培技术以及抗灾减灾栽培技术

2023年随着一批油菜高产示范田的创建，在单产提升方面无论冬油菜区还是春油菜区，耕种管收各环节重点根据各区域的生产特点进行优化，综合技术的提升，创造更高产示范方。同时，更加需要注意辐射效应，随着示范面积的推广，研究规模效应对油菜单产提升的影响。研究适宜冬闲田种植的短生育期油菜品种和耐迟播油菜品种关键生育时期与抗冻性之间的关系，重点开展这两类油菜的避灾和减灾栽培技术研发。开展冬闲田利用过程中油菜高效出苗和优质群体构成的关键播栽技术、平衡施肥、绿色防控和机械减损方面的研究。

8. 加大油菜病虫害防治研究和政策支持力度

菌核病是冬油菜产区油菜生产的长期限制因子之一，油菜根肿病已由西南部分地区扩散到长江中下游和南方油菜产区，扩散速度惊人，预期在未来几年可能暴发成灾。基于目前已有的研究基础，建议加大抗根肿病和菌核病品种研发和相应政策与资金支持力度，尤其是广谱抗根肿病和早熟抗菌核病基因的利用。加强油菜病虫害生物防治等绿色防控技术的宣传和导向，为生物防治产品的登记和生产等提供便利，如在审定费用方面给予适当减免、加快相关专利和登记证的审定进度等，从而推动相关产品的快速落地和推广应用。

（国家油菜产业技术体系首席科学家　王汉中　提供）

2023 年度花生产业与技术发展报告

(国家花生产业技术体系)

一、花生生产变化分析

花生播种面积恢复增长。2023 年我国花生播种面积预测为 7 148 万亩,同比增长约 1.61%,多数花生主产区播种面积呈现上升趋势。从地域分布来看,花生生产布局整体较为集中,集中程度最高的地区为黄淮海花生区,我国播种面积约占全国的 40%。花生总产量增长强劲。2023 年我国花生总产量预测为 1 891.3 万吨,相较于去年增长约 9.42%。目前,我国花生产量分布与种植面积分布相似,河南和山东既是我国两大花生种植省份,也是产量省份。花生单产增幅明显。近年随着高产优质多抗新品种推广及栽培技术的提高,我国花生单产水平得到大幅提高,2023 年我国各主产省(自治区)花生单位面积产量变动情况总体上和全国保持一致,呈现大幅度上升的态势(表1)。

表 1 2023 年中国主产区花生播种面积、总产量与单产

地区	播种面积(万亩)		总产量(万吨)		单产(千克/亩)	
	调查数	增减(%)	调查数	增减(%)	调查数	增减(%)
全国	7 148.2	1.61%	1 891.3	9.42%	266.28	8.38%
河南	1 950	1.56%	624	5.17%	320	3.53%
山东	921	-4.07%	281	-6.52%	305.2	-2.52%
河北	361	3.59%	110	9.78%	309	10.36%
广东	516.4	-2.40%	115.7	0.43%	224.1	2.94%
辽宁	490	8.86%	123	28.93%	251	18.28%
四川	450	15.09%	80.73	22.69%	179.4	6.60%
湖北	370	1.79%	88.8	6.73%	240	4.90%
吉林	340	-2.86%	81.6	-1.21%	240	1.69%
广西	337	0.42%	72.7	6.75%	215.9	6.46%
江西	283.05	5.62%	54.3	3.82%	205	5.13%
湖南	176.1	6.73%	33	14.58%	200	14.48%
安徽	224	1.82%	73.9	6.03%	332.8	4.98%
江苏	153.75	9.28%	40.6	6.56%	282.6	4.43%
贵州	66.4	-9.04%	10.4	-7.96%	156.6	1.03%

(续表)

地区	播种面积（万亩）		总产量（万吨）		单产（千克/亩）	
	调查数	增减（%）	调查数	增减（%）	调查数	增减（%）
福建	112.2	7.88%	22.5	12.50%	202.1	3.64%
山西	23.5	6.82%	4.0	0.00%	255	38.59%
新疆	25	28.87%	8.5	30.77%	342	1.79%
云南	72	0.00%	11.37	2.43%	157.9	2.80%

数据来源：花生主产省（区）相关数据为花生产业经济研究室团队根据各省花生试验站的调研估计。

二、花生市场与贸易变化分析

2022年1月至2023年11月期间，全国花生市场价格呈现出先升后降的趋势，2023年8月之前，在小幅震荡中持续上升，2023年8月以来进入下降通道，从2023年8—11月持续走低，11月达到一年以来的最低值。此外，我国花生出口规模稳定，进口规模呈指数型增长，出口比较优势走低，需要警惕国际贸易竞争力下降的问题。

三、花生加工与消费变化分析

花生是我国当前为数不多的在国际农产品市场上具有显著竞争优势的特色农产品之一，保持着总产量、加工总产值、进出口贸易总量和油产量"四个全球第一"的绝对优势。榨油和食用是我国花生加工主要用途，2023年榨油和食用花生消费量分别占总产量的53.8%和43.5%（USDA），花生油产量320.0万吨、花生粕产量400.0万吨、食用花生总产量810.0万吨、花生酱产量20.0万吨，出口花生总量50.0万吨。花生加工业总产值达2018亿元，其中，花生油484.8亿元、花生粕121.2亿元（USDA），产业规模居世界之首，是印度花生产业总产值5倍，美国花生产业总产值6倍。我国花生加工业逐步形成区域发展格局，但依然存在"大而不强、产业链短、创新链弱、价值链亟待提升"等问题。随着花生科技创新研究的不断深入，花生原料加工特性与品质评价技术备受关注，花生油的加工逐步由传统的压榨和浸出向精准适度加工和功能性方向发展；花生食品比例以近10%速度提升，成为未来发展的新方向；花生蛋白精深加工已成为产业高效转化、做大做强的特色创新之路；同时花生副产物综合利用不断深入发展。

目前，我国花生油的需求量稳中上升，2023年消费量349.0万吨，占全球消费量55.3%，占我国食用油消费总量8.6%，消费市场主要在华北黄淮地区、华东和华南地区，花生油销售额位居京东食用油总销售额第一，且市场占比不断提高。高价位花生油销售额比例近年来不断扩张，生产和销售标准也提升到新的层级，消费呈现出多元化的特点，花生油行业开始进入精细化、品质化、场景化的发展阶段。花生蛋白粉市场规模也得到较快扩大，但低端产能较多，其制品的市场还有待开拓，目前主要在华东地区和华南地区，花生蛋白粉及其制品（植物基肉制品、乳制品、奶制品等）开发逐步向提升纯度、强化营养、改善特性等方面发展，生产也趋向智能化和规模化。绿色节能、营养保留、风味多样、品种专用是休闲花生和花生酱加工发展的主要方向。我国花生食品产业规模不断扩大，但产业生产较分散，集中化优势不突出，随着休闲食品市场对高品质、营养健康产品需求的不断增长，产品类型多元化、加工绿色化、品种专用化已成为休闲花生产业的主要发展方向。我国花生酱加工产业总体运行平稳，企业数量逐步增加、生产规模逐步扩大，规模化集中趋势明显，高蛋白、低脂型及复合型花生酱备受行业关注。

四、花生技术研发变化分析

2023年花生体系聚焦我国花生产业发展需求，突出问题导向协同攻关，在技术研发方面取得了显著进展。

1. 育种技术

基因组编辑技术应用成效初步彰显。通过基因组编辑获得高油酸和抗除草剂突变体；成功编辑了铝胁迫相关基因。

全基因组选择应用于育种实践。在含油量选择方面，全基因组选择与近红外技术联用的选择效率较单独利用全基因组选择含油量选择效果提高1.8%~3.4%。

QTL定位、鉴定和基因功能分析及多组学研究取得进展。鉴定出抗黄曲霉产毒基因 $AhAftr1$，并开发分子标记；在B09染色体上鉴定出抗冷性QTL；检测到位于A08染色体上的高油QTL位点并发现候选基因 $AhyHOF1$；将花生仁蔗糖含量QTL定位到A06号染色体上并分析候选基因 $Y2LWD9$；A07染色体上 $AhRUVBL2$ 基因可使花生单果重、果长宽和果壳厚产生改变；基因 $PSW1$ 可正向调节荚果大小；在A07染色体上定位到与粒重和粒径相关的QTL；$AhACO1$、$AhACO2$ 过表达显著提高花生耐盐性；$AhUGT75A$ 在非生物胁迫耐受性方面发挥重要作用；$AhMYB30$ 可提高耐盐性、耐冷性；$AhALDH2B6$ 有助于抵御冷胁迫；转录因子 $AhbHLH121$ 过表达可提高花生耐盐性。花生基因组学方面，美国北卡罗来纳州立大学发布了第一个弗吉尼亚型花生的基因组信息。

2. 栽培技术

"花生单粒精播节本增效高产栽培技术"和"花生带状轮作复合种植技术"被列为2023年农业主推技术。"花生单粒精播节本增效高产栽培技术"通过7个关键技术要点，保障花生苗齐、苗壮；配套合理密度、优化肥水等措施，延长花生生育期，显著提高群体质量和经济系数，花生饱满度及品质显著提升，充分发挥高产潜力。在"花生单粒精播节本增效高产栽培技术"支持下，专家组在莒南县示范田实收1亩，折合亩产荚果865.47千克，创造了世界花生单产新纪录。"花生带状轮作复合种植技术"在保证玉米高产稳产的同时，亩增收花生120千克以上，土地利用率提高10%以上，亩效益增加20%以上。该技术模式有效缓解连作障碍、减少碳氮排放，在全国各地进行了试验示范及应用，取得良好效果。

3. 花生施肥技术

全程可控施肥技术得到了大面积推广，该技术核心是"起爆氮""中补钙"和"后援氮"。"起爆氮"是指在苗期通过施用速效氮肥保障氮素供给，促进植株早期根、茎、叶生长和根瘤形成；"中补钙"是指在开花下针期和结荚前期以钙肥供应为主，充分利用根瘤固氮为植株提供氮素，促进荚果发育；"后援氮"是指在结荚中后期和饱果期以缓释氮肥和钾肥为主，促进籽仁充实饱满。

4. 花生机械化水平持续提升

2023年，我国花生耕、种、收和综合机械化率预计分别达到84.8%、62.3%、55.9%

和 69.1%。花生机械化生产关键技术不断取得突破，2023 年研发出 3 种不同型式的丘陵山区用花生播种机；花生—玉米宽幅间作复合种植模式下花生播种技术已在河南、山东等产区得到示范应用；高效半喂入花生联合收获技术提高了联合收获装备作业效率、降低收获损失、提升智能化水平，完成新款双垄四行高效半喂入联合收获装备的研制生产，在新疆、黄淮海等产区开展了示范应用；创制出丘陵山区用花生履带式中小型、轻简型两种全喂入捡拾联合收获机。在广东、四川等丘陵山区多地完成了作业性能和可靠性试验，批量生产了小型种用花生脱壳设备并获得示范应用。装备适应性、可靠性和技术性能不断提升，技术与装备研发呈多元化、高效化发展态势。

美国农机农艺深度融合，花生机械化、信息化技术已较为成熟，且相对稳定，年度推出的新技术、新装备较少。近年来，美国、西班牙、巴西等国学者开展了利用无人机、卫星遥感技术以及人工智能算法识别预测花生成熟度及病害监测技术研究，但相关技术尚未在生产上得到应用。

五、主要结论与政策建议

（一）结论与展望

花生作为我国主要油料作物，具有产量高、出油率高及效益好等优势，在保障我国食用油供给方面具有不可替代的地位。2023 年我国花生种植面积稳中有升，种植面积和总产量在世界范围内具有明显优势，产量占世界花生总产量将近四成，稳居全球第一位。受政策调控和人们对健康饮食的关注，预计未来花生种植面积将继续保持增长态势。我国花生出口量总体比较稳定，预计未来的影响一段时间内，向欧盟、美国、日本等国家和地区出口量将继续保持增长态势。但进口量呈增长趋势，要满足市场对花生的需求，今后在提升供给能力方面仍需不断努力。

2023 年我国花生加工产业整体向好，加工原料开始专业化使用，花生油的生产基本稳定，消费量呈上升态势；花生蛋白粉市场规模较快扩大，但低端产能较多；花生加工食品的比例不断提升，产品类型向着多元化、加工绿色化、品种专用化方向发展。

花生优质抗逆品种改良及栽培技术方面，我国花生多种植在中低产田，干旱、低温、盐碱、病虫害等自然灾害发生频繁，逆境胁迫突出。受生长季节天气状况及病虫害的影响，我国各地区花生生产受到不同程度的冲击，抗逆生理及分子机制研究还很薄弱，关于高产、高效、优质、多抗新品种培育及高产高效栽培技术的研究仍相对滞后，严重阻碍了花生产量和品质的提高。

花生生产机械化方面，耕、种、收三大环节机械化率快速提高，机械化水平近年来发展迅速。花生生产全程机械化更加注重技术创新和智能化，一批先进实用的技术设备在生产各环节得到应用。全程机械化技术薄弱环节得到突破，花生生产机械（机具）保有量持续增长，丘陵山区机械化开始破题，无机可用问题得到有效破解。

花生病虫害方面，2023 年花生虫害整体中度偏轻发生，地下害虫仍以蛴螬为主，南方产区主要虫害仍为蓟马、甜菜夜蛾、斜纹夜蛾等；北方产区花生幼苗期的蓟马、叶螨中重度发生。2023 年全国花生病害中，病情发生整体较重，14 种病害的发病率超过或接近 10%。叶部病害整体较重，相对严重的是褐斑病，1/3 的调查点中度到重度发生。土传病害尤其是白绢病、果腐病、根腐发生相对较重，81 个调查点中白绢病的发生率 62.96%，其中 31.37% 为中度到重度发生；果腐病的发生率为 59.26%，其中 33.33% 中度到重度发生；根腐病、茎腐病的发生率接近72%，但为轻度发生；冠腐病的发生率为22.22%；青枯病的发生率为10%。其他的叶部病害如黑斑病、网斑病、锈病中度发生的调查点约占1/10。

在供给能力提升方面，2023年我国花生总产已达1 891.3万吨，较去年增加9.42%，但仍不能满足日益增长的市场需求，进口量呈持续增加的趋势，2023年我国花生进口总量为115万吨，同比增长22.34%，未来仍有持续增加的趋势。此外，花生总产的提升，主要靠种植面积的增大，单产水平提高增速缓慢，在可用农业资源有限的情况下，增加花生总产量关键还是依赖于单产水平的提高。

（二）政策建议

一是建设良田。打牢花生高产的根基，耕地是关键。解决花生产区土壤结构差、土壤肥力低、高产难的问题，要扩大秸秆还田、深耕和有机肥施用面积；集中产区要发展适度轮作，降低连作障碍的影响；推行测土配方施肥，推广根瘤菌的应用。

二是培育良种。以高产优质为育种目标，培育优质及抗旱耐瘠、养分高效、抗病虫、耐盐碱和适宜机收的花生品种，提高花生品质和生产效率。加大花生种业科技创新与良种繁育推广的政策和资金支持力度，强化对新品种研发和良种繁育推广，满足花生种植户对花生新品种的高产需求。建议国家设立花生种业创新重大专项并尽快启动实施，以产学研用相融合的创新机制，打破科研院所和企业界限，加强科企合作。

重视和加强优质花生基地建设，实现标准化、规模化种植，带动农民增收。通过国家级和省（区）级项目，规范、扶持公立和民营优质花生特别是高油酸花生品种繁育基地建设，确保优质花生纯度，实现优质优价。

三是运用良法。积极预防干旱、强降雨等自然灾害，做好应急服务工作。加强耕作栽培、水肥管理、病虫害防治、适时收获和晾晒等技术研发，注重绿色生产技术的应用，提高花生生产的可持续性。

四是研制良机。花生产业发展的出路在于机械化。研发适合平原地区、丘陵山区等不同区域的花生耕、种、收机械，大力发展花生机械化，解决花生生产关键环节依赖人工的现状。加快规模化生产和农机农艺融合进程，加快高标准农田建设和宜机化改造。

五是健全良制。建议国家加大花生产业发展的政策支持力度，形成常态化的扶持政策，支持花生产业发展。创新花生新型组织化生产经营方式，形成产业规模效应。创建培育花生品牌，扩大花生产业影响力。丰富农业保险内容、拓宽农业保险参保渠道。大力支持花生收入"保险+期货"试点项目在各地的运行，实现对播种、收获、加工、出售、运输等全过程的保险覆盖，降低花生生产的不确定性。将发展花生产业纳入国家发展战略规划，立足已有产能，争取政策支持，加强花生精深加工和综合利用关键技术科技攻关，延长产业链、创新技术链、提升价值链，推动我国花生加工产业高质量发展。

（国家花生产业技术体系首席科学家　张新友　提供）

2023 年度特色油料产业与技术发展报告

（国家特色油料产业技术体系）

2023 年我国特色油料生产稳中有增，种植面积和总产量实现双增长，但因产需缺口较大，进口大幅增加、出口减少。基于特油生产和加工产业发展的需求，年度技术研发聚焦宜机收新品种选育、病虫草渍害综合防控、全程机械化生产、种植以及加工新技术应用等方面。2024 年，随着全球经济形势好转，加之多数特色油料价格总体走高，预计全球特色油料种植面积、产量均增加。与此同时，随着我国经济恢复稳健增长，居民对特色油料和产品需求也将继续增加。为满足市场消费需求，特色油料产业需要在良种和技术端双重发力，加快实现节本增效、提质培优，进一步加强我国特色油料有效供给能力。

一、特色油料生产变化分析

（一）国产特色油料种植面积和总产量实现双增

受上年特色油料价格走高、比较效益增加的影响，2023 年我国特色油料种植面积总体呈恢复性增加；受部分产区阶段性强降雨、局部地区干旱等天气影响，单产虽然有所下降，但在面积增加的基础上总产均增加。2023 年全国芝麻种植面积 29.00 万公顷，同比增 7.89%。抗落粒、宜机收芝麻新品种在河南、安徽、湖北、新疆等产区得到了大面积示范推广，全国芝麻生产迈向全程机械化新阶段，全国平均单产 1 614 千克/公顷，总产量预计 46.80 万吨[①]，同比增 7.51%；全国胡麻面积 17.5 万公顷，同比增 3.41%，单产 1 599 千克/公顷，同比增 4.47%，总产量预计 27.9 万吨[②]，同比增 8.03%；全国向日葵面积 73.50 万公顷，同比增 2.80%，平均单产 3034 千克/公顷，同比减 0.72%，总产量预计 223.00 万吨[③]，同比增 2.06%。目前生产存在的问题：①品种抗病性差，如向日葵菌核病和列当、芝麻茎点枯病等，难以实现稳产。②缺乏矮秆、耐密植品种，平均单产偏低。③机械化生产水平低，生产成本高。

（二）国际特色油料面积减少，芝麻和向日葵单产、产量增加，胡麻单产、总产大幅减少

2023 年全球芝麻面积略减，单产、总产增加。据德国《油世界》最新数据，全球芝麻种植面积 891 万公顷，同比减 0.89%，平均单产 621.8 千克/公顷，同比增 4.09%，总产量 554 万吨，同比增 3.17%。其中，缅甸、印度、苏丹三大主产国产量分别为 69 万吨、64 万吨和 40 万吨，同比分别增 1.47%、4.92% 和同比减 9.09%。全球胡麻种植面积 332 万公顷，同比减 16.79%，受主产国干旱气候影响，全球单产 886 千克/公顷，同比减 5.02%，总产 294 万吨，同比减 20.97%。其中，俄罗斯、哈萨克斯坦和加拿大三大主产

---

① 2022 年芝麻面积、产量数据来自国家统计局，2023 年数据为估计数。
② 2022 年、2023 年胡麻面积、产量数据均为估计数。
③ 2022 年、2023 年葵花籽面积、产量数据均为估计数。

国产量分别为 110 万吨、72 万吨和 27 万吨，同比分别减 20.29%、26.53%和 42.92%。全球葵花籽种植面积 2 955 万公顷，同比减 0.84%。全球向日葵单产预计为 1 912 千克/公顷，同比增 3.18%，总产 5651 万吨，同比增 2.32%。其中，俄罗斯和乌克兰向日葵产量分别为 1 680 万吨、1 440 万吨，同比分别增加 1.20%和 16.13%；欧盟向日葵产量 986 万吨，同比增 3.57%。

（三）2024 年预计全球特色油料面积、产量继续增加

预计随着全球经济逐步复苏，需求好转，加之 2023 年特色油料价格总体走高，预计 2024 年全球特色油料种植面积将继续恢复，产量将有望恢复性增加。2024 年，国内特色油料生产将向着优质专用、机械化规模化种植方向发展。产业体系将继续按照《"十四五"全国种植业发展规划》要求，逐步扩大特油作物种植面积，积极提高单产与总产水平，做到"在不与粮食作物争地的前提下，在东北、西北、华北等旱作农业区，利用丘陵、河滩、沙地等发展特色油料作物，着力稳面积、提品质，丰富食用植物油供给来源"。将进一步选育并推广高产稳产宜机收芝麻新品种，集成适于不同产区的全程机械化种植模式与种植技术体系，显著提升芝麻种植面积和单产水平。将选育出高产、高亚麻酸胡麻新品种，集成推广地膜覆盖、间作套种、抗旱高产等栽培技术，示范推广低损耗机收等关键技术，大力提高单产水平。将进一步选育并推广优质专用、抗病抗逆、适于机械化种植的向日葵新品种，集成推广精量播种、大小行种植、盐碱旱地高效栽培、机械化收获等关键技术，强化菌核病、黄萎病等病虫害防控，着力提高向日葵全程绿色机械化生产水平。

二、特色油料市场与贸易变化分析

（一）国内外特色油料、油脂价格涨跌互现

从国内市场看，2023 年，国产白芝麻和芝麻油价格均高于上年同期，国产和进口黑麻价格均低于上年同期。国产白麻均价每吨 15 775 元，同比涨 7.69%；黑芝麻均价每吨 17 981 元，同比跌 13.19%。芝麻油均价每吨 28 579 元，较上年同期上涨 3 500 元，同比涨 13.96%。国内胡麻供应充足，价格较去年同期普遍下滑。2023 年国产胡麻均价每吨 7 445 元，同比跌 6.76%。因全球葵花籽及其产品恢复正常贸易，我国葵花籽及葵花籽油供应充足，加上大宗油脂油料价格从高位回落，国产葵花籽和葵花籽油价格较上年同期大幅下跌。国产油葵均价每吨 6 272 元，同比跌 18.40%；国产浓香葵油均价每吨 13 074 元，同比跌 15.84%。从国际市场看，芝麻价格上涨、亚麻籽和葵花籽价格下跌。但受部分国家对葵花籽及油脂产品出口征税影响，进口到岸价格普遍偏高。2023 年，我国芝麻进口平均单价每吨 1 672.77 美元，同比涨 9.77%。进口亚麻籽均价每吨 4 883 元，同比跌 30.83%。葵花籽进口均价每吨 689.69 美元，较上年同期上涨 83.94 美元，同比涨 13.86%。

（二）我国特色油料进口大幅增加、出口不同程度减少

从进口看，芝麻进口同比大幅减少，亚麻籽进口量创历史新高，葵花籽进口大幅增加。海关数据显示，2023 年我国芝麻进口量 91.29 万吨，同比减 14.8%；亚麻籽进口量 122.17 万吨，同比增 98.4%。葵花籽进口量 28.63 万吨，同比增 46.1%。从出口看，特色油料出口不同程度减少。2023 年我国芝麻、亚麻籽和葵花籽出口量分别为 4.12 万吨、617.54 吨、46.27 万吨，同比分别减 8.5%、15.5%和增 4.0%。从全球看，2022/2023 年度全球芝麻、亚麻籽和葵花籽进口量分别为210.9万吨、219.5万吨、397.7万吨。按照自然年度估计，我国芝麻和亚麻籽进口量接近或超过全球50%，葵花籽进口占比接近7%。总体来看，我国仍是特色油料进口第一大国。

三、特色油料加工与消费变化分析

（一）2023年我国特色油料加工规模增加、产品结构进一步优化

从加工规模看，2023年我国胡麻、葵花籽压榨加工规模均显著增加，分别从75万吨、111.0万吨增至140.9万吨和130.4万吨，增幅高达88.0%和17.4%，主要是受进口增加带动压榨加工增加影响。从加工用途结构看，总体稳定，芝麻加工以食用油各半特征为主；胡麻以油用为主，鲜有食用；国产葵花籽以食用为主，部分油用，进口葵花籽以油用为主。从加工产品结构变化看，加工企业在产品开发中更加注重健康化、口感丰富度以及与其他原料复配增加其营养功能等特点，显示产品结构进一步向多元化、健康化和优质化调整。目前加工存在的问题主要是：一是大中型企业对产区原料的收购加工带动仍不足，在部分产区特别是西北地区，仍以小规模分散种植、农户自产自销为主。二是加工过程中可能会出现污染、掺假或劣质控制等问题，导致产品品质下降和安全风险增加；三是精深加工过程中如高温加热时可能导致营养物质损失。

（二）特色油料消费总体增加

分品种看，芝麻消费量有所减少，胡麻和葵花籽消费量明显增加。监测数据显示，2023年，我国芝麻、胡麻和向日葵消费量分别为140万吨、145.5万吨、268.4万吨，同比减14.6%、增86.1%和增8.0%。其中，芝麻消费减少主要受经济增速放缓以及价格处于相对高位影响；胡麻消费量大幅增加的主要原因在于进口亚麻籽价格优势突出，企业压榨加工利润明显。从全球来看，也呈现相同趋势，2023年全球芝麻压榨消费量下降了18万吨；亚麻籽压榨消费量268.4万吨，同比增10.14%；葵花籽压榨消费量预计为5 219.2万吨，同比增8.0%。目前消费方面存在的问题主要表现为：一是随着国内特色油料消费增加，产需缺口较大的问题也进一步加剧，这也导致我国进口大幅增加，对国际依赖度进一步上升。二是消费者对特色油料产品营养功能的认知还不够充分。

四、特色油料技术研发变化分析

（一）特色油料遗传育种研究进展

特色油料遗传育种研究主要集中在重要性状遗传解析、高效育种技术、优质抗病宜机收新品种选育等方面。2023年收集特色油料种质资源3 451份，创制出矮秆、抗列当、抗枯萎病、高亚麻酸等新种质186份；公布了染色体级别的芝麻栽培种和6个野生种基因组精细图，克隆出芝麻抗落粒 *SiHEC*3、抗枯萎病 *Sidir*37、向日葵高油酸 *HaFAD*2-1 等关键功能基因；创建了胡麻 CRISPR/Cas9 基因编辑技术体系，建立了高油酸无籽型油棕组织培养技术体系。培育出优质高产多抗芝麻、胡麻、向日葵新品种42个，在优质抗落粒宜机收芝麻新品种、高油高产油葵新品种、极早熟胡麻新品种选育方面获得突破。抗落粒芝麻新品种豫芝NS610入选农业农村部主推品种，在新疆创造出亩产270.4公斤的世界芝麻单产最高纪录。

（二）病虫草灾害防控技术研究进展

首次明确了我国向日葵列当的分布和生理小种构成，发现并阐明了超低剂量咪唑啉酮除草剂诱导向日葵防御反应抑制列当寄生的机制。进一步明确了我国向日葵菌核病、黄萎病、芝麻茎点枯病、胡麻枯萎病等主要病害发生规律以及病原菌致病机理。筛选出芝麻枯萎病和茎点枯病防控菌剂6个，向日葵盘腐病高效防控药剂2个，胡麻枯萎病防治药剂3种。研制出高效胡麻苗期复配除草剂，突破了胡麻田恶性杂草防控难的技术瓶颈。向日葵列当综合防控技术被农业农村部推介为主推技术。

（三）耕作栽培技术研究进展

明确了向日葵水氮耦合效应，优化了向日葵养分专家系统相关参数，创建了适宜河套灌区土壤盐渍化消减的综合调控模式，建立了向日葵高产高效机械化种植模式及高产栽培技术体系。优化改进了背负式向日葵插盘收获机、自走式向日葵插盘联合收获、籽粒直收联合收获机。明确了芝麻全程机械化生产条件下，理想株型及调控技术，建立了适于机械化生产的种植模式和高产高效机械化种植技术体系；研制出芝麻新型割台与联合收割机械，使机收损失率降至3%以下。阐明了密肥协同调控胡麻分枝发育的生理机制与抗倒伏分子机制，建立了胡麻高产高效机械化种植技术体系。发明了胡麻滚勺式和窝眼孔轮式排种器，减少了播种机械损伤，研制出自动导航胡麻精量联合播种机和窝眼孔轮式胡麻穴播机。

（四）加工技术研究进展

2023年，在特色油料加工方面，功能性成分提取和高值化加工利用取得新进展。首次揭示了芝麻皮木质素的结构以及木质素热降解产生香兰素的机制。攻克了芝麻连续磨浆技术，建立了水代法芝麻香油连续化生产线1条，生产效率提高80%；建立了芝麻高温饼粕可控高效酶解技术和精准美拉德反应体系；建立了高效酶解、混菌发酵技术，发明了一种适宜亚麻籽植物乳的复合发酵菌剂，研制出风味发酵植物乳。在油脂、蛋白、多糖、多酚的提质制取、分类高值化利用、全籽（仁）及其饼粕的综合利用、安全与营养品质评价方面取得积极进展。微波、蒸汽爆破、等离子体、超声、挤压等新型物理场加工技术，以及酶解、发酵等生物加工技术逐步在特色油料高值化加工利用领域得到广泛利用。同时，特色油料加工技术正从追求提取率、安全属性等逐渐过渡至聚焦加工制品的营养健康、功能特性、绿色低碳属性，提示特色油料加工产业的转型升级方向。

五、主要结论与政策建议

（一）结论与展望

2023年，我国特色油料生产总体稳中有增，市场消费需求积极恢复，受产需缺口影响，进口大幅增加，部分品种对外依存度显著提升。在技术研发方面，宜机化新品种选育和推广使用实现了新突破，为特色油料实现大规模高效生产奠定了坚实基础；探索采用农技农艺配套措施，形成了有效解决核心病害草害的应对方案；通过在不用区域试验间作套种模式以及利用盐碱地等边际土壤试种特色油料取得良好效果，为特色油料进一步扩大面积以及提高经济效益提供了品种、技术和模式支撑；加工领域新技术得到推广应用，在优化产品结构、提高产品品质、满足居民消费需求等方面发挥了积极作用。但总体来看，我国特色油料仍面临生产规模化、机械化水平有待进一步提高，新品种区域适应性需进一步强化，加工企业规模偏小、对规模化生产带动能力不强，国内产需缺口较大、对国际市场依赖度较高等突出问题。

2024年，随着我国经济恢复稳健增长，居民对特色油料和产品需求将逐步恢复性增加,需要在良种和技术端双重发力,促进产业实现节本增效、提质培优,进一步加强我国特色油料供给能力,满足国内市场需求。

(二)政策建议

1. 聚焦生产效率提升,强化机械化品种和高效技术集成应用

①加强不同产区抗落粒宜机收芝麻品种选育和配套农机农艺应用推广,加快在更大范围内实现全程机械化生产。②加强品质优良、抗性突出的品种选育和推广应用,如高芝麻素芝麻、高亚麻酸胡麻、耐盐碱向日葵等。③加强农机装备研发。加强山地丘陵山区特色油料农机研发;加强低损机械筛选,切实解决机收损失率过高的问题;改进现有装备,进一步提高平原地区农机机收效率,切实提高特色油料综合机械化水平。④积极推广绿色环保农艺措施。积极推广精量播种,加强高效绿色环保除草剂的筛选,减少生产过程人工投入,实现绿色高效种植。

2. 聚焦产销衔接环节,提高特色油料生产加工产业化水平

鼓励产区积极发展种植大户、农民合作社、农业社会化服务组织等新型农业经营主体,实现适度规模化、标准化生产经营。鼓励地方企业与产区主体建立稳定的利益联接机制,强化产销衔接,提升特色油料商品化率和产业化水平。聚焦全产业链建设,依托国家现代农业产业园、产业强镇等一二三产融合项目,促进特色油料优势产区开展全产业链建设,提高就地加工消化和营销能力。

3. 聚焦加工技术工艺,实现绿色多元优质特色产品供给

坚持市场需求导向,着力在新产品开发和工艺改良方面发力,不断推出新产品,满足不同群体口味多元化和营养多样化消费需求;进一步改进包装凸显简约化、便利化。加强亚麻酸、木酚素、芝麻酚等功能性成分开发和综合利用,进一步提高产业综合价值。加快数字化技术和智能化设备在特色油料加工中的应用,为加工企业提供更高效、精确和可持续的加工解决方案。加强废水、废气、废渣的处理和利用,实现绿色环保加工。

4. 聚焦产业持续发展,强化品牌建设和产品宣传引导

建议供需两端持续发力:一方面积极引导企业收购加工"国产优质特色油料",另一方面通过协会、展会、电视网络及多媒体等宣传特色油料品质和健康消费,引导居民增加国产"优质特色植物油"消费。此外,还要持续深化食物节约各项行动,引导居民降低食用植物油消费量,减少对国际市场油料油脂过多依赖,形成国民消费国产优质植物油的良性循环产业格局。

(国家特色油料产业技术体系首席科学家　张海洋　提供)

2023 年度棉花产业与技术发展报告

(国家棉花产业技术体系)

一、棉花生产变化分析

(一) 生产情况

1. 国内棉花生产情况

植棉面积继续下降。据国家统计局数据，2023 年全国棉花播种面积 4 182.2 万亩，同比降 7.1%。其中，新疆引导次宜棉区改种玉米、大豆等粮食作物，棉花面积继续下降。2023 年新疆棉花播种面积为 3 554 万亩，下降 5.1%，占全国棉花播种面积的 85.0%，比上年提高 1.8 个百分点；受种植效益下降和种植结构调整等因素影响，内地棉区棉花播种面积继续下降，2023 年除新疆以外棉区植棉面积为 628.2 万亩，同比降 16.8%。

棉花单产小幅提升。2023 年全国棉花单产为每亩 134.3 千克，同比增 1.1%。分地区看，新疆春季大部棉区低温多雨，棉花生育进程比上年推迟，夏季持续高温对棉花生长不利，但秋季气象条件利于棉花采收，加之低产棉田逐步调减，单产略有下降，为每亩 143.9 千克，同比下降 0.1%；长江流域棉区气象条件基本正常，实现恢复性增产，棉花单产为每亩 71.4 千克，同比增 5.3%；黄河流域棉区总体天气条件与常年相当，单产稳中有增，为每亩 83.8 千克，同比增 1.5%。

产量同比下降。全国棉花总产量 561.8 万吨，比 2022 年减少 36.2 万吨，下降 6.1%。其中，新疆棉花总产量 511.2 万吨，比上年减少 27.9 万吨，下降 5.2%，占全国总产量的 91.0%，比上年提高 0.8 个百分点；其他地区棉花产量 50.6 万吨，比上年减少 8 万吨，下降 13.7%。

2. 国际棉花生产情况

2023/2024 年度国际棉花种植面积较上年持平略减，单产明显减少，产量有所下降。据美国农业部 (USDA) 2024 年 1 月预测，2023/2024 年度全球棉花收获面积为 3 163.1 万公顷，同比减 0.2%，总产量为 2 464.2 万吨，同比减 2.9%，单产为 779.0 千克/公顷，同比减 2.7%。中国、印度和巴西是位列世界前三的棉花生产国，2023/2024 年度 3 个国家的棉花产量分别占世界的 24.3%、22.1% 和 12.9%，合计为 59.3%。

(二) 主要问题

1. 植棉成本保持高位，棉农种植收益偏低

据新疆农业科学院监测，2023 年新疆棉花种植成本每亩 2 700~3 500 元（其中，租地成本 800~1 200 元，机耕、机采等机械费用 410~480 元，种子、肥料、地膜等农资成本 950~1 100 元，水费 150~300 元，田间管理等劳动力成本 390~420 元），按亩产 390 千克籽棉测算，籽棉成本为每千克 6.9~8.9 元（平均 7.9 元），单位籽棉成本较去年增 2% 左右。按每千克 7.3 元的籽棉价格计算，每亩净亏损 253 元，加上目标价格补贴（约每千克 1.93 元），净利润约 123 元，较去年下降 80% 左右。内地由于机械化规模化推广难度大，植棉成本更高，据棉花产业技术体系数据，黄河流域亩均植棉成本每亩 2 800 元，按亩产 210 千克籽棉计算，每千克籽棉成本 13.3 元，棉农基本处于明显亏本状态。

2. 下游需求持续疲弱，产业链企业经营风险偏高

短期看，纺企新增订单不足，成品累库至近年高位，生产处于亏损状态。据《中国棉花工业库存调查报告》，截至 2024 年 1 月初，被抽样调查企业棉花平均库存使用天数为 33.5 天，环比增加 1.2 天，同比增加 5.0 天。1 月国内纯棉普梳 32 支棉纱均价每吨 22 687 元，纺纱每吨亏损约 1 000 元，纱厂已持续 7 个月处于亏损状态。长期看，市场对纺织产品功能性需求增加，以涤纶短纤和黏胶短纤为主的化纤类棉纺原料快速发展，挤压棉花市场份额。据中国棉纺织行业协会数据，我国棉纤维用量在总纤维用量的占比从 2010 年的 50.9% 下降到 2023 年的 33.5%。此外，市场预计新疆轧花加工总产能已达 1 000 万吨，远大于产业链实际需求。

3. 西方对新疆的"棉花禁令"影响持续，棉花产业脱钩断链挑战加剧

2022 年 6 月西方对新疆的"棉花禁令"生效以来，美西方对疆棉禁令和进口检测执行十分严格，我国棉制品在纺织品服装出口的比重和在主要发达经济体的市场份额均明显下降，国内与国际棉花产业脱钩断链挑战加剧。2023 年我国棉制品及服装出口占纺织品服装总额的比重为 24.4%，较 2020 年下降 18.5 个百分点。据美国商务部统计，2023 年 1—11 月累计，美国自中国进口棉制纺织品服装额 55.7 亿美元，占比 13.9%，较 2018 年下降 14.3 个百分点。

（三）后期趋势

1. 植棉面积有所下滑

根据国家棉花市场监测系统于 2023 年 11 月中下旬开展的全国棉花种植意向调查数据，预计 2024 年全国棉花种植面积同比下降 2.4%，其中新疆下降 2.1%，黄河流域和长江流域分别下降 5.9% 和 0.9%。

2. 消费温和复苏

2024 年我国社会生活将继续恢复向好，纺织品服装消费将出现明显复苏，棉花需求有所增长；国际货币基金组织 2024 年 1 月发布的《2024 年全球经济展望预测报告》预计，2024 年全球经济增速为 3.1%，与上年持平。在全球经济增速持续放缓的背景下，纺织品服装消费恢复缓慢。美国农业部（USDA）1 月预测，2023/2024 年度全球棉花消费量 2 448 万吨，比上年度增 1.2%。

3. 进口稳中略增

2024 年国内棉花产量小幅下降，随着全球经济的恢复和中美关系预期改善，消费需求温和复苏，但棉花大规模进口动力不足，全年棉花进口预计稳中略增。

4. 棉花价格低位运行

2023/2024 年度全球棉花产量小幅减产，消费需求持续低迷，ICAC 预计新年度 Cotlook A 指数均价为每磅 95 美分。国内方面 2024 年棉花生产有所下滑，纺织品服装出口订单恢复有限，棉花价格将维持低位运行。

二、棉花市场与贸易变化分析

1. 国内棉价先涨后跌

2023 年国内棉价总体先涨后跌，前三季度总体震荡上行，四季度冲高回落并逐渐企稳。据中国棉花信息网数据，国内3128B级棉花全年月均价每吨为16 731元，比上年跌11.7%。

从内外棉价差看，1—4月，国内3128B级棉花月均价低于1%关税下进口棉（FC Index M）折到岸价，价差从每吨1 718元缩小至449元；5—6月，国内3128B级棉花月均价高于1%关税下进口棉（FC Index M）折到岸价，价差扩大至每吨1 504元；7月以后，国内外棉价价差逐步缩小至12月的每吨152元。

2. 国际棉价波动下行，低位运行

受美联储持续加息、年初美国调高2022/2023年度全球棉花产量、全球经济复苏不理想及地缘经济冲突等多重因素影响，2023年1—6月国际棉价持续下跌，Cotlook A指数（相当于国内3128B级棉花）月均价从每磅100.3美分跌至92.5美分，为2021年6月以来的最低月均价，跌幅7.8%。7月以后，美国、中国和印度等棉花主产国均遭受高温天气影响，同时美国调减全球棉花产量，产生产需缺口，支撑国际棉价止跌反弹。10—12月，随着巴西、巴基斯坦、美国、印度等主产国新棉采收结束，消费端持续低迷，国际棉价再度承压下行。2023年，Cotlook A指数全年月均价每磅95.0美分，比上年跌26.9%。

3. 全球棉花消费量下跌

据美国农业部2024年1月预测，2023/2024年度全球棉花消费量2 447.8万吨，同比增1.1%。棉花主要消费国分别为中国、印度和巴基斯坦，消费量分别为794.7万吨、516万吨和213.4万吨，分别占全球进口总量的32.5%、21.1%和8.7%。

4. 国际棉花贸易量下降

2023/2024年度，全球棉花进口量为937.4万吨，同比增加14.2%，贸易规模占当年棉花总产和总消费量的38.0%和38.3%。

全球棉花贸易格局呈现高度集中的特点。从进口国家看，中国、孟加拉国、越南、土耳其、巴基斯坦是全球前五大棉花进口国，进口规模分别为250.4万吨、163.3万吨、145.9万吨、89.3万吨和82.7万吨，前五国进口量占全球棉花总进口量78.0%。美国、巴西、澳大利亚、印度、马里是全球前五大棉花出口国，出口规模分别为263.4万吨、250.4万吨、125.2万吨、34.8万吨和24.5万吨，前五国出口量占全球棉花总出口量的74.5%。

表1 2022/2023和2023/2024年度棉花主要进口国情况 （万吨）

国别	2022/2023	2023/2024	同比变化
世界	820.6	937.4	14.2%
孟加拉国	152.4	163.3	7.1%
中国	135.7	250.4	84.5%
印度	37.6	28.3	-24.7%
印度尼西亚	36.2	43.5	20.2%
马来西亚	15.0	13.1	-12.7%

(续表)

国别	2022/2023	2023/2024	同比变化
墨西哥	15.0	16.3	8.9%
巴基斯坦	98.0	82.7	−15.6%
泰国	14.4	13.6	−5.6%
土耳其	91.2	89.3	−2.1%
越南	140.9	145.9	3.5%

数据来源：美国农业部。

表2　2022/2023至2023/2024年度棉花主要出口国情况　　　　（万吨）

国别	2022/2023	2023/2024	同比变化
世界	804.8	937.3	16.5%
澳大利亚	134.3	125.2	−6.8%
贝宁	21.8	23.9	10.0%
巴西	144.9	250.4	72.8%
布基纳法索	16.3	14.7	−10.0%
科特迪瓦	10.4	14.7	40.9%
希腊	29.0	21.2	−26.7%
印度	23.9	34.8	45.6%
马里	16.3	24.5	50.0%
土耳其	18.7	22.9	22.1%
美国	277.9	263.4	−5.2%

数据来源：美国农业部。

三、棉花加工与消费变化分析

在当前百年未有之大变局的背景下，棉花行业面临很多变革和挑战。棉花产业的数字化进程在不断提速，棉花加工生产工艺的智能化、信息化在新技术、新工艺中愈加突出。棉花质量数字化也成为未来支撑棉花加工、贸易、流通等环节的重要关键节点。在籽棉初加工方面，机采棉生产线改造基本完成，逐步在向智能化、数字化方向发展，加工企业数据中心、数字化智能刷唛等数字化应用场景不断被开发，数字赋能产业，降本增效愈加明显。在棉籽加工方面，棉籽油和植物蛋白消费市场的增长，特别是棉籽浓缩蛋白及多元化精深细加工技术为棉花产业发展提供了新的赛道。我国企业自主研发的新技术突破了棉籽精深细加工工艺和装备技术瓶颈，全球首创一步法拖链式喷淋脱油、脱酚、脱糖技术及装备，生产棉籽浓缩蛋白，进一步提高了安全性及营养价值。

四、棉花技术研发变化分析

遗传育种方面，2023年，我国棉花研究团队在棉花基础分子生物学的研究和生物育种上持续发力，取得了重要进展，为促进棉花种业和产业升级奠定了基础。一是针对纤维发育、逆境抗性等方面阐明了一系列基因或生物过程在促进纤维发育，抵御黄萎病、蚜虫、干旱、盐碱、高温、低温冷害等逆境，及其他性状（茎毛、绿色纤维等）形成中的功能及作用机制，为棉花分子设计育种提供了多种目的基因或分子策略。二是优化了棉花转基因方法（SAMT）和基因编辑技术（病毒介导），在不同基因型和棉种上实现了2~3个月的转化周期。三是国内转基因抗除草剂棉花首次获得转基因安全的生产应用许可，打通了抗除草剂棉花在国内生产应用的通道。三大棉花产区极端天气，连作障碍、粮棉争地等致使棉花向非适宜区转移，棉蚜、蓟马、盲蝽成为主要害虫，棉花抗病虫逆育种已成为新趋势。目前，我国棉花仍存在复杂性状形成的机理解析尚不深入，可利用价值的重大新基因匮乏，现有的基因或通路对棉花产量、品质和抗逆性（抗虫和抗除草剂除外）的改良效果有限，多维组学数据类型和规模不足，机器学习模型和生物学过程融合不够等，对开展种质创新和突破性品种培育带来的了很大困难，亟待加强相关研究，从而不断拓展棉花生物育种思路和策略。

栽培耕作方面，种植区域布局和种植模式的合理化、棉花生产资源利用的轻简化高效化绿色化和智慧棉作的发展，为实现棉花优质高产目标的精准"设计栽培"奠定了基础。一是棉田多熟种植等集约化技术居国际领先；二是在优质高产目标下，基于资源高效利用、抗逆丰产稳产的棉花绿色轻简高效技术快速发展，棉花轻简栽培实现技术集成、棉花优质高产协同栽培关键技术、抗逆栽培、棉田秸秆等有机物料还田下的棉作理论与技术、智慧棉作技术得到大面积应用等技术取得新突破，并大面积应用，有效推动棉花产业提质增效。

病虫草害防控方面，棉花病虫害全程绿色防控技术入选农业农村部主推技术，在全国棉花生产实践中广泛推广应用，病虫害发生危害得到稳定控制，同时化学农药减量成效显著，有效支撑了全国棉花安全种植和绿色生产。现代信息技术被大量引入棉花植保研究，基于人工智能的病虫害种类识别、基于遥感的病虫害发生危害实时监测、基于大数据的病虫害发生趋势预测等科技创新取得重要进展，将成为棉花病虫害防控自动化和智能化水平提升的重要驱动力。同时，棉花病害生防菌剂、害虫成虫食诱剂、有益天敌保育利用等绿色防控技术产品创新得到持续有效推进。美国等国商业化种植多基因、多性状结合的转基因棉花品种，较单一性状转基因棉花及其他单项防控技术产品，在害虫抗性治理、杂草科学防除等病虫害综合问题解决中优势明显，是今后研发与应用的重点。

五、主要结论与政策建议

（一）结论与展望

2023年，新疆棉花产量占全国90.1%，内地在补贴政策支持下，产量降速减缓。棉花产业对外面临着需求减弱，价格低位运行，对新疆棉花的无端制裁导致的我国棉纺织品出口下降等问题；对内面临高品质原棉高度依赖进口（我国纺织用棉总量年均850万吨，自给率67.9%）的突出问题。另外，我国棉花生产虽然单产为世界平均水平2.7倍，但生产成本是美国的2.4倍，植棉效益较低。针对内外部环境压力，我国棉花产业下一步将向智能化、轻简化、机械化、绿色高效方向发展，通过重大突破性品种、高质高效植保栽培技术与装备、棉副产品加工等相结合，推动农机农艺相融合，通过减肥减药等措施实现节本增效，提升植棉效益，通过单产提升行动，提升原棉自给率。

(二）政策建议

1. 加大支持力度，提高棉花生产水平

继续加大棉花产业链各环节支持力度，通过品种优化、农机农艺融合等方式节本增效。鼓励土地入股、土地托管、土地互换等多种形式的土地流转，发展适度规模经营，降低土地成本，提高集约化标准化生产水平。

2. 完善棉花流通体制机制

建议出台相关政策鼓励棉花流通由卖籽棉向卖皮棉转变，形成棉花种植、加工利益联结机制，同时要做好相应的风险应对措施，引导"代加工"棉农通过套期保值等手段防范市场风险，确保植棉农户收益稳定。

3. 优化储备和进出口调控

提前做好收储预案，稳定棉花市场预期。合理安排 2024 年棉花滑准税配额，综合考虑企业出口订单结构和数量，增强配额发放政策的灵活性，适度向出口欧美市场的企业倾斜。灵活实施棉花出口管控政策，引导企业抓住有利时机增加出口，带动新疆棉花消费。

4. 多措并举促进新疆棉花消费

讲好新疆棉花故事，宣传棉品牌，扩大品牌知名度和影响力。发挥新疆棉花产业上中游生产能力强的优势，推动建立"一带一路"国际棉花联盟，拓展疆棉国际市场。推动纺织产业转型升级，实现从产品输出向技术带动、设计引领的供应链输出转变。

（国家棉花产业技术体系首席科学家　李付广　提供）

2023年度麻类产业与技术发展报告

(国家麻类产业技术体系)

麻类作物主要包括苎麻、亚麻、工业大麻、黄/红麻、剑麻及罗布麻等，是全球第二大类天然纤维植物和我国传统优势特色经济作物，具有重要的经济生态价值。2023年全球麻类作物种植面积约3 600万亩，我国麻类种植面积约650万亩，其中纤用麻类种植面积约180万亩，产量约24万吨，较2022年整体小幅上涨。我国麻纺和多用途产业需求持续扩大，进口各类麻类原料100余万吨，麻类原料自给率不足25%。

一、麻类生产变化分析

2023年全球麻类作物种植面积总体上涨，局部下滑。其中：黄/红麻仍然是最大的麻类作物，种植分布没有明显变化，仍然以印度、孟加拉国为主，种植面积达到2 200万亩，产量270万吨，分别较上年度增加10%和2%。我国黄/红麻总产量1.46万吨。受国内生产成本持续上升、种植空间不足等因素影响，我国苎麻从业者采用承包土地、委托生产等方式在境外开展苎麻生产的规模持续增大，老挝等东南亚国家苎麻单产水平迅速提高，我国苎麻种植的全球占比从90%下降到75%。纤用亚麻种植面积约400万亩，法国等欧洲主产国大幅度减产，价格激增。我国亚麻纤维产量3万吨，比2022年增长11%。全球工业大麻种植总体稳定，纤维总产量为30.41万吨，欧洲占全球总产量的62.9%，亚洲占35.4%，我国种植面积较上年度增长12%。全球剑麻种植面积约440万亩，总产量25万吨，我国种植约15万亩，单产水平处于全球领先，但受种植区域限制总供给量严重不足。

二、麻类市场与贸易变化分析

受全球麻类作物种植格局变化、国际贸易冲突影响、需求持续加大、纺织行业结构调整等因素影响，2023年全球麻类纤维原料价格持续走高、进出口量缩小而进出口金额增加。孟加拉等主产国持续限制黄麻，鼓励成品出口，从而保障国内获取较高的利润。但由于美国和欧洲经济放缓、市场渠道、需求疲软，全球黄麻进出口总量仅为总产量的13.7%。我国黄麻进口量为1.67万吨，同比下降6%，进口金额下降30%，是我国唯一进口数量和单价均下降的麻原料。亚麻打成麻进口量降低34%，但进口金额增长8%，其中法国产原料进口单价较2022年增长2倍以上，从不到4美元/公斤增长到8美元/公斤以上。据中国海关数据，2023年进口亚麻原料约24万吨，同比增长近15%，累计进口金额10.95亿美元，同比增长66.16%，进口数量和金额均创历史新高。与此同时，进口工业大麻纤维原料4300余吨，较2022年增长60%以上。全球剑麻进口总量增长至2.11万吨，增长2.5倍；出口总量增长至3.19万吨，增张3.3倍，我国剑麻进出口总额达到654万美元，主要用于高等级原料的进口和成品出口。

三、麻类加工与消费变化分析

2023年全球麻类加工总量和消费总量略降，主要原因是亚麻、苎麻等服饰原料减产和黄麻等工业原料纤维国际贸易受阻。值得关注的是亚麻等织物在原料价格激增的背景下，产业利润率仍然保持在较高水平，麻类作物的多功能开发利用产业持续扩大。据国家统计局数据，2023年国际纺织服装市场整体疲软，我国纺织服装累计出口2 936.4亿美元，同比下降8.1%。相比来看，尽管我国麻纺织行业营业收入也有所下滑，但利润水平保持良好：纺织染营业收入利润率上升至4.13%，高于纺织业平均的3.67%，其中麻织造加工营业收入利润率达到4.5%；全国274家规模以上麻纺企业累计实现营业收入286.53亿元，同比下降1.17%，但实现利润总额11.84亿元，同比上升17.54%。另外，麻类作为蛋白食品、食用油脂、医药原料等用途持续得到开发，亚麻籽油、亚麻木酚素、工业大麻籽油、工业大麻蛋白、大麻二酚（CBD）、黄麻多糖等产品得到广泛关注。

四、麻类技术研发变化分析

（一）国际麻类技术研发变化分析

国际上关于苎麻在农业领域的研究相对较少，大多研究集中在材料科学，包括3-D打印的高性能材料、重金属污染吸附的木质纤维素材料、生物基智能材料、棉麻混纺的阻燃材料等，同时也关注了从苎麻麻骨等副产物中提取纤维素制备高吸附性气凝胶等领域，推动苎麻新型材料的创新与产业化不断深入。黄/红麻研究涉及了较多的农业生物技术，但材料应用仍然是绝大部分。在农业生产领域，探讨了纤维发育的基因调控机制、不同品种的耐涝性、内生菌的应用、虫害智能监测、黄麻种子的生物活性成分等内容。材料研究则广泛设计了建材、环境修复、复合材料等领域，值的关注的是在研究策略上开始采用人工智能的手段，在应用中涵盖了更加广泛的场景。亚麻和工业大麻研究除了材料和农业领域，其突出的特点是高度关注医药食品领域的研究和应用，而且其籽粒多肽、油脂、蛋白、大麻二酚等活性成分均受到关注。国际工业大麻和亚麻医疗健康领域的科技前沿和知识产权竞争持续加剧。

在农机装备领域，新西兰大麻农场有限公司联合德国CLASS公司研制一款双层割台的工业大麻籽粒收获机，可实现工业大麻籽粒脱粒清选、收集联合作业，及麻秆切割还田。澳大利亚纺织复合工业有限公司研制出了D-8型剥麻机，主要用于工业大麻秆茎的纤维剥制，该机主要由喂料装置、纤维提取装置、纤维收集装置、麻渣输送装置、动力及传动系统和机架等组成，可安装在拖车上工作，增加了便捷性。美国俄勒冈州的DK FAB公司研制出的工业大麻花叶分离生产线。为减轻收割后的亚麻捡拾作业劳动强度，法国Valtech集团旗下的Union和Cretes公司联合研制了自走式亚麻捡拾打包机，并取得了较好的作业效果，目前该机已实现产业化。

（二）国内麻类技术研发变化分析

重要农艺性状和抗性的遗传基础解析仍然当前我国麻类研究热点。研究发现红麻类黄酮生物合成调控基因 $HcKAN4$、工业大麻性别调控基因 $CsLOX$、工业大麻光周期和开花性状调控分子模块 TOE/AP2-PRR3、剑麻抗紫色卷叶病调控基因、剑麻斑马纹病响应基因 $AhEXP2$、苎麻耐涝调控基因 $BnERF6$ 等。发出了多基因聚合的育种技术，其中整合3个基因的多性状转基因圆果种黄麻JRC-321能够解毒草甘膦除草剂、抵抗2种破坏性鳞翅目害虫。研究采取了传统方法、多组学联合、机器学习、高光谱成像等多种技术，研究效率明显加速。

在作物生产环节，广泛关注了化学调控、栽培措施联合品种创新缓解重金属污染胁迫、干旱胁迫、盐碱胁迫等多重逆境的技术策略。依托我国丰富的种质资源基础，开展了多区域、多生态的种质资源大田评价，加速了麻类种植向盐碱地、污染地转移的进程。麻类农机装备研发向多场景应用深入。丘陵山地苎麻种植与机械化收获持续推进，农机装备向轻简化、实用性转变。规模化作业苎麻收割机的研制向功能集成化和智能化方向发展，集合收割、剥制和麻皮收集功能于一体，以进一步降低人工作业劳动强度。改进研制了新一代滩涂用红麻收获机，生产效率提高5%，可实现产业化应用。工业大麻分段双割台收割机，作业时把工业大麻茎秆分成三段，顶部花叶一段、茎秆两段，收割后茎秆可以直接进入现有的亚麻剥制生产线。履带式丘陵山地胡麻联合收割机，可实现分段式脱粒分离、清选作业，样机总损失率为2.36%。圆盘切割式剑麻收割机进入样机试制阶段。

生物脱胶领域，利用白腐真菌固态所产的漆酶提取亚麻纤维，具有良好的效果。建立了电化学催化剂TEMPO系统下的亚麻脱胶方法，该工艺下亚麻纤维素含量、木质素含量和韧性分别达到82.3%、1.8%和1200 N/g。提出了一种新型的耦合有机溶剂预处理和碱煮的串联汉麻脱胶工艺，优选乙醇酸作为预处理试剂。将乙醇酸微波辅助处理与碱处理相结合，可有效且低成本地制备优质亚麻单纤维。利用基因组学和胞外蛋白质组学探究了脱胶菌株DCE-01高效苎麻脱胶性能的机理，首次发现 *pel*207、*pel*225、*pelG*32 和 *pel*027 等4种果胶酶基因。

研发出黄麻纤维为主原料的低成本麻地膜产品，试制产品1吨，试制成本约1.2万元/吨，应用成本在260元/亩左右。研发了干法纺纱用亚麻纤维制备关键技术以及高效短流程纯亚麻干法纺纱关键技术，制得的亚麻纤维平均细度达到3 000公支以上，纤维平均长度达到30毫米以上，16毫米以下短绒含量低于20%，满足了干法纺纱生产要求，生产出纯亚麻干纺纱和亚麻/棉混纺纱，实现产业化，整体技术处于国际先进水平。我国麻类作物多用途产业持续发展，全秆纳米化、纳米纤维素制备、低共熔凝胶、菌丝黏合剂、活性智能食品包装膜等领域逐步赶超国际先进水平。

五、主要结论与政策建议

（一）主要结论

2023年，我国麻类作物种质资源研究、育种与抗逆丰产技术、全产业链绿色低碳技术以及麻类新材料创制等方面科技创新持续加强。突破麻类作物分子育种瓶颈，育种效率和品种水平大幅提升；推进边际土地利用，扩大国内麻类种植空间，逐步破解资源环境约束难题；加速麻类产业绿色转型，全程机械化和清洁脱胶一体化实现规模化应用；创制新型生物基材料，助力我国粮食安全与重要农产品供给。通过加大麻类种植规模、拓展多用途价值、加强产业联合，提升了原料自给率和产业竞争力，推动麻类产品向高附加值发展，丰富产品种类，增强市场竞争力。

（二）政策建议

1. 加强基础研究投入，支撑种业创新引领产业发展

当前我国麻类作物现代生物育种技术创新进入快速发展期，基础研究不足限制育种技术创新加速。应进一步强化重要农艺性状遗传基础解析、麻类作物特征品质构成成分的全景筛查与功能验证，充分挖掘我国种质资源储量大、品类多的优势，推动麻类作物种业创新迈入快车道，以种业创新支撑产品创新、以产品创新服务产业发展，不断强化产业竞争力。

2. 加快麻类作物向盐碱地、滩涂地等非宜粮田转移

强化麻类作物与边际土地"种地相适"的技术研发，扩大麻类作物在西北内陆、东部滨海滩涂、丘陵山地水土流失区等区域的规模化种植示范，加快麻类生物质的产地化高效加工与土壤改良应用，为生态脆弱区生产发展和环境修复提供一体化解决方案。

3. 加强县域麻类产业发展扶持政策体系建设

加强以县域为载体的特色麻类产业发展政策扶持，在麻类生产环节中的土地培育、区域配套栽培管理、低产区域增产、机械化、精深加工等方面加大投入力度，同时注重各环节技术创新以及体制机制创新，促进我国麻类产业更好服务县域经济发展。

（国家麻类产业技术体系首席科学家　朱爱国　提供）

2023 年度糖料产业与技术发展报告

(国家糖料产业技术体系)

糖料是我国重要的农产品。我国是世界第四大食糖生产国和第二大食糖消费国。2023 年我国糖料种植面积为 1 910.9 万亩，其中甘蔗为 1 653.8 万亩，甜菜为 157.1 万亩。预计 2023/2024 榨季，糖料产量约为 8 587.5 万吨，糖产量将达到 962 万吨。我国食糖产量长期供不应求，国内食糖自给率维持在 60% 左右。

一、糖料生产变化分析

据标普数据统计，2022/2023 年度全球糖料产量约为 21.83 亿吨（甘蔗占 85%），同比增 2.4%；食糖产量约为 1.88 亿吨，同比增 1.6%。2022/2023 年度全球食糖增产主要是巴西和泰国的增产抵消了干旱对印度和欧盟减产的影响。从全球来看，预计 2023/2024 年度糖料面积同比将微增，食糖产量同比增长应在 2.8%~3.2%。

中国糖业协会数据显示，2022/2023 年度，我国糖料面积稳中微增，增幅为 1.6%，呈现"蔗减甜增"态势（甘蔗减 1.8%、甜菜增 28.8%）。2023 年度，由于广西桂中北蔗区（来宾等地）遭受严重的自然灾害，导致全国糖料和食糖产量有所减少，表现为 2022/2023 年度糖料总产为 11 236.45 万吨，同比下降 1.9%；入榨糖料量为 7 076 万吨，同比下降 11.5%；食糖产量为 897 万吨，同比降 6.2%。从生产形势看，种植面积波动较大和极端气候频发，导致我国产糖量波动较大，影响国家食糖供给安全。

2023/2024 榨季，国家加强了对糖料产业的扶持和支持。甘蔗良种良法等一系列政策措施的落实和实施，预计 2023/2024 年我国食糖将呈现恢复性增产，糖料面积可达 1 908 万亩（含境外种植国内入榨 70 万亩），我国食糖恢复性增产到 980 万吨左右，其中甘蔗面积 1 689.4 万亩、甜菜面积 258.5 万亩；入榨糖料为 7 988.5 万吨，同比增长 12.9%；食糖产量预计恢复到 970 万~980 万吨，同比增长 8.7%，自给率恢复到 62.5%。

二、糖料市场与贸易变化分析

（一）2023 年度国内外食糖价格分析

2019/2020 榨季至 2022/2023 榨季，全球连续四年供应短缺，国际原糖价格从年初 18.97 美分/磅大涨到 28.14 美分/磅，涨幅 48.3%，创 12 年新高。2023 年原糖均价为 23.97 美分/磅，比上年上涨 5.18 美分/磅，涨幅 21.6%。

受全球供应短缺影响，国内食糖供需偏紧，低库存和高产销率、加之制糖集团和贸易商惜售，2023 年 9 月涨至 7 750 元/吨（比年初上涨 35%），创近 12 年以来新高，全年均价为 6 841 元/吨，比上年上涨 1 096 元/吨，涨幅 19%。

（二）2023 年度国内外食糖进出口情况

2022/2023 榨季全球食糖出口量约为 6 431.6 万吨，全球食糖出口超 7 成集中在巴西、印度、泰国和澳大利亚，出口贸易呈巴西增加、印度减少、泰国稳定。

我国食糖长期产不足需，需依靠进口来弥补产需缺口，2023年由于国际食糖价格高企，食糖进口利润较低甚至亏本，我国食糖进口量大幅下降。据海关统计，全年我国食糖进口量为397.3万吨，同比减少24.7%，主要以配额内进口为主，且进口来源主要以巴西、印度等国家为主，进口量占比90%以上，其中巴西进口335.2万吨，占比高达84.4%。

三、糖料加工与消费变化分析

预计2024年全球糖价持续高位，增幅变缓，最新机构标普全球商品（S&P global）和嘉利高（Czarnikow）将全球食糖消费增速下修至1%~1.1%。2023/2024榨季全球食糖将呈产增需增趋势，但产量增速大于消费增速，供应略宽松可能较大。厄尔尼诺天气和地缘政治冲突还给巴西和印度产量带来了不确定性。

近5年来，我国食糖消费基本稳定在1 490万~1 570万吨。2023年疫情结束提振了市场需求和受高糖价影响，2022/2023榨季我国食糖消费稳定在1 535万吨。食糖消费呈现民用消费增加、工业消费减少的特征，据统计，2023年我国民用消费占46.6%，工业消费占53.4%，民用消费较前5年占比提升了4.6%。

2024年预计我国食糖消费稳中有增，受低库存、糖价回落等因素支撑，全国食糖消费将回升至1 560万吨左右，同比增长1.6%。预计我国食糖进口将有所增长，2023/2024榨季食糖国内产量约为980万吨、消费量约为1 560万吨、结转工业库存44万吨，加上第三方库存，需进口约500万吨以平衡产需差额。

四、糖料技术研发变化分析

（一）国际糖料产业技术进展

1. 育种技术进展分析

目前，国际上甘蔗遗传改良仍以常规杂交育种技术为主，培育高产高糖且抗当地主要病虫害的新品种，并陆续登记推广了一批新品种，如美国最新登记CP14-1490、L14-267、Ho05-961、Ho07-613、CP14-1377、CP13-4474等品种。在甘蔗遗传育种基础研究方面，主要针对甘蔗遗传基础狭窄、亲本创新困难、主要经济性状的遗传力低、非加性遗传导致育种周期长开展研究，提出了利用标记辅助选择、线性混合模型、育种值和遗传值估算等方法提高育种效率，特别是基因组选择与标记辅助育种、甘蔗基因编辑等新的育种方法也取得重要进展。

目前，国外甜菜品种选育仍以高产和少水肥药需求为主要目标。当前主要集中于甜菜遗传资源的评价和分子育种。分子标记技术仍是甜菜分子育种的主要技术手段，该系统的建立可以快速识别甜菜品种的真伪，为后续建立甜菜品种专用电子ID数据信息平台奠定基础。

2. 栽培技术进展分析

甘蔗栽培围绕绿色化、高效精准化、可持续化、智能化，国内外均在"信息技术+水肥模型+土壤特征+精准农业"有机结合方面取得明显进展。

甜菜栽培主要围绕逆境胁迫、肥料利用、种植方式、土壤改良剂等方面展开，胁迫的分子机制研究及如何调控成为目前研究的热点。

3. 病虫害防控进展分析

甘蔗重点围绕螟虫、金龟子、蚜虫、线虫等害虫开展研究，初步从基因组学揭示螟虫种群遗传特性。在转基因抗虫研究方面，筛选获得了对螟虫和金龟子有较高毒性的 Bt 转基因甘蔗品系；在营养调控防虫方面，明确不同钾肥施用水平对减轻甘蔗害虫的效果，构建了北美大平原甘蔗蚜虫的分布模型等。总体上，化学防治仍是控制甘蔗害虫的主要防控手段。病害防控方面，采用了基因组学技术，主要针对甘蔗花叶病、赤腐病、梢腐病等开展研究初步揭示甘蔗主要病害的遗传多样性和致病性，筛选获得一些抗病种质资源；同时，构建了甘蔗黑穗病抗性相关基因的共表达网络；这些研究结果为病害治理的深入和有效防控奠定基础。

甜菜病害的研究主要集中在褐斑病、根腐病和病毒病。褐斑病主要涉及病原菌的抗药性分析、群体遗传结构、病害图像识别和谱学早期诊断、病原菌侵染过程和致病机制、品种抗病性鉴定、真菌病毒鉴定以及病害的综合防控。根腐病主要是病原物的分离与鉴定、杀菌剂筛选、病原物群体结构分析、真菌病毒鉴定和致病性分析以及品种抗病性鉴定等。病毒病主要围绕甜菜丛根病、黄化病和曲顶病，内容涉及序列变异与致病性分化以及抗病品种的抗性丧失、病毒与寄主互作、病毒与介体互作、抗性基因挖掘和功能分析、抗病品种筛选与评价以及转基因抗病毒研究等。甜菜侵染性病害主要集中在褐斑病和病毒病害。

4. 甘蔗机械化进展分析

甘蔗机械化主要聚焦于收获的机械化，澳大利亚、美国、巴西、日本等国基本实现收获的全程机械化，且以切段联合收获占主导地位。目前，印度、泰国等机收占比较少国家，切段机收与整秆机收并存，以人工砍蔗为主。甘蔗机械化先进国家均实现蔗糖产业系统利益最大化。以美国为例，糖厂、农场、机械化作业属同一企业集团，如夏威夷糖厂将农场蔗田划分编号，按甘蔗适宜程度采收；农场、机械化作业、糖厂利益一体化，追求系统效益最大化。澳大利亚则采用糖厂、农场、机械化作业服务分属不同的企业的方式，但澳大利亚糖业管理条例中，从甘蔗良种培育、病虫害防治、土壤改良、田间管理到甘蔗收获、食糖生产到运输储存，确定了完善的组织机构，明确了各自职责和资金保证体系，提升澳大利亚制糖行业综合竞争力。

5. 甘蔗副产物加工和综合利用

从全球食糖主产国来看，巴西的甘蔗糖业逐步转变为甘蔗生物炼制，用于生产 2G 乙醇、生物质发电；同时将蔗渣拆分为纤维素、半纤维素、木质素后，再进行高值化利用，用以加工乳酸、正醇、木糖、糖醛、生物聚合物、塑料、生物炭等。印度则形成了以生产食糖、生物电力、生物乙醇、生物肥料、生物压缩天然气（甲烷）及生物基可再生绿色化学品等为主的多元糖业综合体。澳大利亚形成了"食糖+产业"的产业模式，实现了甘蔗生产食糖、发酵食品；蔗渣实现了热电联产用以生产重型运输交通工具与航空燃料；糖蜜用以生产燃料乙醇、生物塑料、生物基化学品、包装品材料等。

（二）国内糖料产业科技进展

1. 甘蔗新良种选育科技进展

目前，全国 17 家育种单位共计配制宜机化甘蔗品种选育杂交组合 1 037 个，年度登记甘蔗新品种 14 个，获得品种保护权 21 个，其中选育的桂糖 44、桂柳 15-41、云蔗 14-1313、中蔗福农 48、中蔗 9 号、中糖 3 号等优良品种正在快速推广应用。2023 年我国自育甘蔗新品种生产应用面积超过 95%，体系育成的以桂糖 42、桂糖 44、桂柳 05136、云蔗 08-1609、云蔗 05-51 等为代表的新一代甘蔗新良种推广应用面积占全国蔗区的

83.4%，自育新品种实现自主可控。其中"桂柳 05136 选育与应用"技术获得广西壮族自治区科技进步奖一等奖。

2. 以糖企为主体的多式甘蔗机收模式取得新突破

目前，我国机收发展形成了以联合机收和分步式机收为主的两大模式，联合机收适用于桂中南平缓蔗区和粤西中大型全程机械化生产，分步式机收适用于滇西南丘陵蔗区中小型机械化。2023 年机收新进展主要有两个，一是以制糖企业为主体的丘陵坡地机收和分步式机收取得突破。体系制定并向全国发布了《丘陵坡地甘蔗机械化收获技术规程》和《甘蔗分步式机收技术规程》两件技术规程。2023 年蔗区已建成分步式机收线 212 条（广西 96 条、云南 116 条），有望成为我国 65% 坡地蔗区收获的重要方式之一，涌现出了以云南陇川为代表的典型蔗区，糖厂甘蔗机收率提升至 30% 左右。

3. 宜机化甜菜高产高糖抗病品种选育取得新进展

2023 年度，我国自育甜菜品种的丸粒化种子生产上实现"从无到有"的新突破。一是体系引进鉴定甜菜种质资源 208 份，发掘优良基因种质 51 个，创制优良种质材料 38 份，选育了单胚不育系和保持系和优良授粉系，并对高产高糖抗病甜菜新品种 6 个材料进行了示范和推广；二是开展了甜菜耐旱耐盐、抗丛根病等功能基因挖掘与功能解析。自育的甜菜适合机械化作业单胚雄性不育杂交种"NT39106"、Stm1718 等开始大面积示范。三是国内首次形成从种子清选、磨光、分级精选、种子引发，到研发出丸粒配方这一整套相对成熟的丸粒化种子加工技术体系，建立甜菜种子丸粒化加工车间，实现对国产自育甜菜单胚种丸粒化加工。

4. 甜菜全程机械化综合栽培技术模式创全国单产纪录

由新疆南疆综合试验站和甜菜遗传改良与高效栽培岗位团队联合开展攻关研究，形成了以"科研单位+企业+基地+农户"的技术模式，集成实施了导航单粒精播、高密度栽培等关键技术，在新疆库尔勒创建千亩高产连片示范田，亩产达到 8.756 吨，含糖量 15%，刷新全国甜菜高产纪录。

5. 形成"吃干用尽"糖料全产业链资源要素高值化利用技术

一是形成了蔗渣、糖蜜、滤泥的高值化利用技术。实现蔗渣发电、造纸，同时用于生产可降解餐具、低聚糖、纳米纤维素、碳量子点和活性炭新型高值化产品等；糖蜜实现了生产酒精、酵母、饲料和肥料；滤泥主要用于生产传统复混肥，同时在滤泥高腐质化肥料、水产饲料应用研究方面取得了突破性进展。二是构建了基于甘蔗汁膜物理澄清为核心的甘蔗资源多元高值化利用技术。实现了生产高品质红糖、甘蔗植物水、甘蔗饮料、糖浆、甘蔗醋、甘蔗啤酒、朗姆酒、甘蔗资源化妆品及多甘烷醇等产品为一体多元化产业结构，开启了我国多元化的大健康甘蔗产业时代。三是高端产品国产化。打破医疗、食品行业稀有糖进口格局，实现稀有糖全细胞合成及工业化。

五、主要结论与政策建议

2023 年度，在国家的关心支持和农业农村部指导下，糖料产业技术体系各岗站协同攻关，实现了我国自育甘蔗优良新品种自给率达 95% 以上，自育的甜菜品种的丸粒化种子生产上实现了"从无到有"的新突破；甘蔗全程机械化和分步机收取得新进展，涌现出了以云南陇川为代表的机收热的蔗区；糖料作物栽培技术以绿色化、轻简化和智能化为主开展研究和推广应用；糖料作物副产物加工和综合利用有条不紊推进，朝多元化高值化发展等，蔗糖产业发展取得重大成就。受国际国内食糖市场影响，预计2024年全球糖价仍将持续高位，为蔗糖产业发展提供新的机遇，同时受国际地缘政治影响，也对国内食糖供给安全带来挑战。

（一）抓稳定预期，通过"产业扶持和贸易政策"护航食糖安全供给

建议稳定实施糖料蔗良种良法技术推广补贴6~9年，并实行广西、云南食糖安全党政同责、压实主体责任、确保国家食糖安全。食糖进口应坚持总量平衡，以稳定国内供需为原则，坚持关税配额，非必要不增发配额。

（二）补机械化短板，推进以糖企为主体、利益协调的"糖企—机企—农户"模式

甘蔗机收推进困难的关键是缺少我国糖企、机收组织和农户间缺乏利益协调机制。建议推进以糖厂为主体，实现由糖企牵头、机收组织和蔗农参加的甘蔗机收模式，通过协商制定实施各方利益协调机制和管理制度，研发对应农机农艺融合技术，实现甘蔗生产节本增效，确保机械化作业质量符合要求、机收组织收益合理、蔗农受益。

（三）加快高端化、智能化、绿色化产品发展，做强甘蔗资源要素多元高值利用

我国糖业已开创"甘蔗+"产业先河，甘蔗水项目开始投建，绿色制糖、黄腐酸钾、朗姆酒、甘蔗果啤及精酿啤酒、高腐质化肥料、反刍动物饲料、富含甘蔗功能物质的日化产品等均实现产业化。建议加大科技投入，鼓励全产业链资源要素产业化，发挥现代农业产业园辐射效应，做强"甘蔗资源要素多元高值利用"产业集群，延伸产业链、提高附加值，将糖业升级为富民强县的支柱型产业群。

（四）加强甜菜种业自主创新研究

通过国家立项支持，加大科技投入、鼓励自强自立自主创新研发，加快种子加工包衣及丸粒化技术与种子加工设备的引进与研发速度，促进甜菜国产自育优良品种的推广种植，确保甜菜种子数量和质量安全。

（国家糖料产业技术体系首席科学家　张跃彬　提供）

2023年度蚕桑产业与技术发展报告

(国家蚕桑产业技术体系)

一、蚕桑生产变化分析

(一) 桑园面积减少,但发种量和蚕茧产量均增加

据蚕桑主产省(区、市)生产主管部门的初步调查统计,2023年各地受耕地管控政策趋严等因素的影响,全国桑园面积1 137万亩,比上年减少29万亩,减幅2.5%,其中浙江、重庆减幅较大,分别减少19.57%和12.42%;但农民种桑养蚕的积极性不减,全年发种量1 792万张,比上年增加67万张,增幅3.9%;桑蚕茧产量76.3万吨,比上年增加3.3万吨,增幅4.5%,除江苏、安徽、广东和陕西4省减产外,其余各省蚕茧产量均有增加。柞蚕放养面积1 057万亩,同比减少0.4%;柞蚕茧产量9.54万吨,同比减少2.43%,其中辽宁5.58万吨,占比58.49%。2023年全国桑蚕茧产值423.1亿元,同比增加19.7%;柞蚕茧产值56.9亿元,同比增加7.1%,均创历史新高。

(二) 生产区域向西转移趋缓,东部占比止跌回升

2023年,我国桑蚕生产区域继续向西部转移。西部蚕区(广西、四川、云南、重庆、陕西、贵州、甘肃、新疆)的蚕茧产量占比从2022年的83.8%略升至2023年的83.91%,中部蚕区(山西、安徽、江西、河南、湖北、湖南)的蚕茧产量占比从2022年6.45%下降至2023年的6.3%,而东部(江苏、浙江、广东、山东、海南)的蚕茧产量占比止跌回升,由2022年的9.74%回升至2023年的9.81%,扭转了自2000年以来连续23年下降的趋势。2023年全国排名前三的广西、四川、云南蚕茧产量为46.14万吨、8.6万吨和6.59万吨,分别占比60.5%、11.3%和8.6%,合计占比80.4%。

(三) 人工饲料养蚕多地并进,养蚕规模快速扩大

2023年我国人工饲料小蚕共育、全龄人工饲料工厂化养蚕渐成趋势。人工饲料小蚕共育在全国各蚕桑生产省均有推广应用。浙江巴贝集团有限公司、雅士林集团有限公司、深圳同益新中控实业有限公司分别在浙江、湖南、广西等省(区)推进全龄人工饲料工厂化养蚕,其中,巴贝集团的陌桑高科股份有限公司2023年全龄人工饲料养蚕40.5万张,占浙江发种量的68.6%;产茧14 650吨,比上年扩大一倍,占浙江蚕茧总产量的58.4%,全龄人工饲料养蚕规模已超过其传统养蚕规模。由于全龄人工饲料养蚕规模扩大,2023年浙江省发种量比上年增加18.3万张,增幅达44.9%;蚕茧产量比上年增加6 524吨,增幅达35.0%,浙江也因此成为2023年全国发种量和蚕茧产量增幅最大的省份,彻底扭转了之前十多年蚕茧产量不断下降的局面。

(四) 蚕种供求缺口扩大,生产继续向优势区集中

2023年全国桑蚕发种量1 792万张,同比增加66.6万张,增幅3.9%,全国小蚕共育率持续上升至87.1%。但全国蚕种产量1 343万张,同比增加31万张,增幅2.4%,其中,春季604万张,由于农药中毒等原因减产32万张,同比减少5%;夏秋季739万张,

同比增加63万张，增幅9%。广西蚕种产销缺口524万张，超过全国蚕种产销缺口449万张，可能的原因是一些蚕种场生产和销售的蚕种没有纳入统计。考虑我国蚕种出口增加，每年出口达几十万张，国内蚕种缺口也可能是一些省份发种量数据重复高报所致。2023年，广西、山东、云南、四川4省（区）的蚕种产量均超过130万张，合计占全国蚕种总产量的79.4%，我国蚕种生产进一步向优势区域、向优势企业集中。

二、蚕桑市场与贸易变化分析

（一）桑蚕生丝价格持续走高

2023年，4A级生丝价格从年初的43.4万元/吨波动上涨至10月中旬最高达50.1万元/吨，之后有所回落，但12月底仍然保持在48.9万元/吨，较年初上涨12.7%，较2019年同期上涨8.7%，超过疫情前正常年份的价格水平。

（二）桑蚕茧价格创历史新高

丝价上涨带动了茧价上涨，2023年我国桑蚕茧收购均价为55.46元/千克，同比上涨了7元/千克，涨幅14.52%；其中，春茧价格54.14元/千克，同比上涨了9.7元/千克，涨幅21.86%；夏秋茧价格56.46元/千克，同比上涨了5元/千克，涨幅9.62%。无论是全年收购均价，还是春茧价格、夏秋茧价格，均创历史新高。

（三）柞蚕茧、蛹价格均创新高

我国柞蚕茧的约80%用于削口食蛹，鲜蛹市场一直供不应求。蛹价持续上涨带动茧价上涨，2023年全国柞蚕蛹价格76.2元/千克，同比上涨7.9元/千克，涨幅11.5%；柞蚕茧价格59.7元/千克，同比上涨5.3元/千克，涨幅9.7%。2023年柞蚕茧、蛹价格均创历史新高。

（四）丝绸商品出口下降明显

根据中国海关数据，2023年全国丝绸商品出口额14.96亿美元，同比下降11.88%。其中，丝类产品出口4.3亿美元，同比下降10.38%；真丝绸缎出口3.86亿美元，同比下降16.64%；丝绸服装及制品出口6.8亿美元，同比下降9.91%。同期国内纺织服装出口下降8.1%，丝绸商品出口承压更加明显。

三、蚕桑加工与消费变化分析

（一）加工产品产量降幅明显

根据国家统计局统计，2023年全国规模以上企业蚕丝产量同比下降9.85%；绸缎产量同比增加0.44%；蚕丝被产量同比下降40.32%。蚕丝、蚕丝被产量降幅明显。

（二）行业运行质效逐步改善

根据国家统计局统计，2023年全国规模以上丝绸企业实现主营业务收入同比增长9.01%。其中，缫丝加工、丝织加工、丝印染企业营业收入分别同比增长7.43%、11.05%、5.81%。规模以上丝绸企业利润同比增长40.81%。其中，缫丝加工、丝织加工、丝印染企业利润同比分别增长122.85%和31.92%、下降9.22%。

（三）产业多元转型继续推进

随着科学技术和产业领域的不断拓展，蚕桑资源开发与多元利用在丝绵丝绒被服、桑枝食用菌、桑果饮料、桑叶茶、桑叶食品、蚕沙叶绿素、蚕蛹蚕蛾功能食品、生态桑和饲料桑业等领域均取得了突破性进展；桑枝生物制药、"蚕丝硬盘"、蚕丝生物医药材料等新领域研发创新亮点不断。"蚕桑+"（蛋白产业、功能饲料、健康食品、蚕丝材料、文旅康养等）现代多元化发展趋势愈加明显。

（四）丝绸内销得到有效恢复

随着线上营销模式的不断拓展，国内丝绸消费需求逐步回升，丝绸产品的内销比例进一步上升至70%左右，经历新冠肺炎疫情后，消费者对绿色食品、医药品、保健品等健康产品的需求增加，桑枝食用菌、桑叶茶、桑葚酒、食用蚕蛹、雄蛾酒、蚕丝面膜与化妆品、高档丝绸家纺等产品不断受到消费者的关注与喜爱，以万事利等为代表的丝绸品牌成为国内消费者追捧的新国潮。

四、蚕桑技术研发变化分析

（一）种业科技实现新突破

代方银教授团队继2022年发布家蚕超级泛基因组图谱后，2023年整合家蚕种质资源泛基因组及多组学数据，建成"数字家蚕"共享分析平台"丝元"（SilkMeta）。该平台不仅涵盖多达1 082份蚕资源的基因序列信息，还整合了家蚕基因表达、调控、功能研究、表型等数据，提供了开展多方面研究的分析工具。全国获批国家蚕遗传资源基因库3个（重庆、镇江、辽宁）；建立雄蚕种、茧、丝、绸及产品一体化开发模式，使我国成为唯一能够大规模生产高品位雄蚕丝的国家，显著提升了领域国际竞争力，"高品位雄蚕茧丝生产关键技术研发与产业化"成果获中国纺织工业联合会科技进步奖一等奖。

（二）种养技术大幅度升级

"家蚕微粒子病全程防控技术"入选农业农村部2023年农业主推技术，9项蚕桑种养技术成为省级主推技术，"家蚕高效养殖环境控制关键技术开发与应用推广"获2023"全国农业科技成果转化大会"100项重大农业科技成果，"蚕桑病虫害绿色防控技术集成与推广应用"获全国农牧渔业丰收奖农业技术推广成果奖。一批栽桑新技术得到应用和推广，包括饲料桑机械播种和水肥一体化育苗技术、饲料桑水肥一体化生产管理技术、草本化杂交桑栽培与机械收获技术、茶用菜用桑栽培技术、富硒桑叶生产技术等。养蚕省力化数智化技术进一步提升，包括大蚕饲育机全年连续规模化饲养技术、热区不同季度僵蚕生产技术等。

（三）病害防控技术持续开发

创建了桑树褐斑病、轮纹病、花叶型萎缩病、细菌性枯萎病等病原菌快速高效的微量分子检测新技术，应用于病害的早期预警和防控。建立了便携式快速家蚕病原溯源、检测和早期诊断系统，为蚕病早期诊断，特别是智能化饲养背景下的蚕病防控提供有效技术。发现新型污染物微塑料体在短时间内不会对家蚕造成影响，但纳米塑料相对于微塑料更容易进入生物体，并抑制家蚕的免疫应答反应，使抗病性降低，为新发蚕病的发生和有效防控提供了新的视角。

（四）资源多元利用技术显著拓展

围绕蚕桑茧丝新功能评价和挖掘利用，推动了一系列关键技术创新。建立了天然分子量丝素纳米纤维制备工作等新工艺；研发了一种硫酸化桑叶低聚糖制备技术，用于水产养殖，可促进大口黑鲈生长，提高饲料利用率、抗氧化能力、脂质代谢、免疫功能和对病毒的抵抗力；研发了桑叶提取物改善黑斑蛙肝脏、肠道健康技术，桑叶提取物养殖鳜鱼技术；研发了蚕蛹发酵产鲜味物质技术、预调理蚕蛹食品油炸工厂化生产技术等。一批新技术的应用，促进了蚕桑资源的高效利用。开展桑树用于盐碱地、石漠化、荒漠化治理，及矿山重金属富集区和消落带等生态脆弱地区的修复，开拓了绿色低碳新领域。

五、主要结论与政策建议

（一）结论与展望

总体而言，2023年我国蚕桑产业形势较好，无论是前端的蚕桑生产，还是后端的丝绸加工，在茧丝价格持续走高的背景下，农民种桑养蚕的积极性高涨，推动了发种量、蚕茧产量和蚕茧产值的增加；丝绸出口减少，但丝绸内销的恢复性增长，促进了丝绸加工业发展；蚕桑生产更加趋向规模化、省力化、机械化，工厂化养蚕日趋扩大；丝绸加工业依靠科技创新和品牌建设，持续推进转型升级和拓展市场空间；蚕桑茧丝资源多元利用开发在多个新兴领域取得突破性进展，为蚕桑产业多元转型发展打下了扎实的基础。

与此同时，我国蚕桑产业发展不仅面临着气候变化、家蚕微粒子病、桑树病虫害等因素所造成的生产风险，也面临劳动力老龄化和短缺、专业技术人才不足、生产成本不断上升、工业废气污染等方面的社会风险，还面临粮食安全及土地管控政策下桑园面积减少、发展空间压缩，粮桑、经桑混栽下农药飞防给蚕桑生产、蚕种繁育带来的安全风险，以及印度、乌兹别克斯坦、越南等"一带一路"国家加速发展蚕桑产业带来的国际竞争。

展望2024年，在茧丝价格高位运行背景下，农民尤其是中西部欠发达地区农民种桑养蚕的积极性依然较高，蚕桑生产的规模化和机械化水平将进一步提高；人工饲料工厂化养蚕规模将进一步扩大，但在蚕茧供不应求的情况下，尚不足以对传统蚕桑生产造成冲击；随着居民收入水平上升和消费观念的改变，丝绸内需将进一步释放；蚕桑茧丝资源多元利用研发亮点纷呈，产业转型发展也将加快推进。

（二）政策建议

1. 以国家蚕桑产业技术体系为平台，加快科技创新步伐

坚持"立桑为业，多元发展"方略和"大蚕桑"思路，集聚多学科交叉融合优势，加快蚕桑科技创新步伐，从品种选育到病害防控，从简易设施到机械化设备，从集中催青、小蚕共育到适合集约经营的所有环节，尽快建立以规模化、机械化为主要特征的新型养蚕技术体系。推进以"专业大户、家庭农场、合作社"为主体的规模化蚕桑生产经营，科学引导人工饲料工厂化养蚕稳健发展，突出提高质量导向。加强蚕桑资源多元利用技术的研发、应用与推广，为蚕桑产业高质量发展提供坚实有效的科技支撑。

2. 以蚕桑区域专业化发展为战略，提高生产效率与效益

根据我国蚕桑产业转移和区域集聚的特点，各地仍应着力打造具有较高桑园管理水平、较好养蚕基础设施、较完善技术推广体系的蚕桑生产基地，实施区域专业化发展战略。巩固及深化蚕茧产量500吨以上基地县蚕桑生产，以稳定蚕桑生产规模，提高蚕桑生产效率与效益，提升蚕桑产业竞争力。

3. 以龙头企业产业化经营为手段，最大化规避蚕业风险

加强公司一体化经营，培育养蚕专业大户、家庭农场、蚕业合作社及强化"公司+基地+农户""公司+专业合作社+农户"等产业化经营模式，积极开展蚕业保险，提高农户种桑养蚕的意愿，降低因技术、环境等因素产生的自然风险和因价格波动产生的市场风险。政府有关部门应加强蚕种质量监管，保障蚕种供应和质量安全，提升蚕种质量水平，避免蚕种供应不足和质量安全问题可能引发的潜在风险。

4. 以东中西部分工合作为举措，推进全产业链整合创新

加强东中西部蚕桑主产省之间的分工与合作，推进跨区域全产业链整合。西部产区作为我国最大的蚕桑生产及生丝、坯绸加工基地，着力于提升茧丝质量和生产效益；东部产区应保持我国优质茧生产基地、丝绸产品加工中心的地位，进一步探索人工饲料工厂化、智能化养蚕技术及资源利用新用途，通过产品开发、工艺革新、品牌创新，提高产业综合效益和市场竞争力。

5. 重视以宏观科学调控为抓手，稳定蚕茧和生丝的价格

为稳定蚕茧产量，避免蚕茧价格的大幅波动，政府应通过建立更及时有效的蚕茧市场供求和价格信息发布平台，完善茧丝绸市场体系建设等措施，来引导茧丝生产者与需求者对茧丝价格进行科学预期；鼓励有一定规模的茧丝企业（合作社）探索利用茧丝大宗商品市场来发现价格、实施套期保值的风险管理。政府的宏观调控应侧重于加强国家生丝储备制度的完善与运用，根据生丝市场供求与价格变化趋势，适时启动厂丝收放储，以稳定生丝价格，从而维持蚕茧价格和产量的稳定。

（国家蚕桑产业技术体系首席科学家　代方银　提供）

2023 年度茶叶产业与技术发展报告

(国家茶叶产业技术体系)

一、茶叶生产变化分析

(一) 种植面积趋于稳定，产量产值持续增长，面积产量全球占比过半

根据体系对 123 个示范县茶叶调研数据，以国家统计局公布的 2022 年统计数据为基础推算。2023 年，我国茶园面积约为 5 130 万亩，同比增长 0.8%，其中，55% 的产茶县区茶园面积保持不变，2% 的产茶县区同比略有下降，43% 的产茶县区面积有所增加，各县区新增面积基本少于 3 000 亩。全国无性系良种比例约为 67.3%。开采茶园面积约 4 335 万亩，增加 120 余万亩，同比增加 3.0%。春茶产量因 2022 年秋冬至 2023 年早春旱情影响同比下降 1.7%，夏秋茶产量同比上升 10.5%，预计全年茶叶产量达 350 万吨，同比增加 5.0%，农业产值超过 2 700 亿元，同比增长 10.5%。2023 年全球茶园面积预计 8 100 万亩，茶叶产量达到 670 万吨，我国茶园面积和茶叶产量占全球的比例分别为 63% 和 52%。

(二) 红茶、绿茶、乌龙茶产量持续增长，白茶增幅下降，黑茶产量减少

分类看，绿茶依然是产量最大的茶类，达 237.8 万吨，同比增长 4.8%；其后依次为红茶 38.9 万吨，增长 14.6%；乌龙茶 36.0 万吨，增长 3.3%；黑茶 21.5 万吨，减少 4.4%；白茶 9.6 万吨，增长 0.95%；黄茶 1.1 万吨，增长 0.7%。值得注意的是白茶增幅较 2022 年下降 17.85 个百分点，而且其产量增加，主要来自新产区，在前几年白茶热的带动下，白茶产区有所扩大，贵州凤冈、印江、云南凤庆等新产区产量有所增长，而福建福安、政和、松溪等传统产区产量同比下降。

(三) 生产成本持续刚性上涨，人工成本占比超 60%

体系调研数据显示，2023 年产区单位面积生产成本（不含土地成本）同比上涨 5.27%，达到 2 891 元/亩，其中人工成本同比上涨 5.71%，生产资料投入成本同比上涨 4.51%。在机械化生产推行多年后，根据体系监测数据测算，茶园用工成本占生产总成本的比例依然高达 63.2%，茶园田间作业尤其是茶叶采摘仍然很大程度依赖于人工劳作，"机械换人"的生产方式转变仍需持续推进。

二、茶叶市场与贸易变化分析

(一) 国内干毛茶批发市场交易量平价升

体系发布的中国茶产业（杭州）指数报告显示，2023 年干毛茶产地批发市场交易量平价升。干毛茶产地批发同比交易量指数 101.5，其中，绿茶、红茶、黑茶产地批发同比交易量指数分别为 101.7、99.8、93.9。交易价格在成本推动下上涨较多，干毛茶产地批发同比价格指数 107.3，其中，绿茶、红茶、黑茶产地批发同比价格指数分别为 106.8、112.5、102.9。

（二）线上平台茶叶交易增长

中商产业研究院分析推测，2023年线上交易达到410亿元，同比增长7.9%。从交易平台看，2023年淘宝天猫和京东茶叶线上交易额有所下降，分别为120.7亿元和32.1亿元，同比分别下降7.6%和1.7%；抖音快速上升，2023年1—5月同比增长91.7%。

（三）茶叶出口量价齐降，进口量减价增

海关进出口数据显示，2023年我国出口茶叶36.8万吨，同比降2.1%，出口额17.4亿美元，同比降16.4%，出口均价跌破5美元/千克。从贸易伙伴看，与摩洛哥的茶叶贸易下降明显（出口额下降20.6%），但整个非洲的茶叶出口额增5.4%，主要是因为开拓了新的市场，如加纳出口额达1.4亿元（同比上升35.2%）、阿尔及利亚出口额达0.71亿元（同比上升49.5%）。

2023年我国进口茶叶3.9万吨、同比下降5.5%，进口额1.5亿元、基本持平（增0.2%），进口均价3.8美元/千克、增长6.1%。进口主要是红茶，占进口总量的82.6%。

三、茶叶加工与消费变化分析

（一）茶叶消费低速增长，有效需求待激发

当前，我国茶叶消费有效需求不足、社会预期偏弱，茶叶消费增长相对疲软，根据体系调研估算2023年国内茶叶消费量约有1.7%的增长，达到244万吨（含深加工等间接消费）。个人消费增长，团体消费下降。凯度消费者指数研究显示，2023年消费者线下商超户均茶叶花费232.7元，同比增长13.4%，户均茶叶购买量0.8千克、同比增长5.3%，消费者茶叶购买频次为3.1次、同比增长14.9%。

（二）深加工产品丰富，茶原料消耗不多

随着科技的进步，许多新技术在茶叶中得到了广泛应用，使茶叶突破了传统饮料的概念。茶叶生产从单纯的农副产品加工向现代化新型食品工业转变。现阶段，茶叶深加工产品丰富多样，有茶叶功能成分标准化提取物、速溶茶系列固体饮料、灌装（瓶装）液态茶饮料、茶食品、茶天然药物、茶保健品、茶个人护理品与生活用品、动物饲料、植物保护剂等。茶叶深加工产业规模已超千亿元，但其对茶原料的消耗不多，据体系调研推算，茶叶深加工每年消耗茶原料约为20万吨，占茶叶总产量的6%左右。

（三）新茶饮快速崛起，年轻群体饮茶未来可期

近年来新茶饮快速崛起，中国连锁经营协会《2023新茶饮研究报告》显示，2023年全国新茶饮市场规模约为1 498亿元，同比增长44.31%。新式茶饮虽然直接消费的茶叶不多，但它打破了许多年轻消费者对传统中国茶的刻板印象，吸引了年轻消费群体，且一定程度达成了反向"种草"的效果，《2022年新式茶饮高质量发展报告》调查显示，超七成消费者在喝过新式茶饮后，愿意尝试更多的传统茶。

四、茶叶技术研发变化分析

（一）茶树育种技术

2023年，登记了83个茶树新品种，其中适制绿茶品质31个，红茶品种1个，乌龙茶品种2个，红绿茶兼制31个，多茶类兼制（3类及以上）14个等。从全基因组或特异材料中鉴定出茶氨酸合成、儿茶素甲基化、育性、抗性等一大批相关基因或调控位点，开发了一套包含59个mSNP、222个SNP位点的液相芯片，优化了原生质体制备方法，每克

新鲜组织获得（3.8~4.6）×10^7 个原生质体。建立了发根农杆菌介导的茶树高效遗传转化体系，构建了烟草脆裂病毒 TRV 介导的基因沉默 VIGS 技术和鉴定了基因编辑位点，充实了整合这些数据的茶树多组学综合数据库与分析平台 TPIA2 和 Teabase，有助于茶树种质资源鉴定、茶树功能基因组学研究。提出了扦插轮作（如"生姜+水稻+茶苗"）高效种苗繁育模式。综上所述，2023 年，育种专家更侧重于多组学技术的联合应用，以及基因编辑技术的探索，但分子定向育种方法进展缓慢，基因功能验证等但仍受限于再生体系。2024 年，需加快高效新型分子标记的开发、基因编辑和功能验证体系的建立和完善。

（二）茶树栽培技术与装备

茶树养分吸收利用方面，深入研究了氮、磷、镁、硒、铝等元素吸收利用和对茶树品质影响的分子机理，鉴定出影响茶树有机氮利用、氮素再利用、高氨基酸含量相关的关键基因，发现过量施用磷肥或缺磷促进茶树花青素代谢而降低茶叶品质，研究揭示了茶园土壤和茶树中微生物的组装机制和施肥等影响，分离、鉴定并研制了促进茶树生长和养分吸收的微生物制剂，在茶园土壤酸化改良方面取得了较好进展。这些研究为提高施肥效果和养分利用效率提供了重要指导。在提高新梢识别和定位精度、减轻计算负担等方面取得一定进展。研究揭示了低温、干旱等逆境对茶树影响的分子机制，在利用气象数据预测评估高温热害和低温霜冻发生取得较好进展，建立了利用高光谱成像快速定量检测茶树冻害程度的方法。茶叶生产机械化研究主要聚焦在茶园非结构化地形的无人驾驶与自主作业，名优茶单芽检测与精准采摘，成功研制了国内首台具有北斗导航辅助驾驶功能的高地隙多功能管理机和适宜丘陵茶园复杂地形条件作业的小型电驱行间作业底盘，研制了国内首台多臂协同名优茶采摘机器人，在杭州西湖龙井茶园进行试验，结果表明：识别准确率为 88.56%，整机采摘成功率为 61.30%，所采摘的名优茶鲜叶符合西湖龙井茶后续加工要求，一台机器的采摘效率可抵一个采茶工。

（三）茶园植保技术

我国茶园植保技术研发新热点主要是茶小绿叶蝉的新型物理防治技术和远程监测短期预警系统。今年对茶小绿叶蝉的求偶振动通信有了较为详尽的了解，并提出了高效的求偶振动干扰信号，这为后期研发求偶干扰振动装备奠定了基础。初步构建了茶小绿叶蝉远程监测短期预警系统，该系统可通过远程监测叶蝉成虫虫口，预测未来短期内叶蝉的发生程度，并给出防治建议。今年茶园植保技术支撑产业提质增效主要体现为绿盲蝽秋防技术、茶网蝽秋防技术在山东日照、陕西西乡的大面积应用，这两项技术不仅避免了绿盲蝽、茶网蝽造成的春茶产量大量损失和品质显著降低，而且未对春茶造成农药残留污染，解决了两地茶叶生产上的重大难题。

（四）茶叶加工与深加工技术与装备

应用机器视觉、近红外光谱、电特性等技术对在制品品质进行在线感知，研制萎凋叶、干燥叶含水率在线检测技术和装置、乌龙茶智能化做青系统等方面取得进展。研制出一套乌龙茶智能化做青设备，建立基于在线反馈参数的闽北乌龙茶智能化做青判别模式，应用现代传感器技术研发基于多参数实时反馈的闽北乌龙茶智能化做青控制系。研发基于近红外技术的干燥叶含水率在线检测技术，研发了控光萎凋机，开发出工夫红茶萎凋程度动态监测装备，实时跟踪揉捻进程的自动化揉捻装备，开发出基于 PLC 控制的自动化茶叶揉捻机组、连续化发酵机、自动发酵机，优化并稳定了茉莉花茶智能窨制技术与配套装备。

在加工工艺方面，探明不同杀青温度对绿茶"清香"关键呈香成分的影响、绿茶加工过程中色素类成分的风味转化机制，研究提出高香型、高鲜型条形名优绿茶加工新工艺和直条形绿茶（恩施玉露）做形新工艺，将传统红茶加工技术与晒青、摇青等工艺相结合，创制花香、果香型工夫红茶，将呈香、呈味的花果类在红茶加工过程中外源添加，开发桂花红茶、玫瑰红茶、柑橘红茶、糯香红茶等特色工夫红茶产品。

在深加工方面，发明了以茶多酚为交联剂对PPO酶交联和催化反应的新技术，首创基于重组大肠杆菌工程菌的全细胞催化制备茶黄素新技术，研制了以茶叶功能成分为主料、药食同源植物功能成分配方组合的、具有调节糖脂代谢作用的功能性固体饮料，提出饮料工业用优质低沉淀茶浓缩汁加工技术，创制出高保真特色龙井风味速溶茶产品和特色水果基红茶固体饮料。

茶叶与健康主要集中在茶叶中的各活性成分（包括茶多酚、茶多糖、茶氨酸、茶色素、咖啡碱等）对肿瘤、心脑血管疾病、糖尿病、焦虑等方面的保健功效，揭示了六堡茶调节脂质代谢、延缓衰老生物活性及其作用机制，儿茶素、茶黄素、茶褐素及乌龙茶、黑茶、白茶对糖脂代谢的调节作用及机理等。

五、主要结论与政策建议

（一）结论

1. 茶园面积趋于稳定，但产能过剩、产大于销的状况依然存在

在政策引导和法规约束下，依赖规模扩张发展茶业的态势明显好转，茶园总面积趋于稳定，但随着前3年种植茶园的逐年投产，今后3年生产面积仍有增长，产能将持续上升。而消费增长乏力，增速低于产能增长，加之部分产区盲目追随市场热度，生产与本地资源禀赋不匹配的产品，加大了各品类的内部市场竞争，导致产能过剩和结构性失衡问题仍然突出。

2. 生产成本特别劳动力成本的刚性上涨仍然是茶产业发展的瓶颈

茶业是劳动密集型产业，人工成本占比超过60%，随着农村劳动力转移，70%的茶区存在用工短缺，用工价格持续攀升，加上投入品价格的上升，导致生产成本持续刚性上涨。成本上升一方面使得生产者利润空间减少，另一方面推动茶叶价格的上涨，又影响了消费者的购买意愿，加剧卖难。

（二）政策建议

1. 切实控制新增面积，清退违规茶园，淘汰、改造低效茶园

持续贯彻农业农村部"稳定面积，提高单产、质量和效益"的产业发展政策方针，不再新增种植面积；严格执行国务院办公厅关于防止耕地"非粮化"稳定粮食生产的意见，占用耕地的茶园退茶还粮；引导非适宜区和种茶比较效益差的地区退出茶叶生产；淘汰立地条件差的茶园，退茶还林或留茶成林；加大低产低效茶园改造力度，对低产低效茶园进行良种化、生态化、宜机化和标准化改造。

2. 强化科技赋能，推动茶产业从劳动密集型向技术密切型转变

一是坚持问题导向，加强关键技术的攻关和系统化技术集成创新。发挥国家茶叶产业技术体系等国家茶叶战略科技力量的作用，围绕适合机采、高抗病虫、优质高产等目标加大新品种选育和应用力度，加强生态栽培技术、茶叶生产机械化和数字化技术、病虫草害绿色防控技术等共性关键技术的研发，形成涵盖全产业链的茶业高效生产技术体系。二是加大科技推广力度，要建立健全基层茶叶技术推广队伍，加快基层推广人员知识更新，为推广工作提供经费保障，强化技术落地能力。三是调动生产主体积极性，要引导鼓励企业提升科技意识，加大科技投入，增强应用新技术的自觉性。

3. 匹配消费需求调整产品结构，多措并举开拓国内外市场

首先各产区要遵从消费趋势，立足现实，构筑与大众消费相匹配的产品结构体系，与此同时，结合自身优势，开发有特色受欢迎的产品。其次，各地要充分挖掘茶文化资源，借势非遗，同时融合时代和地区特色文化铸魂赋能茶品牌，打造惬意舒适的茶文化空间，传递美好生活理念，进而打开营销传播新局面，激发茶叶消费潜能，形成新消费格局。再者是推动数智化建设，提升经营主体运营管理效率，开拓新型流通渠道，实现可视、便利的数智化营销，让消费触达更容易。

（国家茶叶产业技术体系首席科学家　杨亚军　提供）

2023年度食用菌产业与技术发展报告

(国家食用菌产业技术体系)

一、食用菌生产变化分析

(一) 2023年我国食用菌生产情况

1. 我国食用菌生产整体情况

2023年我国食用菌产业规模稳中有增。食用菌年产量从改革开放初期的5.7万吨发展到2022年的4 222.54万吨，占世界总产量85%以上。根据中国食用菌协会统计数据，2022年，我国食用菌产值超百亿的省份有17个，占全国的88.18%，总体实现了产业规模的稳中有增。

产业布局渐趋合理。从品种结构看，各省份品种结构调整趋向优化，形成以香菇、木耳、平菇等大宗品种为主，羊肚菌、大球盖菇等珍稀品种异军突起的局面；从区域布局看，呈现出以产业集群为引领、优势区域为重点、龙头企业为骨干、中小市场主体为支撑的发展格局。

生产方式不断优化。食用菌产业实现了栽培方式由平面栽培向立体栽培发展；由传统菇棚向高标准新型栽培设施转变。

产业链条渐趋完整。食用菌加工产品逐步由以脱水和烘干为主的初级加工向休闲食品和保健功能性食品转变。

2. 食用菌生产中的突出问题

一是产业基础相对薄弱，科技对产业支撑不足。受耕地非粮化等政策限制，设施化建设用地受到严重制约。机械化通用设备研发不足，轻简化设备普及率低，劳动密集型为主的生产方式没有根本改变，不利于提高生产效率；二是产业竞争力尚需提升。一些地区缺乏区域性食用菌产业发展统筹规划，同质化问题严重，制约了产业竞争力的提高。龙头企业、专业合作组织等经营主体的服务功能还比较弱，在生产、经营、物流、仓储、包装等环节的专业化服务还不能适应产业发展需要；三是生产成本涨幅明显，工厂化企业盈利能力受限。受疫情和国际环境影响，食用菌生产原材料成本上涨明显，但受经济下行和产能扩大影响，本年度工厂化品种价格长期低迷。食用菌生产设施投入资金大，用地成本攀升，企业运营成本高，风险增大；四是政策扶持体系亟待完善。现行《食用菌菌种管理办法》已经过18年，随着产业的快速发展，《食用菌菌种管理办法》的一些规定已不适应当前产业的发展，亟须进行修订。部分食用菌生产装备、食用菌秸秆转化没有纳入补贴项目。目前只有部分食用菌产品进入鲜活农产品品种目录。

(二) 2024年食用菌生产趋势展望

2024年，我国食用菌种植规模和产量将继续保持增长。各省食用菌产业发展也将呈现出向优质、高效的方向发展。香菇、木耳、平菇、金针菇等被市场熟知的传统食用菌品种生产仍占主要地位，羊肚菌、大球盖菇、金耳等食用菌品种规模将呈上升趋势。2023

年香菇和滑菇价格稳中有升，菇农的盈利使其产能有继续提升的可能性。竹荪等珍稀品种由于味道鲜美，市场行情好，进一步南菇北移及工厂化生产成为可能。

二、食用菌市场与贸易变化分析

（一）2023 年国内外食用菌市场价格的整体情况

1. 我国食用菌市场价格整体情况

（1）我国食用菌市场价格变化情况。我国食用菌市场价格整体稳定，小宗品种价格略有起伏。从品种来看，工厂化生产的金针菇等市场价格相对较低，香菇等大宗品种市场价格相对稳定。工厂化栽培的品种由于栽培技术成熟，大量资本进入工厂化行业，价格已基本接近甚至低于成本价，导致部分企业采用减产来规避损失。

（2）食用菌市场流通中遇到的突出问题。一是食用菌市场秩序有待完善。由于缺乏统一的行业标准，食用菌市场存在产品同质化严重、品质参差不齐、市场缺乏整合度难以形成产销联盟等问题，导致产品销售出现阻滞、不良竞争等问题；二是冷链物流体系建设不足，运转周期长。鲜品食用菌缺乏专用的包装保鲜技术，保鲜不当、物流运输中污染等问题导致产品损耗率较高；干品食用菌的储存、运输和销售周期过长，造成供求关系在消费市场的表现呈现一定的滞后性。

2. 世界食用菌市场价格整体情况

世界食用菌市场规模呈现稳步扩张的态势。据联合国粮农组织统计，与 2022 年相比，2023 年日本、德国、美国、荷兰的生产者价格指数整体呈增长趋势，法国与中国的生产者价格指数变小，中国的生产者价格指数最低。这表明，世界食用菌的销售价格水平随时间的变化整体呈增长趋势，食用菌市场规模有所扩张。而与发达国家相比，我国仍处于由技术进步带来的快速增长期，整体生产成本较低。

（二）2023 年国内外食用菌贸易的整体情况

1. 我国食用菌贸易的整体情况

（1）我国食用菌贸易的变化情况。我国食用菌出口数量增加但出口额有所减少，波动幅度较大。据中国海关统计，前 11 个月，我国食用菌及制品累计出口额 27.14 亿美元，同比下降 2.50%；出口数量为 51.96 万吨，同比增长 4.54%。我国食用菌及制品出口额排名前五的分别为中国香港地区以及越南、马来西亚、泰国、日本。从产品类型看，干品食用菌出口比例较高，占比超过 50%。其中，干香菇、干木耳出口值超过 2 亿美元。

（2）食用菌贸易中遇到的突出问题。一是产品结构单一且品牌化程度不高。我国出口产品种类较为单一，加工产品较少，且出口产品同质化严重；二是受国际贸易环境影响大。受中美贸易等影响，许多国家设置了新的贸易壁垒，造成我国食用菌产品出口受阻，出口总值明显下滑。

2. 世界食用菌贸易的整体情况

世界食用菌进出口贸易整体保持稳定。美国、德国、法国三个国家进口数量远远超过出口数量。荷兰与我国都是食用菌出口大国，我国出口数量为荷兰的将近两倍。

三、食用菌加工与消费变化分析

（一）2023 年国内外食用菌加工领域的整体情况

1. 我国食用菌加工的整体情况

（1）我国食用菌加工的变化情况。一是加工技术逐步改进。食用菌产业不断深化自主创新，食用菌药用原料成分提取、休闲食品加工、安全防腐保鲜等加工技术研发日受重视，以实现更高效和可持续的生产。二是加工品种不断拓展。除了传统的罐头、腌制和干制食用菌产品外，涌现了即食菌类零食、速冻食品、调味料等多样的加工品形式，延长了食用菌产业链。

（2）加工中遇到的突出问题。一是食用菌加工率较低。我国食用菌主要以鲜食为主，加工率不足6%，这导致了产品附加值较低、整体发展效益不高的现状。二是精深加工环节薄弱。我国食用菌加工产品总体上"非干即咸"，功能性产品开发以及食用菌副产物综合利用等技术研究应用仍然较为滞后，且在产品创制技术方面创新不足，同质化现象严重。三是食用菌加工产品的市场有待于进一步开拓市场接受度有待于进一步提高，加工产品品牌建设还需进一步加强。

2. 世界食用菌加工领域的发展情况

一是食用菌加工技术不断升级。食用菌行业持续创新保鲜、提取、包装、精深加工等新技术，满足消费者对食品品质的需求。二是功能性、健康性、便利性加工品持续研发。功能性、健康性加工品持续研发生产，食用菌饼干、脆片等便利性加工品也在加速研发推广。

3. 2024年国内外加工趋势展望

一是精深加工技术进一步发展。新的加工技术将不断涌现，推动食用菌加工行业向更为高效、优质的方向发展。二是加工产品品质进一步提升。一方面，加工企业将不断推出更多口味丰富、品质安全的食用菌产品；另一方面，加工企业将通过更先进的技术手段保留食用菌中的有益成分，使产品更具健康价值。三是食用菌生产的自动化、智能化水平进一步提高。部分生产者将采用更加自动化、智能化的生产技术，以提高生产效率和降低生产成本。

（二）2023年国内外食用菌消费情况

1. 我国食用菌消费整体情况

（1）我国食用菌消费的变化情况。一是消费数量稳步增长。根据国家统计局数据，2022年人均蔬菜及食用菌消费量为108.2千克，相比2014年96.9千克增长11.7%。二是消费品类日益多元。一方面，食用菌的保健功能驱动了食药用菌消费需求的不断增长；另一方面，即食食品、休闲食品、调味料消费市场也在逐渐扩大。

（2）消费中遇到的突出问题。一是消费者认知有待改善。消费者对部分食用菌的认知存在一定的误区，对食用菌消费市场产生了一定的影响。二是优势品牌有待打造。尽管部分地方的食用菌品牌建设得到了明显发展，但总体上品牌效应仍然较弱，不利于产品的推广与用户黏性的形成。三是消费场景有待丰富。当前食用菌以鲜销或加工销售为主，采摘、观光、旅游、教育等多元化消费场景不足。

2. 世界食用菌消费变化情况

一是食用菌消费量不断增加。据FAO数据统计，2020年世界人均蔬菜及食用菌消费量为138.99千克，与1961年相比增长了120%。二是健康意识提高为全球食用菌总体需求增长贡献重要力量。由于人们对富含钾、硒、维生素和其他微量营养素的低脂肪、低胆固醇食品的需求不断增加，且食用菌作为肉类替代品越来越受欢迎，共同推动了食用菌消费的增长。

四、食用菌技术研发变化分析

（一）2023年我国食用菌技术研发现状

1. 食用菌关键技术研发集成示范有序开展

一是食用菌优良种质创制加快，重点选育一批满足不同栽培模式需求的新品种。二是大宗食用菌（香菇、木耳、平菇）全产业链模式构建完成，形成"集中制棒（包）、分散出菇"的关键技术研发、生产标准及示范推广体系。三是研制了一批适用不同品种生产的设施设备和控制系统。四是形成了稳产高效栽培技术以及绿色防控技术。五是改善了保鲜、贮藏、物流和加工技术。

2. 食用菌技术支撑产业提质增效不断凸显

一是整合食用菌全产业链技术攻关团队，助力食用菌产业各要素高效流动，畅通食用菌产业技术应用体系全流程。校企联合与体系岗站联动全面推进，重视食用菌复合型人才培养工作，利用"人才+基地"培养模式，发挥食用菌技术主体的带动作用。二是技术体系服务产业能力增强。"成果转化+技术服务+技术研发中心"共促体系成果转化，实现经济效益。

3. 食用菌基础研究与人才培养存在较大短板

一是菌种自主研发生产能力弱，工厂化生产的食用菌类品种如金针菇、双孢蘑菇等几乎被国外垄断。二是食用菌专业技术型人才缺口较大。企业管理型人才缺乏系统性培训且培养难度较大，技术储备不足。农业主管部门和食用菌企业青年人才极度紧缺，乡村普遍缺乏培养、吸引和留住管理及专业技术人才的政策环境和长效机制。

（二）2023年世界食用菌技术研发现状

1. 美洲国家食用菌产业研发情况

以美国的宾夕法尼亚州立大学等研究力量为例，研究方向逐渐转向基础理论研究，与企业联系渐少，美国主要通过CRISPR-Cas9基因编辑技术，对食用菌品种进行改良，并将此技术应用于包括双孢蘑菇、灵芝等在内的食用菌产业。墨西哥等其他美洲国家，技术发展进程较为滞后，但墨西哥积极向中国寻求技术合作，2023年中墨成功签署菌草技术合作备忘录。

2. 欧洲国家食用菌产业研发情况

荷兰在双孢蘑菇栽培领域取得了显著成就，近年来，荷兰的食用菌产业逐渐从传统的种植方式升级为工厂化和智能化模式。波兰的食用菌产业特色在于其丰富的野生菌种资源，结合欧洲食用菌工厂化的生产条件，波兰在设施化水平上表现出较高水平，使得其能够有效满足市场需求。

3. 亚洲国家食用菌产业研发情况

截至2023年，日本已经连续两年实现黑松露人工培育，这有利于改善日本大规模进口黑松露的现状。韩国的食用菌育种技术也十分发达，2023年7月，宣布自主研发的玉木耳新品种'Saeyan'进军北美市场。10月，韩国林科所宣布，人工培育的松茸菌根苗连续7年收获松茸，这表明韩国的"新型生物产业"前进了一大步。

五、主要结论与政策建议

（一）结论与展望

2023年我国食用菌产业稳步发展，从政策、技术、市场三个方面赋能食用菌全产业链，激活产业发展动力，实现提质增效以推动食用菌产业高质量发展。在食用菌生产方面，我国食用菌产业总体规模稳中有增，品种结构优化，产业发展格局有所突破，但仍有要素端不稳定、生产端存在盲目性和分散性等问题。在流通与贸易方面，我国食用菌市场价格整体稳定，工厂化及小宗品种价格略有起伏，存在由季节供应等外界因素导致的小幅波动。世界食用菌市场规模稳步扩张，我国正处于其中的高速增长期，对外出口数量增加但出口额减少，主要受出口产品结构、国际关系所影响。在消费与加工方面，食用菌消费端的需求量稳步增长，加工领域在技术和品种方面有所突破。在多元化的消费需求刺激下，加工技术的日益精进推动产品更新与食用菌产业转型。但同国外加工技术不断升级和新型产品种类的研发对比，我国食用菌加工程度和环节韧性仍较薄弱。在技术研发方面，食用菌的技术支撑力度凸显。食用菌技术研发成果显著，培育一批新型品种，开发一批技术设备，推进一系列成果转化，并利用"人才+基地"培养模式，有效衔接主体之间的高效合作，充分发挥带动作用。

展望未来一年，食用菌种植规模和产量将保持高效、高质的增长，大宗品种保持稳定，小宗品种的种植范围和规模趋于扩大或区域调整。在市场流通方面，坚持以市场为导向，保持价格和贸易的稳定，提高产品的市场竞争力。在加工与消费方面，加工技术、加工品质和加工环节向更为先进适用的方向推进，通过产品品质提高和品牌效应共同释放消费潜力。同时，科技水平和技术人才对食用菌研发的支持力度不断加大，利用数字经济和科技突破带动食用菌产业长效发展愈加明显。

（二）政策建议

1. 加强食用菌基础研究和种质创制，提升精深加工技术水平

加大食用菌栽培等基础研究支持力度，在未来国家重点研发计划中，将食用菌列入重点专项。充分利用我国食用菌种质资源优势，加强优质食用菌种质创制，积极转化现代生物技术，提高新品种培育的水平和效率。修订《食用菌菌种管理办法》，健全菌种供种机制，完善品种认定和品种权保护制度，加大菌种市场监管力度。以市场为导向，开展食用菌精深加工，加强食用菌有效成分、活性物质提取与利用，开发食用菌预制菜、功能性食品等高价值产品，激活并释放食用菌消费市场潜力。

2. 完善食用菌区域产业发展规划，加强全产业链科技支撑

在充分利用食用菌地区发展资源要素的基础上，加强与地区内各类生产企业和合作社等经营主体的产业合作，着力提升食用菌产业链供应链韧性和应对突发事件的安全水平。同时，要将科技赋能全产业链，积极推动产业发展与现代数字化技术相融合，促进产业绿色转型升级与可持续发展。

3. 健全科技人才服务产业机制，拓展联农带农战略路径

培养食用菌产业发展专业技术人员，强化技术指导培训、服务保障能力，与现有产业发展规模相匹配，实现产品、技术和人才资源的有机整合，提高生产效益和标准化生产技术水平，形成服务食用菌产业高质量发展的人才支撑体系。同时，要以农民为主体，动员农民更大范围和更深程度参与，发展食用菌庭院经济，带动农民增收，助力乡村振兴。

4. 加大食用菌产业政策扶持力度

一是将食用菌相关生产环节纳入现行补贴。将食用菌生产装备、食用菌秸秆转化、食用菌鲜品等纳入农机、生态农业补贴项目及鲜活农产品品种目录,进一步降低食用菌生产成本。二是充分考虑食用菌作为高效设施农业在食用菌大棚、厂房、冷库等设施建设用地审批中的困难,给予一定的政策倾斜。

(国家食用菌产业技术体系首席科学家　谭琦　提供)

2023 年度中药材产业与技术发展报告

（国家中药材产业技术体系）

一、中药材生产变化分析

2023 年全国中药材种植面积约 1.11 亿亩，种植面积较大的省份主要是云南、贵州、河南、湖北、山西、甘肃、四川、湖南等省区*。对部分重点品种调研发现：全国当归种植面积已达 90 万亩，其中，甘肃省定西市种植面积近 60 万亩，青海省的种植面积近 25 万亩，云南省的种植面积近 5 万亩；全国黄芪种植面积已超过 150 万亩，但主产区受干旱和降温的影响亩产有小幅度下降，且黄芪被正式被纳入药食同源目录，预计未来需求量将会上升；全国黄精种植面积已达 30 万亩，随着林下经济的发展，种植面积呈上升趋势；全国甘草种植面积已超过 500 万亩以上，年产量约为 40 万吨，市场需求量较大。此外，在中药材种植过程中道地产区品种趋同化现象严重，部分知名道地药材产区相互引种问题突出，传统的道地品种正在被一些高产品种所替代。如对焦作域内怀山药品种的统计，名称为"铁棍山药"的就有 10 种类型之多，品种因"杂"而趋同，优良种性在退化。

二、中药材市场与贸易变化分析

2023 年，我国中药材进口数量 18.05 万吨，增长 37.5%，进口额 4.13 亿美元，增长 8.5%，常见进口药材约 110 种，进口药材品种和产地较为稳定；中药材及中式成药出口数量为 14.38 万吨，同比下降 2.3%，出口金额为 13.38 亿美元，同比下降 2%，原材料性出口商品占比超过 80%，出口市场主要集中在美、日、韩等国家。

从 2022 年 12 月至 2023 年 8 月，由于受到市场行情回弹，中药材市场诸多品种需求量增加，国家中药材产业技术体系观测的 30 个中药材重点品种的综合价格指数持续上涨；同时行业外社会游资开始入场，导致 2023 年上半年的销售淡季期间，价格指数不减反增，在 8 月达到历史最高点。随后，在政府指导、行业协会倡议和产新供给增加的作用下，中药材价格猛增的势头被止住，同年 9 月价格指数呈现下滑趋势。在国家中药材产业技术体系观测的 30 个中药材重点品种之中，到 2023 年第四季度中药材价格总指数呈现逐渐下跌趋势。随着市场监管部门的调控以及中间商和投资者的逐步退出，前期异常高涨的中药材价格继续合理调降，市场整体购销恢复正常，整体价格也逐步回落至合理区间。

三、中药材加工与消费变化分析

随着疫情常态化防控、国民健康意识提升和法规扩容支持，药食同源"深加工+轻养生"复配产品备受追捧，营养成分"靶向传送"是中药食补产品加工中的突出问题之一。目前，通过酶技术从甜叶菊、罗汉果等天然甜味剂，以及无花果、葡萄干稀有糖类中获得天然、低热量且具有健康益处的普通蔗糖替代品成为新的发展趋势，"逆向工程技术"逐

---

* 据国家中药材产业技术体系各岗站反馈数据。

渐兴起，即从植物、水果、酵母中提取关键风味及香气分子来创造质量相似、成本更低的饮品；此外，通过机械压力和超声波技术将多种食材及配料"焊接"在一起的"焊接"技术，在替代传统糖类黏合剂、减少糖类添加剂的同时，能保留自身结构，从而保留更完整的风味和营养。未来，全球植物原料市场将快速发展，中药提取行业的下游领域发展潜力巨大，中药材在提取天然防腐剂、食品添加剂、化妆品原料等领域前景广阔。

2023年是中药大健康消费市场发展的重要年份，中药材的应用范围和消费需求不断扩大。随着生活水平和健康养生观点的提高，人们对中药产品的接受程度大幅提升，促进了中药市场的多样化发展。中药市场逐步延伸到中药茶饮、中药药膳等领域，药食同源预制菜市场也正在兴起，满足了消费者多样化需求，为中药材产业发展带来了新的机遇。在中药市场迅速发展的同时也面临中药材价格上涨，药企生产成本增加，民众用药成本增加，医保支出压力加大，以及药农盲目扩大生产等问题，造成中药材生产脱离实际供需情况。虽然中药材的功效正逐步为世界各国所认可，但通过美国FDA认证的中药材种类并不多，需要通过开发中药材的医疗功能，进入国外医院体系，进而激活消费潜力、打开消费空间。

四、中药材技术研发变化分析

（一）中药材资源、中药材育种、种子生产

2023年全年，农业农村部共授权国内外新品种13 167件，其中，药用植物94件。国家中药材产业技术体系新收集保存中药材种质资源8 900余份，其中具有特异性的种质资源或杂交组合1 700余份，授权中药材种质资源评价相关专利14项。在维护和丰富原有种质资源圃基础上，新建特异性中药材种质（南方）资源圃1处（江西德兴），已保存12种中药材共323份特异性种质资源。2023年共育成新品种39个，获得植物新品种保护授权7个：农业农村部授权菘蓝品种1个：松鸣一号；国家林草局授权黄芩品种2个：国芩1号、国芩2号，授权连翘品种2个：冀翘1号、冀翘2号，授权牡丹皮品种2个：秾点繁红、秾苑玉楼。省级认定新品种32个。完成苍术、黄芩、金荞麦、玄参、浙贝母、白芍、连翘等7个DUS测试指南草案，其中黄芩属DUS测试指南进入农业行业标准库。

2023年，国家中药材产业技术体系继续推进基因组学、表观遗传学、生物信息学等分子生物学技术在中药材品种选育中的应用。如开展甘草新品系分子标记辅助育种技术开发，筛选获得特征性状相关SNP位点；完成金荞麦全基因组测序与染色体水平组装及不同种源进化关系、黄酮类成分生物合成途径分析；对红花bHLH基因家族进行全基因家族鉴定，筛选出多个参与抗盐、抗旱胁迫响应相关基因；开展栝楼全基因组测序工作，并完成基因组（88条染色体）组装，稳步推进基因组注释等。

（二）中药材栽培及田间管理

在中药材生态种植发展理念的引领下，不断创新完善中药材生态种植技术，利用生态学、系统学及经济学原理，建立中药生态农业新理论、研制新技术、构建生态种植标准体系和推广应用体系，基于"逆境效应"的中药材"拟境栽培"生态种植理论，国家中药材产业技术体系在25个省106个市系统开展大田栽培、林药种植、仿野生栽培、设施栽培共四大类生态种植模式示范，建立了以全国中药材生态种植示范基地为代表的234个核心示范基地，亩均增产11.5%，增收15.8%，辐射带动种植90余万亩。围绕中药材连作障碍问题，从轮作技术、种植前土壤改良技术，以及绿色防控产品应用等方面，实现了中药材的连作，并在三七、天麻、山药、太子参等中药材上进行了试验和示范，面积超过2万亩，助力中药材产业高质量发展。

在优化中药材栽培技术方面取得新进展，一批对产业具有重要支撑作用的新技术正在悄然兴起，如"天麻代料栽培技术"在推动天麻由"木段"生产改"代料"生产、支撑天麻产业可持续发展方面意义重大；"连翘三不一剪技术""怀山药—肥水菌微膜垄架七位一体"等技术可显著减少农药和化肥的施用量，具有显著的经济和生态效益。

合成生物学方面，经过多年对于"明星分子"的研究，中国在这一领域已处于世界领先水平，开辟了中药资源保护的新领域新赛道。黄璐琦院士合作开发的合成生物学来源植物天然产物新药 KH617 新型制剂已获美国 FDA 许可开展新药临床试验。2023 年研究方向逐渐过渡到新的天然产物的合成生物学发现与生产。同时，国际上合成生物学新药的开发也已成为热点，开启了合成生物学开发天然产物新药的时代，如 2023 年 Science 在线发表了疫苗皂苷佐剂的生物合成。

（三）病虫草害防控技术

中药材的病虫草害防控要坚持"预防为主、综合防治"的植保方针，树立"公共植保、绿色植保"理念，采取"分区治理、分类指导"的防控策略，大力推进绿色防控和统防统治，提高防治效果和效率。国家中药材产业技术体系通过整理分析 106 种中药材的 260 种病害、138 种虫害和 97 种鼠草害的发生种类，形成有害生物绿色防控技术。针对 13 种代表性中药材的虫害绿色防控需求，筛选了高效生物农药 8 种、生物天敌 5 种、化学农药 16 种，研发监测和应急防控关键技术 20 余项。建立了 200 种药用植物病害可溯源的病原菌库，填补了药用植物病原微生物数据库的空白，出版了《中国药用植物病害图鉴》。针对中药材种植过程中化学农药使用量大的问题，研发了纳米农药预混技术，可满足不同中药材在不同生长环节"一次喷施、多靶标防治"的需求，实现农药减量35%，增产20%，年均推广 25 万亩，该技术入选农业农村部农业主推技术，列植保类技术的首位。通过系列技术的整合和创新，实现了中药材有害生物的绿色防控和精准防控，可使病虫草害发生减少60%以上，解决了中药材绿色防控技术短缺的问题，示范应用超过 3 万多亩，为中药材生态种植提供了技术支撑。

（四）中药材机械研发

随着中药材种植面积与产量的逐年提升，中药材生产机械化不断得到推进。目前平原区的部分根茎类中药材（黄芪、甘草等）已基本实现全程机械化生产。平原区大部分中药材耕种、施肥、植保环节可借用通用机械进行作业，形成较多优质机械产品，且逐渐将人工智能、机器视觉、数字化等先进技术融合到机械装备中，在智能识别方面取得了一定突破。另外，受中药材品种差异、形态差异较大以及药材生产过程严格或特殊的农艺要求影响，移栽、中耕、收获等环节的机械装备研发与应用主要集中在根茎类药材（如黄芪、三七、半夏、板蓝根、白芷、麦冬、元胡等），并逐渐突破部分深根茎中药材收获过程挖掘阻力大、功耗高、破损率高等关键卡点问题；尽管关于花类与叶皮类中药材收获技术的研究也逐渐增多，但相关收获装备仍处于试制阶段。对于丘陵山区中药材生产机械，目前朝着轻简化方向发展，主要集中于微耕机、旋耕机、半自动移栽机等小型机具的研发设计。

中药材采后的产地加工机械全方位发展，主要包括除杂机械、修整机械、蒸制机械与干燥机械等。除杂机械（清洗机为主）已在部分根茎类中药材（如当归、党参、黄芪、人参、蕨麻等根茎类）实现规模化应用；修整机械包括修剪、抽芯、脱皮等主要以小型设备为主；蒸制方面已出现一些新型蒸制技术，主要包括高温高湿气体射流蒸制、真空蒸汽蒸制技术以及对应的装备；干燥机械主要朝着绿色、高效、智能化发展，形成以热泵干燥、气体射流冲击干燥、真空脉动干燥技术为代表的干燥装备，融合多传感技术实现物料状态与干燥室环境状态的实时监测与调控。

五、主要结论与政策建议

（一）结论与展望

中药材新品种数量较往年有较大增加，生物育种技术在红花、栝楼等中药材上有较大的突破。生态种植是中药材农业未来发展的主要方向，提质增收成效越来越具有优势。中药材生产机械化水平整体仍较低，部分根茎类中药材已实现全程机械化生产，但叶皮类、花果类机械化收获技术仍需进一步探索。另外，随着产地加工的机械化需求增加，各类机械全方位开始发展。

（二）政策建议

1. 制定道地药材目录，开展道地药材生产基地认证

建议参考国家中药材产业技术体系提出的"三代本草、百年历史"的遴选原则，依据《道地药材标准汇编》等著作，发布全国道地药材目录，开展道地药材生产基地建设认定，形成"优质优价"示范和带动效应。

2. 加快《中药材种子管理办法》的颁布实施

中药材未被纳入非主要农作物登记目录，品种登记途径不畅通。建议加快出台《中药材种子管理办法》，推动产业急需品种的选育、登记、评定进程。

3. 加强中药材生态种植模式和技术的研究与示范，为中药材 GAP 基地建设提供技术支撑

建议各地政府针对性地出台中药材生态种植细则或技术标准，为中药材生产提供政策和技术支持，推动开展重点品种的生态种植模式研究及示范。

（国家中药材产业技术体系首席科学家　黄璐琦　提供）

2023 年度绿肥产业与技术发展报告

(国家绿肥产业技术体系)

一、绿肥生产变化分析

(一) 国内外绿肥生产情况

1. 绿肥生产面积

2023 年绿肥种植面积 418 万公顷*,其中,农田 297 万公顷(稻田、旱地分别为 171 万和 126 万公顷)、果茶园 121 万公顷;24 省(市、区)的绿肥面积潜力 3 451 万公顷。现有绿肥面积占潜力面积的约 12%,其中,云南、贵州、浙江、河南等省份占比超过 20%,广东、内蒙古、天津、海南、甘肃等省(市、区)尚有较大发展空间(表1)。

表1 各省绿肥面积潜力及 2022、2023 年面积

省(市、区)	面积潜力(万公顷)	2022 年面积(万公顷)	2023 年面积(万公顷)	2022 年面积占面积潜力(%)	2023 年面积占面积潜力(%)
云南省	116	36	35	31.40	30.43
贵州省	131	32	34	24.60	25.81
浙江省	59	13	13	21.43	21.65
河南省	57	12	12	21.22	21.57
湖南省	235	43	42	18.37	17.70
江西省	231	39	40	17.04	17.28
四川省	199	32	34	16.10	16.86
新疆维吾尔自治区	129	21	21	16.62	16.62
陕西省	260	17	31	6.37	11.93
河北省	229	38	27	16.47	11.80
广西壮族自治区	219	26	26	11.71	11.71
山西省	155	16	16	10.43	10.45
福建省	79	8	8	9.60	9.65
安徽省	148	14	14	9.32	9.35
山东省	134	12	12	8.59	8.69
湖北省	207	17	17	8.30	8.24

---

* 据国家绿肥产业技术体系在 24 个省(市、区)的调研。

(续表)

省（市、区）	面积潜力（万公顷）	2022年面积（万公顷）	2023年面积（万公顷）	2022年面积占面积潜力（%）	2023年面积占面积潜力（%）
青海省	13	1	1	7.29	7.60
重庆市	112	8	8	7.00	7.00
江苏省	119	7	7	6.19	6.19
甘肃省	116	7	7	5.76	5.81
海南省	41	2	2	4.34	4.37
天津市	17	1	1	3.35	3.39
内蒙古自治区	302	8	9	2.74	2.83
广东省	141	3	4	2.37	2.54
24省（市、区）合计	3 451	412	418	11.95	12.12

2023年绿肥生产面积相比2022年小幅增加6万公顷，比2017年的326万公顷增加了92万公顷（增幅28.2%）。其中，果茶园、稻田和旱地的绿肥面积相比2017年分别增加69万、10万和13万公顷，增幅分别为132.7%、6.2%和11.5%。绿肥果园、绿肥茶园面积增长最为明显，且仍有巨大发展潜力；稻田绿肥生产相对稳定，近年一直保持在170万公顷左右；旱地绿肥面积近年稳定在130万公顷左右。

2. 绿肥对农田的物质贡献

通过绿肥体系试验示范数据汇总及广泛文献调研，明确了全国主要绿肥作物的生物量及养分累积量。紫云英平均鲜草产量34.4吨/公顷，氮、磷、钾养分累积量分别为100.5千克/公顷、15.2千克/公顷、95.4千克/公顷；苕子平均鲜草产量33.9吨/公顷，氮、磷、钾养分累积量分别为147.5千克/公顷、19.4千克/公顷、107.7千克/公顷；箭筈豌豆平均鲜草产量35.0吨/公顷，氮、磷、钾养分累积量分别为159.4千克/公顷、39.7千克/公顷、73.0千克/公顷；二月兰平均鲜草产量13.0吨/公顷，氮、磷、钾养分累积量分别为48.9千克/公顷、9.4千克/公顷、53.8千克/公顷。

3. 国际绿肥生产状况

全球很多国家认可并积极推广应用绿肥（覆盖作物），绿肥品种选择、种植模式以及经济和环境效益、政府发展规划、激励机制等技术和政策持续创新。美国农业部经济服务局经济信息显示，2012—2017年，美国绿肥种植面积从417万公顷增加到623万公顷，该国保护性耕作组织提出了到2025年增长至4 000万公顷的目标。日本将绿肥作为生态农业的重要措施，2020年日本绿肥面积为4.11万公顷。2023年"欧洲地平线"计划明确指出通过间套轮作等方式发挥豆科绿肥的多种生态服务功能。2023年保加利亚开始实施保护和恢复土壤潜力生态计划，用于促进绿肥和有机肥施用的计划预算达2 439.5万欧元。

（二）主要问题及趋势展望

近两年我国绿肥生产面积稳定在410多万公顷，虽稳中有升，但增长幅度趋缓。一方面，绿肥生产的政策依赖性较强，靠政府补贴拉动的被动种植情况较为普遍；另一方面，绿肥种业保障能力弱、种子价格高且波动大，极大限制了绿肥面积的有序扩张。

但是，近年来绿肥作为有机肥源之外的效应得到管理者和研究者的重视和实践，如绿肥在农田环境改善、驱动农田土壤健康、生产优质农产品中的作用愈发凸显。此外，绿肥在国家履行双碳计划、联合国可持续发展目标等国际义务中也能有更多贡献。

二、绿肥市场与贸易变化分析

（一）我国绿肥种子市场与贸易情况

1. 绿肥种子价格

绿肥种子市场价格波动较大，不同绿肥种类趋势不同。2023年度紫云英种子价格小幅下降，毛叶苕子、光叶苕子、箭筈豌豆种子价格有不同幅度上涨。

2023年的紫云英种子价格相比2022年下降10.7%，从平均30.7元/千克降至27.4元/千克，但是，浙江省增长了23.1%。2023年的毛叶苕子种子价格相比2022年上涨11.6%，从平均20.2元/千克涨至22.5元/千克。光叶苕子种子价格大幅上涨54.2%，从平均16.0元/千克涨至24.7元/千克。箭筈豌豆种子价格上涨31.7%，从平均8.2元/千克涨至10.8元/千克。

2. 绿肥种子贸易

据不完全统计，2023年度国内绿肥种子交易量2.94万吨、交易额6.39亿元，交易量和交易额分别较2022年下降0.45万吨和2.48亿元。本年度种子贸易中，主栽绿肥种类紫云英1.66万吨、苕子9 000吨、箭筈豌豆1 300吨，肥用油菜、田菁、肥田萝卜等绿肥2 470多吨。

我国绿肥种子国际贸易以出口为主，2023年度出口量为662吨，相比2022年的2 243吨大幅下降。其中，主要是出口日本的紫云英种子640吨，产值2 000万元。

3. 问题分析

总体看，绿肥种业缺乏稳定成型的育、繁、收、储、用机制。种业市场缺乏稳定预期，绿肥种子供求的阶段性、应急性特征明显，导致种子生产较为盲目、价格年度间差异大。

不仅如此，绿肥种业基地建设滞后，种子生产完全受制于天气因素。2023年度西北地区严重干旱，导致播种困难，严重影响箭筈豌豆、毛叶苕子种子生产；西南地区的冬春连旱和倒春寒致使光叶苕子种子减产约35%。

（二）"绿肥+"农产品价格与贸易情况

1. "绿肥+"农产品价格

绿肥体系坚持深入推进适度规模、提质增效的"绿肥+"优质产品模式集成与产业化建设，"绿肥+"农产品逐步走入市场，绿肥价值内涵逐渐显现。据调查，2023年度，"绿肥+"优质大米、果品、面粉的平均千克售价分别为12.7元、15.3元、12.0元，比常规大米、普通水果和面粉分别溢价122.5%、42.7%和129.9%。

2. "绿肥+"农产品贸易情况

"绿肥+"农产品范畴不断扩宽，"绿肥+"大米、果品、茶叶、面粉、杂粮等产业全面发展。"绿肥+"农产品交易量146万吨、交易额223.7亿元，相比2022年增加3.9亿元。其中，"绿肥+"优质大米和果品的产量为88万和52.3万吨，交易额达53.8亿元和

42 亿元，相比 2022 年分别增加 5.6 亿元和 10.9 亿元。"绿肥+"茶叶销售额 125.3 亿元，面粉、杂粮、蔬菜、烤烟等其他"绿肥+"农产品交易额 2.6 亿元。"绿肥+"农产品国际贸易有待扩展，本年度主要为出口福建的"绿肥+"茶叶 7 500 万元。

3. 问题分析

"绿肥+"产品已经迈入产业化路径，但"绿肥+"产业价值体现尚待提高，产品与市场间尚未有效联通，标准化、品牌化、信息化、系统化建设尚处初级阶段。

三、绿肥加工与消费变化分析

（一）国内外绿肥高值产品加工与消费情况

2023 年度，国内绿肥加工团队研发出苕子巢蜜、鹰嘴豆粉丝、纳豆、干（湿）食用淀粉、豌豆苗、田菁胶的改性产品和肥田萝卜蔬菜粉等绿肥高值产品 7 个，实现了箭筈豌豆淀粉、凉粉、粉丝以及山䖝豆淀粉和粉丝的多批次稳定生产，开展了紫云英和箭筈豌豆芽苗菜中试；干（湿）食用淀粉、豌豆苗完成了企业标准备案，开始进入市场；新开发葫芦巴生物碱、肥田萝卜蔬菜粉等产品。绿肥加工产品开始进入市场，销售绿肥纳豆和绿肥粉丝 12.5 吨，产值 100 万元。

国际上针对绿肥高值化产品加工的研发主要集中在箭筈豌豆、田菁和葫芦巴等作物上。相关研究包括箭筈豌豆淀粉和蛋白的特性及构建自组装纤维的能力；田菁胶的改性和新产品开发、田菁种子的理化特性、植物化学成分和抗氧化活性；葫芦巴功能与活性物质、葫芦巴提取物的产量和生物活性等。

（二）"绿肥+"产品创制与消费情况

"绿肥+"产业技术不断优化、产业基地持续完善，"绿肥+"产业规模稳步扩大。培育一批"绿肥+"生产企业，优化、创制"绿肥+"大米、果品、杂粮、蔬菜等产品 139 个。消费端的认知也在逐步提高，绿肥优质大米、果品等均有大幅溢价。"绿肥+"产业受到第三方专业团队关注，"绿肥+"产业平台有望得到更大提升。

"绿肥+"产品创制的理论支撑不断夯实。绿肥稻米的总氨基酸和人体必需氨基酸含量提高 63% 和 31%。绿肥小麦的籽粒蛋白质、湿面筋含量提高 13%、14%。绿肥苹果的 VC 含量、可溶性糖、可溶性固形物增加 9%、5% 和 10%，可滴定酸降低 4%。绿肥柑橘可溶性固形物和 VC 含量分别提高 7% 和 17%。绿肥马铃薯的蛋白质、粗脂肪、淀粉含量提高 15%、9% 和 7%。

四、绿肥技术研发变化分析

（一）国内绿肥产业技术研发进展

1. 绿肥资源创新及遗传特性解析

保有种质资源 2.4 万余份次、新增 538 份次，获得育种中间材料 113 份，审定/认定/登记绿肥新品种 11 个。'闽紫 8 号'紫云英通过国家草品种审定，广适、稳定性强，鲜草产量提高 49%~59%。鉴定登记了种子高产的'皖紫 8 号'紫云英、抗逆性强的'皖箭 8 号'箭筈豌豆、高养分富集的'皖苕 6 号'毛叶苕子。选育出果茶园夏绿肥优异品种云环资大豆 10 号、12 号、13 号、14 号。育成了抗寒、高产的稻田优质水生绿肥毕岭细绿萍，在黑龙江越冬率达 96.5%~100% 的高产优质绿肥作物'科合 3008'黑麦，可用作盐碱地等边际土地利用与改良的'科合 3057'燕麦。

揭示了箭筈豌豆与抗寒性相关的候选基因和代谢途径；开发了冬黑麦 CAPS 分子标记，对黑麦 MIKC 型 MADS-box 基因家族进行了鉴定和表达分析；发现 *AsNIP43* 基因对紫云英根瘤菌感染和结瘤至关重要，*AsDJL1* 通过与脂质转运蛋白 LTP 互作，影响紫云英结瘤。

2. 绿肥—主作物一体化绿色生产技术

研发紫云英耐迟播养分管理、水田生地土壤快速熟化与水稻产能提升、菜后复种绿肥轻简高效种植等绿肥—主作物一体化高效、绿色生产技术。新构建绿肥—再生稻高产种植、"紫云英+油菜"一季两收、重庆梨园冬绿肥+春大豆周年覆盖等新型绿肥制度。发现紫云英田的水稻叶瘟病和黑粉病病情指数分别降低 73% 和 42%，并有利于富集水稻害虫天敌、驱避褐飞虱；创制以二月兰种子为原料的植物源杀螨剂。

进一步明确绿肥高效提升农田园地生产力、是"藏粮于地""稳产保供"的有效技术途径。稻田绿肥应用十年，土壤有机碳、全氮的年均累积率比冬闲田分别提高 0.40、0.05 克/千克，水稻稳产下绿肥可替代 40% 氮钾肥。绿肥果园应用 4 年后土壤全氮增加 13%~33%，在替代 20%~40% 化肥下实现稳产优质。西北瘠薄耕地的绿肥制种培肥增收模式，土壤有机质、全氮分别提高 25% 和 19%。创新提出了绿肥内源驱动土壤健康新理论，揭示了绿肥扩容土壤碳氮库、内源驱动土壤自生固氮、塑造低病风险健康土壤环境的内在机制。

3. 绿肥生产装备

设计绿肥播种开沟一体机后置构型整理部件，提升播种装备的广适性；运用柔性自摩擦技术，创制出有效破坏绿肥种子表皮蜡质层的擦种装备；发明输送绞龙防缠绕和同步拨禾防拖拽等技术，改造绿肥种子联合收获装备，实现毛叶苕子等长茎秆绿肥作物种子高质顺畅机械化收获。

4. 绿肥产业经济及发展策略

提出了我国绿肥区域划分，明确了我国绿肥面积潜力为 4 227 万公顷。建立绿肥生态价值评估方法，测算出绿肥提升水稻、玉米、小麦、烤烟等农作制度生态价值 2.13 万 ~ 3.66 万元/公顷。

编制《到 2025 年中国绿肥发展策略》，系统分析了我国绿肥发展现状和潜力，总结提炼了我国典型区域农田、果茶园的绿肥利用技术模式，提出了绿肥生产、种业保障等近期我国绿肥发展的重点任务。整理了 24 个省（市、区）的绿肥历史、现状、潜力及模式。

（二）国外绿肥产业技术研发进展

1. 绿肥资源评价

美国学者完成了毛叶苕子"HV-30"染色体水平的基因组组装，发现了一个控制种子休眠的效应位点。俄罗斯学者评估了 7 个窄叶羽扇豆的生产力、形态及生物学特性。美国学者研究了亚麻作秋冬覆盖作物的适应性，发现其种子蛋白质和粗脂肪含量分别为 228~270 克/千克和 189~234 克/千克，同时表现出耐寒性和潜在的生产力。

2. 绿肥生态服务功能

绿肥的病虫草害防控、生态缓冲、野生动植物栖息地等生态系统服务功能和生态价值的体现，是国际上重点关注的方向。澳大利亚学者报道了绿肥，特别是禾豆混播增加旱地农田系统的生态服务价值。美国学者量化了绿肥植株碳和氮每增加 1 克/平方米，土壤有机碳和土壤全氮分别增加 0.21 克和 0.42 克/（平方米·每年）。德国学者发现豆科绿肥协同免耕技术，36 年内可提升土壤有机碳储量 7%，减少氮淋失 41%，同时保证 4 大粮食作物增产 2%。美国学者报道了应用绿肥显著降低下茬作物大豆田中的害虫数量、增加后茬玉米对草地贪夜蛾的抗虫性。智利梅园中间作绿肥丰富了寄生性天敌的多样性。

3. 多功能化绿肥装备

美国 Great Plains 公司研制的 TS9100 覆盖作物播种机，可实现小粒、中粒和大粒种子可靠排种，同时气吹式布种系统满足覆盖作物撒播及作业经济性的要求。德国 Class 公司 Lexion 系列种子联合收获机增加预加速脱粒和自动补偿侧风装置，可适用于收获白三叶等绿肥种子。

五、主要结论与政策建议

（一）结论与展望

1. 主要结论

绿肥生产与利用技术持续进步。绿肥节肥养地、绿肥—主作物一体化绿色生产技术不断进步，绿肥生产水平系统提升，绿肥技术成为农田减肥增效、面源污染防控的核心内容。

绿肥产业路径不断夯实。"绿肥+"产业机制、绿肥果园、绿肥茶园等新理念深入实践，"绿肥+"产品集合不断壮大，为新时代全面乡村振兴和区域经济发展提供了"既要绿水青山也要金山银山"的"绿肥"路径。

2. 未来展望

持续推进突破关键核心技术与政策瓶颈。着重在种业保障、高效养地、轻简生产、产业政策等方面加大研发力度，支撑绿肥生产面积稳中有升，发挥好绿肥的生态表现力，提升绿肥解决耕地要害问题的本领，高水平保障我国农田地力和环境的可持续发展。

着力提升绿肥在乡村振兴中的贡献。继续加大具有各地特色的"绿肥+"优质农产品的组装集成，持续培育"绿肥+"产业主体及产品品牌，全力打通"绿肥+"产品的商品化和市场化路径，推进绿肥产业拉动绿肥生产。

（二）政策建议

1. 创新绿肥产业政策保障机制

建立国家主导的绿肥种子繁、储、销保障机制。推动绿肥生产的政府购买服务，推进绿肥繁种、供种、播种、管理、翻压等实行委托管理，探索绿肥种植后的主作物土壤及水肥管理等工作的社会化服务，引入第三方实施全过程技术指导和管理评估。破除绿肥生产补贴中的"低价"中标机制。

2. 健全并加大绿肥生态价值实现的补偿机制与力度

将绿肥种植利用纳入生态补偿并建立稳定机制。引导生态补偿向绿肥种植大户、企业等经营主体倾斜；推动建立直接经济补偿机制。加大绿肥生产补贴力度，不仅要覆盖生产成本，也要体现绿肥的生态价值补偿。

（国家绿肥产业技术体系首席科学家　曹卫东　提供）

2023年度大宗蔬菜产业与技术发展报告

(国家大宗蔬菜产业技术体系)

一、大宗蔬菜生产变化分析

1. 生产规模略增

2022年中国蔬菜种植面积约2 243万公顷，比2021年扩大约45万公顷，同比增长2.04%；总产量约7.99亿吨，比2021年增加0.24亿吨，同比增长3.16%。根据2023年蔬菜市场运行状况及监测信息判断，2023年蔬菜规模较2022年略有增长。由于蔬菜种植效益相对较高，预计2024年蔬菜种植规模仍将保持增长态势，但增长幅度略减。

2. 生产成本呈上升趋势

人工成本占总成本比例较高。2021年蔬菜生产总成本最高，较2015年增加了1 029.63元/亩，增长了23.31%。近10年来我国蔬菜种植人工成本平均为2 628元，占蔬菜种植总成本的55%。

3. 中国蔬菜生产在世界具有举足轻重的地位

据FAO数据，2022年世界蔬菜收获面积约为5 835万公顷，蔬菜产量排名前五的国家为中国、印度、土耳其、美国和越南，分别占全球总产量的约52.02%、11.99%、2.30%、2.28%、1.52%；蔬菜收获面积排名前五的国家为中国、印度、尼日利亚、印度尼西亚和越南，分别占全球收获总面积的约40.03%、15.35%、7.41%、2.07%和1.72%。

二、大宗蔬菜市场与贸易变化分析

2023年总体上风调雨顺，主要蔬菜产区自然灾害频率低，供给充足，导致价格处于低位。2023年鲜菜价格同比指数平均为97.79，比2022年价格总体低2.21%。相比于2022年，12个月有8个月环比出现了下跌；商务部统计的30类主要蔬菜品种中21个品种出现了下跌，下跌较大的品种有大葱、大白菜和冬瓜，下跌幅度分别为36.63%、24.31%和20.78%。

2023年我国蔬菜出口额达185.4亿美元，增加13.2亿美元，增幅7.67%；进口额增至9.9亿美元，增幅3.13%；蔬菜贸易顺差扩大至175.5亿美元，增长7.93%。我国蔬菜出口仍然主要集中在日本、越南、韩国和中国香港地区。但相较2022年，越南、韩国、日本的贸易额分别下降了7.22%、4.00%、3.49%。特色蔬菜如鲜或冷藏的蒜头、洋葱等出口额进一步扩大，分别增长34.06%、17.73%。主要蔬菜进口品种相对稳定，份额波动不大。

根据联合国粮农组织数据，与2021年相比，2022年国际蔬菜出口总额增长了3.27%，主要国家为中国、墨西哥和西班牙，分别占出口总额的16.29%、13.28%和11.22%；进口总额增长了5.65%，进口贸易额最大的三个国家为美国、德国和英国，分别占总额的20.80%、9.36%和5.83%。

三、大宗蔬菜加工与消费变化分析

2023年我国大宗蔬菜采后流通的电商直销、社区团购等基于互联网的流通新业态发展迅速，冷链流通稳步发展，拓宽了蔬菜的流通渠道，提升了流通效率。然而，我国冷链流通率仍偏低，分布也极不均衡，目前果蔬冷藏运输率仅15%，中西部地区冷链资源配置明显不足，因冷链"断链"造成蔬菜产后损耗高达千亿元。

预制菜产业的迅速发展促进了蔬菜加工业的发展，鲜切等蔬菜加工企业逐渐增多，已有企业的生产规模逐渐扩大。但产品的货架期短，标准缺乏，装备与包装材料相对落后仍然是制约我国蔬菜加工业发展的主要因素。预计2024年预制蔬菜产业仍将保持高速发展态势，蔬菜产区建设净菜、预制鲜切蔬菜工厂势头不减。

2017—2022年，我国蔬菜消费量由6.81亿吨增至7.52亿吨，年均复合增长率为1.67%，预计2023年蔬菜消费量持续稳定增长。蔬菜消费需求呈现出几个特点：一是消费结构升级，消费者越来越注重蔬菜的品质和口感。二是消费渠道变化，线上购买蔬菜成为越来越多消费者的选择。三是消费习惯变化，消费者对便捷、易食的蔬菜产品需求增加。

四、大宗蔬菜技术研发变化分析

1. 遗传与改良研究取得新进展

标记定位了与黄瓜抗绿斑驳花叶病毒病、黄瓜绿色果肉、白菜抗黄萎病、白菜抗根肿病、甘蓝抗霜霉病、辣椒白果、辣椒果尖形状、番茄抗灰霉病等性状相关的基因位点，开发重要性状分子标记91个，解析了白菜抗黄萎病、甘蓝显性雄性不育、黄瓜耐低温、不结球白菜开花时间、菠菜性别决定等重要性状形成的分子机制。利用游离小孢子培养技术创制出系列DH系用于大白菜、青梗菜、甘蓝等作物的品种选育工作。在番茄、甘蓝、马铃薯、西瓜和黄瓜等已经通过敲除单倍体诱导基因 DMP 的创制了单倍体诱导系。通过 mito TALENs 线粒体基因编辑技术，对细胞质雄性不育青花菜线粒体中细胞质雄性不育相关基因 $ORF138$ 进行基因编辑。使用CRISPR/Cas9技术敲除控制番茄育性的 Ms10 以及控制花青素形成的 $SIDYT1$ 和 $SIGSTAA$，从而利用绿茎作为形态标记有效筛选不育植株。通过现代生物技术与常规手段结合，创制出抗黄萎病白菜，抗病毒病黄瓜，耐低温花椰菜，抗黑腐病青花菜，抗病毒病番茄，高辣椒素和红色素辣椒，抗青枯病茄子，耐抽薹萝卜，抗黑腐病甘蓝，耐寒不结球白菜，抗霜霉病菠菜等。大宗蔬菜产业技术体系遗传改良研究室本年度登记或鉴定蔬菜新品种43个，申请植物新品种权35项，获批植物新品种权27项，推广自主选育的优良蔬菜品种510多万亩。

2. 非耕地无土栽培和节水栽培技术应用取得新成效

研创了新一代轻简自控无土栽培系统（SAS）技术，实现肥水利用率达98%以上，化学农药施用量减少90%以上。相较之前无土栽培模式，SAS系统可降低成本30%以上，作物产量提高5%~10%，栽培设施可从高档玻璃温室普及到普通日光温室和塑料大棚。推广膜下节水滴灌、水肥一体化设备，戈壁温室亩均用水约629立方米，较大田节水521立方米，节水率达45%。开展日光温室沙培基质研究，较传统日光温室种植技术节水50%、节肥30%。喻景权院士团队最新研创的农用盐碱水低成本淡化技术MiST已在甘肃酒泉、新疆喀什等西北非耕地区域应用，相较反渗透水淡化技术，盐碱水处理成本下降

90%以上,产水率提高3倍以上,节水的同时有效解决当地农用淡水灌溉问题。

3. 病虫害防控技术实现新突破

蔬菜绿色防控技术、智能水肥一体化技术等相关技术成为主推技术,以"早预警、选品种、清毒源、抑种传、阻传播、增抗性"为核心的蔬菜病毒病绿色防控技术体系在蔬菜主产区进行了大面积推广应用。发现除了RNAi, RNA降解(RNA decay), RNA质量控制(RQC)以及RNA N-6甲基化修饰(m6A)等机制也参与了植物抵抗病毒的防御过程,并鉴定到翻译控制肿瘤蛋白(TCTP)等重要感病因子。利用CRISPR/Cas9技术编辑植物体内的抗病毒基因、施用新型植物内源免疫诱抗剂等新型防治技术。成功克隆出Mi-9基因并引入番茄栽培。报道了植食性昆虫利用植物源水平转移基因参与营养物质合成的分子机制,提出了植物向昆虫转移的功能性水平转移基因作为基于RNAi的新一代害虫控制靶标的应用潜力。开发和应用本土天敌昆虫资源和植物资源并逐步得到应用。微生物农药和化学杀虫剂联合使用被提出作为害虫治理的一种替代策略。

4. 设施化机械化研发获得新成果

研发出装配式等多种新型温室结构、多种温室环境调控系统和方法、以及多种主动式太阳能水蓄热系统。耕整地环节的研究主要集中在农机具对土壤的作用优化方面,旨在提高作业后耕层土壤的碎土性能、降低机具作业功率等;移栽环节的研究聚焦于全自动移栽机取投苗装置的研发,包括末端执行器的设计、取投苗的方式以及取苗过程运动轨迹的优化。田间管理的研究更加注重喷药机具的研究,结合深度学习、传感器等相关技术,以实现农田作业的精准化和智能化。智能放风机在新建大棚上普遍使用;蔬菜全自动移栽机成为研发热点;多种神经网络、机器视觉、图像识别、大模型等人工智能技术广泛应用于蔬菜生长管理模型、病虫害检测、长势诊断、精准栽种和高效采收智能农机/机器人等研究领域。

5. 采后研究有了新收获

围绕食品营养与功能因子,开展活性成分的营养特性评价和靶向机制研究。功能性成分涉及多糖、酚类、辣椒素、硫代葡萄糖苷、β-胡萝卜素、叶黄素等。活性物质的生理活性是研究热点,包括调节肠道菌群、调控脂质代谢、抑制脂肪酶活性、抗肿瘤、降血糖、护肝脏、改善肥胖等多种生理功能。开展蔬菜精深加工工艺、加工品质变化机制及调控技术、加工过程营养成分合成与积累的机制等研究。聚焦对新型天然抑菌物质的挖掘及保鲜机理、新型保鲜抗菌菌种、生物技术保鲜效果改良、可降解材料的包装以及绿色活性包装材料的研发、物理保鲜技术优化等研究。重视新型纳米复合材料的创制及其蔬菜质量安全应用方向,关注蔬菜质量安全速测技术。

6. 花卉产业技术研发开辟新领域

组学技术在优异种质资源高通量鉴定和重要性状形成相关的新基因挖掘等方面发挥重要作用,以转基因、分子标记辅助选择和基因编辑等为核心的现代生物技术不断完善并开始用于大宗花卉优异种质创制和新品种培育。栽培技术研发主要集中在花卉种苗种球高效繁育技术和高效绿色生产技术,使用智能控制设备和技术实现生长实时监测和数据化管理,通过水肥一体化、基于物联网的花期和品质精准调控、连作土壤防控等技术研发提高了生产效率和产品质量。病虫害防控技术研发主要集中在新的病虫害鉴定、病虫害的发生规律研究、抗病虫品种资源筛选与鉴定、花卉与病虫害互作机制研究、病虫害的抗药性监测以及生物防治、物理防治等绿色防控技术研发等方面。切花采后处理液的研发由多种成分堆砌的普适开发模式转变为对应不同适用场合的精准开发模式；机器视觉支撑的切花分级技术研究快速增加，鲜切花采后物流技术研发呈现多学科整合的趋势，数值模拟及仿真成为切花采后物流技术研究常用方法。

五、主要结论与政策建议

（一）主要结论

1. 产业发展态势整体平稳

2023年蔬菜市场总体平稳。市场供应充足，有效地保证了城乡居民对蔬菜的需求；进出口贸易保持增长态势，国别结构和产品结构进一步优化，平衡农产品进出口贸易逆差作用明显；农产品质量安全总体稳定，未出现影响大的质量安全事件。

2. 科技对产业发展的支撑作用更为明显

以国家大宗蔬菜产业技术体系岗站专家为代表的蔬菜科技工作者针对蔬菜产业发展需求在新品种选育、病虫害防控、栽培、产后加工、设施机械化等领域产出了大量的科研成果，并在实践中推广应用，为产业的持续发展提供了有力的科技支撑。

3. 产业发展隐患仍存

一是抵御自然灾害的能力不强，2023年河北等地的洪涝灾害对蔬菜产业造成了巨大损失，反映出我国蔬菜产业抵御自然灾害的能力亟须加强。二是总成本中劳动力占比过高，近10年来我国蔬菜种植人工成本平均占蔬菜种植总成本的55%。三是采后损耗居高不下，2022年10月国家大宗蔬菜产业技术体系通过各综合试验站对主要蔬菜品种进行调查，发现蔬菜采后损耗率平均为24.07%，其中叶类蔬菜采后损耗率最大。四是价格波动幅度增大。2021年以来全国30种主要蔬菜批发价月度波动幅度均超过40%。五是部分品种国外种子占比过高，菠菜、胡萝卜、花椰菜、洋葱和部分花卉品种尤为明显。

（二）政策建议

1. 合理统筹设施蔬菜和露地蔬菜的发展

按照《全国现代设施农业建设规划（2023—2030年）》，到2030年，设施蔬菜产量在全国蔬菜产量中的占比将由30%提高到40%，这意味着未来几年设施蔬菜种植面积将增长30%左右。然而，蔬菜在我国属于生活必需品，具有刚性需求的特点，设施蔬菜种植面积增加就必然要求适当减少露地蔬菜的种植，否则就会导致供求矛盾。由于蔬菜种植效率远高于大宗农产品，如果仅依靠市场的作用，这一调整必然会很艰难且导致市场的剧烈波动。因此，产业主管部门应统筹谋划，对设施蔬菜种植面积大幅度提升后的蔬菜区域布局做出总体安排。

2. 增强蔬菜产业抵御自然灾害的能力

一是加强菜田基础设施建设。要继续加大对重点产区菜田基础设施建设、保护地设施建设、集约化育苗设施建设、冷链设施建设、病虫害测报网络建设、批发市场和信息网络建设的支持力度；二是加强信息平台建设。要高度重视、科学规划、精心组织实施蔬菜产业信息的采集工作，逐步建立和完善蔬菜产业信息数据库；三是加强蔬菜灾害预警、灾情会商、应急响应、灾情评估、产量预测等信息的分析和推送，科学指导蔬菜生产与流通。

3. 大力发展轻简化生产

一是要研发与我国小规模生产模式及菜农素质相适应的小型、易操作作业机械，解决植株管理、叶菜有序采收等蔬菜生产个别机械化薄弱环节"无机可用"的问题;二是针对蔬菜生产旋耕、起垄覆膜、移栽等个别机械化环节"无好机可用"、作业质量不能满足生产需求的问题,组织科研人员与优势农机装备生产企业联合攻关,进行针对性的研发,推动农机装备产业向高质量发展转型;三是在条件适宜的地区,坚持良种良法配套、农机农艺融合,推进蔬菜生产"机器换人",示范推广整地、喷药、施肥、运输等机械化技术和物联网等信息化技术,推广应用田园管理机、自动卷帘机、温室环境控制等机械设备。

4. 降低蔬菜采后损耗

一是要研发、推广抗病害、抗损耗的新品种,从源头上降低损耗;二是要积极推进蔬菜标准化生产,有效管控各个环节的损耗;三是要培育新型经营主体,提高生产组织化程度,通过提升经营主体加工处理能力降低损耗;四要发展尾菜加工,挖掘尾菜利用价值、降低地头损耗;五是通过对交通、水利、电力和市场等一系列基础设施的投入,提升蔬菜运输的便捷度与速度来降低流通损耗;六是要改善零售环境,加强零售端冷链建设,降低零售端损失。

(国家大宗蔬菜产业技术体系首席科学家　张友军　提供)

2023 年度特色蔬菜①产业与技术发展报告

(国家特色蔬菜产业技术体系)

一、特色蔬菜生产变化分析

国内生产形势。2023 年特色蔬菜种植面积基本保持稳定。辣椒种植面积 217.8 万公顷，较去年下降 2.33%；传统主产区重庆、四川、贵州、云南、陕西种植面积较上年下降 5%~10%，内蒙古、新疆种植面积增长 5.5%，山东、河南、河北等地与上年持平；贵州省辣椒种植面积最大，为 34.67 万公顷，总产 770 万吨。大蒜种植面积 83 万公顷，总产量 2 375 万吨；河南、江苏、河北产区种植面积 48.9 万公顷，产量 880 万吨，较上年增长 10%；山东省种植面积约 18.8 万公顷，与上年基本持平；云南独头蒜种植面积稳定在 4.1 万公顷，产量 100 万吨。莲藕种植面积略有下降，约 47.5 万公顷，单产较上年下降 15%；湖北省莲藕种植面积最大，为 8.33 万公顷，总产量 675 万吨。生姜种植面积约 26.7 万公顷，较上年下降 20%，单产增加明显。

全球生产形势。中国辣椒、大蒜、莲藕种植规模均为全球第一。干辣椒印度生产规模居世界前列，*United News of India* 报道，2023 年 60%的辣椒因多种虫害影响，单产受到严重威胁，辣椒产量不稳定。FAO 的数据显示，2022 年，鲜辣椒中国种植面积和产量分别占世界 37.52%和 45.50%，稳居世界第一。大蒜中国种植面积和产量分别占世界 49.51%和 73.34%，稳居世界第一；印度种植规模居世界第二，种植面积和产量占世界 23.71%和 11.03%，产出不稳定性呈上升趋势。莲藕除中国外，东南亚国家有少量种植。

二、特色蔬菜市场与贸易变化分析

(一) 市场价格

辣椒、大蒜、莲藕、生姜价格波动幅度大。中国蔬菜流通协会的数据显示，干辣椒价格年均价为 20.4 元/千克，上半年处于高位，5—6 月价格达到 28.96 元/千克，11 月初最低价跌至 11.62 元/千克。商务部市场运行监测系统的数据显示，鲜辣椒年均价为 9.38 元/千克，年内价格前高后低；大蒜产量下降、社会资本介入市场，年均价上升为 8.77 元/千克，成为 2018 年以来大蒜价格最高值；莲藕年均价下降至 6.11 元/千克，自 2019 年以来最低价位；生姜年均价 13.6 元/千克，比近十年峰值高 4.94%。

大蒜、莲藕等不同品质商品价格差拉大。中国大蒜网的数据显示，12 月金乡大蒜交易市场白蒜 6 厘米价格为 12 元/千克，白蒜 4.5 厘米价格为 9.2 元/千克，蒜米料价格不高于 6 元/千克。洪湖莲藕京东自营销售价格 12 元/千克，远高于加工用藕价格 0.5~1 元/千克。藕带价格保持高位，平均 20 元/千克。

"一带一路"国家特色蔬菜需求增长，印度干辣椒、大蒜价格差拉大。印度尼西亚

---

① 特色蔬菜产品众多，本报告所指的特色蔬菜以辣椒、大蒜、莲藕、生姜和芥菜为主。

90%大蒜来自中国，其大蒜价格持续高位，每年大蒜需求量60万吨，每年增长1.38%。2023年印度干辣椒最低价1.43元/千克，最高价35.24元/千克。印度大蒜最低价2.83元/千克，最高价18.41元/千克（数据来源：https：//www.commodityinsightsx.com）。

（二）国际贸易

我国是特色蔬菜出口大国，占世界出口量1/3。海关总署的数据显示，2023年，我国特色蔬菜出口470.11万吨，出口额57.01亿美元。UN Comtrade的数据表明，2022年鲜大蒜、生姜、已磨辣椒出口量分别占世界比重的79.88%、44.83%、39.42%，常年位居世界第一。

出口量额双增明显，创汇能力强。海关总署的数据显示，2023年，我国鲜、冷、冻、干及暂时保藏类蔬菜出口额124.73亿美元，特色蔬菜占比57.01%，比去年提高16个百分点，出口创汇能力连年升高，大蒜、辣椒、洋葱、生姜位居前列。辣椒出口额11.04亿美元、增幅29.88%；大蒜是我国出口量最大的蔬菜，出口额29.34亿美元，增幅24.97%。生姜出口额5.82亿美元，增幅66.25%。山东省是特色蔬菜出口大省，生姜、大蒜、辣椒出口额占全国83.80%、66.20%、60.78%。

对"一带一路"国家出口比重上升，部分品种出口依赖度高。我国特色蔬菜对"一带一路"国家出口稳定增长，尤其未磨生姜、鲜蒜头等出口市场呈现多元化，主要面向东南亚、东亚和欧美地区。海关总署的数据显示，我国已磨生姜、切磨鲜蒜、干大蒜对日本和美国市场出口依赖度高，两个市场共同占有率分别约77%、53%、48%，市场风险加大。2023年7月美国对晨光生物辣椒红素类产品进行制裁，出口贸易环境面临更大挑战。

三、特色蔬菜加工与消费变化分析

辣椒、大蒜、生姜、莲藕加工规模稳步增长。国家企业信用信息公示系统的数据显示，截至2023年，辣椒初加工与精深加工企业3.6万家，大蒜相关企业2万家。辣椒、生姜精深加工技术继续保持全球领先水平，晨光生物科技公司研发的姜黄原料精深加工技术破解了依赖印度原料的瓶颈，辣椒红销量突破1万吨；国际市场食品加工、工业、医药等行业对辣椒红、姜黄素等精深加工产品需求持续增长。特色蔬菜加工精细化和品种专用化是未来发展的趋势。

餐饮业及预制菜产业快速增长，拉动辣椒、大蒜、生姜、莲藕作为调味品与馅料的需求上升。2023年我国餐饮业收入突破5万亿元，预制菜相关企业6.4万家，各地纷纷布局预制菜产业赛道，为辛辣类加工企业及产品提供了发展机遇。加工蒜米类产品占全年大蒜总产量25%，蒜片、蒜米、腌制类产品需求大幅增长。传统农家食品"藕夹""糯米藕""藕带""鲜莲子"等实现工业化、规模化产业开发，开辟了莲藕产业的新赛道。国内特色蔬菜加工制品大多为干制、腌制、泡制、酱制等传统制品，对附加值较高的饮品类、赏食两用类、鲜食预制类产品创新不足。

线上销售成为社会消费的新增长点。辣椒、大蒜等线上销售占比已超过社会总销售额15%，淘宝电商平台辣椒、大蒜相关商铺超过5 000家。网络直播带货对湖南樟树港辣椒、大理独头蒜、莱芜生姜等产品溢价效应显著。蒜、姜、洋葱等可存储特色蔬菜存储损耗高，莲藕、芥菜等鲜食类蔬菜流通环节损耗约为18%，远高于发达国家5%的水平。

四、特色蔬菜技术研发变化分析

品种选育向优质、多抗、丰产、宜机化转变。育成适宜我国北方机械化采收的加工辣椒新品种'艳椒465''艳椒485''博辣天骄1号'等，'艳椒465'在重庆、四川、贵州、内蒙古、湖南和新疆等地累计推广50万亩；育成适合北方盐碱地种植的干制型辣椒品种'辣研101'。育成高产、抗逆大蒜新品种'徐蒜3号''徐蒜6号'，优质高产粉质莲藕新品种'鄂莲13号'、加工专用品种'白玉簪1号''白玉簪2号'在湖北、江西、广东、重庆市等地推广13万亩。莲藕新品种'五月早'为我国第一个自交系品种，每亩只需种子300克。

突破分子标记技术在特色蔬菜育种方面的应用。研发全国首款辣椒液相芯片，建立了辣椒种质资源快速鉴定技术体系，基因组50Kb窗口覆盖率96.6%。建立基于氮离子束诱变技术和利用CRISPR-Cas9敲除技术的资源创新方法，为大蒜等无性繁殖作物种质创新、品种选育提供技术支撑。自主研制了半适配96孔板的自动田间采样仪、分液系统、分型实验室专用机器人等设备与DNA提取工作站无缝对接，显著提高分子育种效率。利用重测序鉴定出500份核心种质，阐明了辣椒种间进化关系和远缘杂交不亲和的遗传基础，并构建了辣椒最大变异组数据库。全基因组关联分析挖掘出与莲藕产量相关位点，开发出莲藕熟性、粉脆、节间形状等性状分子标记。建立了芥菜高效小孢子培养技术体系，利用芥菜杂种优势和分子标记辅助育种技术育成了芥菜杂种一代新品种，丰产和抗逆效果显著。

特色蔬菜机械化与农艺结合取得突破进展。全自动辣椒移栽机可一次性完成自动送盘、取苗、分苗、投苗、插苗及收盘作业，实现了全自动作业流程，作业效率大幅提高，在新疆、内蒙古、甘肃等实现辣椒全程机械化生产，2023年累计推广约50万亩。优化了自走式大蒜联合收获机，收获效率达到2亩/小时。与机械化装备配套选育的'徐蒜''济蒜'等品种在大蒜主产区实现了分瓣—播种—收获—分选全程机械化生产，2023年推广约70万亩，平均亩节约用工成本1 000元以上，作业效率较人工提高50~60倍。研制开发了履带滑橇掘铲式莲藕收获机，作业效率可达0.3亩/小时。

研发与集成绿色高效轻简化栽培技术和模式。创新了辣椒—大蒜高效轮作栽培模式，改善了土壤理化性状，缓解了土壤连作障碍，减轻了辣椒病害的发生，一膜两用，节约人工和农资投入，亩产值超1万元。莲藕种子替代传统种藕，配套优质轻简高效生态栽培技术，推动了莲藕产业高质量发展。研发生姜切块穴盘育苗技术，解决了田间直播姜块费时费工不能实现标准化、难以开展机械化移栽的难题。

研发绿色防控、绿色保鲜加工等技术。开展辣椒植株耐盐性研究，揭示了内生真菌提高辣椒耐盐性机制，开发并推广应用内生菌产品。建立多个病原快速可视化检测技术，建立4种病毒单标及2种病毒双标检测，检测时长<25分钟。绿色保鲜方面，龙眼果皮和种子残留物中提取的浓缩单宁应用于鲜切莲藕保鲜，可延缓褐变，减少养分流失；以环氧大豆油和单甘酯改性的碱式次氯酸镁为基础的抗菌包装材料，可减少鲜莲子保鲜期细菌总数，延缓褐变，保质期延长至25天；鲜莲子采后气调结合水杨酸保鲜技术，可降低莲子外种皮黄化速率。接种发酵泡椒加工技术，明确乳酸菌接种发酵结合超高压杀菌技术可提升泡椒品质。发现茭白非食用部分的废弃物可以作为乳酸生产的合适碳源，为农业废弃物的处理开辟了新赛道。

产业发展中遇到的突出技术问题。特色蔬菜种类多、种植规模相对较小、种植规范不统一、种植模式多样等特点导致生产装备研发推广难度大。同时辣椒、莲藕机械化与育种方向、栽培技术的匹配度有待进一步提升，育种需更多关注果实成熟度一致、抵抗机械损伤的能力以及生长位置整齐度、稳定性等宜机收性。有害生物发生是影响茭白、莲藕等水生蔬菜可持续发展的重要因素，病毒病害的生物防治、生态防控技术有待进一步深入研究。

五、主要结论与政策建议

（一）结论与展望

2023 年特色蔬菜种植面积基本稳定，辣椒、大蒜、莲藕、生姜价格波动幅度大，部分品种不同品质商品价格差拉大，加工规模稳步增长，餐饮业及预制菜产业快速增长拉升辣椒、大蒜、生姜和莲藕作为调味品与馅料的需求。大蒜、辣椒、生姜等出口创汇能力强。品种选育向优质、多抗、丰产、宜机化转变，突破分子标记技术在特色蔬菜育种方面应用，机械化与农艺结合取得突破进展，创新了绿色高效轻简化栽培技术和模式，绿色防控、保鲜加工等技术取得创新成果。

2024 年特色蔬菜种植面积将保持基本稳定，辣椒产业向内蒙古、新疆转移速度加快；加工规模增长加速，需求持续增加，线上销售成为社会消费的新增长点。依赖美国日本市场的已磨生姜、切磨鲜蒜和干大蒜等，出口将面临更大挑战。

（二）政策建议

2024 年是特色蔬菜产业高质量发展的重要时期，应以稳增产、强基地、提质量、增收益为目标，推进新技术、新业态、新融合，实现特色蔬菜"全产业链发展、全价值链提升"。

1. 继续拓宽海外市场，培育特色蔬菜出口示范基地

深化"一带一路"合作，搭建专业交流平台，实行市场多元化战略；掌握 RCEP 国别关税减让政策，着力扩大辣椒、大蒜、生姜等品类出口。推进技术性贸易措施研究，强化特色蔬菜产业损害监测预警，开展贸易救济调查和立案储备，切实维护贸易安全化；完善行业质量标准，减少因贸易技术壁垒带来的不必要损失，推进特色蔬菜出口可持续发展。培育特色蔬菜出口骨干企业，鼓励山东、江苏、湖南等规模化产区积极申请标准化出口基地建设，扩大国际市场占有率。

2. 加大科技创新支持力度，激活特色蔬菜产业发展新动能

支持特色蔬菜产业重大创新平台建设，对制约产业链短板的核心技术加大攻关力度，以颠覆性技术和前沿技术形成特色蔬菜新质生产力。紧跟国际育种技术研究动态，全面缩短育种周期。明晰产权及利润分配机制，激发育种主体创新活力。加强特色蔬菜绿色优质高效生产配套技术集成，加强智能化、数字化技术应用。研发更营养、健康的特色蔬菜精深加工产品以满足消费者对高品质的需求；支持特色蔬菜适宜盐碱地品种培育与栽培技术研发推广。

3. 加速推进主产区全程机械化进程，提升特色蔬菜产业装备水平

特色蔬菜部分品种生产环节，人工成本已经占总成本 40%~60%，制约了特色蔬菜产业高质量发展。面向科技创新前沿和产业急需，分品种、分环节梳理农机智能装备短板弱项，形成需求清单，突破制约全程机械化的关键核心技术，推进主产区全程机械化。将智能农机装备作为主攻方向，加快高性能智能播种机和收获机等重点装备研制，推进农机装备全链条进入高效化、智能化、网联化、绿色化、体系化转型。

4. 促进特色蔬菜产业融合发展，创新乡村产业发展新路径

各级政府充分发挥以特色蔬菜为主导产业的国家现代农业产业园、优势特色产业集群、农业产业强镇等各类平台载体作用，引导和撬动更多资源要素汇聚，探索特色蔬菜产业融合发展新模式。着力做好"土特产"文章，借鉴金乡大蒜保险和巴彦淖尔辣椒产业发展10条的做法，主产区应强化具有区域特色的金融保险和产业支持政策，增强地方特色蔬菜产业的创新力、竞争力、抗风险能力。借鉴宝应县国家现代农业产业园做法，充分挖掘特色蔬菜产业文化、休闲多种功能、多元价值，培育新产业新业态，构建农文旅融合的现代乡村产业体系。强龙头、补链条、兴业态、树品牌，完善联农带农利益联结机制，创新乡村产业发展新路径。

（国家特色蔬菜产业技术体系首席科学家　邹学校　提供）

2023年度西甜瓜产业与技术发展报告

(国家西甜瓜产业技术体系)

一、西甜瓜生产变化分析

1. 2023年我国西甜瓜生产变化情况

2023年，我国西瓜种植面积139.9万公顷左右，总产量约6 209.8万吨，甜瓜种植面积约48.6万公顷，总产量约1 756.4万吨。根据农业农村部信息中心监测数据，2023年西瓜大宗市场价格较2022年下降13.30%，交易量较2022年同期增长19.22%。甜瓜大宗市场价格较2022年下降5.55%，交易量较2022年同期下降15.65%。据此推测，2023年全国西瓜面积产量增加而单价下降，甜瓜面积产量与单价均下降，西瓜甜瓜产销形势逊于前3年。

2. 2023年世界西甜瓜生产变化情况

根据联合国粮农组织（FAO）(2011—2022)数据，世界西甜瓜生产发展基本平稳。12年间，西瓜种植面积减幅8.90%，产量年均增长率0.50%，单产增幅16.01%；甜瓜种植面积减幅4.20%，产量年均增长率0.86%，单产增幅14.69%。

3. 2024年国内生产趋势展望

为实现西甜瓜四季优质生产与周年均衡供应，2024年华南以及周边东南亚国家冬春季西甜瓜生产面积将稳定并提高至420万亩；我国长江中下游、黄淮海大棚与东北早春中小拱棚高品质西甜瓜生产面积稳定在1 680万亩，2023年西瓜大宗市场平均价格为4.68元/千克，主要批发市场交易量为127.97万吨，与2022年相比，平均价格大幅下降9.49%，交易量大幅增长21.59%。甜瓜大宗市场平均价格为6.04元/千克，主要批发市场交易量为3.09万吨，与2022年相比，平均价格小幅下降1.95%，交易量大幅下降15.08%。

二、西甜瓜市场与贸易变化分析

1. 2023年我国西甜瓜市场价格及流通变化情况

根据农业农村部信息中心监测数据，2023年西瓜大宗市场平均价格为4.68元/千克，主要批发市场交易量为127.97万吨，与2022年相比，平均价格大幅下降9.49%，交易量大幅增长21.59%。甜瓜大宗市场平均价格为6.04元/千克，主要批发市场交易量为3.09万吨，与2022年相比，平均价格小幅下降1.95%，交易量大幅下降15.08%。

从分月价格比较来看，2023年1月、2月、8月的全国西瓜大宗市场价格较2022年同期分别下降25.71%、20.41%和23.71%。2023年1月、2月、6月、7月、8月的全国甜瓜批发市场价格较2022年同期分别下降了22.89%、21.69%、2.48%、16.87%和11.25%。多种因素叠加，造成2023年下半年西瓜价格崩盘。3年疫情下西瓜价格坚挺（缅甸、老挝进口受阻）刺激西瓜面积剧增，陕甘宁冀北等北方地区增加100万~200万亩，产大于销；4—5月低温导致早熟瓜不能提早，6—7月持续高温导致晚瓜提前，集中上市导致短期供大于求；7—8月华北与东北持续降雨，需求下降与瓜贩观望，导致出瓜不及时；整体经济形势下行压力大，各类蔬菜水果价格低迷。

2. 2022年世界西甜瓜市场价格变化情况

根据FAO数据，2022年度西班牙、美国等国家西甜瓜价格均有所提升。西班牙西瓜平均价格为604.3美元/吨，较上一年增长了87.73%；甜瓜平均价格为479.1美元/吨，较上一年增长了39.07%。美国西瓜平均价格为502.7美元/吨，较上一年增长了43.42%；甜瓜平均价格为668美元/吨，较上一年增长了15.21%。

3. 2024年我国西甜瓜市场变化趋势展望

根据2023年西甜瓜大宗市场平均价格和交易量推测，2024年国内西甜瓜批发市场价格总体趋势与2023年持平，区域间市场价格普遍表现出西甜瓜主产区价格低于非主产区、中等城市低于大城市价格。早春市场，因缅甸、老挝等边境国家战事趋于平稳，进口量提升，价格上涨很高较难，后期有望恢复正常价格。

4. 2023年我国西甜瓜贸易变化情况

与2022年相比，2023年西瓜国外出口数量下降2.60%，出口金额减少12.15%；国外进口数量增加7.06%，进口金额增加27.68%。甜瓜国外出口数量增加17.30%，出口金额增加0.76%；国外进口数量减少80.82%，进口金额减少78.98%。西瓜进出口国家基本为"一带一路"国家，因受前期全球新冠肺炎疫情等因素影响，进口省区仅有云南。甜瓜出口国家主要是越南等东南亚国家，省区主要为甜瓜生产区及边贸地区。

5. 2023年世界西甜瓜贸易变化情况

根据FAO（2011—2021）数据，2022年全球西瓜出口总量较上一年降低了8.62%，出口总额增加了7.30%；进口总量较上一年增加了0.26%，进口总额增加了12.37%。2022年甜瓜出口总量较上一年降低了3.78%，出口总额增加了8.69%，进口总量较上一年增加了1.59%，进口总额增加了3.04%。

6. 2024年我国西甜瓜贸易趋势展望

中国是世界西甜瓜最大的生产国，但西甜瓜进出口贸易占世界比重较小，国际市场变动对国内市场的整体影响不大。同时，缅甸、老挝边境战事趋于平稳，进口贸易将有所增加，会对国内西甜瓜春季早熟市场带来一定影响，需要密切关注。

三、西甜瓜加工与消费变化分析

1. 2023年我国西甜瓜加工变化情况

由于产量大、产期集中、不耐贮存，我国西瓜仍以鲜食为主，西甜瓜加工业发展较为缓慢。2023年，西甜瓜冷冻产品需求量快速增长，带动产业加工比例提高1.4%。

2. 2024年我国加工趋势展望

由于西甜瓜的鲜食属性，目前仍缺少加工企业配套和高附加值产品开发。未来亟须研究鲜切加工技术、甜瓜汁饮料加工技术、活性成分提取技术等。

3. 2023年我国西甜瓜消费变化情况

西甜瓜在居民的水果消费中占有重要地位，西甜瓜的消费需求、消费季节发生了显著变化。

2023年，消费者购买因素更为复杂和多元。高胡萝卜素、高糖、酸甜瓜等特色新型品种上市,满足了居民对其口感、营养、功能的追求。随着居民生活水平提高和栽培技术发展,西甜瓜在春季、秋季甚至冬季水果市场占有的份额越来越大,目前国内已实现周年鲜瓜均衡供应,中秋节、国庆节以至元旦、春节期间品尝西甜瓜已经成为新消费趋势。

4. 世界西甜瓜消费变化情况

西甜瓜属于鲜食消费,几乎没有库存,消费趋于平稳。2021年世界西瓜总消费量较2020年降低0.31%;甜瓜增长了2.12%。

四、西甜瓜技术研发变化分析

(一) 2023年西甜瓜产业重点技术的变化情况

1. 育种技术与品种改良

基因组图谱构建、重要性状基因挖掘、育种技术创新、资源利用与新品种选育为研究重点。

基因组图谱构建从框架图发展为泛基因组图、T2T图。Sun等、张明方团队分别利用400份、9份西瓜、甜瓜资源组装了西瓜、甜瓜泛基因组图,Li组装了首个完整的哈密瓜T2T基因组。

重要性状基因挖掘方面,解析了西瓜果实成熟和糖分积累的负调控基因和甜瓜叶片黄绿色基因功能,精细定位薄皮、橙色果肉,白色果肉,浅黄色果肉、果实耐裂主效基因、叶片延迟变绿等西瓜重要性状基因。圆叶形、网纹、红色果皮、扁圆型果实、果把长短等甜瓜重要性状基因。

育种技术创新方面,许勇团队在西瓜双单倍体诱导系研究取得突破。利用CRISPR/Cas9编辑技术获得西瓜ClDMP缺失的单倍体诱导系,并获得目标西瓜种质的单倍体加倍材料。袁黎团队通过分析西瓜基因组信息挖掘到了6个与DUF679蛋白相关基因,发现*ClDMP3*基因突变会诱导西瓜单倍体的产生。

在资源利用和新品种培育方面,获得抗蔓枯病新抗原和耐低氮、氮高效品系。CNKI显示,本年度培育了高品质抗病西瓜新品种25个,其中早熟品种17个,中晚熟品种8个。甜瓜新品种20个,其中薄皮甜瓜9个,厚皮甜瓜11个。

2. 栽培与土肥高效管理技术

栽培技术和品质提升方式为研究重点。探索了立式栽培、干垄湿沟栽培、吊蔓栽培及促早栽培等特色栽培技术,总结推广了大棚西瓜一年三茬绿色高效栽培技术、连作障碍缓解技术、抗性品质和产量提升技术,为设施西甜瓜生产提供科技支撑。

3. 病虫草害防控技术

病原、抗病基因鉴定、生物防治措施为研究重点。明确了果腐病、蔓枯病和立枯病的病原、分析了WSMoV发生及CGMMV的分布与危害,建立了可视化快速检测CGMMV方法。明确了ToLCNDV传播、杂草传播WMV等病毒的机制。鉴定出西瓜枯萎病菌致病基因;西瓜*ClPLATZ*基因的抗病功能,红光诱导白粉病抗性及其机制;甜瓜白粉病和霜霉病抗性基因。

4. 西甜瓜机械化和智能化技术

西甜瓜的小拱棚自动架设机械、瓜苗自动嫁接和移栽及智能采运、分级成为机械化领域研究的重点。实现了小拱棚自动化高效架设。瓜菜多株同步自动嫁接效率达720株/小时。研究了夹茎式自动取苗装置,实现了高效、高质量移栽作业。开发了西甜瓜多功能智能作业平台，实现了肥药喷施、采后运输等无人自主作业。

5. 加工与安全生产

西瓜加工产品和副产物利用为研究重点。西瓜酱中共鉴定出 74 种挥发性风味物质；超高压、高压二氧化碳和超声波等非热加工技术更好的保留西瓜汁原有风味；西瓜皮、瓜籽、尾瓜等副产物加工技术成为热点。

甜瓜保鲜技术、干燥技术工艺为研究重点。臭氧、壳聚糖—植酸复合涂膜、氯化钙以及 1-MCP 等有效维持了甜瓜贮藏品质。分析了干燥温度、时间、切分处理、甜瓜籽油提取等工艺技术。

在西甜瓜质量安全方面，致病菌防控措施、重金属风险评估、施用海藻糖、生物有机肥及喷施 CPPU、增糖灵等品质调控措施为研究重点。

（二）2023 年西甜瓜产业发展中遇到的突出技术问题

对标高质量发展要求，2023 年西甜瓜产业发展存在着防范局部产能过剩、供大于求风险措施不足，以及省工节本提高集约化生产水平等技术难题尚未攻克的突出技术问题。提高品种性能与丰富优化品种类型，改进现有生产模式，大力推广节本省工技术是提高效益的技术对策之一。

同时，近 1~2 年种植区域优化与精细栽培技术带来成本增加与效益下降。而换地成本增加、人工费用激增、现代化的工厂化嫁接苗场不足、大面积机械化应用与智能化装备尚未达到普及阶段，集约化生产水平亟待提高。

（三）2023 年世界西甜瓜产业中重点技术的变化情况

1. 育种技术与品种改良

国外学者也以基因组图谱构建、重要性状基因挖掘、育种技术创新、资源利用与新品种选育为研究重点，我国学者与国外学者处于并跑甚至领跑的地位。美国康奈尔大学 Wu 等组装获得高质量泛基因组图谱。法国学者 Shirazi Parsa 等在甜瓜遗传转化方面取得了突出成绩，通过调整侵染和共培养参数，获得较高的转化效率（4.85%）。此外，国外学者对病毒病致病机理进行了细致研究。发现不同的 ToLCNDV 株系的致病力不同。甜瓜抗 CMV 的隐性基因 cmv1 编码液泡分选蛋白 41 促进 CMV 感染。国外学者重视资源的基础研究，Shigita 等从世界各地引进了大量主要农作物的遗传资源，对 755 份甜瓜遗传资源种质的遗传关系和种群结构进行鉴定。

2. 栽培与土肥技术

开展了影响耐逆性、产量和品质的各种因素研究。Duran 等发现促进植物生长的根细菌（PGPRs）提高西瓜耐旱性和水分利用效率，具有应用潜力。Morales 等发现将西瓜嫁接到智利原产葫芦上，提高了干旱胁迫下嫁接西瓜的产量和品质。发现氧化锌纳米粒子和硅能显著提高甜瓜幼苗对干旱胁迫的抗性，在旱作或节水栽培中具应用潜力。Mariano 等人发现甜瓜与豇豆间作体系中减少 30% 施肥对作物总产量没有负面影响。应用生物刺激素可提高西瓜幼苗对盐胁迫抗性，使用含微量、中量营养元素及氨基酸的叶面肥或生物菌剂可改善西甜瓜果实品质。

3. 病虫草害防控技术

开展了西甜瓜蔓枯病、根腐病、果实腐烂病、根腐病和枯萎病的病原研究，提出甜瓜霜霉病发病进程的评估方法；鉴定出 9 个炭疽病菌致病效应蛋白。提出了增强果腐病抗性，根腐病抗性，枯萎病抗性的具体措施。

首次在巴西发现 WMV 侵染南瓜、CABYV 侵染多种瓜类作物、西瓜皱叶相关病毒的 1 和 2 分离物侵染西葫芦。TOLCNDV 通过甜瓜种子可带毒，不传毒。

4. 机械化与智能化技术

智能移栽方面，开展了基于机器视觉的穴盘苗最优抓取角度算法研究，通过分析子叶叶片的角平分线与空腔苗水平正方向的夹角，计算出最佳抓取角度。智能田间管理方面，开展了基于机器视觉和深度学习的温室害虫识别方法及监测系统研究，提出的改进 YOLOv5 模型获得了 96.01% 的平均识别准确率。

5. 加工及质量安全

开展了采后抑菌和增强风味物质的药剂筛选研究。EAWPs 可抑制甜瓜镰刀菌侵染；MTPS7 可改善甜瓜芳香风味和单萜类化合物抗菌活性。

五、主要结论与政策建议

近年来，西甜瓜生产优势产区不断集中，区域布局逐步优化，品种类型日益丰富，优质品率与果品质量全面提升，西甜瓜基本实现了四季生产与周年均衡供应，产业竞争力不断提升，既满足了人民对美好生活向往，又成为脱贫攻坚和乡村振兴的甜蜜产业。

（一）2023 年西甜瓜产业发展面临的突出问题

种质资源匮乏、原始创新力不足，制约新品种创制。西瓜甜瓜种质资源、野生资源有限，制约了高品质高抗品种创制，同时品种权保护意识和措施尚待加强，品种同质化问题突出。

成本居高不下，用工难、用工贵问题凸显。西甜瓜产业属于劳动密集型产业，机械化程度低，对人工投入强度、劳动者传统经验和技能水平具有较高要求，生产成本高，用工难。

技术集成应用不足，部分关键核心技术亟待突破。西甜瓜在播种、育苗、栽培管理、采后处理等环节对技术要求较高，对以化肥农药减施增效为重点的绿色高效生态栽培模式的要求迫切，以提高劳动效率为目标全面推进西甜瓜专用机械化装备和设施调控自动化智能化迫在眉睫。

产业链体系发展尚不完善，产业价值空间有待提升。从产业链环节来看，西甜瓜产业化程度相对不高，上市产品多属初级产品，深加工产品比重较小，产业附加值提升不够。

（二）推动西甜瓜产业高质量发展的政策建议

1. 建立全国西甜瓜主产区全产业链生产信息监测发布体系

及时发布播种面积与产量预测、价格走势与产业相关的重要信息，引导生产者、经营者合理安排生产经营活动，提升防灾减灾能力。建立全链条质量安全监测数据中心，优先建设西北区和西南区的甜瓜深加工示范中心，扶持深加工企业发展。

2. 加强生产基地设施条件建设

重点加强西甜瓜生产基地的灌溉和排涝设施建设、旱区水利灌溉管网建设、大棚设施建设等，提高西甜瓜生产的设施化水平和防灾减灾能力。

3. 加强"产、学、研、推"联合协作技术推广体系建设

进一步加强基层农技推广体系建设，切实提升新成果转化率和实用技术到位率。

4. 加快西甜瓜新品种创制与配套轻简化栽培技术研发与集成

培育适合不同优势产区的高品质、抗病抗逆、宜机、多样化、货架期长的西甜瓜新品种；提高集约化育苗场产能和育苗质量；集成和示范适合不同生态产区的露地和设施西甜瓜简约化栽培技术。

5. 加快西甜瓜机械化装备研制与推广

加强西甜瓜农机农艺融合机械化生产模式研究，研究西甜瓜宜机化品种、种子前处理技术、育苗技术、轻简化栽培技术等，形成西甜瓜绿色优质高效机械化栽培技术模式；加大设施西甜瓜生产机械化装备技术研发力度，为西甜瓜绿色优质高效生产提供工程技术装备支撑。

（国家西甜瓜产业技术体系首席科学家　许勇　提供）

2023年度柑橘产业与技术发展报告

(国家柑橘产业技术体系)

一、柑橘、猕猴桃生产变化分析

(一) 柑橘产业

1. 种植面积变化

根据《中国农村统计年鉴》数据,2022年柑橘的种植面积达到299.58万公顷(4 493.70万亩),较2000年的1 907.55万亩增长了135.57%。根据国家柑橘产业技术体系调研数据,2023年部分地区受政策、效益等影响,种植面积减少0.66%,预计为297.60万公顷(4 464.05万亩)。

2. 产量变化状况

国家统计局数据显示,2022年我国柑橘总产量达到6 003.89万吨,较2000年878.30万吨增长了583.58%。根据国家柑橘产业技术体系调研数据,2023年我国柑橘主产区出现恢复性增长,预计产量增幅6.24%,约为6 378.53万吨。

3. 单产变化情况

2022年我国柑橘每亩产量为1 336.07千克,较2000年的460.41千克增长了190.19%。根据国家柑橘产业技术体系调研数据,2023年我国柑橘平均单产预计达1 428.87千克/亩。与同期主产国柑橘单产(巴西1 807千克/亩、美国1 543千克/亩、南非2 203千克/亩)相比,我国仍处于相对偏低水平。

4. 品种结构

从柑橘品种的构成看,我国柑橘一直以宽皮柑橘栽培为主,2007—2023年我国柑橘鲜果品种结构变化不大。根据国家柑橘产业技术体系调研数据,2023年我国柑类占33.3%,橘类占33.1%,橙类占22.0%,柚类占11.6%(表1)。与世界其他柑橘主产国家相比,我国橙类所占比例较低,而柑和橘所占比例很高。从品种及熟期结构看,我国中晚熟柑橘品种市场占有率高达91%,特早熟和特晚熟柑橘品种的市场占有率仅为9%(表2)。

表1 2007—2023年我国柑橘品种占比

年份	柑(%)	橘(%)	橙(%)	柚(%)
2007	33.9	37.8	17.2	11.2
2008	33.8	38.2	17.1	10.9
2009	32.2	38.5	18.6	10.7
2010	31.7	38.7	18.7	10.8

(续表)

年份	柑（%）	橘（%）	橙（%）	柚（%）
2011	31.6	38.6	18.9	10.9
2012	32.9	37.3	19	10.8
2013	31.9	37.1	19.6	11.4
2014	30.7	38.2	19.2	11.8
2015	32	36.6	19.2	12.2
2016	33	35.4	19.1	12.5
2017	31.8	36.5	19.5	12.2
2018	33.6	33.9	20.9	11.7
2019	31.7	36.2	19.8	12.3
2020	33.2	33.4	21.8	11.6
2021	34.1	33.5	21.1	11.3
2022	33.7	33.5	21.3	11.5
2023	33.3	33.1	22	11.6

数据来源：《中国农业统计年鉴》及国家柑橘产业技术体系产业经济研究室预测数据。

表2 2023年中国柑橘品种及熟期结构

品类	上市时间	主要产区	品种	市场占有率
特早熟	6—8月	云南、湖南、湖北	特早温州柑（胁山）、温州柑（宫本）、温州柑（大分）	4%
早熟	8—9月	湖南、湖北、江西、浙江、四川、福建	金秋、柚类（沙田柚、胡柚、瑺溪蜜柚、文旦柚）、温州柑（由良）、温州柑（宫川、兴津）、南丰蜜橘、爱媛38	5%
中熟	10—12月	湖南、湖北、江西、浙江、四川、广东、广西、云南、福建	冰糖橙、晚矮柚、美国红心柚、脐橙、椪柑、091无核沃柑、金秋砂糖橘、普通砂糖橘	60%
晚熟	1—5月	四川、重庆、广西、云南	沃柑、091无核沃柑、春见、大雅、不知火	31%

数据来源：国家柑橘产业技术体系产业经济研究室。

5. 区域布局结构

近年我国柑橘种植呈现"东减西增"的变化趋势，逐步形成了新的柑橘带——西江流域柑橘带，以晚熟砂糖橘和沃柑等特色新品种为主，形成了强大的产业活力。2023年我国各条柑橘带均增产，相对增幅较大的浙—闽—粤柑橘带和鄂西—湘西柑橘带均是2022

年减产较多的产区，属于恢复性增长。

表3 2023年我国不同柑橘产业优势带面积与产量预测

优势柑橘带名称	区域范围	面积同比变化%	产量同比变化%
长江中上游柑橘带	湖北秭归以西、四川宜宾以东，以三峡库区为核心的长江上中游沿江区域	0.46%	7.89%
赣南—湘南—桂北柑橘带	江西赣州、湖南郴州、永州、邵阳和广西桂林、贺州等地	-0.86%	4.81%
浙—闽—粤柑橘带	北纬21°~30°，东经110°~122°的东南沿海地区	0.26%	15.41%
鄂西—湘西柑橘带	东经111°左右，北纬27°~31°	-0.68%	14.72%
西江流域柑橘带	北纬20°~29°，涉及粤、桂、黔、滇4个省	-1.21%	0.94%

我国10个省（市）柑橘主产区广西、湖南、湖北、广东、四川、江西、福建、重庆、浙江和云南柑橘产量占全国柑橘总产量的95%以上。根据《中国农村统计年鉴》数据，2018—2022年，产量涨幅最大的是云南，2022年云南产量达到247.70万吨，比2018年（98.11万吨）增长152.47%。其次是广西，2022年产量达到1 808.00万吨，比2018年（836.49万吨）增长116.14%。

表4 2018—2022年我国前十柑橘主产省份产量变化（单位：万吨）

地区	2018年	2019年	2020年	2021年	2022年	五年涨幅
广西	836.49	1 124.52	1 382.09	1 607.44	1 808.0	116.14%
湖南	528.57	560.47	626.66	643.20	639.3	20.95%
湖北	488.05	478.22	509.96	540.82	537.8	10.19%
广东	437.19	464.80	497.68	522.98	554.6	26.86%
四川	432.98	457.73	488.96	522.28	563.2	30.08%
江西	410.79	413.18	425.56	444.54	459.8	11.93%
福建	339.22	365.76	386.14	419.31	456.1	34.46%
重庆	261.18	295.07	319.89	342.65	363.6	39.21%
浙江	183.72	183.40	191.75	180.61	177.1	-3.60%
云南	98.11	108.57	135.85	192.66	247.7	152.47%
全国	4 138.15	4 584.54	5 121.86	5 595.61	6 003.9	45.09%

数据来源：《中国农村统计年鉴》。

（二）猕猴桃产业

1. 全球种植面积和产量

根据联合国粮农组织（FAO）最新数据，2022年世界猕猴桃收获面积为28.61

万公顷，产量为453.95万吨，其中，中国收获面积19.9万公顷，年产量238.0万吨，分别占世界的69.6%和52.4%；其次，意大利2022年猕猴桃收获面积2.4万公顷，位居世界第二，年产量为52.3万吨，位居世界第三；新西兰2022年猕猴桃收获面积为1.47万公顷，位居世界第三，年产量为60.35万吨，高于意大利（https：//www.fao.org/faostat/en）。

2. 我国种植面积和产量变化

根据中国园艺学会猕猴桃分会2023年11月统计数据，中国猕猴桃种植面积累计28.95万公顷，收获面积约24万公顷，2023年年产量达360万吨。2022年夏秋高温干旱使部分果园受害严重，导致2023年种植面积略有下降；但是平均单产在2023年得到恢复，提升至829千克/亩。

至2023年，中华/美味猕猴桃已发展到全国22个省或直辖市，种植面积6 667公顷及以上的省份11个，其累计总面积占全国总面积的92.54%（图2）。2023年产量排名前5的依次是陕西省（130万吨）、四川省（51万吨）、湖南省（33.8万吨）、江西省（29.8万吨）和贵州省（26.8万吨）。从各省种植面积变化看，主要是陕西、四川等省份的面积减少，而云南、广西两省面积增加较多，近期新增加的面积主要为西南地区的山地区域县。

3. 品种结构的变化

国外猕猴桃主要生产国基本以绿肉猕猴桃'海沃德'为主，但意大利和新西兰除外，以绿肉、黄肉、红肉品种并存，但仍然以绿肉和黄肉为主，黄肉品种主要为'G3'和'金艳''金桃'等。从2023年开始，国际市场上开始有少量红心猕猴桃供应，主要是新西兰生产的红肉品种'Ruby Red'和意大利生产的红肉品种'东红'（我国研发）。

中国猕猴桃品种呈现多样化。截至2023年7月1日，全国已审定、鉴定或授权的品种有232个，其中授权品种117个（农业农村部植物新品种保护网），主要是中华猕猴桃、美味猕猴桃、软枣猕猴桃，少量是毛花猕猴桃和作砧木用的对萼猕猴桃、大籽猕猴桃等类型。根据中国园艺学会猕猴桃分会最新调查，种植面积较成片、总面积超过20万亩的鲜食雌性品种仅5个，'红阳''徐香''翠香''东红'和'海沃德'等；10万~20万亩的品种主要有'贵长'和'米良1号'；5万~10万亩的品种主要有'秦美''金桃''金艳'等。另外，在四川、湖北等部分产区引种了新西兰黄肉品种'G3'，因在国内种植中出现严重的软腐病和新的'黑筋病'，果实品质不及新西兰本土种植的果品；加上涉及品种知识产权问题，受到新西兰佳沛公司关注，商业发展受限。

4. 生产中遇到的突出问题

国内猕猴桃产业稳定发展的同时，也面临诸多产业问题：苗木存在接穗不纯和感溃疡病等质量问题；老旧果园机械化程度低，用工成本高，严重降低了老果园的经济效益；病虫害严重，特别是果实软腐病，病毒病也开始在产区蔓延。

5. 2024年国内外生产趋势

国际上，红肉猕猴桃的生产将逐步增加。2023年新西兰佳沛公司和意大利金桃公司已开始有少量红心猕猴桃上市销售，随着市场需求量的日益增加，其种植面积相应增长，

2024 年产量势必进一步增加。对我国红肉猕猴桃产业的发展会形成竞争，也将进一步推动我国红肉猕猴桃产业的提档升级。

国内，早中熟猕猴桃品种因成熟时间早，且正遇上中秋、国庆佳节，其价格和销量一直处于稳中有增的趋势；而中晚熟品种因量大，又过于集中，价格受到限制，特别是中晚熟绿肉类型。因此，2024 年早熟品种（东红、翠香等）的面积和产量的占比会进一步增加。

二、柑橘、猕猴桃市场与贸易变化分析

（一）柑橘产业

1. 价格变化

2023 年全国各类主栽柑橘品种的价格总体保持稳定，价格波动主要受生产季节变化影响。品种价格对比发现，2023 年上半年柠檬价格维持高位，下半年价格维持在 9.00 元/千克。芦柑价格相对稳定，蜜橘呈现先下降后上升态势。

2. 市场流通情况

柑橘流通成本是指柑橘离开种植基地至消费者手中这期间增加的投入，包含运输成本、仓储（冷库、保鲜）成本、分销成本等。2022 年脐橙和蜜橘的流通成本分别为 1.13 元/千克和 0.51 元/千克，2018—2022 年二者流通成本总体呈现下降态势。

3. 柑橘进出口现状

出口贸易方面，2022 年我国柑橘类水果出口 87.60 万吨，较 2021 年减少 4.50%。主要出口国家为越南（31%）、印度尼西亚（10%）、菲律宾（9%）、马来西亚（8%）、泰国（8%）、俄罗斯（7%）、荷兰（5%）、吉尔吉斯斯坦（5%）。进口贸易方面，2022 年我国柑橘进口 38.31 万吨，比 2021 年减少 15.58%。我国主要进口国为南非（占比 56%）、埃及（14%）、澳大利亚（10%）、泰国（7%）、美国（5%）。我国从南非进口柑橘 21.60 万吨，占中国柑橘总进口的 56.00%。埃及是第二大进口国，进口量为 5.20 万吨，占中国柑橘总进口的 14.00%。

（二）猕猴桃产业

1. 国际贸易变化

据 FAO 最新统计，2022 年世界猕猴桃出口量达 165.0 万吨，出口额达 36.18 亿美元；出口量排名前四的生产国依次为新西兰、意大利、希腊和伊朗，占全球总出口量的 72.2%。而中国大陆的出口量仅为 1.07 万吨，占比 0.65%。2022 年世界猕猴桃总进口量达 166.3 万吨，进口额达 38.67 亿美元，其中进口量排名前五的国家有比利时、西班牙、中国（大陆）、日本、德国，占总进口量的 40.1%，其中中国大陆的进口量为 11.8 万吨，占全球总进口量的 7.1%，比 2021 年（12.8 万吨）下降了 8%，其进口额仍是全球第一，占全球总进口额的 12.7%。

根据中国海关 2022 年和 2023 年 1—9 月数据看，我国已成为猕猴桃重要的进口大国，近几年每年进口量基本维持在 12 万~13 万吨；其中 2022 年进口量比 2021 年降低了 8%；但 2023 年 1—9 月进口量同比增加了 7.7%。我国进口猕猴桃的来源国主要有新西兰、意大利、智利、希腊等，其中 2022 年从新西兰的进口量占总进口量的 90.95%。但我国出口量极小，2022 年仅为 1.1 万吨，主要出口到俄罗斯、印度尼西亚、中国香港地区、马来西亚、泰国等。

根据我国猕猴桃2022年年产量、进口量和出口量数据,2022年我国猕猴桃消费量高达299.9万吨,人均消费2.1千克(按14亿人口计算),2023年消费量预计达到370.8万吨,人均消费2.6千克。这表明目前我国猕猴桃产业市场仍以需求市场为主。

我国猕猴桃每年销售期是从7月底(最南端省份)至翌年的4—5月(贮藏的东红、中晚熟黄、绿肉品种),主要集中在8—10月和春节前后两个销售高峰期,其他时间销得较慢。根据2023年11—12月对猕猴桃果园销售方式的抽样调查表明,我国猕猴桃果品销售方式主要有三种,销售给中间商,销售给零售商超,直接销售给消费者,三者占比分别为33.4%、28.2%和26.7%,另有11.7%的果品(主要是绿肉猕猴桃)用于加工做酒或果汁等深加工产品。但是不同果肉类型,其销售方式有一定的差异,如红心猕猴桃主要销售给中间商,而黄肉和绿肉果品销售方式均衡,这与果品的销售价格及成熟时间有关(表5)。

表5 2023年猕猴桃果品销售方式占比数据

年份	类型	调查样本量(万吨)	中间商(%)	零售商(%)	直销(%)	加工(%)
2023	绿肉猕猴桃	3.50	29.1	29.7	25.3	15.9
	黄肉猕猴桃	0.68	31.0	32.5	33.1	3.4
	红肉猕猴桃	0.76	55.3	17.4	27.2	0.1
	总计	4.94	33.4	28.2	26.7	11.7

2. 市场价格变化

2023年1—9月的进口价格比2022年的降低了1.2%,为4 130美元/吨,而2023年1—9月出口价格比2022年的下降了17.3%。

根据2023年对主产区果园猕猴桃的销售情况调查来看,红肉、黄肉和绿肉类型销售给中间商的价格分别集中在4~7元/斤、2~6元/斤、0.5~4元/斤;红肉、黄肉和绿肉类型销售给零售商的价格分别集中在4~15元/斤、3~9元/斤、2~4元/斤;红肉、黄肉和绿肉类型直接销售给消费者的价格分别集中在7元/斤以上(41%在15元/斤以上)、9元/斤以上(52%在12元/斤以上)、4~6元/斤。总体来说,红肉猕猴桃价格一直是最高的,这也是很多产区都想种植红心类型的重要原因之一。与2022年调查的结果看,各类价格基本稳定,仅2022年早熟绿肉猕猴桃销给零售商的价格主要是6~8元,直销价格主要是大于8元/斤,比2023年高。但因2022年的调查样本量比2023年更少,只能作为参考。而在各大城市商超,因果品类型差异,猕猴桃的销售价格差异较大,价格均在10~20元/斤,大多集中在15元/斤左右。

三、柑橘、猕猴桃加工与消费变化分析

(一)柑橘加工变化情况

1. 柑橘罐头

我国是全球最大的柑橘罐头生产国,占全球总产量的80%以上,柑橘罐头生产加工

企业主要分布在浙江、湖南、湖北、山东、安徽、河北、江苏等地。2022年我国柑橘罐头出口总量和出口金额分别为27.58万吨和3.78亿美元，分别占世界柑橘罐头出口总量和出口金额的53.24%和46.55%，占据全球柑橘罐头出口市场的半壁江山。

2. 橙汁

2017—2022年间我国橙汁产量呈逐年下降态势，占全球比重呈波动下降态势。2022年我国橙汁产量为1.80万吨，占全球比重为1.20%，出口数量为0.24万吨，出口金额为0.05亿美元；进口数量为12.43万吨，进口金额为1.54亿美元。柑橘加工产品将更加多元化，囊胞、果冻、冷饮、冻干等形式出现的柑橘加工产品正逐步进入市场。

（二）柑橘消费变化情况

2023年国内柑橘市场需求呈现两方面的特点。一是从国内市场总体来看，柑橘鲜果总量过剩，供给出现结构性过剩；二是从供求关系来看，优质优价，名特优稀类柑橘鲜果供不应求。

近年来国内柑橘鲜果消费发展动态呈现以下特征：第一，我国柑橘鲜果消费量呈逐年增长趋势。2010—2022年我国柑橘鲜果总消费量由2 158.96万吨增加至4 912.41万吨，年均增长量为211.80万吨（表6）；第二，我国柑橘人均消费明显高于世界平均消费水平。2010—2022年我国柑橘人均消费量从2010年的16.11千克/人增加到2022年的35.09千克/人；第三，我国柑橘以鲜果消费为主，国内柑橘鲜果消费量占总产量的80%以上。主要为国内销售，出口比重较小。柑橘鲜果损耗率（损耗量占总产量之比）达10%~15%。

表6 2010—2022年中国柑橘总体产销平衡分析表

年份	供给量（万吨）			需求量（万吨）		
	产量	进口量	加工原料用量	出口量	国内消费量	损耗量
2010/2011	2 581.74	10.53	76.00	93.31	2 158.96	264.00
2011/2012	2 864.12	13.17	127.00	90.16	2 366.13	294.00
2012/2013	3 089.43	12.62	142.00	108.22	2 534.83	317.00
2013/2014	3 196.39	12.86	149.50	104.14	2 623.61	332.00
2014/2015	3 362.18	16.18	147.00	97.99	2 784.37	349.00
2015/2016	3 617.53	21.49	157.00	92.05	3 010.97	379.00
2016/2017	3 591.52	29.60	161.50	93.40	3 012.22	354.00
2017/2018	3 816.78	46.70	163.50	77.20	3 274.78	348.00
2018/2019	4 138.14	53.32	164.70	98.35	3 360.55	567.86
2019/2020	4 584.54	56.72	172.71	101.38	3 748.87	618.30
2020/2021	5 121.90	43.12	192.95	104.53	4 137.41	730.13
2021/2022	5 595.61	45.37	213.13	91.77	4 563.10	772.98
2022/2023	6 003.89	38.31	225.72	87.60	4 912.41	816.47

数据来源：根据各年《中国农村统计资料》、UN COMTRADE、FAO数据及国家柑橘产业技术体系产业经济研究室预测数据整理。

（三）猕猴桃产业情况

根据 2023 年抽样调查，超过 11%的猕猴桃果实用于加工，主要集中在绿肉猕猴桃，少量黄肉猕猴桃。加工产品主要为果酒、果汁等，而果脯、果醋等也有少量生产，新出现的脆片、酸奶也越来越受到重视。

在猕猴桃消费方面，猕猴桃"即买即食"成为 2023 年消费新趋势。随着生鲜电商渗透，基地直采和日配物流解决了链路和订单的问题，推动了猕猴桃快速后熟技术成熟，让国产"即食"猕猴桃成为现实。特别是对于抗软腐病的'东红''徐香'与'金艳'，更容易实现"即买即食"。目前一些猕猴桃经销商（如阿里巴巴、中化 MAP、齐峰、姚力）及部分生鲜电商（盒马鲜生、叮咚买菜）的"即食"猕猴桃比例占比可达 50%以上。但也存在一些关键问题亟待解决：首先，我国栽培品种较多，每个品种采后特性有差异，需对每种类型品种进行深入研究，研发出配套的采后后熟技术推广应用。其次，田间软腐病防控技术不到位，带菌果实入库较多，使得后熟容易，控熟较难。近两年围绕即食供应，育种和防控技术越来越受到重视。

世界消费变化情况：全球对猕猴桃的需求逐渐提高，中国的产品竞争力日益增强。陕西周至和眉县主产区的绿肉品种'翠香'和'徐香'已经深得消费者欢迎，进口'海沃德'渐渐失去竞争力。

四、柑橘、猕猴桃技术研发变化分析

（一）柑橘产业

1. 遗传育种

国内进展：揭示了柑橘的起源，挖掘了柑橘柠檬酸积累的关键基因，明晰了柠檬的起源。在雄性不育、无核机制、成熟调控、抗性机制、色泽及糖酸积累等方面取得了很大进步。开发出用于柑橘原生质体蛋白质亚细胞定位测定和基因组编辑的高效瞬时基因表达系统。2023 年，我国柑橘登记了 5 个品种，13 个柑橘品种获得新品种权授权，创制了高抗黄龙病和溃疡病的砧木新种质。

国际柑橘产业技术的研究在柑橘抗病等优良抗性资源发掘与利用、砧穗互作、基因编辑等方面取得了较好的进展，其中柑橘抗黄龙病和果实重要品质改良依然是重点。

2. 栽培与土肥管理

国内研发进展：一是针对黄龙病，果园应用隔离带、种植无病苗、抹芽杀梢、统一放梢、加强木虱防控、精准用药、动态清除感病树、及时补种大苗等综合防控技术得到普遍认可；二是抽槽+起垄建园、果园生草栽培、针对不同品种差异化修剪、无人机施肥、喷药和病虫害监测、水肥一体化等技术进一步完善和推广；三是节点施肥、配方施肥、绿肥覆盖、生物有机肥与长效复合肥配施、有机肥替代化肥比例等研究增多；四是喷水防冻、果园生烟技术进一步完善，提高防冻效率，节省防冻成本。

国外栽培和土肥管理主要在生草栽培改进土壤质量，应对高温、低温、旱、涝等逆境，省力化疏果技术等方面取得进展。

3. 病虫害

国内研究进展：发现了黄龙病菌效应子与寄主蛋白互作及致病机理；发现了黄脉病毒的 CP 与核糖体蛋白 ClRPS9-2 和抗坏血酸过氧化物酶 ClAPX1 互作调控植株对黄脉病毒的抗性；发现褐斑病菌转录因子 StuA 参与调控病菌产毒和致病；研究了蓝光、转录因子

CsWRKY33 诱导柑橘抗青霉病的机制。发现电压门控钠通道的突变增加了柑橘全爪螨对拟除虫菊酯的耐药性；阐明 MiR-2b-2-5p 通过靶向 CREB，调节橘小实蝇的脂质代谢和繁殖过程的分子机制；spr 对橘小实蝇雌虫生殖发育的影响。发现了光叶苕子对土壤肥力及碳氮磷酶活性的提升作用。

国际研究在黄龙病、根腐病、抗溃疡病基因编辑、防治柑橘采后病害、实蝇防控方面取得进展。

4. 机械化

国内研究进展：一是新型履带式果园作业平台满足稳定性要求，有助于协助完成山地丘陵果园作业；二是激光雷达与双目视觉融合喷雾系统减少了药量的浪费；三是丘陵山地环形单轨运输系统静态调度优化方法，有效提高了环形单轨运输系统完成静态任务时的作业效率；四是光谱的无损检测技术能有效检测出柑橘叶片功能性氮含量、农药残留情况，以及果实的可溶性固形物含量；五是无人遥感实现了柑橘冠层的氮素估算和叶绿素含量检测。

国际研究在山地果园运送装备载货分析系统、基于激光雷达和双目传感器的农药施用系统、果园喷雾机器人作业调度、柑橘溃疡病早期预警模型、黄龙病传播预测模型等方面取得进展。

5. 采后保鲜与加工

国内柑橘采后保鲜进展：一是挖掘到 CsKCS2 等调控蜡质合成的关键基因；二是研发了采前喷洒 10% 甘油，增强果实贮运品质的方法；三是发现了木质素相关基因的表达增强果实抗病能力的内在机制；四是发现 PdStuA 是调控青霉孢子繁殖、疏水性和耐压性的关键转录因子；五是开发了基于果实照片预测果实成熟度及采摘期的移动设备应用程序。在柑橘加工方面：一是用两步法开发瓯柑囊胞产品；二是采用真空浓缩制备的柑橘果酱，口感、色泽均更好；三是开发了以柑橘、猕猴桃、胡萝卜等为原料，用喷雾干燥法制备的复合固体饮料，对肝损伤和骨质疏松症有较好的预防作用。

柑橘采后和加工的国际研究主要在植物源天然提取物的保鲜效果、红蓝光复合处理延缓果实衰老、人工智能算法提高柑橘果实分选分级的速度和精准度、柑橘活性成分降低病毒活性和抗炎效果等方面取得进展。

（二）猕猴桃产业

1. 分子育种基础研究

国内外围绕猕猴桃性别、果实糖和维生素 C 等营养性状、香气成分、果肉颜色等重要农艺性状开展分子机制解析，以中华猕猴桃（'东红''红阳'）、阔叶猕猴桃、山梨猕猴桃等多个猕猴桃属植物为材料，结合基因组、转录组和代谢组学方法，挖掘出上述性状的重要关联基因，为后续分子标记开发及基因编辑新种质奠定理论基础。

2023 年我国新获得授权品种 7 个，其中 3 个雌性品种，4 个雄性品种；通过浙江省省级良种审定 2 个，'翠玉'和'东红'，湖北省省级良种审定 1 个，'金美'。

2. 栽培技术与土肥管理

国内外针对授粉受精、提高果实品质、苗木繁殖、减轻自然灾害等方面开展了系列研究，研发了相应的生产技术，如用混合花粉喷授、坐果 10 天后使用 3000PPM 的海藻浸提液等，提高了果实产量和品质。

3. 病虫害

在抗病和抗逆方面，新西兰植物与食品研究所 Templeton 团队测试丁香假单胞菌 pv 的效应敲除菌株。猕猴桃溃疡病菌类生物变种 3（Psa3）在其原生猕猴桃宿主中减少植物生长，揭示了有助于 Psa3 毒力的非冗余效应子。重要的 Psa3 效应子包括感染过程早期需要的几个冗余效应子（HopZ5a、HopH1a、AvrPto1b、AvrRpm1a 和 HopF1e），这些主要针对植物免疫中枢 RIN4。

4. 品质控制与深加工

面对日益增多的即食猕猴桃市场需求，可控后熟技术开始成为研究热点之一。尽管目前关于即食可控技术的研究报道相对较少，但国内学者已经着手即食处理分子机制、技术参数、设施设备研发等研究。例如，曾云流等发现了猕猴桃果实存在温度特异调控淀粉水解的机制，并明确了淀粉酶 AcBAM 的关键作用。随后，开发了猕猴桃即食控熟技术，使'翠香'猕猴桃 6 天内转熟，可食货架期 2~4 周。

国外猕猴桃精深加工技术研究相对集中，主要以浓缩果汁为重点，开展集成膜、聚中空纤维素膜等膜浓缩技术及其对生物活性成分影响，超高压灭菌等冷杀菌技术在猕猴桃果汁中应用以及猕猴桃果汁贮藏过程中风味品质解析等研究。而我国对猕猴桃加工产品的需求更加多样化，果汁、果酒是目前猕猴桃最主要的加工方式，因此，2023 年，许多学者分别从理化品质、风味品质、营养功能活性等方面系统开展了原料、菌种、发酵、澄清、陈酿等对猕猴桃果酒品质的影响，尤其是复合发酵技术（如猕猴桃苹果复合发酵、猕猴桃黑糯米、猕猴桃红茶、蓝莓猕猴桃复合发酵等）的深入研究，极大提升了果酒的风味。同时，2023 年也出现了一些新的加工产品和配套技术，如猕猴桃酸奶、猕猴桃果醋、猕猴桃果粉及猕猴桃脆片等。

5. 机械化

猕猴桃果园机械化程度不断增强，特别是地形较好的果园，同时山地果园的小型机械如碎枝机、微耕机、挖沟机等普及率增加。猕猴桃果实需要冷库保鲜，从 2023 年调查的近 5 万吨果品自采收后到进入市场前约有 72% 的果品进入冷库保存，很多中至大型果园均自建有低温保鲜库，极大地减少了采后损耗。

五、主要结论与政策建议

（一）柑橘产业

1. 结论与展望

生产方面，柑橘种植面积相对稳定，总产和单产保持增长势头，但极端天气和病害对局部地区的生产产生了负面冲击。市场和贸易方面，各主要品种价格总体保持稳定，价格波动主要因生产季节变化波动，流通成本呈现下降态势，进出口贸易伙伴国较为集中。加工与消费方面，柑橘罐头依然为我国柑橘强势加工品，橙汁的需求缺口不断扩大，柑橘鲜果的供需呈现供给总量过剩和结构性过剩问题。技术研发方面，新品种授权、黄龙病防治、山地果园机械化作业、采后保鲜和新加工产品研发方面均取得新进展。

2. 政策建议

（1）优化品种选育与更新，以满足多样化种植条件和需求。根据各地气候环境，结合果实品质、产量、熟期以及抗性，筛选出适合大面积推广种植的新品种。建立种质资源中心库，对特色种质资源进行保存保护和发掘利用，根据遗传多样性和特异性，积极开展特色柑橘品种的自主育种创新。早晚熟品种还需扩增，做好柑橘优质品种与优势区域的发展规划。

（2）强化果园管理硬软件建设，应对极端气候变化。加强果园基础设施建设，做到果园道路系统和排灌系统网络化，电力设施和通信设施到位，生态防护屏障健全。加强以排灌渠系，蓄、引、提等灌溉设施建设为重点的果园水利基础设施建设，推广水肥一体化设施。扩大果园基地政策性保险覆盖面积，鼓励保险机构推出果业商业保险产品。实施园地基础地力提升工程建设，包括数字化监测园地质量、培肥改良耕地地力和开展退化园地治理等。

（3）推广重大病害防控模式，做到预防减损。推广重大病害的综合防控措施和防控机制。管理上做到培训普及防控知识，建立联防机制，建立地方政府负责制，技术上要有"三板斧"。除传统农业防治和化学防治外，还应结合信息技术、人工智能等建立柑橘病害虫智慧管理系统。

（4）建设标准化、数字化果园，实现提质增效。需要做到以下几个方面："四网"（田网、路网、水网、电网）配套，"三道"（园区主道、产业干道、作业便道）相通，"四沟"（主沟、背沟、边沟、厢沟）相连，"空天地"（地基网络为基础、天基网络为补充、卫星网络全覆盖）一体化系统监测，应用"聚土起垄栽培、肥水一体化、土壤培肥、生草栽培"等新技术。

（5）全面推进绿色保鲜和清洁化采后生产，实现采后减损增效。更加重视对柑橘采收和采后保鲜流通环节的规范化管理和新技术的普及，杜绝带叶采收造成的腐烂损耗，进一步优化采后生产园区的功能分区，按"先清洗，后保鲜；先分级，后贮藏"的科学流程进行生产。宣传普及预分选和热保鲜等实用技术，加强采后生产园区的清洁卫生和员工生产规范化管理。加速推进 4.0 版先进保鲜分选线和采后生产流通的数字化水平。

（6）做强地域品牌，满足消费者品牌化、高端化需求。一是有效依托地理标志产品，与盒马、京东等知名电商平台合作，扩大宣传、打响公共品牌；二是建立区域柑橘产业协会，对品牌建设标准、行业规范、技术标准等进行统一规定，落实对品牌商标注册、使用和保护的跟踪，确保柑橘生产经营主体要严格按照统一标准、技术规范来进行。

（7）打造出口示范基地，构建"绿色通道"出口模式。参照出口目的国对进口柑橘的技术要求，实行较高的种植和生产标准，严把农药残留、病虫害、生产环境和添加剂等关键环节。与海关进行合作，谋划柑橘出口"绿色通道"，实行 7×24 小时通关制度，做到"即报即查、优先检测、即检即放"。

（二）猕猴桃产业

1. 结论与展望

至 2023 年，我国中华/美味猕猴桃、软枣猕猴桃的商品生产已扩种至全国 26 个省，近两年开始向西南省份扩种，新增加的面积主要是各产区省的山区县，总面积稳定中略有下降。与上年相比，今年风调雨顺，产量恢复，年产量达 360 万吨，创历史新高；果品仍以鲜销为主，占比 88.3%。果园销售价格上总体稳定，略有增加，且更趋于理性，出园价红肉类型集中在 4~15 元/斤、黄肉集中在 3~12 元/斤、绿肉集中在 1~6 元/斤。

猕猴桃产业中主要病虫害仍是溃疡病、软腐病和小实蝇，病毒病开始出现。2023 年雨水较多，很多猕猴桃品种果实软腐病表现很严重，有些品种表现早期落果，有些直到消费者手里软化以后才腐烂，严重影响了消费者对国产猕猴桃的购买体验。

猕猴桃鲜果即食消费在今年受到消费者认可，市场需求量不断在增加，同时采后品质控制技术不断创新，增强了消费者对国产果品的体验感，倒逼猕猴桃种植端向高质量发展。

除了陕西周至、眉县等一些较为成熟的产区外，猕猴桃果园树体栽培管理技术仍然混乱，果实早采现象仍较突出。建园基础较差，对基层农技人员和果农培训任务艰巨。

2. 政策建议

（1）调整品种结构，进一步优化区域布局。以培育优质高抗（抗溃疡病和抗软腐病）品种为目标，开展资源精准鉴定、发掘优异性状的关联基因和分子标记，支撑育种。推广早、中、晚熟不同成熟期、耐贮性和口感风味较好的优良品种，错开上市时间。

（2）推广省力化轻简化高效生产，不断提高机械化水平。集成推广普及轻简高效生产共性技术，筛选推广猕猴桃果园适用设备。围绕生产需求，加快推广现代轻简高效栽培技术。在主产区引导推广果园的宜机化改造，为机械作业创造条件。

（3）提高即食猕猴桃产品比率，加强产后商品化处理。推进果实软腐病的灾变机制及绿色防控技术的研发，提高果园种植端产品质量，提高市场上即食供应果的占比。加大扶持果品收购和销售企业的商品化处理（包括采后快速后熟处理）、贮藏保鲜果品、提高即食果供应的能力，加强地方或企业品牌宣传和质量维护的力度，从而扩大国产猕猴桃在国内外的市场竞争力；加大果品深加工产品研发，延长产业链。

（4）落实猕猴桃生产技术标准与规程，推进数字化绿色化协同转型。加大重要环节的生产技术标准及产品质量的制定，相关部门应制定一套贯穿整个生产过程的技术实施指南，确保绿色技术集成模式推广"落地"，力求"傻瓜化"，便于使用者查阅、学习。部署猕猴桃领域"新基建"，加快数据中心、仓储保鲜和冷链物流等新型基础设施建设，建立果业大数据标准化技术和数据交换机制。

（5）加强组织化品牌化营销建设，扩大市场影响力。组建果业产业联合体（产业联盟）打造区域公用品牌，实施"区域公用品牌+企业产品品牌"母子品牌模式，统一开展品牌营销传播、渠道、开发、品牌保护等，完善利益联结机制，促进品牌共创共护共享。在主销区设立品牌猕猴桃集散中心，合理布局品牌猕猴桃直销店，形成产销直达的销售网络。积极发展电子商务、直播带货、云上展览馆等新型营销模式，讲好品牌故事，提升品牌溢价能力，构建营销新业态。

（国家柑橘产业技术体系首席科学家　程运江　提供）

2023 年度苹果产业与技术发展报告

(国家苹果产业技术体系)

一、苹果生产变化分析

(一) 国内苹果生产概况

1. 种植面积减少

2023 年全国苹果种植面积预计为 2 901 万亩,比 2022 年减少 3.3%。黄土高原优势区种植面积预计为 1 695.33 万亩,比 2022 年减少 3.13%;环渤海湾优势区种植面积预计为 690.2 万亩,比 2022 年减少 5.32%;其他产区种植面积预计为 515.47 万亩,比 2022 年减少 1.03%。西南冷凉高地及新疆等特色产区种植面积持续增长,黄土高原与环渤海湾两大优势产区种植面积稳中有降,产业布局进一步优化。

2. 产量和单产双增加

2023 年度全国苹果总产量预计为 3 722 万吨,比 2022 年增产 6.34%,实现恢复性增产。其中,黄土高原优势区产量预计为 2 040 万吨,比 2022 年增产 9.56%;环渤海湾优势区产量预计为 1 254 万吨,比 2022 年减产 0.7%;其他产区产量预计为 419 万吨,比 2022 年增产 9.11%。2023 年度全国苹果单产为 1 283 千克/亩,比 2022 年单产 1 167 千克/亩提高 9.94%。

3. 生产成本持续增加

2023 年全国单位面积苹果生产总成本平均为 5 451.3 元/亩,比 2022 年上升 4.62%。其中,黄土高原优势区生产总成本平均为 5 423.22 元/亩,比 2022 年上升 4.36%;环渤海湾优势区生产总成本为 6 111.11 元/亩,比 2022 年上升 3.31%;其他产区生产总成本为 4 298 元/亩,比 2022 年上升 9.25%。2023 年全国苹果生产平均物质成本为 2 366.96 元/亩,比 2022 年上升 3.18%;人工成本平均为 2 537.83 元/亩,比 2022 年上升 6.69%;生产管理及其他费用成本平均为 565.91 元/亩,比 2021 年上升 2.21%。

(二) 国际苹果生产概况

根据美国农业部发布的数据,受干旱、冰雹、花期高温、飓风等不利因素影响,2022/2023 产季世界苹果产量为 7 841.40 万吨,比 2021/2022 产季减产 5.22%。其中,土耳其、欧盟、印度苹果产量分别增加 6.17%、4.03%、2.17%;中国、南非、智利、美国苹果产量分别减少 10.82%、4.25%、2.88%、1.71%;伊朗、俄罗斯及乌克兰产量基本持平。

二、苹果市场与贸易变化分析

(一) 国内苹果市场概况

1. 销售价格高开低走

2023 年全国苹果整体销售价格高于 2022 年,但呈现高开低走、平稳下降趋势。优果率同比下降5%，价格两极分化趋势进一步加大，优质优价更为明显。全国苹果平均收购价格为7.34元/千克，比2022年上升10.7%；全国苹果平均批发价格为8.82元/千克，比2022年上升6%；全国苹果平均零售价格为11.21元/千克，比2022年上升5.95%。

2. 销售进度慢于上年

2023年全国苹果总体销售进度稍慢于2022年，根据国家苹果产业技术体系各综合试验站反馈的数据分析，截止到2023年12月中旬，全国苹果当季销售比例占到产量的62.61%，同比下降5.4%。特色产区销售进度良好，冷库入库苹果数量多。根据卓创资讯公司发布数据，全国主产区苹果冷库库存量达到950.37万吨，同比增长15.73%，创下历史新高，预计后期销售压力会加大。

3. 互联网销售稳定增加

农产品电商为苹果销售开辟出一条新路径，2023年全国苹果通过互联网销售比例稳步增加，但仍以传统销售渠道为主。2023年全国苹果通过传统渠道销售的比例为81.14%，同比下降1.58%；互联网销售比例为18.86%，同比增加1.58%。

（二）中国苹果贸易概况

1. 鲜苹果出口减少

根据中国海关数据预测，2023年中国鲜苹果出口量预计为70.73万吨，比2022年减少12.89%，主要出口越南、印尼、孟加拉国等国；出口均价为1 242.60美元/吨，下降3.16%；出口金额预计为8.58亿美元，减少9.03%。2023年全年鲜苹果进口量预测为8.56万吨，比2022年减少10.33%；进口均价为2 189.88美元/吨，下降2.79%。

2. 浓缩苹果汁出口减少

根据中国海关数据预测，2023年中国浓缩苹果汁出口量预计为39.60万吨，比2022年减少4.08%；出口均价为1 687.65美元/吨，上升49.40%；出口金额预计为3.96亿美元，上升16.37%。美国、日本和南非是浓缩苹果汁出口前三位国家。2023年全国浓缩苹果汁进口量预计为16 745.83吨，比2022年增加107.25%；进口均价为978.54美元/吨，比2022年上涨15.18%。

（三）国际苹果贸易概况

根据美国农业部发布的数据，2022/2023产季世界苹果出口量为546.10万吨，比2021/2022产季减少17.11%。其中，出口前几位国家或地区中，欧盟出口105万吨，减少8.62%；中国出口77万吨，减少22.77%；美国出口59万吨，减少18.40%；智利出口58.50万吨，减少2.99%。2022/2023产季世界苹果进口量为541.90万吨，比2021/2022产季减少16.58%。其中，进口前几位国家中，印度进口38.50万吨，减少14.06%；俄罗斯进口38.00万吨，减少35.26%；伊拉克进口34.00万吨，减少24.78%。

三、苹果加工与消费变化分析

（一）国内苹果加工概况

2023/2024榨季，中国苹果加工用果量预计为350万吨，约占全国苹果总产量的9.18%，加工产品主要以浓缩苹果汁为主，苹果酒、苹果醋、苹果脆片、苹果肉脯等为辅。2023/2024榨季浓缩苹果汁加工原料果收购均价为797.2元/吨，与2022/2023榨季的收购均价795.39元/吨基本持平。

（二）国内苹果消费概况

2023年，全国苹果整体销售价格高于上年，优质更加优价，苹果消费或呈现先扬后抑走势。柑橘、芒果、草莓等水果大量上市，会对苹果消费产生一定的替代。苹果产业助推实现乡村振兴的作用更加显著。

四、苹果技术研发变化分析

（一）苹果遗传育种

资源保存数量居于世界前列的瑞士、美国、德国，分别保存8 878、7 064、4 225份，中国5个资源圃计保存资源3 525份（2022年，3 325份）。育种技术方面，开发了抗性或品质相关的系列分子标记，挖掘出多个抗逆基因，已获得基因编辑砧木材料。新品种秦脆、瑞雪被农业农村部列为主导品种；华硕、鲁丽等早熟品种在主产区效益凸显。构建了脱毒矮化自根砧苗木繁育技术体系，形成了年产逾6 000万株矮化自根砧产能，居世界第一位。苹果产业发展中还存在种质创新利用不足、分子辅助育种技术应用率低，尚缺乏矮化/早果、多抗、广适砧木等技术问题。品种选育和推广中还缺乏统一规范的数字化综合评价技术体系。新西兰、日本等育种发达国家已将发展世界性苹果新品种作为增强国际市场竞争力的重要载体。新西兰已将早花基因转基因材料用于杂交育种；新西兰还释放了一个耐高温苹果新品种'HOT84A1'。多个研究团队开展了泛基因组相关研究，通过GWAS分析可以鉴定出调控品质相关的关键基因，为苹果遗传改良提供了重要基因资源和研究手段。

（二）苹果栽培技术

本年度苹果栽培与土肥管理技术较以往在以下几个方面发生显著变化：一是老果园更新改造要求更快、更有效、更省力，"当年刨树、当年建园"等快速防控重茬障碍技术发展较快；二是随着新建果园速度减缓，新建果园品种和砧木选择要求更高，已形成产量的新品种果园陆续出现一些问题，新品种的栽培管理技术研究成为新热点；三是提高品质的栽培管理技术和产品等应用达到新高峰，过度追求含糖量带来糖化、贮藏品质下降、贮藏病害加重等问题，协调鲜食品质和贮藏品质是需要解决的问题；四是绿色环保栽培技术如化肥减量提质增效、土壤污染修复、植物源材料覆盖等技术广泛应用。延迟萌芽等技术和装备形成主动避灾的新质生产力；液体有机肥、刺激素、化学疏花疏果、小型水肥一体化装备等结合形成的小农户省力化水肥管理技术深受果农欢迎形成了水肥管理的新质生产力；延迟采收技术带来的"雪苹果"等形成了产品的新质生产力。

（三）苹果病虫害防控技术

国内围绕苹果树腐烂病、轮纹病、斑点落叶病、霉心病等开展了品种资源抗病性研究，明确了皮层木栓化速度和强度是苹果枝干抗腐烂病和轮纹病的主要机制；明确了果实萼筒是影响果实抗霉心病的主要结构；筛选出'金疙瘩'等一批抗斑点落叶病的资源；筛选鉴定出15个与腐烂病、轮纹病等抗病性相关的基因。国际上主要针对火疫病、黑星病和欧洲苹果腐烂病的抗病资源开展挖掘和抗病基因的筛选工作。针对苹果免套袋栽培，开展了综合防控方案和无人机用药防治效果的评测工作，筛选出2~3套适合不同产区、防效良好的病虫害综合防控方案，明确无人用药的时机和优缺点。针对苹果树腐烂病，制定了"苹果树腐烂病综合防控技术"，列为农业农村部主推技术；制定并评测了针对苹果苗传病虫害的"苗木包衣"防控技术措施；针对黑星病的扩散蔓延问题，实施了"检疫防控"的技术方案；针对霉心病，制定了全生育期防治新策略，评测了配套防治技术；针对苹果主要害虫，建立了"一测二查三防四控"四步法防控技术模式。国际上对火疫病、黑星病和苹果实蝇等危险性病虫害的防控技术越来越成熟。

（四）苹果贮藏加工技术

国内外继续研发动态气调、减压贮藏和机械冷藏等贮藏方式，新品种采后生理、风味变化及主要采后病害研究取得进展。我国在苹果采后商品化处理全流程自动化领域取得了显著进步，实现了从苹果自动化分拣、瑕疵果剔除及包装等全链条的自动化。10个苹果主产国农残限量增加至663种，我国新增农业行业标准《NY/T 4288—2023 苹果生产全程质量控制技术规范》，规范了苹果生产的组织管理、技术要求、产品质量管理等全程质量控制要求。基于高分辨质谱的农药多残留高通量非靶向筛查技术是农残筛查、风险评估的重要技术研究内容。苹果加工围绕绿色、便捷、风味及营养等主题开展了大量研究和新产品开发，从基础理论、装备制造、技术开发及产品设计等多领域进行创新。苹果即食鲜切加工开辟了苹果加工和消费的新赛道，扩大了消费场景，延长了产业链，有可能成为继传统模式和互联网模式后的一种重要模式。苹果加工产业链进一步完善，产品更加丰富，新型果汁和苹果功能产品受到市场欢迎。苹果多酚、多糖及膳食纤维等功能成分的结构解析、体内外功能评价及新功能挖掘已经成为苹果加工的热点，是苹果副产物综合利用和高值化开发的基础。同时，疏除幼果、海棠等苹果加工新资源也受到重点关注。

（五）苹果机械化技术

苹果苗木生产、果园割草、精准喷药、低损采收等机械性能得到改进提升。果园自动驾驶、病虫害识别、智能施肥装备研发取得新进展，苹果采摘机器人技术获得突破，能够实现精准定位采摘。苹果采后保鲜、贮藏病害防控取得新成果，商品化处理装备实现了上料、检测、分选、贴标、装箱、物流等全流程自动化，显著提高了生产效率。欧美等国家在苹果机械化技术研发方面一直处于领先地位。农业航空、无人驾驶等技术得到产业应用，实现了精准施肥和喷药，以色列、美国等研发的苹果采摘机器人在规模化果园得到应用，能够识别苹果成熟度实现昼夜采摘。采后保鲜、贮藏病害研究取得新进展，减轻了苹果采后生理失调和病害发生，自动化分拣和包装线得到普及应用。苹果机械化技术向智能化、自动化方向发展，有助于提高生产效率、质量，降低成本。但仍有诸多挑战需要面对和解决，果园仍存在"有机难用"问题，精准技术普及程度还远远不够，需继续加强科技研发和应用推广。

五、主要结论与政策建议

（一）结论与展望

1. 产业布局加速优化

在消费需求与产业升级发展共同驱动下，全国苹果生产布局的动态调整与优化的态势明显加快。环渤海湾和黄土高原优势产区低海拔次优生区部分果园逐步退出，高海拔地区的特色山地苹果种植推进明显。西南冷凉高地及新疆等特色产区的果品满足了消费者多样性的市场需求。

2. 高质量发展全面推进

苹果主产区对标高质量发展内涵，全面推进以矮化密植为代表的多元化现代栽培模式，加快优质轻简高效栽培新品种及新模式、新技术、新产品的研发、示范、推广与产业化运营，在自主新品种推广、栽植模式转型、省力轻简化技术及管理、肥水高效利用、病虫害绿色综合防控、果品加工与产后处理等方面进行了集成创新，分类构建与精准示范推广区域性适用型高效栽培技术体系及模式。

3. 产业新业态深化普及

一是互联网+、大数据、人工智能等赋能产业升级，果品电商平台、水果App、直播带货、话题营销、搜索引擎优化等互联网营销模式不断迭代更新，"物流+电商"的一体化果业物流模式和苹果产业深度融合、加速发展，助力乡村绿色、优质、特色产品产销对接；二是数字果业、智慧果业持续引领产业发展的新前沿，推动苹果产业后整理，更多数字化技术融进全产业链，更高效地实现农资、农技、农商的平台化、链条化、社会化服务。

4. 新型经营主体领军果业

专业大户、家庭农场、合作社、企业等新型果业经营主体，已成为现代苹果产业发展的主力军，引领小农户与现代农业发展、推进果业供给侧结构性改革。在新型果业经营主体的引领与带动下，苹果产业经营规模化程度、技术规程的标准化水平、生产装备的机械化和数智化水平持续提升，植保、农机、农技、产后整理、销售等果业社会化综合服务水平不断提高。

（二）政策建议

1. 优化苹果生产布局规划

学习贯彻习近平总书记延安考察的重要指示精神，落实大食物观，坚持果业现代化和高质量发展方向，坚持宜林则林、宜果则果原则，促进苹果产业绿色优质高效发展目标。结合气候变化对苹果产业布局的影响，加强苹果品种、砧木及砧穗组合区划工作，进一步规划全国苹果生产优生区、适生区、次适生区、非适生区。严格执行国家防止基本农田非粮化政策，部分果园需要根据农地类型再次调整产业结构，引导新发展果业上山上坡，鼓励利用"四荒"资源，重在特色，重在服务乡村振兴国家战略。

2. 持续推进苹果产业升级

一是进一步加快自主优良品种选育与推广，以品质选育为龙头，带动品种结构优化、产业结构调整、栽培模式变革和全产业链机械化、智能化水平提升；二是推进矮化密植为代表的现代栽培模式，加强优良品种及高抗性砧木选育、砧穗组合区试，以及大苗和脱毒苗木繁育、矮化栽培制度创新与推广、低效果园提质增效；三是加强果园基础设施建设，依托苹果供应链、价值链，促进数字技术、智能技术与苹果分拣分级、贮藏、加工、冷链物流和市场监测融合，提升苹果产后竞争力。

3. 重视支持创新和推广关键技术

聚焦加快形成苹果产业新质生产力，重点做好设施果园装备研制和配套技术、品种繁育与栽培模式变革集成示范及推广、轻简高效栽培技术集成与示范推广、水肥一体化精准施用技术、病虫害绿色综合防控技术、果园智能化生产管理集成技术与智能化产后处理技术、果园防灾避灾减灾集成技术等关键技术的创新研发示范与推广。

4. 加快产业经营体制机制创新

一是创新生产经营体制，引导组建各类协会、合作社，推动企业托管和适度规模经营等形式，把分散的经营主体有效地组织起来；二是强化社会化服务体系建设，完善社会化服务政策，树立典型样板；三是壮大企业（合作社）经营主体，通过政策扶持、项目支持，提升"企业+合作社+基地"或"合作社+基地+社员"等经营模式；四是建立防灾避灾减灾机制和农业保险、金融扶持政策，确保产业健康发展。

（国家苹果产业技术体系首席科学家　马锋旺　提供）

2023 年度梨产业与技术发展报告

(国家梨产业技术体系)

一、梨生产变化分析

(一) 我国梨果生产

我国是最大的鲜梨生产与消费国,梨产量约占全球的 70%。根据国家梨产业技术体系(以下简称"梨体系")调查,2023 年全国梨栽培面积基本稳定,单产提升,总产量较上年微增 3%,达 1 960 万吨,产值 1 474 亿元。2023 年梨平均生产成本约为 3 815 元/亩,较上年上涨 5.14%,2011—2023 年均增长 4.48%,但成本结构趋于稳定,其中,人力成本占比 41.35%,物质及服务费用占比 43.84%,土地租金占比 14.81%。

(二) 世界梨果生产

欧盟 2023 年减产 24.9 万吨,总产量 180 万吨。美国产量基本不变,阿根廷、南非、智利总产量分别为 62.5 万吨、50 万吨和 20.2 万吨。

二、梨市场与贸易变化分析

(一) 我国梨果市场价格

根据梨体系示范县监测数据,2023 年梨出园均价为 6.80 元/千克。品种差异较大,大宗品种价格偏低,大多低于 5 元/千克,小众品种价格较高,多在 5 元/千克以上。主要梨品种价格如下:翠玉 9.8 元/千克,玉露香梨 8.17 元/千克,翠冠 7.51 元/千克,库尔勒香梨 6.14 元/千克;鸭梨 4.14 元/千克,雪花梨 4 元/千克,黄冠梨 4 元/千克,酥梨 3.15 元/千克。

(二) 梨果贸易

1. 我国梨贸易

据海关统计,2023 年我国鲜梨进出口总额达到 40.17 亿元人民币,其中进口 2.34 亿元人民币,出口 37.83 亿元人民币,出口量 47.9 万吨,同比均增长 8%。

2. 世界梨贸易

我国稳居世界梨出口第一大国,国内产量上升促进了对印度尼西亚、越南等东南亚国家的出口。

梨进口区域按照进口量高低排名分别是:印度尼西亚、欧盟、巴西、俄罗斯、越南、白俄罗斯、英国、中国香港地区和墨西哥、美国。

三、梨加工与消费变化分析

(一) 加工变化分析

1. 我国梨果加工

梨罐头和梨汁仍是主要的梨加工品。其中,中高浓度果汁含量的 NFC 梨汁消费需求快速增长。此外,红酒雪梨罐头、橙汁梨罐头等新型罐头产品,低酒精度梨果酒和发酵饮料,以及将梨、茶等复合加工的新果饮等深受年轻消费者喜爱。从产品形式看,梨果加工制成的纯梨膏、梨汁与其他材料加工制成的复合梨膏及其衍生产品日益丰富，广泛用于奶茶、咖啡及糕点等。

梨干、梨脯、梨汁等加工品从口感到营养保健价值都有了提升。真空冷冻设备应用增加，与传统梨干相比，冻干梨脆片的感官、质地和风味均有突出优势。但是，我国梨加工方面还存在一些突出问题，如加工过程中梨风味成分的破坏、挥发，产品色泽不稳定，原料综合利用程度低，龙头企业较少，企业发展意识、经济实力和自主研发能力不足，品牌建设落后，缺少驰名品牌等。

2. 世界梨果加工

梨加工主要集中在北半球，加工量约占鲜梨总量的10%。产品主要为罐头，其次为浓缩汁、果汁饮料，少量果酱和发酵产品等。近两年，市场对梨加工品需求不断增加，特别是梨膏，成功打开欧美市场，价格也有提升。国外市场对梨干和梨果酱需求也略有增加，但产品质量较低，出口受限，梨酵素存在一定的发展空间。

国际对梨加工产品的营养价值、功能性关注明显增加。非热加工技术、轻简化加工和加工过程控制已成为研究热点。

3. 2024年梨加工趋势

（1）对加工品品质的要求更加全面且升高。

（2）营养性、功能性加工品研发和生产增加。

（3）对加工技术及其改进需求增加。

（二）消费变化分析

1. 鲜梨消费情况

（1）消费偏好。梨体系调研显示，消费者选择梨果时主要依据市场和生产者提供的品种；多数消费者选择果肉松脆细腻、汁水较多、偏甜的梨；新鲜度和口感为第一大消费影响因素，其次是价格和外形，再次是购买方便、口碑和产地等，影响最小的是包装和品牌。

（2）购买行为特征。消费者对梨的接受度较高，但购买频率不高、量不多，处于中低等支出水平，呈现"线下购买为主，线上线下结合，新兴渠道涌现"的状态；超过50%的消费者购买时机并不敏感；约25%的消费者会选择在集中成熟期购买。

（3）加工品消费。据梨体系调查，46.93%的消费者日常会购买梨加工品，53.07%没有买过，可能是没有食用水果加工品的习惯和偏好、市场普及不够等。但消费者对梨汁、梨膏的尝试意愿都超过50%，对梨罐头和烤梨等的尝试意愿分别为40.56%和34.94%，对果干果脯的尝试意愿在30%左右，梨茶和梨酱产品尝试意愿约为17.38%和11.52%。

四、梨技术研发变化分析

（一）梨遗传育种

1. 国内育种研发

（1）育种目标与成效。我国梨育种仍以优质、耐贮、抗病等为主要目标，且具有区域特色，秋子梨育种注重抗寒性，红皮梨选育仍是热点之一。2023年共报道梨新品种11个，均为常规方法育成，杂交育成8个，实生选育2个，芽变选种1个，以大果、脆肉型居多；其中红皮梨2个，占比18.2%；早熟、中熟、晚熟的比例为1∶7∶3。2023年底，获国家品种登记的品种数量达176个，26个品种进行了非主要农作物品种登记。2023年授权国家植物新品种20个。

(2) 种质资源保护与利用。筛选到 4 份抗病、10 份中抗梨火疫病材料和 7 个鲜红果皮品种；发现广东品种群与其他品种群的亲缘关系较远，基因来源单一且独特；鉴定得到 18 份新的梨多倍体种质，其中三倍体梨种质 17 份，二、三倍体嵌合体 1 份。

2. 国际育种研发

2023 年国际梨育种研究涵盖品质、生物/非生物胁迫、发育生物学、采后生物学、多组学分析、基因家族分析和再生体系探索等；在方法上，逐步发展到基因组学、转录组学、蛋白组学和代谢组学的联合应用；基因编辑技术体系虽取得一定突破，但精准育种技术研发和应用仍较为薄弱。

(1) 基因功能挖掘与验证。蛋白修饰逐渐成为梨果实花青苷积累的研究热点；石细胞、香气、自交不亲和性是近年来梨果实品质分子调控机制研究的热点。

(2) 多组学研究与应用有新进展。组装了云南特色红皮梨'云红一号'端粒到端粒（T2T）无间隙基因组；构建了梨 17 953 种蛋白质表达图谱，确定了 4 294 个新的编码事件，改进了梨基因组注释，构建了在线数据库 PearEXP。

(3) 再生和遗传转化。梨实现转基因的稳定表达尚有一定难度，特别是亚洲梨的转化稳定性和转化效率仍需提升；发现嫁接植株没有显示 GUS 蛋白通过嫁接的运输。

（二）梨栽培技术

1. 国内梨栽培技术

(1) 栽培模式。"3 加 1"及"双臂顺行式"棚架等栽培模式树形简单、操作容易，产量高、品质好，已在全国梨主产区推广应用；宽行密株栽培模式在河北快速发展；高密度栽培模式是黄河故道区域新建梨园的主流模式，具有冠幅小、光能利用率高、省力、丰产和利于机械化的优点。

(2) 土肥水管理。①土肥管理：沼肥对梨具有增产提质效果，坐果率提高 2.8%，病虫果、畸形果降低 7.89%，产量、产值增加 9.37%。②水分管理：以'翠玉'为例，水分管理应在生长期保持土壤湿润，连续天晴 7 天以上或者不下雨 10 天以上及时灌水，5~6 月果实快速膨大期保持充足的水分供应。多雨天注意排水。采收前 20 天控制水分，遇连阴雨天气树盘或全园覆盖反光膜，以提升果实糖度和风味口感，采后揭除反光膜。③养分管理：由酸水解制备的纳米晶体纤维素具有螯合土壤中铁离子的能力；NC-Fe 螯合物，与喷施 $FeSO_4$ 相比，对梨土壤中活性铁含量、铁蛋白 Fer1 表达有显著的促进作用。

(3) 花果管理。液体授粉可显著节省劳动力、实现高效精准授粉，已在多地推广应用。在盛花期喷施 1 次 10 毫克/升萘乙酸+500 毫克/升多效唑+10 克/升氯化钙+2 克/升磷酸二氢钾，花朵坐果率和花序坐果率分别为 16.50%、29.17%，脱萼率为 80.65%，可对南果梨有效进行疏果。

(4) 果园机械化。疏花机、有机肥深层混施机、电动/全液压多功能平台、风送喷雾机、避障割草机等多种关键装备成功创制；基本构建了果园机械化管理技术体系，可节约 60% 以上劳动力。

2. 国际梨栽培技术

欧洲全部开始矮化栽培，栽植密度在 2 500~11 000 株/公顷，盛果期达 40~60 吨/公顷；美国、俄罗斯、澳大利亚、智利、南非等都在发展自己特色的矮化密植栽培，阿根廷、智利新建梨园株行距为 2 米×4 米，荷兰为 0.3 米×4 米，比利时为 0.75 米×3 米。种植前土壤热水滴灌处理可促进梨树生长并降低土壤病害风险。果园仿形变量喷雾机及果园农药减量和精准施药技术得到发展。

（三）梨病虫害防控技术

1. 梨火疫病防控技术方面

发布了国家标准《GB/T 43160—2023 梨火疫病菌检疫鉴定方法》。发现梨火疫病菌在香梨枝条病健交界处的活菌数量最高，发病梨园秋季气溶胶携菌量明显高于夏季和春季。明确4种不同的梨砧木类型对梨火疫病抗性强弱依次为秋子梨＞豆梨＞川梨＞杜梨。筛选出4个抗病材料和10个中抗材料的杜梨实生苗。提出了深度修剪、花期药剂防治、禁蜂授粉和砍除感病防护林是有效防治梨火疫病的综合措施。明确了花期禁蜂可以显著减缓田间的发生和传播；40%春雷·噻唑锌悬浮剂持效期长，效果最优，中生菌素、春雷霉素、噻唑锌等抑菌活性高，田间防效好，均可作为梨火疫病的防治药剂。分离获得一批拮抗活性较高、可用于梨火疫病田间防治的生防细菌如 $Priestia\ megaterium$ KD7、黏细菌 WCH05、FB02 和 WCH03、乳酸菌 WZ-44、$Bacillus\ velezensis$ FX1 等；发现 $Archangium\ violaceum$ NST47 菌株对梨火疫病和梨腐烂病均表现出较好的生防潜力。

2. 梨真菌病害和虫害防控技术方面

适量施用氮肥和钾肥可减轻腐烂病发生程度，明确了20微克/毫升 HASF（宁溶霉素）涂抹剂对腐烂病的防治效果在80%以上；交替使用66%二氰蒽醌和325克/升苯甲嘧菌酯能有效控制梨炭疽病；发现20%吡唑醚菌酯对黑斑病防治效果较好，梨轮纹病菌弱毒因子 BdCV1 可用于梨真菌病害防控，生防菌 $Bacillus\ velezensis$ FJAT-55034 能抑制梨轮纹病菌丝生长。发现 Keras-YOLOv3 网络模型可精准快速监测梨小食心虫动态变化；明确每亩悬挂迷向丝50根对梨小食心虫的防治效果显著，每年可减少3次化学农药的使用，与200克/升氯虫苯甲酰胺4 000倍和9%甲维·茚虫威2 000倍结合效果更佳；发现松毛虫赤眼蜂对2日龄苹果蠹蛾卵有较好的寄生选择，玫烟色虫草可防治朱砂叶螨和二斑叶螨的螨卵，而球孢白僵菌防治幼螨和成螨效果更好，且对幼螨的致病力更强。

（四）贮藏保鲜技术

1. 激素或化学处理影响果实采后生理的机制仍是研究热点

初步阐明茉莉酸甲酯、氯化钙、抗坏血酸钙、苯乳酸、黄原胶、咖啡酸、腐胺、1-MCP 等通过维持细胞壁结构稳定及调控呼吸与能量代谢进而维持梨果采后品质，防止或延缓生理性褐变发生。

2. 冷藏和气调冷藏精准化程度显著提升

明确不同预冷温度、降温方式及贮藏温度等对果实贮藏期间营养组分与质地等的影响规律；提出梨果采后最佳呼吸商阈值；提出氨基乙氧基乙烯甘氨酸（AVG）结合动态气调梨贮藏保鲜技术。

3. 无损快检、智能化分级与装备不断完善

基于近红外光谱无损测糖分级技术商业化应用不断扩大；基于高光谱成像特征和光谱变量测定梨果轻微机械伤，X 射线 CT 和空间分辨光谱定量分析梨果实孔隙度等技术，便携式无损检测黑心病装备等不断涌现。

4. 可食性涂膜、多组分层层组装涂膜发展迅速

单一芦荟胶、芦荟胶+氯化钙、海藻酸钠+石榴皮提取物、蜂蜡+水杨酸等，及多组分层层组装涂膜技术可提升果实采后品质和保鲜效果；筛选出植物角鲨烷、紫檀芪乳液等梨虎皮病防控新方法。

五、主要结论与政策建议

（一）结论与展望

（1）全国梨栽培面积趋于稳定，产量和单产稳中有升。

（2）我国梨出口量稳居世界第一。但出口梨果价格低于世界梨果出口的平均价，国际竞争力有待加强。

（3）梨果价格整体上行，品种价格进一步分化。水果加工品需求扩大。梨加工品种类、形式、品牌和总体销量均有一定增加。加工品质量有所提升，技术改进和应用转化得到明显发展。

（4）梨种质资源保护、挖掘鉴定工作持续开展，育种能力显著增强，满足了消费者多样化需求，优化了品种种植结构。

（5）新模式、新技术、新装备不断研发创新，并在生产中广泛应用，逐步实现梨产业轻简化、机械化发展，有效提升了梨果品质和整体经济效益。但总体生产标准化、规范化水平仍有待提升。

（6）品牌建设存在小、多、散、杂现象，品牌建设意识有待提高，影响力不足。

（7）水果品种替代和竞争加剧，梨增长空间逐渐压缩，消费市场面临高端和低端、大宗和稀缺果品并存、价格两极分化的现象。水果市场正从生产驱动消费逐步向消费引领生产模式转变。

（二）政策建议

1. 调优品种结构，实现周年高质量供应

加强新品种选育，优化早、中、晚熟品种比例，以需求导向指导品种选育、栽培、加工和销售。建立并完善优质优价市场机制，引导标准化生产。

2. 控量提质，促进高质量发展

集成强化政策支持体系，健全农业技术推广体系，普及优质高产综合技术，提高梨果品质。引导生产向优势产区集中，稳定种植面积，推进技术改造与升级。

3. 引导三产融合，提升梨产业附加值

整合行业资源，促进产业链、价值链和创新链协同发展，扶持龙头企业，培育骨干企业，做好梨果贮藏和深加工产业，深挖文旅资源，延长拓展产业链条，有效解决小生产与大市场的矛盾。

4. 创新营销方式，扩大品牌影响力

融合传统营销和现代营销，创新营销方式，实施精准营销服务。探索建立品牌营销平台，充分利用展会、产销对接会、产品发布会等促销平台，鼓励品牌专柜、专营店建设，借助大数据、云计算、移动互联等信息技术，拓宽流通渠道。

5. 强化组织协同，提高国际竞争力

成立出口企业联盟，吸纳更多梨企加入，强化出口组织化程度，加强行业自律，增强国际市场竞争力和话语权，增强出口贸易大国的带动与乘数效应。

（国家梨产业技术体系首席科学家　张绍铃　提供）

2023年度葡萄产业与技术发展报告

(国家葡萄产业技术体系)

一、葡萄、蓝莓、蓝靛果生产变化分析

(一) 世界生产情况

根据 FAO 数据库，2022 年世界葡萄园收获面积为 6 730 179 公顷，总产量为 7494.26 万吨，单产为 11 135.3 千克/公顷。收获面积和总产量分别比 2021 年降低了 2.20% 和 2.36%。

从葡萄种植区域分布来看，欧洲收获面积最大，2022 年占世界的 50.63%，葡萄产量占世界的 37.53%；亚洲葡萄产量居世界第二，约占世界总量的 36.50%，收获面积占世界的 28.31%；美洲、非洲和大洋洲种植面积和产量依次居第三至第五位。葡萄产量前五国依次为中国、意大利、法国、西班牙和美国；收获面积前五国依次为西班牙、法国、意大利、中国和土耳其。美国农业部（USDA）《世界鲜食苹果、葡萄与梨市场及贸易情况报告》显示，预计 2023/2024 年度全球鲜食葡萄产量将增加 49 万吨，达到 2 840 万吨。

根据国际蓝莓协会（IBO）数据，2022 年世界蓝莓栽培面积达 24.85 万公顷，同比增长 6.37%，蓝莓总产量 186.00 万吨。

(二) 中国生产情况

据中国国家统计局统计资料，2022 年中国葡萄栽培总面积为 70.51 万公顷，居世界第四，次于西班牙、法国、意大利；产量达 1 537.79 万吨，比 2021 年增加 2.53%；平均单产为 21 809.22 千克/公顷。自 2010 年一直位居世界葡萄产量第一位。葡萄生产中鲜食占比超过 80%。

根据国家葡萄产业技术体系监测数据，2023 年葡萄生产成本较高，与上年基本持平，部分地区成本超过 9 000 元/亩。其中劳动力成本约占 44%，物质成本约占 32%。葡萄生产的成本利润率大于 1，整体盈利能力较好，但效益有所下滑；并且不同地区、不同栽培品种差异较大。由于葡萄品种结构进一步优化、优质高效栽培、熟期调控技术的应用，鲜食葡萄品质普遍提升；集中上市问题有效缓解。但葡萄品种优势区域特色不明显，多样化不突出；栽培管理标准化程度低，机械化作业水平有待提高。预计 2024 年葡萄种植面积稳中有降，生产进入内涵式发展阶段。

2022 年中国蓝莓种植面积为 7.76 万公顷，居世界首位；蓝莓产量为 52.53 万吨。2022 年中国蓝靛果栽培面积为 6 000 公顷，2023 年中国蓝靛果栽培面积和产量进一步增加，预计为 6 500 公顷和 1 700 吨。2024 年，预计蓝莓、蓝靛果栽培面积、产量稳步增长。

二、葡萄、蓝莓、蓝靛果市场与贸易变化分析

1. 市场变化分析

鲜食葡萄价格周期性波动，不同产区、不同葡萄品种价格差异大。整体看，2023 年

前4个月价格相对较高,之后显著下降,10月回升;但全年均价明显低于2022年。由于近几年被市场热捧的阳光玫瑰葡萄收获面积的增长(超过150万亩)和栽培技术的成熟,其产量大增,但果实品质良莠不齐,2023年7月开始价格显著下降,属于正常的价格回归,表明理性消费市场正在形成;而巨峰、玫瑰香、红地球、夏黑等大宗葡萄品种价格出现回升。

消费端与生产端信息不对称,市场价格波动大。葡萄生产端获取信息的渠道主要来自农资商、苗木商和收购商,生产中追求大果、大穗型导致品质下降、风味淡,所以价格波动普遍较大。葡萄果实耐贮运性差,损耗率较高。采后到零售端损耗高达20%以上,采后损耗最高的环节在零售端,品种间损耗率差异较大,因此贮运保鲜环节全套技术的研发推广还需加强。

根据IBO和国家统计局数据,鲜食是蓝莓的主要食用形式。而我国蓝莓加工的比例高于鲜食比例12个百分点。2023年蓝莓鲜果销售价格达60元/千克,较2022年有所上涨。加工果收购价也略有上涨。

2. 贸易变化分析

世界鲜食葡萄出口量增额、进口量额双减。2022年世界鲜食葡萄贸易进口量、进口额分别为428.37万吨和99.78亿美元,分别比2021年减少6.86%和2.63%;出口量和出口额分别为468.33万吨和87.32亿美元,分别增长了0.67%和下降6.73%。鲜食葡萄主要进口国家有美国、德国、荷兰、英国、中国和加拿大等;主要出口国有秘鲁、智利、意大利、美国和南非等。

中国鲜食葡萄保持贸易顺差,出口量上升、进口贸易量下降。2022年出口量为37.73万吨,出口金额为7.27亿美元,与2021年相比,分别增长7.61%和减少4.01%;出口单价下降了10.80%;鲜食葡萄进口量仅为18.06万吨,进口额为5.30亿美元。鲜食葡萄的主要出口市场在东南亚。进口来源主要有智利、秘鲁、澳大利亚、南非、美国等。

中国葡萄酒贸易以进口为主,贸易逆差大;贸易规模呈下降趋势。2022年葡萄酒的进口量为3.35亿升,进口额为14.35亿美元,分别比2021年下降了20.94%和15.10%。

中国葡萄干进出口贸易均有所下降。2022年葡萄干出口量为1.71万吨,出口额3 643.2万美元,分别比2021年降低了15.37%和11.30%。而进口量为2.27万吨,进口金额为4 441.5万美元,与2021年相比分别降低了10.44%和0.41%。

中国葡萄汁进出口贸易规模不大,且以进口为主。

三、葡萄、蓝莓、蓝靛果加工与消费变化分析

(一)加工领域情况

我国葡萄加工产品类型丰富多样,但仍以葡萄干和葡萄酒为主。其他葡萄加工产品,如葡萄汁和葡萄籽(皮)功能产品等,整体体量较小。葡萄制干过程多采用传统的晾房阴干和自然晒干,绿色葡萄干的褐化问题没有得到有效解决,新型干燥技术使用率不高,产品中黑色、香味葡萄干占比持续增加。葡萄酒更加注重产区风土特征的挖掘与表达,酿造技术的本土化、标准化正在形成,香气馥郁、口感柔顺的葡萄酒产品不断丰富。葡萄酒酿酒辅料的本土化技术仍比较薄弱,本土化的酿酒辅料产品较为单一。葡萄酒酿造的自动化、智能化水平较低,酿造过程的精准化控制技术有待提升。葡萄酒产区典型风格特征表现偏弱,产品风格固化技术亟待研发,新型陈酿工艺技术亟须突破。需强化葡萄酒产品结构优化和新产品研发，以尽快满足市场需求的快速变化。2024 年国内外葡萄酒酿造将更加注重产区风土特征的表达与消费的多元化需求。

（二）加工品消费情况

全球葡萄酒消费同比下降，据 OIV 统计，2022 年全球葡萄酒消费量估计为 232 亿升，产量估计为 258 亿升，比 2021 年均减少大约 1%；葡萄酒供大于求是全球葡萄酒行业面临的难题。葡萄酒出口贸易受到高通胀和全球供应链中断的影响，以海运为主的葡萄酒贸易规模有所下降，葡萄酒出口均价普遍上涨，涨幅达到了 15%，导致全球消费量有所下降。

中国葡萄酒消费同比下降，2022 年中国葡萄酒消费量预计 8.8 亿升，较 2021 年下降 16%；产量 4.2 亿升，较 2021 年下降 29%。进口葡萄酒占消费总量 52%，对国产葡萄酒冲击大。自 2018 年以来，国内葡萄酒生产量与消费量持续下降，消费量减少了大约 50%。主要原因是国内葡萄酒文化氛围不浓，消费受其他酒水饮料影响大，如白酒产品结构多元化、众多知名酒水饮料品牌跨界混搭经营，对葡萄酒消费特别是年轻消费者形成了分流。2023 年，葡萄酒销量未明显上涨。

2023 年葡萄干消费量基本持平，休闲食品需求略增。葡萄干是快速发展的烘焙行业中很受青睐的配料；2024 年葡萄干作为休闲食品的需求预计略增；葡萄干价格比 2022 年有明显下降。

市场上蓝莓加工产品类型主要包括果汁饮料、果酒、果酱、酵素、化妆品及功能性成分提取等，蓝靛果国外主要以饮料、果酱、果酒等产品为主，国内近年来陆续生产出冻干果、果蜜汁、冻干粉等新产品。随着消费者对健康食品需求逐年增长，蓝莓和蓝靛果加工品的市场需求量也将逐年增加。

四、葡萄、蓝莓、蓝靛果技术研发变化分析

（一）国外产业技术研发变化分析

1. 育种技术

持续开展果粒形状、果肉质地、单萜含量等品质性状、白腐病和灰霉病抗性和裂果倾向性等性状的 QTL 定位，筛选出与果粒形状、果肉质地、香味、抗病性、纤维素含量等相关的候选基因。重视点突变和分子标记辅助育种，抗寒基因 *VaCP17* 过表达提高无核白抗寒性，抗病基因 *VqbZIPC22* 过表达提高葡萄的白粉病抗性，*VvMYBA1-L* 过表达导致果实着色延迟，*VvTK2* 瞬时过表达提高葡萄酒石酸含量，开发出抗病基因的 rhAmpSeq 标记和无核葡萄的 KASP_ WviAGL11 标记。鲜食葡萄育种目标是无核、香味、耐贮运与抗逆性。

2. 栽培技术

欧美和日本等发达国家酿酒葡萄生产的全过程和鲜食葡萄生产的关键环节实现了机械化作业，大力推行果园生草、枝叶还田等生态化土壤管理与改良技术以及根系分区灌溉、调亏灌溉与滴灌等节水灌溉技术，广泛采用精细化（日本）和省力化（欧美）花果管理技术。土壤健康、碳循环、生物肥料、生态施肥、精准施肥、精准灌溉、果实采收等生产关键环节用机器人、智能化生产、果品营养和保健功能的评价与发掘利用是 2023 年的研究热点。

3. 病虫害防控技术

国外在葡萄病虫害的研究对象方面基本没有变化，病害包括葡萄霜霉病、灰霉病、白粉病、炭疽病、枝干病等，研究方向主要集中在病原鉴定、遗传结构、致病和抗病机制、化学及生防等防控技术，但针对致病机制的研究在增加；虫害包括黑腹果蝇、葡萄花翅小卷蛾、叶蝉、蓟马等，研究内容主要集中在行为学、抗性机制、昆虫与寄主互作机制及防控技术的研发，生防的研究内容在增加；病毒病方面，发生危害和检测技术为主要研究热点。

4. 生产机械化技术

研究了基于深度学习的自主激光除草机器人，农业机器人与除草机的通信技术，采用无人机获取多光谱数据预测果园生长和产量，语音控制的自动导航果园采摘平台，采用卷积神经分析葡萄串图像算法提取，不同压力水平对喷嘴出口后流体颗粒体积分布的影响，深松机的角度和耕作深度对葡萄园土壤结构和耗能的影响，及葡萄果实的糖酸度与品种、气候、土壤和管理措施等相关性。

5. 商品化处理和加工技术

葡萄非酒精加工新产品的研发速度较快，葡萄功能性成分的提取与营养功效研究持续深入。葡萄酒产区风土特别是微生物风土，在葡萄酒风格形成中的作用机制解析仍是研究的焦点。葡萄酒风味化学集中于辅色和衍生机制研究，葡萄酒基质组分感官贡献研究，风味物质感官互作机制研究等。更加关注葡萄酒生产与生态环境的可持续发展。

（二）国内产业技术研发变化

1. 育种技术

国内持续开展葡萄育种技术、新品种选育、种质资源评价、遗传多样性分析、组培技术、果实香气、抗性等研究。基于高通量测序技术，获得了炭疽病抗性、霜霉病抗性、抗寒性等重要性状的 QTL 位点，发掘了抗性和果实质地的相关候选基因，完善了葡萄转基因体系，研发了发根农杆菌介导的葡萄根系转基因方法，开发出无核、霜霉病抗性等分子标记，完善了葡萄品种的分子鉴定技术体系。鲜食葡萄育种的主要目标仍然是优质、熟期、抗性、无核、香味耐贮运等，育成了系列葡萄新品种。

我国蓝莓、蓝靛果各项技术研发均逐渐与国际接轨，在资源起源与进化、评价与利用等方面基于分子生物学技术研究的比重逐步提升；乌饭树、云南越橘基因组的成功组装为相关研究提供了良好的数据平台。

2. 栽培技术

以国家葡萄产业技术体系为核心的科研团队聚焦轻简宜机、资源高效、绿色生态、品质优良、周年供应生产目标，以主栽品种等为对象，针对产区、栽培模式和用途，开展了高光效轻简宜机整形修剪、生态化土壤管理与改良、土壤及环境污染管控与修复、有机无机微生物肥配施、枝叶还田、肥水高效利用及精准化管理、品质与产期调控、抗逆栽培等关键技术研发和高质量栽培技术体系的构建；同时针对国家重大需求，开展了非耕地高效利用研究。

我国依据蓝莓不同产区气候环境特点，在种植模式、环境调控、水肥菌一体化、整形修剪、花期授粉、果实采摘、休眠与破眠、病虫害防控、越冬防寒等技术上各具特色，建立了适合我国不同产区的栽培技术体系。

3. 病虫害防控技术

国内在葡萄病虫害方面的研究对象基本没有变化，病害包括葡萄霜霉病、炭疽病、灰霉病、白粉病、枝干病害等，研究内容主要集中在病原菌种类鉴定、致病机理、杀菌剂的抗药性监测、生物防治等，同样致病机理的研究在增加。虫害包括葡萄叶蝉、果蝇、绿盲蝽、叶螨及检疫性虫害等，研究内容主要集中在种类鉴定、灾变规律及防控技术，其中小型昆虫和生物防治技术研究较多。病毒病关注内容主要是新病毒的发现、检测技术研发及互作等方面。

4. 生产机械化技术

研究了埋土防寒区防寒布平整卷收技术，防寒被卷放一体机技术，起布清土机；基于叶幕厚度的风药耦合喷药调控技术，可旋转式仿形喷雾机；有机肥开沟刀仿生减阻技术；采用激光传感器检测葡萄枝条厚度的喷药与枝条粉碎还田一体机；果园仿形修剪机，自走式多方位枝条修剪机；葡萄多关节式采摘机器人；采用YOLOv5-GAP识别葡萄果串的算法；葡萄制干晾房风场模拟与控制技术。

5. 商品化处理和加工技术

强化对葡萄核心加工品质调控关键技术研发与示范。葡萄干精加工装备、工艺进行更深入的研发，着力解决葡萄干加工不易清洗、保绿性差等问题。葡萄酒酿造更重视包括本土酿酒辅料开发、发酵及陈酿过程的精准调控、新型陈酿装备和技术的研发，以及葡萄酒新产品研发等。

五、主要结论与政策建议

（一）结论与展望

育种重视育种材料的积累和创新，鉴定了一批品种资源，筛选出部分优良育种材料，为新品种培育奠定了基础。国内葡萄育种理论与国际接轨，定位了大量与品质、抗性相关的QTL位点，发掘了一批与品质和抗性相关的候选基因，发表了一系列高水平论文，育成了一系列葡萄品种。育种速度明显加快，育成品种的数量不断增加。

2024年栽培面积稳中有降，继续向优势区集中，设施栽培面积继续增加；栽培模式宜机化、树形结构平面化、生产管理轻简化、土壤改良生态化、肥水管理精准化、花果管理优质化、鲜果供应周年化等特点进一步显现。

2023年我国葡萄病害发生基本平稳，炭疽病呈上升趋势，病原种类增加，枝干病害发生增加。蓟马、叶螨等小型昆虫发生量有所增加，葡萄根瘤蚜发生区域增加。病毒病危害日益加重，防控难度日益加大。

我国平整、大地块的露地葡萄，基本实现水肥一体、叶幕修剪、喷药、冬季埋土、枝条集中粉碎的机械化，部分地区实现了清土机械化，防寒布（被）覆盖+埋土越冬模式开始应用；设施葡萄基本实现除采摘外的机械化。

葡萄、蓝莓加工产品类型不够丰富，亟须加强多样化的葡萄非酒精产品开发。葡萄酒产区特征还不够典型明晰、葡萄酒产品类型单一，需要更加关注市场的多元化需求及产区风土的表达，功能性产品的研发，关注葡萄加工产业的绿色可持续发展。

葡萄种植面积相对稳定，阶段性、结构性、地域性过剩时常出现，葡萄生产人工成本高，机械化作业水平有待于提高。葡萄价格周期波动，新奇特品种价格明显下降，大宗品种价格有所回升；鲜食葡萄保持贸易顺差，但贸易规模不大；国内葡萄酒质量逐步提升，风格特点开始显现，贸易逆差有所下降。

（二）政策建议

我国育种理论研究与应用的结合有所滞后，无核胚挽救技术、风味品质遗传规律与基因标记理论、抗性相关基因挖掘等成果在品种改良中应用不够深入系统。建议尽快完成育种理论的技术化，加速无核香味耐贮运品种的培育、区试与示范推广。

制定我国鲜食和酿酒葡萄优势区域布局规划，实施品种多样化和区域特色化发展，进一步增加设施栽培比重；设专项示范推广轻简宜机、资源高效、绿色生态、品质优良、周年供应等系列关键技术和高质量生产技术体系；政府制定发展非耕地设施农业的补贴政策，促进非耕地设施葡萄产业的发展。

继续加强葡萄病虫害的监测预警，特别是葡萄炭疽病、蓟马、螨类及葡萄花翅小卷蛾等检疫性病虫害的监测与防控，加强绿色防控技术的研发和区域病虫害综合防控技术的集成与示范。加强我国葡萄优良品种无病毒种苗培育工作。

加强葡萄分区域宜机化技术研发。我国葡萄机械化水平26%~28%，但种植区域广泛，种植模式多种多样，作业环节多，地形地貌复杂，需要加大政策、资金的扶持和力度，加快农机农艺融合，研究不同区域的葡萄宜机化技术，形成区域机械化技术。

鼓励和支持葡萄酒企业与科研机构、高等院校的合作，共同开展葡萄酒酿造技术研究和创新，加快葡萄加工产业的标准化建设，推动葡萄酒生产全产业链技术的本土化。通过政策扶持、资金支持等方式，鼓励企业加强技术创新、产品创新。

优化葡萄种植区域布局，优化品种结构，做好差异化市场定位。以大宗消费为主，兼顾高中低不同档次的产品需求，基于市场需求和产区的特色组织规模化生产，特别注意都市近郊和偏远产区供给的葡萄产品类型的差异化生产，偏远主产区规模化种植必须注重品种的耐贮运性。

（国家葡萄产业技术体系首席科学家　段长青　提供）

2023年度桃产业[①]与技术发展报告

（国家桃产业技术体系）

一、桃、枣、樱桃生产变化分析

（一）桃产业

2023年，全球桃总产量达2 585.9万吨。其中中国产量达1 754.0万吨，占世界总量的67.82%，比2022年增长4.40%；其次是欧盟369.4万吨，占14.28%；再次是土耳其100.0万吨，占3.86%[②]。

2023年中国桃栽培面积约为1 550万亩，但桃产业发展地区差异明显。受土地保护政策影响，2023年多数省份桃栽培面积保持不变或有所下降，仅少数省份小幅提升。2023年，北京、辽宁、贵州、陕西、山东面积有所下降。其中北京桃种植面积约25万亩，辽宁约为54万亩，贵州约为95万亩，陕西为55.3万亩，山东为210万亩。河南、安徽、浙江、湖北、上海、江苏、云南、四川产区的面积总体保持稳定，其中，河南桃园面积为146万亩，湖北112万亩，安徽115万亩，浙江约43.2万亩，上海为6万亩，江苏为70万亩，河北为140万亩，云南80.1万亩，四川100万亩。广西、甘肃种植面积小幅增加，其中广西、甘肃桃栽培面积分别为32.8万亩和35万亩。

中国桃产业目前面临着一些挑战。一是桃农老龄化和劳动力成本上升；二是病虫害对桃产业的影响不容忽视，特别是长江流域桃产区危害较重的细菌性穿孔病有北移趋势，已造成一定程度的危害；三是受厄尔尼诺和全球气候变暖影响，极端天气多发频发，未来农业防灾减灾形势复杂严峻。

预计2024年，中国将继续对全球桃贸易市场发挥重要作用，国际市场对高品质桃的需求有望增加。

（二）枣产业

枣原产我国，现有栽培面积近2 000万亩，产量约600万吨，占世界95%以上，已成为我国大宗果树和极具国际竞争优势的特色果树。从产区分布来看，新疆、陕西、山西、山东、河北5个省份的枣产量排名前五。另外，甘肃、宁夏、辽宁等地的枣产业持续稳步发展，云南、湖南、四川等地的南方鲜食枣产业发展势头强劲。

目前，内地传统枣产区大多分布在太行山区、吕梁山区、黄土高原等地，整体栽培管理水平较低，加之红枣效益下滑，导致大面积枣园弃管，枣疯病发生普遍且严重。新疆产区枣农收益约362.7~865.7元/亩，枣农收益整体偏低。

[①] 本报告主要选取桃、枣、樱桃进行产业与技术发展分析。
[②] 数据来源：美国农业部。

（三）樱桃产业

2023年面积增速放缓，传统产区保持稳定，西北西南继续增加。2022年全国樱桃总面积约445万亩，其中甜樱桃约325万亩，中华樱桃约120万亩。设施栽培约20万亩，不含简易避雨栽培。山东、陕西和辽宁栽培面积为134万亩、65.5万亩和37.5万亩。樱桃栽培主要分布在西南地区，贵州占全国的50%。

全球樱桃产量480万吨。中国约100万吨，超过土耳其的90万吨，居全球第一，欧盟65.7万吨，美国42.1万吨。2022/2023产季，智利樱桃产量50.3万吨，总面积92万亩，未来产量将会翻倍。

目前，生产中突出问题如下：品种老化，国外引进占80%以上，新植区低水平重复；裂果及病害的发生成为许多产区的瓶颈问题；晚熟产区果蝇危害制约生产。

二、桃、枣、樱桃市场与贸易变化分析

（一）桃产业

全球桃进口总量为85.2万吨，前三位是俄罗斯（31.5万吨）、英国（7万吨）与伊拉克（7万吨），占总量的36.97%、8.21%与8.21%。全球出口总量为87.4万吨，第一位是土耳其为21.5万吨，欧盟（17万吨）及智利（10.5万吨）分列第二与第三位。

我国是桃和油桃产量最大的国家，也是最大的消费国，消费量占全球总消费量的66%。我国桃以鲜食为主（约为80%），加工量占总产量的18%。中国海关数据显示，2017—2022年，中国桃及其相关商品总出口量常年在20万吨左右。2023年，随着主要市场需求的复苏和国内物流改善，中国桃出口增长超过20%，其中80%以上销往了吉尔吉斯斯坦、越南和俄罗斯。在进口方面，中国主要从澳大利亚、美国和智利等国家进口桃和油桃。

国内桃市场价格呈现显著的季节性波动和地域性差异。早熟桃因上市早而价格最高，也波动最大；相反，中熟桃价格较低、波动较小。鲜桃价格通常在5月初达到峰值后下降，在7—8月保持相对稳定，9月之后缓慢上升。这种价格波动受季节性供应变化以及市场需求等因素的影响。不同品类桃价格还具有明显的地域差异，2023年总体均价比2022年微增。

预计2024年，中国桃产业可能在国内外贸易中面对更多挑战，在储运和销售方面尚有待完善与提升。同时，亟须加强新品种创制和改善桃贮藏和运输技术，实现减损以提高市场竞争力。

（二）枣产业

1. 枣市场价格变化情况

近年来，鲜食枣产业整体发展态势良好，市场价格相对稳定，且鲜食枣设施促成栽培经济效益显著。受新疆红枣的剧烈冲击，内地干枣价格严重下滑，市场极度萎缩。新疆红枣市场近20年来价格波动剧烈，收购价最高曾达每千克40元左右，之后快速下跌至6元左右，红枣价格一直稳定在较低水平。但2023年，全国红枣价格呈现企稳回升态势。

2. 枣贸易变化情况

我国是唯一进行红枣国际贸易的国家，出口韩国、日本、美国、俄罗斯、英国、法国、意大利、澳大利亚等20余个国家和地区。出口去向以亚洲为主，占总量的80%~

90%。出口品种为冬枣、金丝小枣、壶瓶枣、骏枣、稷山板枣等。截至 2023 年 11 月，全国 29 个省区红枣出口量共计 2.48 万吨，贸易额约 4.49 亿元，单向贸易趋势明显。

（三）樱桃产业

2023 年主产国批发价如下：美国 3.43~8.22 美元/千克，智利 6.71~13.43 美元/千克，加拿大 3.43~5.48 美元/千克，澳大利亚 6.83~13.65 美元/千克。中国市场 10—12 月，主要以空运进口甜樱桃为主，批发价 100~200 元/千克；1—2 月，主要以海运进口甜樱桃为主，到港后，价格逐渐降低，保持在 50~100 元/千克。同时中国本土甜樱桃陆续上市，1—2 月开始大连等地有少量制冷温室甜樱桃上市，价格 200~400 元/千克；2—3 月辽宁、山东温室甜樱桃上市，价格 200~300 元/千克；4 月中旬开始，冷棚甜樱桃开始供应，价格 60~100 元/千克；5 月上旬开始，露天甜樱桃陆续上市，价格从 15 元/千克到 80 元/千克不等。另外，3 月下旬—5 月上旬，中华樱桃（小樱桃）进入成熟期，价格 15~60 元/千克。我国甜樱桃流通主要为个体户和批发市场，电商和网购增多。

据海关统计，中国进口额达 190 亿元，加上中国香港地区进口额 95 亿元，总共为 285 亿元，未包含中国台湾进口的 15 万吨。樱桃罐头进口 150 吨，出口 2 812 吨，出口鲜食甜樱桃 16.72 吨。大连甜樱桃首次出口俄罗斯。

全球贸易总量持续增加，进口总量为 73 万吨。中国和俄罗斯排在前两位，各占 56.2% 和 16.4%。智利出口量第一，约 41.5 万吨，2023/2024 产季预计为 44 万吨，其中 92% 出口至中国。过去 10 年中，智利对中国出口增长了 7 倍。中国从美国进口低水平反弹。

三、桃、枣、樱桃加工与消费变化分析

（一）桃产业

总体情况：我国桃加工企业主要集中在湖南、贵州、河北等省份，湖南省、贵州省、河北省、湖北省、江苏省桃加工相关企业数量达 6 485 家，约占全国桃加工相关企业总数的 62.8%，共 834 个黄桃品牌，产业集中度相对较高。

加工发展的基本特征与存在问题：桃干燥加工产品多样化是主要趋势，出现了各种口味的产品，无添加、无硫、无糖的健康桃干产品的需求增加，促使企业加大对产品质量和安全的控制。中国桃干燥加工产品开始向国际市场拓展，出口量渐增，在亚洲和欧美国家市场上有着较好的表现。一些产区，如浙江，涌现了一批集研发、生产、销售于一体的果酒生产企业，深化了水蜜桃产业链，助力解决了长期以来熟桃运输不便导致滞销的问题。然而，加工方面还存在以下问题：一是没有专用加工品种，加工原料供应量和时间不稳定，品质参差不齐；二是生产标准化程度不够；三是加工品类还不够丰富。

消费特征：供求矛盾由数量转向质量。我国桃产业近年来迅速发展，致总产量趋于饱和，阶段性或区域性过剩时有发生，然而口感不甜、香气不足以及"萝卜桃"问题频发，主要原因包括过分追求品种耐贮运性，致风味不足；果实采收时成熟度不够，无法充分展现风味品质；过度追求产量也是影响风味的主要因素。在网络销售时，难贮运特点导致快递运输损耗较高，消费者投诉退款较多是痛点。

发展形势：2024 年，中国桃加工行业预计将继续增长，特别是在品质提升和供应链扩展方面将进一步完善。随着种植技术的进步和市场需求的变化，更多桃果预计将用于加工，从而提高整体市场效率和利润。同时，全球桃加工行业也将注重产品创新和市场多元

化，以适应不断变化的消费需求和市场环境。

（二）枣产业

1. 枣加工领域变化分析

目前，枣仍以初加工为主，精深加工产品比例较低。初加工工艺简单，品种单一，附加值低。干制是红枣最主要的初加工方式，大多以原枣形式销售。另外还有枣片、蜜枣、枣泥、蒸食枣等。红枣深加工少，产品主要有枣醋、饮料、口服液等。由于红枣精深加工产品少，转化率低，企业小而散，行业领军龙头企业缺乏，品牌引领能力较差。因此，丰富红枣产品种类，改善加工工艺水平，提高红枣综合利用价值，已成为近年来关注的重点。

2. 枣消费情况变化分析

近年来，我国红枣消费量快速提升。2005 年我国红枣表观消费总量为 248 万吨，人均消费量为 1.9 千克；2018 年表观消费总量达 735 万吨，人均消费量 5.3 千克。红枣消费方式地域特色明显。东北、西北、华北地区以直接食用为主，部分泡水、煲汤、制作成糕点食用。中东部地区也以直接食用为主，部分用来熬粥、煲汤，少部分用来泡水、制作成糕点食用。华南地区以煲汤为主，部分制成糕点食用。

（三）樱桃产业

加工方式仍以保护性加工为主，规模化加工尚未形成。加工品从果汁、果酒、果脯等扩展到脱水干制品等休闲食品。中华樱桃和果仁加工利用逐步受到重视。企业规模较小，生产和加工脱节。世界樱桃加工以酸樱桃为主，已实现产、加、销一体化经营。脉冲电场处理可减少脱苦工艺中 80% 以上苦杏仁苷和氢氰酸，为果仁利用提供了解决方案。

全球消费呈上升趋势。中国是消费第一大国，约 200 万吨。消费者偏爱大果、深红、高甜度的樱桃。国产樱桃品质不断提升。进口甜樱桃近 50% 的消费者位于一二线城市。樱桃线下销售占 70%。樱桃消费主要存在国产樱桃缺乏竞争力、产后贮藏与包装产业链落后、缺乏标准化生产模式等问题。

四、桃、枣、樱桃技术研发变化分析

（一）桃产业

本年度桃产业砧木研究单位不断增多，研究力度加大。2023 年我国从樱桃李中选育出桃砧木新品系 40 余个，从黑刺李中选育出 5 个矮化砧木新品系。本年度国内外关注技术研究的重点在桃砧木抗性、砧穗互作及砧木繁殖方面，而砧木抗性和砧穗互作一直是国内技术研究重点。

种质资源评价的深度加强、广度拓宽。果实营养品质的评价和香气成为桃果实评价的重点和热点，抗逆性、抗病性评价越来越受到关注，桃需冷量的鉴定评价持续稳定推进。品种选育稳步推进，迭代更新，分子指纹图谱在桃品种权保护中系统应用，分子标记早期选择已经由质量性状转为数量性状。

质量安全与营养品质评价方面，高品质桃产业发展相关技术储备不断增强。农药残留登记方面，2023 年桃上共登记农药 118 条；生长调节剂登记方面，现阶段我国已登记植物生长调节剂 1 600 条，其中单剂 39 种与混剂 95 种，但桃树上登记仅多唑·甲哌鎓一条；检测技术方面，新增食品安全国家标准 76 项，涉及类别 50 项，由注重有害物质检测，到更注重营养物质检测与定量。

栽培技术方面，绿色、高效栽培管理模式逐渐取代落后栽培管理模式。2023年各产区推广应用的技术主要有二主枝及多主枝省力化修剪技术、果园生草技术、迷向素生物防控技术、病虫害物理防控技术、降低树高、省力化施肥技术、节肥提质增效技术等。新建园多采用Y字形树形，实行宽行密植栽培模式。

花果管理研发技术方面，主要集中在果实套袋、疏花疏果、油桃裂果、外源物质施用以及适宜采收成熟度等方面。国际上，花果管理研发技术主要集中在合理负载、果实套袋、适宜采收成熟度、果实品质调控与评价以及降低春季低温冻害等方面。

发展形势：2024年，中国桃产业将强化种植技术的创新，包括利用设施栽培和低纬度高原的优势，培育早中熟高品质品种，并朝省力化方向调整。技术发展的重点将继续集中在提高种植效率、改进品种质量和提升果实质量等方面，以适应国内外市场的需求和挑战。

（二）枣产业

1. 资源和育种

2023年，在枣种质资源评价、营养品质和功能基因挖掘、基因组组装与遗传规律等方面取得了重要进展。资源评价方面，分析了118个枣资源表型性状的遗传多样性，从形态学和细胞学方面观察了葫芦枣和磨盘枣缢痕发育进程。品质方面，比较了210份资源间糖酸风味构成差异，建立枣果糖酸风味评价体系。枣和酸枣中鉴定出120多种三萜，多为狼烷型和熊烷型。枣果中检测到14种氨基酸，8种含量较高。发现枣果皮是天然类黄酮醇和酚的来源，黄酮醇为主要色素之一。ZjWRKY23和ZjWRKY40通过靶向下调ZjCKX5参与枣果实大小调控。遗传育种方面，发现临县是晋陕地区重要的基因交流中心，表明果实形状、颜色、质地等8个性状是多基因控制数量性状，倾向父本遗传。基因组方面，首次实现了枣基因组12条染色体无间隙组装。

2. 栽培技术

2023年，枣树栽培技术在土肥水、整形修剪、生长调节剂、病虫害方面共发表文章30篇。土肥水方面，发现适当提高氮源和盐处理可提高果实品质。喷施钙肥可降低纤维素酶、果胶酶活性，减少裂果发生。喷施硒、硼、锌等中微量元素，可促进枣叶片和果实发育。增加滴灌水温可提高肥料利用率，增加产量。枣生长发育调控方面，喷施莽草酸可促进枣树营养生长，改善果实品质。环磷酸腺苷可加速种子萌发，降低实生苗开花节位，提高开花株率。整形修剪方面，发现环剥后涂抹500倍几丁聚糖液可提升树体营养，提高坐果率。"冬枣"设施栽培条件下，主干形树形果实品质较好、产量较高。

3. 病虫害防控

病害研究方面，研发了枣疯病快速检测试剂盒，计划于2024年在枣疯病发生严重产区进行试验示范。发现链格孢属（Fr）Wiltsh和链格孢属可能是引起红枣黑斑病的主要真菌，并指出GA的过量使用可能是免疫力下降的主要原因。

4. 加工技术

基于枣梯度加工原则，采用微波—热风耦合、超声波—中短波红外耦合、射频—中短波红外耦合干燥红枣技术，缩短干燥时间，节省能源，提高干燥效率和品质；采用超声辅助可控酶解技术，通过低温浸提工艺制备枣原浆产品；通过可控益生菌发酵红枣渣，采用冻干联合低温粉碎技术制备益生菌枣粉产品；基于食药同源的食材，通过科学配方，采用加工复合枣产品；采用高效复合酶制剂联合机械磨皮法制备去皮枣产品。

（三）樱桃产业

1. 国内樱桃技术研发

国内新增种质资源保存174份。山东省果树所、烟台农科院培育的'如意'、'鲁樱'系列等甜樱桃品种待审定，上海交大系列低需冷量优系已完成鉴定并公布了细花樱桃基因组。昌黎果树所'玲珑脆'入选2023年农业农村部1 000项农业科技成果。四川农大'蜀美人'等中华樱桃已申报植物新品种权。

栽培模式逐渐向高密度、省力化方向转型。避雨栽培成为重要发展方向。纳米材料破眠剂为替代单氰胺提供了选择。防裂果膜、纳米气泡水灌溉技术、无人机授粉、补光等技术为高效生产提供了保证。北方制冷棚可1月采收，但遭遇智利樱桃大量上市。甜樱桃栽培继续成功向南推进。

利用纳他霉素纳米颗粒—壳聚糖涂膜、辛烯基琥珀酸木薯淀粉酯抗菌薄膜、气调复合1-MCP保鲜等保鲜效果显著。

我国樱桃种植单位规模偏小，品种落后，老果园面临更新。苗木生产缺少监督。设施栽培中大量采用生长调节剂进行保花保果，适合设施的整形技术亟待建立。晚霜及低温冻害严重影响安全生产，缺乏有效预防手段。果实采后保鲜和冷链物流设施发展滞后。

2. 国外樱桃产业的技术进展

国外已选育出新一代大果、硬度高、风味好、耐贮运新品种。宽行窄株等现代化栽培模式普遍采用。采后新技术及新装备不断涌现并得到快速采用。国家层面行业组织化程度高。

五、主要结论与政策建议

（一）潜力与存在问题

1. 桃

全球桃种植面积缓慢增加，我国也将稳中有增，通过体系的技术革新和管理技术进步，预计品质和产量将进一步双增长。在国际市场上，未来中国将继续在桃贸易市场中发挥重要作用，国际市场对高品质桃的需求有望增加，我国加工桃产业目前规模和品类较少，有较大潜力。

目前桃产业也存在很多问题：一是生产农户老龄化问题日益突出，农业新技术的接受和应用能力偏低；二是产业规模化程度依然不够，产业链不够完善；三是种植结构和栽培模式仍不尽合理，桃果质量有待提高。单一品种栽植面积过大，给销售造成较大压力。高密度栽培致农机具使用受限，大肥大水、高浓度高频次喷药，致果实内在品质下降；四是气候变化导致产业不确定性增加，特别是桃树病虫害和自然灾害加剧。

2. 枣

虽然当前我国枣产业仍面临诸多困难和挑战，但也迎来千载难逢的历史机遇。2023年，全国枣产业已呈现企稳回升，红枣销售价格普遍上涨。抓住这一历史机遇，及时科学应对，枣产业方能迈上新台阶，走入现代化。

3. 樱桃

我国成为樱桃生产和消费第一大国。同其他水果比，樱桃仍然是效益最高的树种之一。国产市场行情整体好于往年。设施樱桃纯收入同比下降。随着智利瞄准中国3—4月市场，北方设施樱桃将迎来新挑战。自主品种选育出现突破。甜樱桃栽培继续向南推进，西北西南栽培面积显著提高。种植模式仍然落后，以农户为生产单元的占95%以上，劳动力老龄化。

（二）政策建议

1. 桃

研究并推广先进的种植和管理技术，推动果园生产模式转变，提升桃农技术水平和生产效率。通过农业科技培训，向桃农传授最新的农业科技知识。鼓励使用现代化农业机械设备，提高效率、减小劳动强度。

加强产业链整合，促进产销对接，提升桃产业整体效益。鼓励优势产区创建桃产品品牌，助推桃产业升级，结构优化，管理标准化，扩大产区的影响力。建立冷链物流系统，运输和储存中采用冷藏技术以保持桃果实新鲜度和质量。定期进行市场研究和趋势分析，以了解消费者需求和市场动态。开拓桃深加工和出口市场，实现产品多元化，提升附加值。

调整优化品种结构，提升果品质量。增加油桃、蟠桃的比例，注意早、中、晚熟期品种结构均衡配置。增加黄肉离核鲜食品种、油蟠桃品种等特色类型。要通过种植密度的调整、老果园密植树改造技术、合理肥水管理技术和套袋技术等，严格执行果品质量标准。

进一步推广病虫害综合防控技术，兼顾桃抗病材料的选育。深入研究桃主要病害的发生发展及流行为害规律，研究病原菌的群体遗传、致病机理及对常用杀菌剂的抗药性发生机理，加强联合攻关，整合抗性资源，选育抗病品种。持续开展对有潜在爆发趋势的害虫进行防控技术和产品的筛选、研发。

2. 枣

产业转型的目的是实现产业高效和可持续发展，成功的关键是顺应和引领潮流，根本出路是去产能调结构、提高品质安全性、实现产品和市场多样化。度过转型期后的枣产业，应该是规模化企业化经营、省力化标准化管理、优质化安全化生产、多样化国际化营销、一二三产业融合全面协调发展的现代化果品产业。

3. 樱桃

（1）加强新品种选育的持续稳定支持。

（2）加大对龙头企业的支持力度，推动生产方式的变革。

（3）推动樱桃向西南、西北及暖地的转移和规模化生产。

（4）加强对全产业链的生产组织和管理，对抗外部冲击。

（国家桃产业技术体系首席科学家　姜全　提供）

2023 年度香蕉产业与技术发展报告

(国家香蕉产业技术体系)

我国是世界第二大香蕉生产与消费国,也是世界第二大香蕉进口国。香蕉在我国果业中具有比较重要的地位,2022 年香蕉产量位居我国园林水果第五位,产量和产值在热带水果中均排第一,香蕉产业成为支撑热带地区乡村振兴的重要产业。

一、香蕉生产变化分析

1. 国内面积和产量①

国家统计局和农业农村部数据显示,2022 年我国香蕉种植面积、收获面积、单产和总产分别为 490.3 万亩、449.7 万亩、2 618.6 千克/亩和 1 177.7 万吨,同比分别增加 0.3%、增加 1.9%、减少 1.5%、增加 0.4%,产值为 403.0 亿元。预计 2023 年国内香蕉种植面积、产量和产值分别为 500.0 万亩、1 200.0 万吨和 444.0 亿元。

2. 成本收益

根据体系监测数据,2023 年全国香蕉平均生产成本 7 550 元/亩、同比上涨 5.0%,每亩收益 9 688.9 元/亩、同比增加 12.1%,每亩成本利润率为 28.3%、同比增加 7.8 个百分点,种植环节收益约为 444.0 亿元、同比上涨 10.2%。

3. 香蕉生产中的突出问题

(1) 局部区域枯萎病蔓延,新的病虫害不断发生。通过抗病新品种、病原菌快速检测、微生物菌肥研发及配套栽培技术等为主的枯萎病综合防控体系,实现"有病无害"和"可防可控"。但不同香蕉园发病原因各异,防控技术可复制性不足。同时,存在"最后一公里"问题,很多小规模散户缺乏有效防控措施和意识,和大蕉园相比,小蕉园发病率更高,可达到 10%~30%,部分管理不到位的甚至高达 40% 以上。如云南,超过 10% 的蕉园发病率达到 30% 以上。同时,随着抗病品种引进和推广,新的病虫害如细菌性软腐病和细菌性鞘腐病在部分地区发生较为严重,与枯萎病常有复合侵染现象,蕉农对新病害缺乏认知,误认为都是枯萎病,不利于及时有效防控,香蕉生产上的病虫害防控没有得到根本性解决。

(2) 农机农艺不配套,生产效率不高。机械化在香蕉生产的水肥一体化灌溉、无人机植保施药、索道运送以及采后处理保鲜方面发展较快,但受限于香蕉园普遍采用的密植种植模式,种植管理的机械化程度较低。近年来,体系探索了宽窄行种植模式,解决了农机进蕉园作业的难题,但目前宽窄行种植模式面积较小。由于农机农艺不配套,我国香蕉的劳动生产率和投入产出率与世界香蕉主产国相比偏低,近 5 年 (2018—2022 年),印度尼西亚、厄瓜多尔和菲律宾的香蕉劳动生产率分别是我国的 1.31 倍、1.20 倍和 1.02 倍;

---

① 未包括我国台湾地区的香蕉数据。

印度尼西亚、印度、厄瓜多尔、巴西和菲律宾香蕉投入产出率分别是我国的 4.10 倍、2.64 倍、2.38 倍、1.38 倍和 2.13 倍①。

（3）产业链条不完整，融合度不高。部分主产市县建有冷库用于储存香蕉，但总体上我国香蕉主产区的存储设施处于量少、规模小的阶段，不能满足香蕉储存和运输需求，无法缓解价格异常波动对产业造成的影响，蕉农没有价格话语权；也不利于保持香蕉品质，间接降低市场竞争力。而一些香蕉主产国和出口大国，如厄瓜多尔和菲律宾，香蕉采后的常温时间不超过 4 小时，大农场的香蕉采收包装后即装入冷藏货柜，国内香蕉从产地采收到销地批发市场存在长达 2~3 天的常温。

种植、加工、物流及批发零售是香蕉产业的主要利润环节，但国内还是以鲜果产品为主，深加工率只有 3%，与厄瓜多尔、菲律宾等主产国 20% 以上的深加工率相比有很大差距，并且深加工品类单一，国外利用香蕉已加工成很多营养丰富的食品，如印度、菲律宾、印度尼西亚等国的加工品有香蕉片、香蕉粉、香蕉原浆、香蕉果汁、香蕉果酱、香蕉啤酒、香蕉淀粉等；香蕉副产物开发的产品有：香蕉纤维、再生能源、生物活性物质、发酵饲料等，并且有专门的加工品种。长期以来，我国香蕉茎叶主要堆放在田边空闲地，甚至当"废物"直接焚烧，副产物的饲料化、肥料化等利用严重不足，香蕉茎叶副产物/香蕉果品的重量比约为 2.4。香蕉采后商品化处理不足，分等分级和品牌营销比例偏低，严重影响香蕉销售价格。

4. 世界香蕉面积和产量

FAO 数据显示，2022 年世界香（大）蕉收获面积为 1 267.4 万公顷、同比增加 4.3%，其中香蕉 594.0 万公顷、同比增长 1.5%，大蕉 673.4 万公顷、同比减少 0.9%；产量 17 926.3 万吨、同比增加 5.3%，其中香蕉 13 511.2 万吨、同比增加 2.3%，大蕉 4 415.1 万吨、同比减少 2.6%。2022 年世界香蕉单产 22.7 吨/公顷、同比减少 3.1%，大蕉单产 6.6 吨/公顷、同比减少 1.5%。

5. 2024 年国内外香蕉生产趋势

（1）规模稳中有增，但受耕地非粮化政策影响，局部区域种植面积将减少。2018 年以来，我国香蕉产业以"控面积、调结构、防病害、绿色化"为目标，实现面积和产量的稳步调控。2022 年种植面积、收获面积和产量同比 2017 分别减少 14.5%、减少 15.5%、减少 8.6%。受 2018—2023 年香蕉市场行情总体稳定的积极影响，2024 年中国香蕉产业规模将稳中有所上升。近年来，受耕地非粮化政策影响，部分香蕉主产区的相关部门对已种植香蕉采取铲蕉、推平等，禁止种植香蕉及其他经济作物，未来将影响香蕉种植规模。

（2）枯萎病综合防控技术体系推广力度持续加大。"十三五"以来，体系针对枯萎病频发的产业难题，形成了以"蕉园土壤病原菌含量快速检测为指导、土壤调理培肥为基础、抗（耐）病品种选育应用为核心、有益微生物添加为补充、少耕免耕栽培为配套"的"五位一体"枯萎病综合防控技术体系。该技术体系可使重病区（发病率 30% 以上）枯萎病发生率降低至 10% 以下，中度和轻度感病区（发病率 10% 以下）枯萎病发生率降低至 5% 以下，有效遏制枯萎病的蔓延和危害。2022 年 11 月，农业农村部发布了由香蕉体系起草的《香蕉枯萎病防治技术规范》。2023 年，该技术体系推广面积占比 50% 以

---

① 数据来源：FAO 和网络数据。

上，随着枯萎病防控配套技术体系的完善和健全，推广面积将逐步提高。

（3）香蕉品类结构持续优化。随着特色蕉的育种、栽培和采后保鲜技术的成熟，以及在经济效益的推动下，特色蕉种植面积比例逐步提高，2023年已占蕉类的22%，其中粉蕉19%、贡蕉2%、大蕉1%。"十三五"以来，体系选育出特色蕉品种11个（金粉1号、矮粉1号、粤蕉系列、美食蕉系列等）。相对于香芽蕉，特色蕉价格稳定且较高。根据体系监测数据，同期特色蕉地头价比香（芽）蕉高1.5~3.0元/千克，2023年3月粉蕉地头价高达9.0~9.5元/千克。受市场需求引导及配套栽培和采后保鲜技术的完善，2024年香蕉品类结构将得到进一步优化。

（4）全球气象灾害和病虫害灾害加剧。全球变暖导致干旱、洪水、飓风和其他自然灾害更为频发，使得香蕉生产越来越困难。气温不断上升使得香蕉枯萎病等植物病害和虫害蔓延得更快，影响更加严重。目前21个国家已经确认发现了TR4，主要在南亚和东南亚，但也有中东、非洲、大洋洲和拉美国家。TR4对于全球香蕉生产和贸易的潜在经济影响的评估表明，TR4的进一步蔓延，将导致相关国家香蕉行业的收入和就业的巨大损失，并造成进口国消费价格的大幅上涨，其影响的程度取决于病害的实际蔓延情况。如菲律宾在全球香蕉出口量大幅减少，从常年第二下降到第五位，很大程度是枯萎病造成的。2022年菲律宾香蕉出口量为230.2万吨，2023年将进一步下降，菲律宾香蕉出口高峰期（2014年）高达792.8万吨。另外，俄乌战争、巴以冲突对全球供应链、化肥市场、运输路线和出口市场准入的影响存在不确定性，进一步加剧了风险。

二、香蕉市场与贸易变化分析

1. 2023年我国香蕉市场价格变化情况

根据国家发展改革委、农业农村部及体系监测数据，2023年香蕉产地综合平均价格为3.7元/千克、同比上涨12.1%；市场批发价格6.1元/千克、同比上涨5.5%；市场零售价格9.0元/千克、同比上涨3.1%。

2. 2023年世界香蕉市场价格变化情况

根据对联合国贸易统计的最新数据分析，2022年世界香蕉出口均价为555.5美元/吨、同比增4.5%；其中出口量前5国家厄瓜多尔、危地马拉、哥伦比亚、哥斯达黎加和菲律宾的出口均价分别为493.5美元/吨、387.2美元/吨、452.5美元/吨、494.8美元/吨和790.9美元/吨，同比分别减少0.9%、增加16.0%、增加0.1%、增加7.1%和减少2.1%。粮农组织报告显示，农场香蕉收购价格仍然"停滞"在非常低的水平，主要是因为价值链的竞争、一些生产国的质量问题，以及乌克兰战争等因素。2022年出口单价下降幅度最大的是科特迪瓦，出口均价为257.0美元/吨、下降了9.6%；其次是尼加拉瓜，2022年出口均价为257.0美元/吨、下降了3.8%。

2022年世界香蕉进口均价为720.2美元/吨、同比增4.6%，其中进口量前5位的国家是美国、中国、德国、日本和荷兰的进口均价分别为578.3美元/吨、642.1美元/吨、746.3美元/吨、844.7美元/吨和753.5美元/吨，同比分别增3.9%、增15.1%、减4.0%、减4.5%和增0.7%。欧盟香蕉进口价格呈上升趋势，2022年每吨均价为944美元，同比上涨2%。

3. 2023年我国香蕉贸易变化

受全球香蕉供应量减少影响，2023年中国香蕉进口量减少至176.8万吨，同比减少

2.3%，主要进口国为菲律宾、越南、柬埔寨、厄瓜多尔和老挝，占全球进口量约 9.5%，平均进口单价同比增长 1.2%。

受枯萎病影响菲律宾香蕉生产持续面临困难，该国进口份额从此前的 50%~75% 降至 2023 年的 38.8%（2007 年该比例为 91.5%），是 2001 年以来的最低水平。2023 年 5 月中国与厄瓜多尔签订自由贸易协定，2023 年上半年厄瓜多尔产量同比增长近 10% 的影响，2023 年从厄瓜多尔进口 26.6 万吨，同比增长 33%。近几年，中国从越南进口香蕉的增速较快，2015—2023 年中国从越南进口香蕉数量从 1.0 万吨上升至 50.5 万吨，进口量占比从 0.9% 增至 28.6%，主要原因是越南在地理位置上更靠近中国以及中国香蕉种植面积持续缩减，导致越南香蕉对华出口增加。

4. 世界香蕉贸易变化

联合国粮农组织（FAO）《2023 全球香蕉市场回顾》显示，2023 年全球香蕉贸易回暖，总出口量增至 1 920 万吨，但多数供应国出口供给仍然不足。全球主要进口市场需求强劲，部分欧盟国家的进口均价增长了 10% 至 15%。中国进口量受供给影响降至 176.8 万吨，但从厄瓜多尔的进口增长了 33%。

（1）出口。2023 年上半年全球香蕉出口量略有增长，估计全年出口量将比 2022 年增长约 0.3%，达到约 1 920 万吨。哥伦比亚、墨西哥等国遭遇大雨、热带风暴等恶劣天气，香蕉枯萎病 TR4 在菲律宾、秘鲁和委内瑞拉持续蔓延，这些因素都造成出口供应量减少。除厄瓜多尔、危地马拉等国以外，大多数香蕉供应国仍处于负增长，一些国家降幅高达两位数。

估计 2023 年全球主要出口地区拉美和加勒比地区的出口量增长 1.3%，总量约为 1 470 万吨，比 2022 年高出约 20 万吨。全球最大的香蕉出口国厄瓜多尔 2023 年前 8 个月的出口量增长了约 7%，意味着该国全年的出口总量将增至约 620 万吨。2023 年上半年该国产量同比增长近 10%，缓解了 2022 年产量不足造成的困境。

2022 年该地区第二大出口国危地马拉的出口量在 2023 年前 8 个月增长了近 10%，全年出口估计为 240 万吨。第三大出口国哥伦比亚在上半年遭遇暴雨，影响了香蕉的出口量和质量。哥伦比亚海关总署的贸易数据显示，2023 年前 8 个月该国的出口量同比下降近 30%，而平均出口单价增长了 12%。

2023 年亚洲香蕉出口减少约 4%，降至 370 万吨左右，为该地区出口量连续第四年下滑。菲律宾仍是亚洲主要出口国，约占亚洲香蕉出口量的 60%，但其产量受到枯萎病 TR4 蔓延的严重影响。菲律宾香蕉种植者和出口商协会 2023 年 4 月的信息显示，菲律宾约有 1.5 万个种植园受到 TR4 的影响，2023 年菲律宾香蕉出口量估计下降 3%，降至 220 万吨。

中东市场需求继续推动印度香蕉种植园的增长，预计 2023 年印度香蕉出口量增至约 45 万吨，同比增长 25%。柬埔寨香蕉出口在 2023 年上半年受不利天气的影响，同时该行业利润率低使得农民转种其他作物，估计该国出口量全年下降近 30%，至约 28 万吨。

2023 年非洲香蕉出口量预计增长 2%，达到 67 万吨，主要因为科特迪瓦的供应量增长 4%，达到约 34 万吨，

（2）进口。2023 年全球香蕉净进口量增长 1%，至 1 870 万吨。在大多数主要市场，香蕉的进口需求依然强劲，但进口量的增长受制于哥斯达黎加、哥伦比亚和菲律

宾等主要生产国的出口供应减少。在通胀压力下，香蕉继续受益于相对便宜的价格，在欧盟和美国消费者中很受欢迎。2023年1—9月，大部分主要市场的进口均价增长了8%~15%。

2023年全球最大的香蕉进口地区欧盟的净进口量约为500万吨，仍比疫情前低10%。由于供应不足但需求强劲，2023年前7个月，荷兰、比利时、德国、意大利等国的进口均价同比上涨了10%~15%。2023年前8个月美国的香蕉净进口量增长了1.5%，估计全年总量为410万吨。

三、香蕉加工与消费变化分析

目前，我国尚未形成香蕉精深加工产业体系，97%的香蕉直接鲜食，深加工率较低，加工产品大部分为香蕉干、部分为香蕉浆和香蕉粉。香蕉加工率低的主要原因是香蕉加工易褐变与味变；含糖量高、黏度较大，加工过程中不易渣汁分离和干燥；加工成本高，缺少系列加工技术与专用设备等，以上这些关键问题限制了香蕉加工业的发展。国内外香蕉加工业已由传统初加工向现代化深加工方向发展，香蕉加工产品由单一产品向多元化、高质化、功能化方向转变。

我国是香蕉消费大国，消费总量居全球第二位，2022年表观消费量为1 506.4万吨、同比减少1.0%，人均年消费10.67千克，为世界平均水平的66.9%。随着我国特色蕉——粉蕉和贡蕉种植规模的扩大，消费蕉类的多样性逐步得到满足。收入水平提高、膳食结构调整等推动着香蕉消费持续升级，消费者对于绿色优质香蕉具有强烈需求，越来越多倾向于选择品牌香蕉、功能香蕉、有机香蕉和超甜香蕉等，多元化、个性化的需求显著增多，稀有特色品种受到消费者的喜爱。2022年开始从南美进口有机香蕉。

2022年世界香（大）蕉人均消费量为22.98千克（其中香蕉17.32千克）。随着消费水平提高，一些主要香蕉进口国的有机香蕉消费比例逐步提高，如美国和欧盟。相关数据显示，2023年1—7月，世界最大的传统和有机香蕉出口国厄瓜多尔共出口香蕉420万吨，其中8.5%为有机香蕉、出口量35.7万吨，有机香蕉中76%出口到美国。厄瓜多尔有机香蕉第二大出口目标市场是欧洲，2023年前7个月厄瓜多尔出口欧洲市场的有机香蕉占其出口总量的19%。

四、香蕉技术研发变化分析

1. 香蕉育种技术变化情况

近年来，杂交育种在主食蕉（EAHB和plantain）上取得了较大进展，非洲香蕉研究中心（CARBAP）获得的'K74'是首个推向市场的无BSV的plantain-like品种。乌干达国家农业科学院（NARO）在国际热带农业研究所和国际生物多样性组织合作，培育出的NAROBan1、NAROBan2、NAROBan3和NAROBan4以及NARITA 4已经在东非国家进行较大面积的推广。

通过杂交育种培育出替代现有鲜食蕉（Cavendish）方面还没有取得突破性进展。由于杂交育种的时间过于漫长，香牙蕉的育种目前主要采用自然变异选种、细胞工程诱变育种技术。如我国台湾香蕉研究所（TBRI）利用组培过程中可能产生的变异，在枯萎病重区有针对性地开展大规模评价，筛选抗病的变异株系，从'北蕉'中选育出'台蕉1号''台蕉5号'和'宝岛蕉'等抗（耐）枯萎病品种；广西农业科学院通过此方法，选育出

'桂蕉9号'。国内各香蕉研究机构主要通过物理辐射诱变培育新品种，代表性的品种有'中蕉8号''中蕉4号''中热1号'等。

通过分子育种技术提高香蕉育种效率，或通过基因工程定向改良主栽品种，已成为研究热点和育种方向。香蕉的遗传转化研究近些年取得了较大进展，首例香蕉转基因成功先例即是利用基因枪法转化Bluggoe（ABB的）胚性细胞悬浮系（ECS）。目前，已通过农杆菌成功转化香牙蕉、EAHB、Plantain、Rasthali、Lady finger、Kunann等多个栽培类型，为香蕉的基因工程育种奠定基础。近期，澳大利亚已培育了转基因品种，符批售上市。然而，从香蕉上尚未挖掘到可供育种利用的优异基因，这阻碍了香蕉基因工程育种的进程。

近年来，CRISPR/Cas9基因组编辑技术在植物中应用越来越广。在香蕉上，以白化基因PDS为靶标成功建立了CRISPR/Cas9基因组编辑技术体系，国际热带农业研究所（IITA）的学者通过基因编辑，去除了plantain（AAB）基因组中的内源BSV（eBSV）序列，获得了BSV-free的株系用于后续的杂交育种。

由于主栽香蕉品种多为三倍体，难以像其他作物一样通过遗传分离来去除基因组编辑种质中的载体片段，限制其在产业上的应用。近期，体系通过将基因组编辑元件和基因清除元件整合在同一载体上，实现在靶位点发生基因组编辑后对引入的功能基因成分进行删除，整个过程无须进行额外处理，此技术体系的建立为香蕉基因组编辑技术的产业应用奠定了基础。

我国主要基于体细胞变异筛选，选育抗枯萎病的香牙蕉品种，然而体细胞变异品种容易丧失抗性。缩短育种周期，利用生物技术手段和方法是今后香蕉遗传育种研究的趋势。因此，只有通过大规模资源评价、育种技术创新、基因资源挖掘等前期基础研究的长期积累和储备，才能培育持久抗性的抗病虫香蕉品种。

2. 栽培与土肥技术变化情况

我国香蕉生产基本采用大水大肥种植模式，不仅影响香蕉品质，而且破坏土壤，导致香蕉枯萎病蔓延。同时，非适种植或轮作（换地）防治枯萎病的方式以及劳动力紧缺和无法实现机械化等问题，也在一定程度上限制了香蕉的持续发展。"十四五"期间，针对上述问题，体系制定了两个明确的研究方向，研究结果：①有机无机平衡施肥、水肥一体化施用具有以肥治肥改土、培肥沃土、节水节肥等优点；②"香蕉宽窄行模式+宜机化栽培"是我国香蕉产业持续发展的方向。体系未来将从以下两方面进行全面和深入研究及技术推广应用。首先，开展碱性肥料技术的产业化及产品在香蕉产业中推广应用技术模式的研究，并进行新技术储备研究，为碱性肥解决香蕉枯萎病和健康生长提供技术和产品保障。其次，推广适于集约化、轻简化、机械化方向发展的"宽窄行模式+轻简施肥+绿色包膜肥料+机械化栽培"技术。

3. 病虫草害技术变化情况

2023年，体系通过对产区蕉园病虫害发生情况的调查，发现随着抗病品种的引进和推广，病虫害尤其是香蕉细菌性病害发生尤为严重，其中，香蕉细菌性软腐病和细菌性鞘腐病在部分地区发生较为严重，并与香蕉枯萎病常有复合侵染现象。针对上述问题，体系开展了细菌性褐腐病（Pectobacterium carotovorum）和细菌性黑腐病（Klebsiella variicola）的田间发生情况监测；完成了香蕉鞘腐病Dickeya dadantii全基因组序列测定，系统开展其侵染途径和防控技术研究；发现和鉴定了'桂蕉1号'上一种新细菌性病害——鞘氨醇杆菌 Sphingobacterium，并开展了该病害的防控指导工作；明确了海南澄迈县贡蕉眼斑病 Bipolaris oryzae 田间发生消长动态，并开展了防治药剂的筛选等试验研究；在云南、广西、贵州黔西南局部区域，一些次要或局部发生的病虫害，如严重危害幼果的褐足角胸叶甲、次要害虫香蕉叶螨、香蕉冠网蝽等有演变与流行风险，并在个别散生的蕉林发现危害新记录害虫——芭蕉异蝽（暂定）。同时，针对蕉园主要病虫害开展了蕉园配套防控技术研究，大量筛选和开发利用了香蕉枯萎病土壤拮抗菌、开展了集成大疆 T50 植保无人机防治香蕉叶部真菌病害轻简化技术研究；针对农药残留超标的实际问题，对蕉园主要虫害蓟马和褐足角胸叶甲开展了最佳防治时期、生物药剂筛选等蕉园配套防控技术研究，达到了提高防效、减少农药施用量、省工、降成本等目的，具有较好的生态、社会和经济效益；同时还开展了捕食螨防控蓟马、假茎象甲生防菌资源的开发利用等绿色防控技术研究，为蕉园绿色防控技术体系的建立提供科学依据和基础。

4. 机械化技术变化情况

2023 年，机械化生产在香蕉水肥一体化灌溉、无人机植保施药，索道运送以及采后处理保鲜方面发展较快。针对无人机植保施药的作业标准不统一、效果参差不齐，体系对蕉园高效飞防作业关键部件及蕉园飞防作业方案进行改进，以提高蕉园病虫害防治效率。受限于香蕉园普遍采用的密植种植模式，香蕉种植机械化程度较低，针对此问题，体系探索了宽窄行种植模式，解决了农机进蕉园作业的难题，实现了蕉园农机农艺的有效结合，但目前宽窄行种植模式面积较小，还需在主产区范围大力开展推广示范。在蕉园智能化方面，香蕉长势、营养状况以及病虫害监测是当前的研究热点，但目前国内外研究成果不多，尤其缺乏可以实际应用的成果，针对香蕉生产实际作业需求，体系提前开展了香蕉表型特征检测、蕉园多光谱无人机遥测以及基于 5G 的蕉园监测系统等研究工作，推进智能化技术在蕉园的落地应用。

5. 采后保鲜与加工技术变化情况

针对香蕉果实采后商品化处理劳动力成本过高，采后处理及保鲜贮运过程中损失严重，货架期短，对温度逆境敏感，并且抗枯萎病品种的商品特性与保鲜催熟技术不明等特点，体系主要开展采后轻简处理设备研发与推广，保鲜物流技术研发，果实温度逆境抗性提升，后熟过程中的品质劣变控制，货架期品质维持以及抗枯萎病品种商品特性及催熟技术研发等工作。此外，即食香蕉的精准催熟及物流技术研发也逐渐得到重视。香蕉营养品质评价和质量安全方面的技术主要是通过开展果品特征品质评价，筛选核心品质指标，建立果品品质成分数据库；应用高通量筛查、未知物筛查等新技术，开展果品全链条中未知风险因子和残留代谢产物的识别、鉴定与快速筛查评估等研究；加强农药残留限量标准的制修定和精准、快速检测技术的研发，推广绿色农业生产模式、建立追溯体系，有效提升产品的质量安全水平。但是，研发更加有效快速高通量的检测技术和现场检测装备，开展与施药新技术相匹配的农药残留试验，以获得更加科学合理的农药使用准则，仍然是重要的挑战。针对香蕉加工过程中易褐变与味变、营养与功能成分易损失、缺少加工专用设备等问题，开展了控温低氧加工技术、非热杀菌技术、全组分加工技术的应用与推广，并配套专用加工设备，有效控制加工和贮藏过程中的褐变、保留香蕉的营养与功能成分，为产业附加值提升奠定基础。

五、主要结论与政策建议

（一）结论与展望

1. 新育品种的繁育、示范、推广与转让加快

随着基因组测序、优质香蕉基因芯片的开发利用，香蕉新品种选育资源的基础性研究更加系统深入；种苗繁育技术逐步完善，推动市场需求好、性状优良的香蕉新品种繁育加快；高校科研院所联合地方政府、香蕉种苗企业、香蕉种植企业深化合作，共同推进优质种苗育繁推一体化进程，共建香蕉新品种试验示范基地、组建新品种推广联盟，加快新品种的市场化推广和产业化转让。抗病品种、加工品种、特色蕉品类等的繁育、示范、推广与转让速度将继续提高。

2. 产业升级与技术创新速度加快

未来，香蕉产业将更加注重科技创新和产业升级。通过引进新技术，新设备和新品种，提高香蕉的产量和品质，降低生产成本，增强产业的竞争力。香蕉无病种苗的生产受到重视，已建立一批高标准优质种苗繁育基地，为产业健康发展提供种苗保障。香蕉枯萎病综合防控技术已取得重大突破，重病区香蕉枯萎病发病率可控制在10%以下。香蕉宽窄行技术模式、化肥农药减施技术的完善和推广，促进产业提质增效；机械化技术、轻简化栽培技术的研发应用，可以减少部分劳动力，降低生产成本，提高生产效率；香蕉生产上数字化和信息化技术的创新应用，将提升智慧化管理水平。

3. 产业效益不断提升

2015—2017年，由于种植规模增长过快、香蕉枯萎病暴发等影响，香蕉产业整体效益下滑。2017年以来，体系以"稳规模、优结构、提品质、增效益"为产业发展思路，加大抗病品种和特色蕉品种的培育和配套技术的研发，调优品种结构和做强优势产区，香蕉生产的区域布局和产品结构更加合理。栽培技术和采后保鲜技术的不断完善和推广应用，高品质香蕉有效供给的增加，促进了香蕉品牌建设，产业效益逐渐回升。

（二）政策建议

1. 加强枯萎病及其他病虫害防控技术的研发推广，加大统防统治力度

体系构建的香蕉枯萎病综合防控技术体系，实现"有病无害"和"可防可控"。但不同香蕉园发病原因各异，仍需加强枯萎病防控技术的研发和示范推广，逐步改造和复垦重病蕉园。同时，随着抗病品种的引进和推广，香蕉细菌性病害不断出现，其中细菌性软腐病和细菌性鞘腐病在部分地区发生较为严重，并与枯萎病常有复合侵染现象。因此，需加强蕉农对病虫害的识别和预防控制。同时，建立政府引导、农技部门和技术服务企业参与的病虫害统防统治服务机制，提高标准化生产管理技术、绿色防控、肥药减施等环节的社会化服务能力和水平，促进技术成果的推广应用。

2. 加大农机农艺配套技术研发应用，提高机械化水平

机械化在香蕉水肥一体化灌溉、无人机植保施药、索道运送以及采后处理保鲜方面发展较快，但受限于香蕉园普遍采用的密植种植模式，机械化程度仍然较低。近年来体系探索了宽窄行种植模式，解决了农机进蕉园作业的难题，但宽窄行种植模式面积较小，还需在主产区大力开展示范应用推广，提升香蕉生产的农机农艺配套。

3. 延链补短板，提高产品附加值

针对香蕉深加工率低的问题。首先，要加快品种结构调整速度，引进、选育适宜的加工品种；其次，加大香蕉深加工设备和技术的研制，政策上加大对香蕉深加工企业的扶持力度。同时，加大香蕉副产物的综合开发利用，加大香蕉秸秆制备青贮饲料技术研发和规模化生产，推广香蕉秸秆堆肥技术，提高肥料化利用率。

4. 统筹国内外两种资源，确保国内香蕉有效供给

2022 年我国香蕉进口占表观消费量的 21.8%，国内香蕉自给率为 78.2%。为提高有效供给水平，需统筹国内外两种资源。在耕地非粮化政策背景下，需要统筹粮食安全和农民增收，研发粮蕉合理间作模式，稳定和提高国内香蕉自给率；"走出去"到国外投资种植香蕉，返销国内；与更多符合条件的主产国签订香蕉检验检疫议定书，允许更多其他国家香蕉出口到中国。

（国家香蕉产业体系首席科学家　谢江辉　提供）

2023 年度荔枝龙眼产业与技术发展报告

(国家荔枝龙眼产业技术体系)

一、荔枝龙眼生产变化分析

(一) 2023 年我国荔枝龙眼产业生产状况

1. 荔枝生产状况

面积保持稳定，产量较上年明显提升。近年全国荔枝种植面积基本稳定，2023 年总面积 790.12 万亩，其中，广东 396.91 万亩，广西 301.27 万亩，海南 39.10 万亩，福建 20.88 万亩，四川 18.09 万亩，云南 14.86 万亩；全国荔枝总产量 328.50 万吨，比上年增产 31.07%，实现连续第 4 个中大年生产。其中广东、广西、海南分别增产 57.35%、16.55%、5.26%；四川因上年为"大年"，减产 39.67%。全国荔枝上市期自 3 月上旬至 8 月下旬，共 165 天。

综合平均亩产量平稳增长。2023 年荔枝平均亩产量为 440.58 千克，同比增长 15.78%。其中桂味、怀枝、糯米糍及灵山香荔增产较多，而白蜡和白糖罂则减产。全国高产园创建和高产竞赛前五位的平均亩产量，妃子笑在 2 100 千克以上，桂味、糯米糍等在 1 600 千克以上。广西北流石窝上垌果场 100 亩妃子笑平均亩产达 2 717.55 千克，深圳市南荔王果业中心月亮湾示范园 38.02 亩糯米糍平均亩产达 2 748.80 千克，表明荔枝增产潜力很大。

亩均成本和亩均产出同向增加，亩均利润基本持平。2023 年 7—8 月，体系产经团队采用一对一面访的方式对广东广西两省区 10 个县市 20 个镇街 40 个村 1 079 个荔枝种植户成本收益情况进行深入摸查，数据显示：户均荔枝产量 8 750 千克，户均收入 6.89 万元。其中，广东产区荔农亩均成本 1 481.92 元，亩均产值 4 089.38 元，亩均利润 2 607.45 元；广西产区荔农亩均成本 1 087.17 元，亩均产值 3 678.48 元，亩均利润 2 591.31 元。不同荔枝品种成本收益差异较大。亩均利润 6 000 元以上的有鸡嘴荔，5 000~6 000 元的有糯米糍、桂味和无核荔；4 000~5 000 元的有岭丰糯、白糖罂、紫娘喜和白蜡；其他多个品种亩均利润在 1 000~4 000 元，而灵山香荔亩均利润低于 1 000 元。荔枝普遍仍处于低投入、中低产出水平。

2. 龙眼生产状况

生产面积略有减少，产量显著上升。估算 2023 年全国龙眼 462.60 万亩，较 2022 年略有减少；产量 198.02 万吨，比上年增产 40.99%。其中广东、广西分别增产 73.85%、61.21%，福建、四川、云南分别减产 8.51%、41.50%、26.83%。龙眼上市期自 6 月下旬至 11 月下旬，共约 155 天。

综合平均亩产量增幅明显。六大主栽品种产量加权计算，龙眼综合平均亩产量为 476.83 千克，比 2022 年增加 63.00%。其中储良、石硖、大乌圆分别增长 58.76%、77.83%、49.30%，福眼减少 15.11%。

亩均利润仍然偏低，区域间品种间差异明显。对 1 077 个龙眼种植户的实地调研数据显示：广东广西两省区龙眼生产成本、收益差异显著。其中广东产区亩均产量约 600 千克，亩均收入 3 663.24 元，亩均成本 1 972.53 元，亩均利润 1 690.71 元；广西产区亩均产量 328.43 千克，亩均收入 1 783.98 元，亩均成本 456.90 元，亩均利润 1 327.08 元。各龙眼品种亩均收入都在 1 500 元以上。其中，储良、古山 2 号、草埔的亩均收入和亩均利润较上年增长，而石硖、大乌圆、广眼则下降。草埔的亩均收入和亩均利润最高，分别为 3 986.44 元、3 100.67 元；而广眼亩均利润为-21.8 元。

（二）生产中遇到的突出问题

气候异常加大生产的不确定性和风险性，给荔枝龙眼生产的产前规划、产中管理以及产后处理都带来较大的挑战；果园立地条件和基础条件差，基础设施总体薄弱；人力资本短缺，果园经营主体"后继乏人"，生产过程中"雇工难、工价高"，严重制约产业发展；采后加工环节强烈的用地需求遭遇耕地资源保护的刚性约束，限制产业提质升规的发展空间；产业供应链整体运营能力、协同性、稳定性尚有待提升。

（三）2023 年世界荔枝龙眼生产情况

世界荔枝、龙眼种植总面积分别约为 1 200 万亩、790 万亩，近年基本保持稳定。2023 年世界荔枝龙眼产量数据还未公布，基于主产国产量监测数据，预计荔枝比 2022 年约（394.5 万吨）增产 10%以上；龙眼比 2022 年约（420 万吨）增产 12%以上。而荔枝龙眼单产也将同比变化。

（四）2024 年国内外荔枝龙眼生产趋势

预计 2024 年国内外荔枝龙眼生产面积仍保持基本稳定。因荔枝龙眼仍存在明显的"大小年"现象，2023 年总体产量增长，预计 2024 年产量下调。

二、荔枝龙眼市场与贸易变化分析

（一）荔枝龙眼市场流通情况分析

2023 年为荔枝龙眼"大年"，面临较大的市场压力。尽管各产区积极采取各种营销活动，但受后疫情影响，荔枝龙眼市场价格较上年明显下行。根据体系价格信息平台监测，荔枝综合地头价为 12.83 元/千克，综合收购价为 7.90 元/千克，综合批发价为 16.37 元/千克，同比分别下降 16.14%、36.43%和 38.02%。桂味、怀枝和糯米糍地头价分别较上年下降 44.78%、30.85%、30.15%。桂味和糯米糍收购价降幅分别为 60.95%和 68.74%。妃子笑与白糖罂批发价较上年下降 26.37%和 45.72%。

2023 年龙眼综合地头价为 8.56 元/千克，同比升 11.60%；综合收购价为 10.11 元/千克，同比降 0.39%；综合批发价为 9.69 元/千克，同比降 31.54%。储良地头价涨 7.54%，相反，收购价和批发价较大幅度下降，降幅达 32.30%、34.72%。石硖的地头价、收购价和批发价分别下降了 16.22%、18.24%、52.68%。

尽管批发零售仍然是荔枝龙眼最主要的流通模式，但电商渠道在荔枝龙眼销售中扮演越来越重要的角色。2023 年茂名优质荔枝品种约 30%是通过电商进行销售的。

（二）世界贸易情况

受上市期集中、保鲜难度大、货架期极短以及消费偏好等影响，荔枝消费以本地市场为主。世界荔枝贸易的主要产品形态包括鲜果、荔枝干和荔枝罐头，以鲜果销售为主。世界荔枝主要出口国有中国、马达加斯加、越南、泰国、印度、澳大利亚等，这些国家荔枝贸易量占全球的85%以上。中国荔枝主要出口亚洲市场，马达加斯加荔枝主要供应欧洲市场。根据现有数据，估计2023年世界荔枝出口量5万~6万吨，出口额2.0亿~2.5亿美元，同比增长超过15%。2023年中国鲜荔枝出口21 684.30吨，同比增长49.05%，荔枝罐头出口31 743.74吨，同比增长3.29%。总体来说，近十年世界荔枝贸易呈增长趋势。

龙眼最大出口国是泰国，约占世界龙眼出口量的84%，七成以上出口到中国。越南、柬埔寨和中国也有少量龙眼出口。进口国以东南亚国家和地区为主。根据现有收集到的主产国统计数据测算，2023年世界龙眼出口量65万~70万吨，出口额6.6亿~7.5亿美元，同比减少10%~15%，2023年中国进口鲜龙眼272 571.28吨，同比下降15.18%；进口龙眼干、肉77 536.57吨，同比下降39.75%。龙眼出口以鲜果为主，龙眼干、肉次之，罐头最少。2023年我国鲜龙眼出口4 866.19吨，龙眼干、肉出口682.53吨，龙眼罐头出口658.21吨。

三、荔枝龙眼加工与消费变化分析

（一）荔枝龙眼加工情况分析

荔枝龙眼加工量受鲜果价格影响较大。2023年我国荔枝龙眼增产，虽然售价略降，但国际市场价格向好，鲜果综合价格仍然超过加工企业能够接受的水平，加工量同比降低。且荔枝龙眼原料存在上市期限短、加工品种少、适销对路的加工产品少等问题，全国荔枝年加工量12万~15万吨，约占总产量的5%；全国龙眼年加工量25万~30万吨，约占总产量的10%~15%。

我国荔枝龙眼加工品类单一，仍以干制品、罐头等传统产品为主。广药王老吉推出的"荔小吉"是荔枝产业的爆款新单品，2023年产值约3 000万元。广东部分加工企业生产的荔枝酒、荔枝醋处于市场推广阶段，高附加值的精深加工产品较缺乏，产业链短，增值赋能弱，难以分散缓解荔枝鲜果大规模集中上市的市场压力和助力农户增收。而国外市场由于饮食习惯等因素对罐头类产品需求持续增加，但东南亚等国家龙眼罐头持续压迫国内市场，国内企业需寻找提高龙眼罐头加工品质和效益的技术和产品。另外，国外市场在荔枝龙眼功能物质挖掘利用与产品研制方面远远早于国内，如日本、韩国等大牌厂商利用荔枝龙眼果皮、果核提取物研制了保健品和高档护肤品，而国内保健品大厂商如汤臣倍健等均未有布局，有望成为新的经济增长点。

（二）荔枝龙眼消费情况分析

荔枝龙眼消费以鲜荔枝为主，加工制品及其衍生品的消费量占比不大。其中鲜龙眼消费约占80%，而鲜荔枝消费接近90%。世界鲜荔枝龙眼及其加工品的消费市场相对集中在亚洲国家和地区。其中中国是荔枝龙眼第一消费大国，2023年在国内荔枝龙眼大幅增产情况下，进口量仍远高于出口量，鲜荔枝、龙眼消费量分别约占世界荔枝龙眼鲜果总消费量的70%和50%。而越南、泰国、印度和澳大利亚等主产国也是荔枝龙眼消费的主要市场，北美和欧洲国家是主要的纯消费国家。与大宗水果品类相比，荔枝和龙眼均为小水果，大部分非产区消费者对其仍然陌生，加大市场推广力度可望大幅提升荔枝龙眼的消费量。

四、荔枝龙眼技术研发变化分析

（一）品种改良技术

荔枝新品种选育仍以实生系和营养系变异选种为主。2023年"科技一号"通过海南省非主要农作物品种认定（琼认荔枝2023001），'晚桂荔''莞福红''大唐红''越州红'获得植物新品种权授权。杂交选育的荔枝新品种也逐渐增多，通过杂交选育的'迟美人荔枝'通过广东省非主要农作物品种评定（粤评果20230001），'仙桃荔'获得植物新品种权授权。2023年有12个荔枝新品种申请了植物新品种权。生物育种取得一定进展，首次报道荔枝基因编辑技术体系，获得果皮褐变关键基因 $LcPPO$ 突变体植株，通过转化荔枝愈伤组织，证实褐变关键基因 $LcLac$ 直接参与调节荔枝褐变。早熟优质新品种的选育和应用越来越受重视，'科技一号''香蜜早''仙桃荔'等早熟新品种在早熟产区迅速扩大种植。

龙眼果实香气是重要的鲜食品质指标。泰国主栽的施冲蒲、苗翘、依多等均是著名的浓香型优质龙眼品种。2000年初以来，福建省农业科学院果树研究所龙眼团队挖掘并利用香型优异种质，持续开展定向杂交育种，培育出香型大果优质龙眼新品种（系）16个。2023年'秋香''冬香''宝石1号'获得植物新品种权，'翠香'通过国审和植物新品种权现场考察。

（二）荔枝新品种'仙进奉'推广

荔枝新品种快速得到推广。其中特早熟'桂早荔'1万亩、'仙进奉'15.1万亩、'贵妃红'1.75万亩、'井岗红糯'5万亩、'凤山红灯笼'0.5万亩、特晚熟'马贵荔'0.11万亩。

荔枝品种更新换代中，'仙进奉'称得上是一个标志性品种。该品种2011年由广东省农业科学院果树所邱燕萍与广州市增城区农技推广中心廖美敬及增城区新塘镇农办等选育而成，成熟期7月上、中旬，单果重25克，焦核率85%，TSS19.1%，可食率79%。果实较大、果皮厚、色泽鲜红，果肉质细嫩，味浓甜有蜜香，裂果少、丰产稳产、比桂味和糯米糍晚熟7天以上，耐贮运。'仙进奉'被列入全国主导品种后，成为近年推广面积最大的荔枝新品种，在广东、广西、云南、贵州、四川、福建等省区均有种植，将可能成为主要发展的晚熟优质荔枝品种。

（三）克服荔枝"大小年"生产技术

体系与全国荔枝产业联盟合作开展荔枝龙眼高产园创建和高产竞赛、全国优质荔枝龙眼擂台赛，推动失管园复产，密闭低产果园优化改造，良种良法配套和提升果园营养、植保管理投入水平。2023年体系试验站覆盖区新增荔枝园间伐改造面积19.50万亩，累计256.81万亩；新增回缩改造荔枝园85.84万亩，累计563.71万亩；新增高接换种5.91万亩，累计122.05万亩；新增灌溉设施2.97万亩，累计90.45万亩；新增购置各类农机具11.51万台，累计37.65万台，包括无人机、喷药机、疏花机、开沟机、碎枝机、割草机、施肥机等。体系示范园荔枝平均亩产量862.62千克，平均亩产值11 100元。全国荔枝实现连续第四个高产年，保障果农持续增收。

（四）病虫害绿色安全防控技术

登记用于荔枝龙眼杀虫剂种类有限，化学杀虫剂违规、过量使用现象普遍，多个产地荔枝蒂蛀虫抗药性问题日益严重。2023年9月29日，含有新型有效成分的RNAi杀虫剂Ledprona，在美国环境保护署（EPA）成功登记，规模化生产的RNA农药势必掀起"农药史上第三次革命"。以RNAi为主要干预形式和不同递送系统的新型核酸杀虫剂的研发将实现荔枝蒂蛀虫精准靶向防控。

（五）果园智慧化技术

一是光谱农残检测技术研究，通过采集和分析样品的光谱信息，可以识别和量化农药的种类和浓度，为食品安全和质量监控提供有力支持。二是病虫害识别技术研究，深度学习、神经网络、多模态数据融合成为病虫害识别的一个重要发展方向，物联网、无人机、卫星遥感和地面传感器等技术的发展促进了病虫害监测和识别的智能化。三是基于声学参量的土壤灌溉领域前沿进展，Sung等利用超声回波信号模式建立CNN模型，对不同粒径土壤沙粒进行高精度分级，利用声波监测土壤物理性质将助力土壤管理技术。

（六）加工新技术与加工废弃物资源化利用

2023年我国荔枝龙眼速冻、微波干燥、超高压冷杀菌、生物技术（发酵）等节能提质新技术研发和应用加强，荔枝冻果、荔枝原汁等市场份额占比增大；对保健品的追捧也引发了对荔枝龙眼副产物再利用的关注，证明了荔枝龙眼果皮、果核具有较好的降血糖、抗肿瘤、抗氧化、抗炎等生理活性，利用现代提取纯化技术制备荔枝龙眼功能提取物，研发功能食品，未来有望成为荔枝龙眼产业提质增效开辟新赛道的重要方向。

Sachin等利用荔枝果皮提取物合成纳米氧化锌材料，在pH值2~10，可在120分钟的接触时间内将废水中的刚果红染料有效削减98%以上。Hung等通过龙眼核两步热解法制备的活性炭对4种染料具有优异吸附能力。Le等用荔枝皮获得的生物炭制备的$CaFe_2O_4$磁性纳米复合材料，可以同时高效去除水体中的硝酸盐和磷酸盐，最大去除率分别达到60.3毫克N/克和57.4毫克P/克。

五、主要结论与政策建议

（一）结论与展望

我国荔枝龙眼仍以小农户种植模式为主，但生产的专业化和规模化水平不断提高。这将推动主产区逐步形成区域性产业集群，次要产区将形成区域性特色优势产区。荔枝一二三产业融合发展开始提速，产业链条和多功能性不断延展。总体来看，在内外双重驱动力的作用下，产业总体逐步向科技型生产方式变革，产业整体素质不断提升。

（二）政策建议

1. 强化顶层设计，为产业发展构建良好制度环境

应以市场为导向，立足产业发展实际，高起点制定具有前瞻性、系统的各产区产业发展规划，支持荔枝龙眼种质资源挖掘利用和生产技术研发与推广，扶持发展壮大产业经营主体，制定政策性保险制度，健全流通体系，理顺产业发展的制度架构，为产业发展提供良好的制度环境。

2. 完善产前、产中、产后产业链条

产前环节构建高效灵活的技术研发体系和高效技术推广服务体系。产中环节继续优化区域品种结构，建设高标准示范果园，推动安全优质高效生产；鼓励技术社会化服务体系建设，推动果园向组织化、规模化、机械化和数字化转型。产后环节做好品控管理，完善多元化销售尤其是线上渠道，促进荔枝龙眼加工业多元化和向纵深发展，促进三产进一步融合发展，拓宽和延长产业链条，提升产业附加值。

3. 科技赋能推动产业高质量发展

育推良种，加快培育和推广品质优异、特早特晚熟、高抗性、耐贮运新品种；稳提产量，探明荔枝"大小年"形成机制，完善调控技术，稳定提升荔枝产量；提效率，加快荔枝园开沟施肥、喷药、灌溉、修剪、除草、采收、采后处理分级、去果皮去果核机械及包装新设备等关键环节适用机械机具的研发、引进和选型，推进与农机具相适应的果园农艺条件研究和地形、行距及树形改造；促品质，研发绿色生产科技以提高产品品质和质量安全水平，深入研究病虫灾害发生成灾规律，研发病虫灾害预测预报技术以服务精准施药和综合防控技术等，建立以生态调控为核心的病虫害综合防治技术体系；采后贮运保鲜、加工技术研发实现保值增值，研发克服荔枝采后极易变色、变味和变质缺点的保鲜新技术、新材料和新工艺，丰富加工产品类别，利用好加工副产物，提升产品附加值。

4. 完善产业发展配套服务支撑体系

构建服务平台，提供专业化高接换种、施肥、植保、采摘和采后处理等农技生产社会化服务，提供安全快捷经济的物流服务，提供包装设计、策划推广、品牌塑造、价值提升的营销咨询，提供资金融通的金融服务，提供经营管理中专项咨询指导等。

5. 大数据赋能，驱动产业兴旺

建设荔枝龙眼大数据采集、储存与分析基础设施，整合产地环境生态、生长发育、生产管理大数据，构建其关联分析模型，链接专家系统，提供精准化种植、可视化管理、智能化决策服务。构建产业环境与资源、产业管理和产业市场大数据，特别是市场供求信息、价格行情、市场分布、服务支撑体系变动等信息。同时通过产业大数据，将农资供应、果品生产、加工、储运、销售等环节链接成有机整体，对所涉人、财、物、信息、技术等要素进行组织、协调和控制，实现产销纵向联动，不同产业主体的横向协作，促进产业链增值。

（国家荔枝龙眼产业技术体系首席科学家　陈厚彬　提供）

2023年度天然橡胶产业与技术发展报告

(国家天然橡胶产业技术体系)

一、天然橡胶生产变化分析

(一) 国内天然橡胶生产及其问题

1. 种植面积总体保持稳定

2023年，我国天然橡胶种植面积1 702万亩。其中，云南844.7万亩，海南784.6万亩，广东72.7万亩。国内种植面积总体保持稳定。主要是作为工业原料的天然橡胶不存在销售困难，对农民生活保障性较强，与当地生产条件形成了适配，并受到生产保护区建设和采伐指标的约束，以及良种良法补助、价格（收入）保险政策等支持。

表1 2009—2023年中国天然橡胶种植面积 （单位：万亩）

年份	全国	海南	云南	广东
2009	1 456.02	696.44	692.10	61.88
2010	1 537.20	735.59	737.14	66.07
2011	1 621.97	752.04	795.44	69.13
2012	1 695.88	788.60	834.60	67.20
2013	1 715.85	810.30	831.45	68.85
2014	1 741.65	813.45	856.50	67.95
2015	1 740.05	813.15	860.25	62.85
2016	1 766.63	811.40	887.60	63.84
2017	1 751.24	814.32	866.00	67.57
2018	1 717.38	792.53	857.07	67.78
2019	1 718.00	790.40	857.00	69.30
2020	1 709.90	788.80	848.30	71.40
2021	1 683.40	768.90	841.70	71.10
2022	1 695.00	777.90	845.10	70.70
2023	1 702.00	784.60	844.70	72.70

数据来源：农业农村部农垦局。

2. 产量达到历史最高值

22023年，我国天然橡胶产量89.39万吨，同比增加3.7%。其中，云南52.99万吨，海南34.79万吨，广东1.61万吨。今年海南主产区物候正常，3月底南部部分开割，4月上旬东南部和西部开割、中旬中部开割、下旬全面开割，12月底陆续停割，2024年1月中旬全面停割；没有明显的白粉病、炭疽病（两病）和台风灾害影响，8—10月雨水较多。云南产区受白粉病、干旱影响较大，3月底零星开割，5月20日以后60%开割，6月中下旬全面开割，12月初全部停割；8—9月降雨较多。

表2　2009—2023年中国天然橡胶产量　　　　　　（单位：万吨）

年份	全国	海南	云南	广东
2009	64.34	31.41	31.48	1.38
2010	66.50	33.04	32.06	1.36
2011	75.08	37.18	36.33	1.55
2012	80.22	39.51	38.98	1.71
2013	86.48	42.08	42.56	1.74
2014	84.01	39.12	43.32	1.55
2015	81.61	36.11	43.93	1.56
2016	81.59	35.14	44.86	1.57
2017	81.37	36.21	43.57	1.40
2018	81.93	35.07	45.48	1.39
2019	81.00	33.10	45.80	2.10
2020	75.30	32.00	41.70	1.60
2021	87.20	34.60	50.70	1.90
2022	86.20	31.50	53.00	1.70
2023	89.39	34.79	52.99	1.61

数据来源：农业农村部农垦局。

3. 单产出现明显下降

2023年我国天然橡胶单位面积产量为71.51千克/亩，较上年下降，主要原因在于云南植胶区受白粉病和干旱影响，单产下降幅度较大；其次是新开割胶园增加以及部分胶园间歇性割胶，产胶潜力未能充分发挥，全年新增割胶面积144.44万亩；此外，大量老龄残次胶园未能按生产规律更新，全国现有超33年树龄胶园约320万亩、低产低质胶园约50万亩；另外是胶园有效存株少，海南省尤其突出。

表3　2009—2023年中国天然橡胶平均单产　　　　　（单位：千克/亩）

年份	全国	海南	云南	广东
2009	79.11	64.78	109.72	34.59
2010	76.10	64.19	101.58	32.17
2011	82.52	71.56	104.21	38.54
2012	82.17	70.63	104.14	41.61
2013	84.05	71.44	108.04	40.39
2014	80.56	66.99	102.71	39.57

（续表）

年份	全国	海南	云南	广东
2015	76.08	62.81	95.27	44.23
2016	74.99	61.75	92.91	45.39
2017	71.47	60.29	88.74	32.61
2018	74.44	61.34	92.02	39.88
2019	71.60	57.80	89.60	43.80
2020	65.70	54.30	80.50	40.30
2021	78.90	61.50	101.70	43.00
2022	77.90	57.00	103.80	39.40
2023	71.51	56.47	89.31	39.56

数据来源：农业农村部农垦局。

4. 生产面临的突出问题

最直接的问题依然是市场价格持续低迷，无法激发生产积极性，新品种、新技术应用意愿减弱；生产要素投入意愿低，胶园投入不足，制约了橡胶树的产胶能力和潜在产能；割胶意愿低，胶农弃割、间歇性割胶，影响了橡胶树的实际产量。胶园更新意愿不足，大量老龄残次胶园不能按时更新；产业人才储备不足，劳动力老龄化严重，胶工缺口加大，机械化智能化采胶技术应用还有差距。

（二）国际天然橡胶种植面积和产量

根据天然橡胶生产国协会（ANRPC）最新数据，2023年全球天然橡胶种植面积23 750万亩，同比增长16.9%；总产量1 429.0万吨，同比增长0.3%。2023年世界前5大主产国产量分别为：泰国470.7万吨，同比减少0.98%；印度尼西亚265.1万吨，同比减少2.49%；越南129.3万吨，同比减少3.63%；中国89.39万吨，同比增加3.7%；印度84.9万吨，同比增加0.71%。

表4 主产国天然橡胶种植面积、单产及总产量情况

主产国	种植面积（万亩）		单产（千克/亩）		总产量（万吨）	
	2023	2022	2023	2022	2023	2022
泰国	5 797.5	5 797.5	106.37	100.49	470.7	475.3
印度尼西亚	5 737.35	5 739.0	60.08	68.19	265.1	313.5
越南	1 371.15	1 377.9	105.40	109.61	129.3	134.0
中国	1 692.0	1 686.0	71.51	77.97	89.39	86.2
印度	1 282.8	1 275.0	117.08	114.10	84.9	84.3
世界	23 750	21 263.7	—	—	1 429.0	1 424.5

注：数据来源于ANRPC报告，2022年数据为最新修订值。

（三）2024年国内外生产趋势展望

国内方面，在良种良法补助、综合保险等政策利好情况下，胶农生产积极性有所增强，预计2024年我国天然橡胶更新种植面积加大，种植面积增至1 710万亩，产量超过87万吨，单产约72千克/亩。

国际方面，主产国种植面积相对稳定，越南、老挝、柬埔寨、缅甸、科特迪瓦处于产能持续增长期，印度、马来西亚等国家还有大量弃割胶园未释放产能。随着前期高价刺激下大量扩种的胶园进入盛产期，全球天然橡胶产能增幅较大，但受长期低价影响，植胶者生产积极性受损，在相当程度上制约了产能潜力发挥。根据ANRPC数据，在无重大自然灾害情况下，预计2024年世界天然橡胶种植面积为23 745万亩，与2023年基本保持一致；单产预期无较大突破，产量预计保持缓慢增长。国际橡胶研究小组（IRSG）预计2024年全球天然橡胶供应量为1 450.8万吨，同比增长约1.5%。

二、天然橡胶市场与贸易变化分析

（一）市场价格

1. 国内天然橡胶市场价格

2023年国内天然橡胶现货平均价格为12 740元/吨，同比增长1.58%。10月的13 191元/吨为全年最高价格，与2022年的13 738元/吨相比下跌3.98%；5月份的12 444元/吨为全年最低价格，与2022年的11 808元/吨相比上涨5.39%。

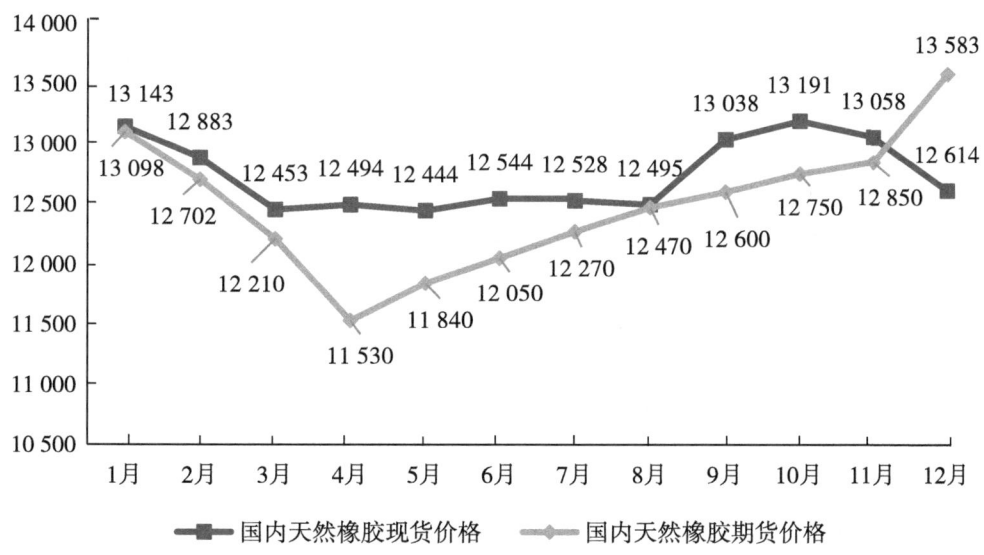

图1 2023年国内天然橡胶现货、期货价格走势（单位：元/吨）

数据来源：上海期货交易所

2023年国内天然橡胶期货平均价格为12 496元/吨，同比下跌1.75%；12月的13 583元/吨为全年最高价格，同比持平；4月的11 530元/吨为全年最低价格，同比持平。

2023年海南原料胶（折干胶）平均价格为11 772元/吨，同比降低8.96%；10月的13 129元/吨为全年最高价格，7月的10 790元/吨为全年最低价格。云南原料胶（折干胶）平均价格为11 165元/吨，同比降低6.84%；全年价格变化不大，11月的11 807元/

吨为最高价格，5月的10 330元/吨为最低价格。

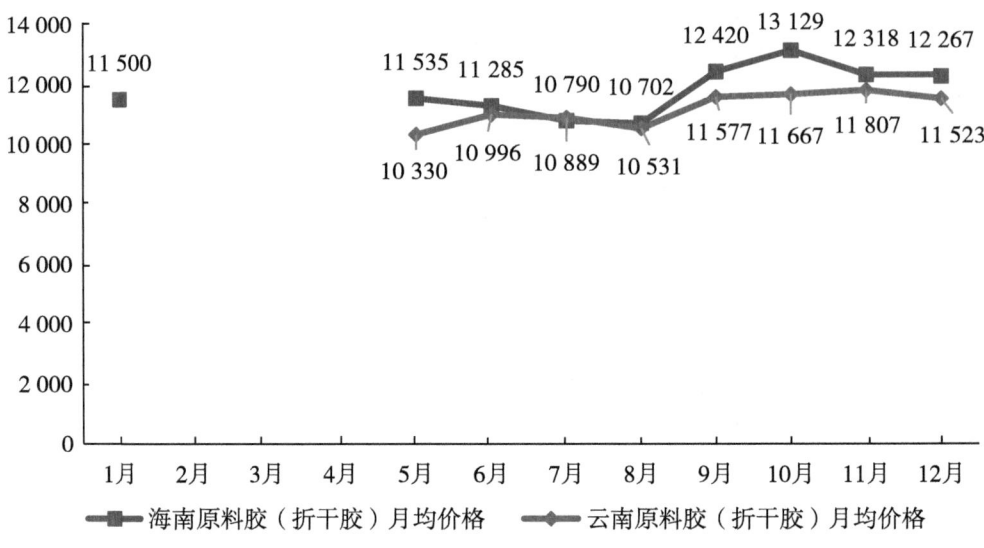

图 2　2023年海南、云南原料胶（折干胶）月均价格趋势图
数据来源：国家天然橡胶产业技术体系产业经济岗位团队监测数据

2. 国际天然橡胶市场价格

现货市场方面，泰国3号烟片胶（RSS3）现货平均价格1 630美元/吨，同比下跌14.5%；12月的1 752美元/吨为全年最高价格，8月的1 521美元/吨为全年最低价格。马来西亚20号标胶（SMR20）现货平均价格1 425美元/吨，同比下降8.4%；11月的1 514美元/吨为全年最高价格，7月的1 332美元/吨为全年最低价格。

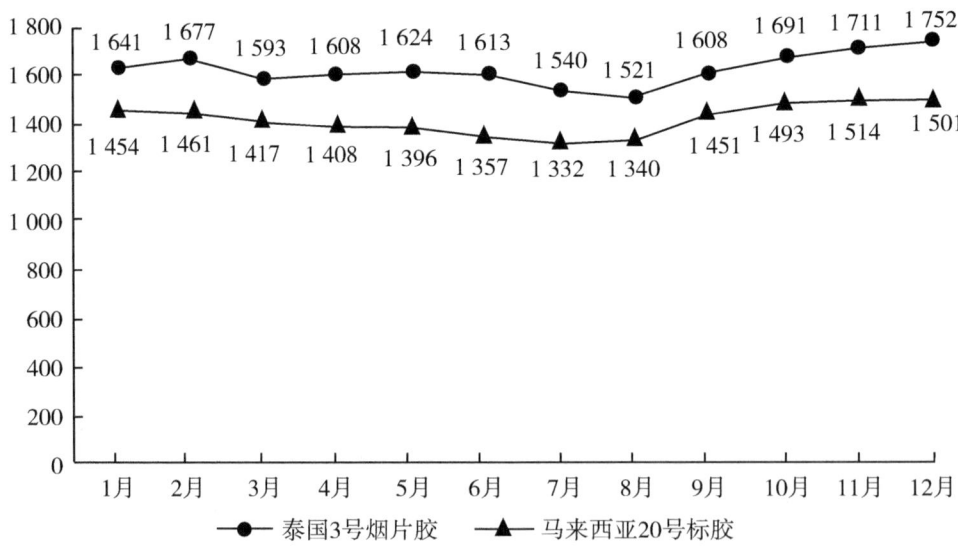

图 3　2023年国际天然橡胶期货价格走势（单位：元/吨）
数据来源：Wind（万德）数据库

期货市场方面，新加坡交易所20号标胶（TSR20）近月主力合约结算均价1 453美元/吨，同比下跌6.3%；11月的1 476美元/吨为全年最高价格，8月的1 292美元/吨为全年最低价格。日本大阪交易所日胶近月主力合约结算均价1 701美元/吨，同比下跌4.7%；11月的1 768美元/吨为全年最高价格，8月的1 351美元/吨为全年最低价格。

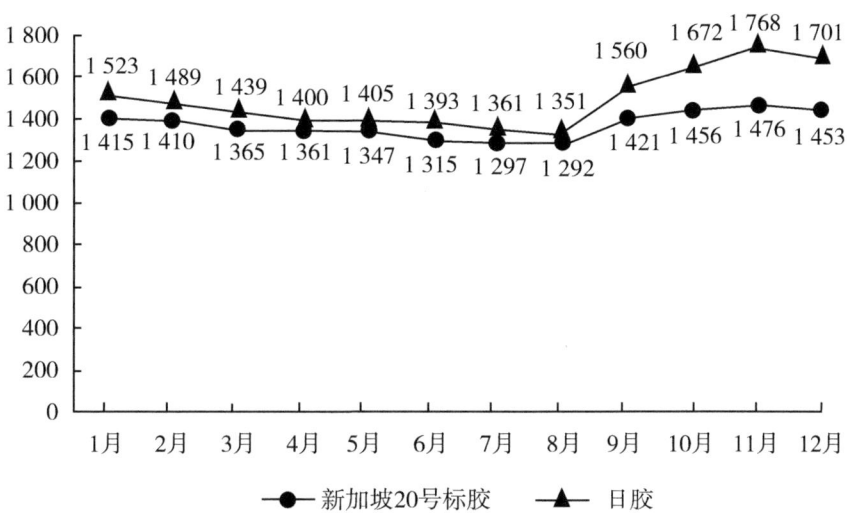

图4　2023年国际天然橡胶期货价格趋势（单位：元/吨）

数据来源：Wind（万德）数据库

（二）进出口贸易

1. 我国天然橡胶贸易及其问题

2023年我国进口643.4万吨，相较于上年的602.73万吨增加了40.67万吨。其中，天然橡胶273.07万吨，同比增长2.43%；混合橡胶370.33万吨，同比增长10.17%。我国天然橡胶原料出口很少，主要出口加工制品如轮胎、手套及乳胶发泡制品。2023年我国天然橡胶、混合橡胶和复合橡胶合计出口量为6.1万吨，较上年减少3.17%，出口额为1.67亿美元，较上年增长1.21%。

表5　我国2023年月度天然橡胶进出口情况　　　　（单位：万吨）

月份	2023年	
	天然橡胶进口	混合橡胶进口
1	16.54	38.03
2	21.91	35.53
3	24.54	34.79
4	22.99	33.56
5	19.06	27.80
6	21.76	31.39
7	20.35	30.08
8	25.11	29.04
9	24.30	26.21

(续表)

月份	2023年	
	天然橡胶进口	混合橡胶进口
10	25.50	24.15
11	28.23	27.05
12	26.05	32.68
合计	273.07	370.33

数据来源：根据农业农村部农垦局官网公布数据整理所得。

我国天然橡胶进口来源高度集中。2023年，我国从泰国、马来西亚、老挝等五国进口天然橡胶（不含混合橡胶）超过200万吨，占进口总量占比超80%。国际贸易总体稳定，但俄乌冲突、巴以冲突、菲律宾不断挑衅等国际形势增加了不确定性风险。同时，欧盟零毁林法案、欧盟碳边境调节机制、FSC认证以及欧美等国家的"双反"等，从技术、贸易和"绿色"等多个维度设置壁垒，增加了我国企业"走出去"的成本和新的不确定性风险。

2. 世界天然橡胶贸易情况

出口方面，2023年ANRPC主要成员国排名靠前的天然橡胶出口地是：泰国409.66万吨，越南205.70万吨，印度尼西亚180.23万吨，马来西亚96.16万吨，柬埔寨39.30万吨。2023年，以上5国出口量为931.05万吨，相较于上年同期减少了66.41万吨。

表6　2023年世界主要天然橡胶出口国1—11月出口量统计

序号	国家	2022年1—11月出口量（万吨）	2023年1—11月出口量（万吨）	同期变化率（%）
1	泰国	446.08	409.66	-8.89%
2	印度尼西亚	208.38	180.23	-15.62%
3	越南	203.11	205.70	1.28%
4	马来西亚	102.60	96.16	-6.70%
5	柬埔寨	37.29	39.30	5.39%

数据来源：ANRPC报告。

注：出口量数据包含复合橡胶和混合橡胶在内，下同。

进口方面，ANRPC主要成员国天然橡胶进口总量比上年增加。2023年ANRPC主要成员国中前4大进口国是：中国634.23万吨、越南99.18万吨、马来西亚92.76万吨、印度53万吨。

表7　2023年主要ANRPC成员国进口量统计表　　　　（单位：万吨）

序号	国家	2022年	2023年
1	中国	579.61	634.23

(续表)

序号	国家	2022 年	2023 年
2	印度	56.19	53
3	印度尼西亚	12.4	17.02
4	马来西亚	116.48	92.76
5	菲律宾	1.57	1.54
6	斯里兰卡	7.63	4.61
7	泰国	0.15	0.23
8	越南	122.57	99.18

数据来源：ANRPC 报告。

三、天然橡胶加工与消费变化分析

(一) 加工

天然橡胶加工分为初加工和深加工。初加工是以天然胶乳及各种"杂胶"为原料生产各种橡胶制品原料的产业，主要产品有 CV（恒黏胶）、L（浅色胶）、WF（全乳胶）、TSR5（5 号胶）、TSR10（10 号胶）、TSR20（20 号胶）、TSR 10CV（10 号恒黏胶）、TSR 20CV（20 号恒黏胶）等 8 个等级。深加工主要指橡胶制品业，是以天然和合成橡胶为原料生产各种橡胶制品，还包括利用废旧橡胶再生产的橡胶制品，其中轮胎是最主要的产品。

1. 我国天然橡胶加工及其问题

初加工方面，国内主要生产 WF、TSR10、TSR20 及浓缩胶乳 4 个品种。初加工厂主要分布在海南、云南两大主要垦区。海南农垦有 13 家现代化初加工厂，设计产能大部分在万吨以上，国内加工厂年初加工能力达 50 万吨。海南民营初加工厂则普遍规模较小，全省约有 78 家。云南天然橡胶初加工企业约 67 家、共建设初加工厂 173 家，其中万吨级以上胶厂约 20 家，设计总年产能超过 150 万吨。云南初加工以省内原料为主，产品以标准橡胶 WF、SCR 10、SCR 20 为主。

深加工方面，形成了山东青岛和东营等地的轮胎产业集群，河北衡水、浙江宁波橡胶零部件集群。根据中国橡胶工业协会的 11 个分会 378 家重点会员企业的统计数据，2023 年实现现价工业总产值 4 838.85 亿元，同比增长 9.63%；实现销售收入 4 980.74 亿元，同比增长 10.47%；实现出口交货值 1 737.82 亿元，同比增长 10.11%；出口率（值）为 34.89%，同比减少 0.11%。其中，轮胎分会 37 家重点会员企业 2023 年实现现价工业总产值 2 383.78 亿元，同比增长 15.50%；实现销售收入 2 518.30 亿元，同比增长 17.73%；综合外胎产量 65 368 万条，同比增长 21.57%。

我国天然橡胶初加工厂存在小、散、弱的问题，同质化严重，产能过剩，不少民营加工厂处于停产状态。产品结构不合理，技术创新和市场竞争能力较弱，产地全产业链延伸困难，无法分享全产业链收益。橡胶林综合利用程度不高，橡胶籽开发利用也尚未形成产业和规模。橡胶制品行业企业众多，市场集中度低，深加工市场竞争激烈，关键零部件的自主创新能力较弱。

2. 世界天然橡胶加工领域发展情况

世界天然橡胶加工主要集中在 ANRPC 主产国，初加工产品出口全世界。马来西亚是传统乳胶制品大国，是世界最大的乳胶手套生产国，占世界份额超过 60%。泰国正积极转变为橡胶加工大国，吸引大批下游企业投资。印度成为世界第二大天然橡胶消费国。全球轮胎市场基本由普林司通、米其林和固特异三大轮胎巨头占据，基本垄断高端轮胎市场。

3. 2024 年国内外加工趋势展望

初加工方面，生产条件差、产能低的加工厂逐步淘汰趋势明显；天然橡胶初加工工艺和设备升级换代，自动化、智能化和绿色环保生产水平提升趋势明显；白炭黑湿法混炼胶等轮胎专用胶以及航空用胶、环保高分子胶、改性橡胶等高端特种胶研发和国产化进程加快。轮胎产品结构调整步伐加快，轮胎企业普遍调整或退出全钢胎生产，转向乘用胎或特种轮胎，呈现智能、绿色、融合的新发展趋势，企业将继续扩大海外基地投资规模。天然橡胶分子结构模型、非胶组分、诱导结晶等对综合性能的影响作为研究热点将得到持续关注，设计和制备新型生物质天然橡胶复合材料研究空间和发展潜力巨大。

（二）消费

1. 我国天然橡胶消费及其问题

2023 年，随着国家稳增长、扩内需、促消费等政策密集落地，新能源汽车销售快速增长，汽车出口市场再创历史新高，天然橡胶需求有所增加，我国天然橡胶消费量为 700.1 万吨，同比增加 8.04%，占全球消费量比重为 45.73%。国内替换终端市场销售起色不大，全球轮胎市场周期性波动进入下行区间，欧美等国家贸易救济措施频出、贸易摩擦案件增加，影响了下游消费。2009—2023 年我国天然橡胶消费量如下图 5 所示。

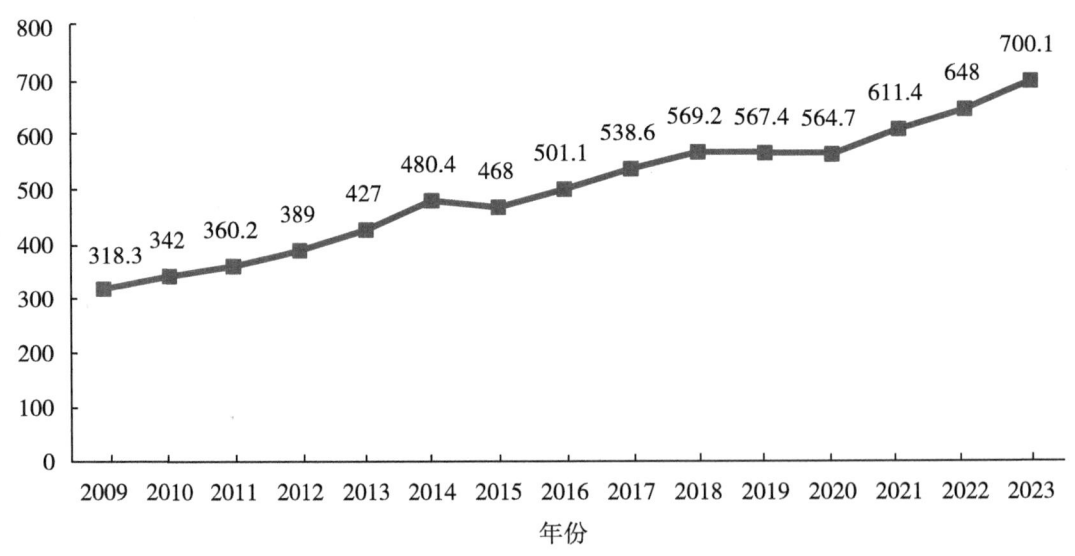

图 5　2009—2023 年我国天然橡胶消费量趋势变化

2. 世界天然橡胶消费情况

根据 ANRPC 统计，2023 年全球天然橡胶消费量 1 521.0 万吨，同比增加 0.9%。其中成员国的消费量为 1 119.8 万吨，占全球的 73.62%。受地缘政治影响，非成员国的天然橡胶消费减少，成员国的消费占比上升：印度 140.8 万吨，占全球消费量比重为 9.26%；泰国 123.4 万吨，占全球消费量比重为 8.11%；印度尼西亚 71.7 万吨，占全球消费量比重为 4.71%。

表 8　全球天然橡胶月度消费量　　　　　　　　　　（单位：万吨）

月度	2021 年	2022 年	2023 年	同比（%）
1	119.9	130.3	116.3	−12.04
2	114.4	114.7	128.7	12.21
3	130.1	135.7	136.0	0.22
4	120.7	123.2	123.5	0.24
5	114.8	123.7	124.8	0.89
6	114.3	125.9	124.5	−1.12
7	117.5	125.2	128.5	2.64
8	116.7	125.5	124.7	0.64
9	120.7	128.8	129.2	0.31
10	129.5	127.8	128.6	0.62
11	129.5	126.0	129.8	3.02
12	128.1	120.2	124.5	3.58
全年合计	1 456.2	1 507.0	1 521.0	0.93

注：数据来源于 ANRPC，2022 年为修订值。

3. 2024 年国内外消费趋势展望

根据 IRSG 数据，在没有异常事件的扰动情况下，2024—2031 年全球天然橡胶年消费量增速稳定在 2% 左右，预计 2024 年为 1 574.68 万吨。我国消费量年增速比较稳定，预计 2024 年达 750 万吨。同时，仍需谨防需求缺乏动力影响消费量，关注宏观经济形势、地缘政治冲突、库存过剩、金融市场等风险。

四、天然橡胶技术变化分析

（一）国内天然橡胶重点研发技术及其问题

1. 国内重点研发技术变化情况

2023 年国内重点研发技术进展主要集中在育种、栽培、采胶、病虫防控、机械化、特种胶加工等领域。国家天然橡胶产业技术体系以特种天然橡胶国产化技术研发与集成示范、橡胶树省工高效割胶及配套技术集成与示范应用、橡胶树新品种区域试验及配套技术集成示范为产业重大关键问题进行技术攻关。育种领域，基于新品种区域试种网对各参试品种性状进行长期观测，进行橡胶树种质资源评价；"橡胶树速生高产新型种苗育苗技术"入选农业农村部"2023 十大热带作物重大技术创新成果"。栽培领域，聚焦于抗寒生理研究和抗旱生理研究，开展有机肥替代化肥试验研究、胶园生态研究、采胶技术研发、白粉病和炭疽病防治研究等。中国热科院橡胶所研发的 4GXJ 便携式电动割胶刀及配套割胶技术，入选农业农村部十大热带作物重大技术以及 2023 年农业主推技术。中国热科院优化了胶乳处理凝固、干燥及改性等制胶工艺，形成"生物凝固+低温晾片干燥+恒粘处理"制备航空轮胎专用胶的主体工艺技术，突破了传统高温干燥工艺在加工生产过程造成干胶质量较差的难题。完成特种天然橡胶加工生产线的设备改造和工艺优化，固化了航空轮胎专用胶工程化生产技术路线，完成 160 吨航空轮胎专用胶的稳定生产示范，并向下游制造企业供应航空轮胎专用胶 60 余吨。试制的 C919、ARJ21 等机型 19 个规格航空轮胎全部通过动态试验，其中 4 个规格 JY 飞机轮胎通过装机试飞。

2. 产业发展中遇到的突出技术问题

胶价多年低位运行，比较效益下滑，植胶企业经营困难、胶农减收，生产积极性严重受挫，生产投入不足，弃管弃割现象严重，新技术的推广应用难度加大。品种选育慢、更新慢制约了产业比较效益和竞争力。割胶劳动强度大，胶工老龄化趋势明显，急需机械化、智能化采胶技术的熟化推广应用，突破产业发展瓶颈。初加工技术发展缓慢，产品结构比较单一，质量参差不齐，高端制品用胶几乎全部依赖进口。

（二）世界天然橡胶重点研发技术变化情况

2023 年世界重点研发技术进展主要集中在遗传改良、栽培、病虫防控、机械化、加工等技术领域。其中，割胶制度和死皮是采胶研究的热点；持续关注橡胶树白根病、南美叶疫病、拟盘多毛孢落叶病等多种病害；自动割胶机器人进展缓慢；持续开展天然橡胶分子结构模型、非胶组分、诱导结晶等对综合性能的影响研究。

（三）2024 年国内外产业技术变化趋势展望

推进种质资源创新，培育速生、高产、抗逆、优质的新品种。研究提出适应不同自然资源和土地状况的高效轻简栽培模式。进一步熟化完善省工高效割胶技术，优化轻简化死皮康复技术。加快研发胶园生产管理、采收和初加工机械化、智能化装备，推进产品高性能化，提高产业现代化水平。熟化特种天然橡胶生产加工技术，提高天然橡胶产品供给质量，加快实现特胶国产化替代。面对全球化石资源危机和环保压力，需加强新型非石油橡胶材料的开发利用，基于全生物资源的"无碳"橡胶材料愈加受到关注。

五、主要结论与政策建议

（一）结论与展望

2023 年，我国天然橡胶生产稳中有升，种植面积 1 702 万亩，比去年增加 7 万亩；实际割胶面积 1250.04 万亩，比去年增加 144.44 万亩；产量为 89.39 万吨，达到历史最高水平，单产较去年有所降低，为 71.51 千克/亩。全年价格在 1.1 万～1.3 万元/吨价格区间低位震荡。消费量为 700.1 万吨。2024 年在利好政策支持下，种植面积和产量比 2023 年预计略有增长。天然橡胶需求将持续增加，价格将有所抬升，但上升空间有限。育种、栽培、采胶、病虫防控、机械化、特种胶加工等领域发挥了科技支撑作用，但在生物育种、机械化智能化采胶技术创新和特种胶国产化等方面仍有待突破。

（二）政策建议

1. 落实和完善产业扶持政策

积极落实良种良法补助和天然橡胶综合保险政策，提升产品信心，加快胶园更新改造。加快出台《天然橡胶生产保护区建设管理办法》，规范天然橡胶生产管理行为。加快制定"特种胶园管理办法"，高质量建设特种胶园，为高端制品用胶国产化提供基础支撑。加强"以工哺胶农"政策创设，解决好保护战略资源安全与追求经济效益矛盾现象。

2. 加强天然橡胶科技创新和推广

加快发展生物育种技术，开展品种选育和应用，开展耐刺激、适宜林下间种、白天割胶、机械割胶品种的育种工作。加强抗逆高产栽培技术的研发与集成，改进并完善胶园轻简施肥技术。推广低频割胶，提高割胶效率，研发应用新型产量刺激剂、死皮康复剂。加强以采收胶为核心的天然橡胶生产机械化、智能化装备技术研发，推动采胶机械化、智能化。构建胶园环境、生长与病虫害信息采集系统，建设智慧胶园。

3. 促进全产业链协同发展

支持产地全产业链和产业集群发展。借助区域全面经济伙伴关系（RCEP）与海南自贸港政策叠加优势，加快海南天然橡胶加工、仓储、贸易发展。抓住中老铁路、延边开放等优势，在西双版纳打通"云南贸易通道"和保税交割20号胶陆路通道，形成天然橡胶产业经济带，吸引周边国家天然橡胶资源向云南汇聚，建成东南亚天然橡胶产品集散中心。加快三大农垦橡胶集团国际化发展，鼓励其在境外天然橡胶生产国新建、并购和合资建立天然橡胶种植、加工及贸易基地，提高对全球天然橡胶资源的掌控力和市场竞争力，建设稳定的多元化天然橡胶供应渠道。拓展与东南亚国家合作，构建天然橡胶空间产业链。

（国家天然橡胶产业技术体系首席科学家　黄华孙　提供）

2023 年度牧草产业与技术发展报告

(国家牧草产业技术体系)

一、牧草生产变化分析

(一) 实现"扩面增量"和"化草为粮",饲草生产总体保持稳定

在 2023 年,在"振兴奶业苜蓿发展行动计划""粮改饲"等政策持续推动下,随着《饲用豆粕减量替代三年行动方案》以及盐碱地开发利用等政策措施的相继出台,苜蓿等饲草发展空间得到了进一步拓展,化草为粮得到了全面落实,饲草产业稳定发展。创建了苜蓿间套种玉米高产栽培技术模式、盐碱地"5+2"(苜蓿—旱碱麦—夏玉米)、"3+2"(苜蓿—冬小麦—夏玉米)等高效粮草轮作模式等,在不与粮食作物争夺耕地的前提下,实现了粮食与饲草的双丰收,种植户经济效益显著增加。

(二) 受天气及成本居高等影响,多数饲草单产及纯收益出现了下降

受天气等因素影响,除羊草外主要饲草单产均有所下降。2023 年,苜蓿、饲用燕麦、青贮玉米、黑麦草、羊草单产分别为每亩 698.38 千克、468.59 千克、3 041.28 千克、7 018.16 千克和 217.24 千克,与上年相比,增减率分别为 -1.18%、-3.44%、-2.27%、-0.72% 和 3.77%。多数饲草地租和机械费用仍不断攀升,使得生产成本仍居高不下。2023 年,上述五种主要饲草种植成本分别为每亩 961.25 元、602.14 元、955.32 元、1 423.61 元和 247.49 元,与上年相比增减率分别为 1.66%、0.30%、-0.94%、-1.33% 和 24.26%。受成本高位或价格下降等影响,除黑麦草外其他饲草纯收益均出现降低。2023 年,上述五种主要饲草产品的纯收益分别为每亩 756.76 元、246.01 元、747.80 元、1 243.29 元和 6.68 元,与上年相比,增减率分别为 -0.12%、-43.21%、-18.25%、19.88% 和 -81.07%。

表 1　2022—2023 年主要饲草单产和成本收益变化情况

品种	年份	单位产量（千克/亩）	总收益（元/亩）	总费用（元/亩）	纯收益（元/亩）	利润率（%）
苜蓿	2022	706.74	1 703.24	945.60	757.64	80.12
	2023	698.38	1 718.01	961.25	756.76	78.73
饲用燕麦	2022	485.28	1 043.35	610.24	433.11	70.97
	2023	468.59	848.15	602.14	246.01	40.86
青贮玉米	2022	3 111.98	1 867.19	952.47	914.72	96.04
	2023	3 041.28	1 703.12	955.32	747.80	78.28
黑麦草	2022	7 069.28	2 474.25	1 437.14	1 037.11	72.16
	2023	7 018.16	2 666.90	1 423.61	1 243.29	87.33

(续表)

品种	年份	单位产量（千克/亩）	总收益（元/亩）	总费用（元/亩）	纯收益（元/亩）	利润率（%）
羊草	2022	209.34	234.46	199.17	35.29	17.72
	2023	217.24	254.17	247.49	6.68	2.70

数据来源：国家牧草产业技术体系监测数据，各指标以种植面积为权重求其均值。

（三）2024年国内饲草生产趋势稳定发展，拓面增量和提质增效仍然是关键

展望2024年，基于草食畜牧业发展对优质饲草需求的刚性需求格局，牧草产业发展将以拓面增量和提质增效为核心；在大食物观和大农业观的带动下，国内饲草生产预计将保持增长；生产成本仍将居于高位，降本增效是饲草生产的焦点；在育种和病虫害防治等数字化技术取得进步的情况下，单位产量可能出现一定程度增加（极端天气除外）；苜蓿间套作玉米等粮草轮作、盐碱地和天然牧草地等饲草生产利用模式将推动扩面增量，建立现代饲草产业体系有望建成。

二、牧草市场与贸易变化分析

（一）苜蓿价格小幅上涨，其他主要牧草价格下跌

2023年，国际牧草价格总体保持下降态势，但我国苜蓿价格受国外进口价格和国内优质苜蓿供不应求的双重影响，苜蓿干草价格略有上升，从2022年的2.41元/千克上涨到2.46元/千克，涨幅为2.07%。2023年燕麦草的价格下降较为明显，从2022年2.15元/千克下降到1.81元/千克，降幅高达15.81%。燕麦干草价格降幅较大的主要原因是国产替代品产量的快速提高和价格下降。2023年青贮玉米价格较2022年略有下降，由每千克0.6元下降到0.56元，主要受2023年籽粒玉米价格下降的影响。

（二）2023年我国草产品进口量减价跌①

2023年，我国草产品进口总量108.77万吨，同比减少45%。其中：苜蓿干草进口100.05万吨，同比减少44%；燕麦干草进口7.20万吨，同比减少53%；苜蓿颗粒进口1.51万吨，同比减少59%。2023年草产品进口价格普遍走低，其中：苜蓿干草年初进口价格为596美元/吨，年底降至400美元/吨，下跌了33%；燕麦干草年初进口价格为454美元/吨左右，年底降至339美元/吨，下跌了25%；苜蓿颗粒年初进口价格为345美元/吨左右，年底降至277美元/吨，下跌了20%。

（三）2022年国际草产品贸易量增价涨②

2022年国际牧草贸易总量为1 130万吨，与2021年基本持平。其中：苜蓿草贸易量由820万吨增加到828万吨，同比增长1%，价格由322美元/吨涨至369美元/吨，同比上涨15%；苜蓿粗粉及颗粒贸易量由152万吨减少到142万吨，同比减少7%，价格由258美元/吨涨至287美元/吨，同比上涨12%；燕麦草贸易量由152万吨增加到160万

---

① 国内草产品贸易是2023年的数据，这一判断是基于2023年的数据。2022年我国草产品进口也是量增价涨。

② 国际草产品贸易目前还没有2023年的数据，只有2022年的数据，这一判断是基于2022年的数据。

吨，同比增长5%，价格由327美元/吨涨至356美元/吨，同比上涨9%。草产品出口国主要在北美洲和欧洲，进口国主要在亚洲。

三、牧草加工与消费变化分析

2023年，我国干草产量有所降低。受到雨热同期条件的制约，诸多以生产苜蓿为主的生产企业为了规避干草调制过程中的潜在气候风险，纷纷转向大规模生产青贮饲料；而北方地区夏季早期干旱也导致天然牧草干草产量下降20%左右。同时本年度苜蓿干草价位仍然处于较高水平，越来越多的养殖企业开始探索替代苜蓿的饲养方案，草原牧区天然干草价格出现上涨，与2021年相比涨幅接近一倍。此外，当前青贮饲料加工方式无序，青贮饲料添加剂种类较多且无可执行标准，评价方法混乱，产品质量参差不齐。

由于草饲畜产品的售价下降，导致草产品消费需求减少。鉴于此，当前的首要任务是稳定草饲畜产品的价格，以确保畜牧业全产业链的健康有序发展。草饲畜产品有低脂和高蛋白的优点，并具有一定的功能性，愈来愈受到消费者的青睐，相信未来草饲畜产品消费量将呈增长趋势，带动草产品的生产和加工稳定发展。

四、牧草技术研发变化分析

（一）牧草资源、牧草育种、种子生产

截至2023年，我国保有牧草种质资源62 795份，其中禾本科33 471份，豆科21 265份，其他科8 059份；中国特有种75种609份，其中67种数量已跻身世界前列。美国农业部植物种质资源系统保存有苜蓿属12 257份、三叶草属10 059份、野豌豆属4 195份、饲用燕麦29 647份、披碱草属3 141份、黑麦草属1 974份、雀麦属1 992份、冰草属1 224份、赖草属1 495份。

2023年，我国审定通过20个草品种，其中苜蓿属4个、燕麦属2个、小黑麦属2个、高粱属1个、披碱草属1个、其他属10个。目前已累计国审草品种656个。北美AOSCA共登记苜蓿品种40个；登记禾本科草品种59个，其中高羊茅17个，多年生黑麦草15个。OECD共登记紫花苜蓿31个；登记禾本科草品种212个，其中高羊茅33个，多年生黑麦草85个，多花黑麦草22个。在育种方法上，除杂交育种、混合选择育种等传统育种方法外，综合运用基因组、转录组、蛋白组学及表观遗传学等方法开展产量、品质、抗逆等重要基因资源挖掘，利用转基因或基因编辑技术与多基因聚合仍是国际牧草育种领域的研究热点。2023年，我国科学家对羊草基因组进行了深入解析，揭示了其演化规律，并通过羊草基因组编辑体系提高了羊草生物量相关性状；构建了狼尾草泛基因组，为结构变异和候选基因挖掘提供了重要的资源支持和技术支撑。

2023年，我国饲草种子扩繁的以苜蓿和燕麦为主，燕麦的平均种子产量在3 000~3 750千克/公顷，苜蓿种子生产以甘肃地区单产水平为最高，达到525千克/公顷。美国、加拿大以及丹麦等国家都形成了专业化的草种产业。美国有牧草种子生产田30万公顷，多花黑麦草平均种子产量已达2 080千克/公顷，多年生黑麦草和高羊茅达1 600千克/公顷。

（二）牧草栽培及田间管理

栽培模式创新与优化仍是国内外研究的重点与热点。美国、新西兰、巴西和印度等国家筛选多年生牧草混播新组合，研究玉米、高粱与豆科饲草间作新模式，监测评估系统生

产力、经济效益及生态服务功能。国内通过轮作复种、间套作、混播等栽培模式创新应用提高了土地生产力和利用效率，同时积极探索盐碱地、天然牧草地、季节性闲田、林间隙地种草拓展饲草生产空间。北方农区持续优化苜蓿套种青贮玉米模式及配套技术，提高土地利用效率达30%~50%；基于小黑麦、黑麦、青稞构建的复种轮作技术成熟：黄淮海平原饲用小黑麦—青贮玉米复种模式较单作青贮玉米产量提高59.3%，冬黑麦复种青贮玉米、向日葵、饲草燕麦等模式的研究与示范使北方农牧交错带等传统"一年一熟"区开始实现"一年两收"；南方示范多花黑麦草与其他饲草作物轮作复种新模式。

饲草规模化生产水肥高效管理技术研究取得重要进展。国内自主研发的苜蓿移动滴灌系统首次在主产区试验运行成功，较指针式喷灌系统节水20.4%，为我国苜蓿生产开辟了节水增效新路径。各产区开展苜蓿、燕麦、青贮玉米高效施肥技术研究，通过配方施肥、使用新型缓控释肥、优化水肥一体化等技术措施实现化肥减施10%~20%。盐碱地牧草种植方面，研发出中度盐碱地苜蓿专用肥与高效施肥技术，使4‰含盐量盐碱地上苜蓿建植成功率提高77.5%，头茬干草产量提高61.3%。苜蓿—旱碱麦—夏玉米高效轮作技术亩均经济效益较传统的旱碱麦—夏玉米轮作模式增加1倍以上。在沙地牧草种植方面，新疆和田地区研发"两灌一保"技术，亩产苜蓿干草1吨以上。寒冷沙地提高紫花苜蓿抗寒性生产技术在内蒙古、黑龙江、吉林累计推广应用116.4万亩。

（三）牧草机械研发

国际牧草机械研发主要集中于打捆机提高效率、增大密度和降低功耗。库恩（Kuhn）公司开发的VB 3200系列皮带式打捆机，新型弹齿捡拾器具备预压功能，可以使干草和秸秆等物料的捆包密度提高10%；i-Dense智能密度系统可以实现基于含水率参数的压力/密度自动调节。

国内牧草机械的研发主要集中于草地免耕补播机保墒开沟、多形态种子组配排种、自走式青贮收获机大喂入量割台、高质量切碎、自适应抛送、作业安全性提升等关键技术的突破。在突破青饲机滚刀高质切碎技术，研制的仿生异形减阻耐磨切割刀具实现35千克/秒大喂入量的情况下，切段长度标准草长率突破95%，无磨刀作业有效时间超80小时；开发了青饲机热红外活体检测预警急停技术，实现了青饲机前方3~4米宽、20米长范围内活体有效识别，集成技术的4QZ-30等机型应用推广面积超3 000万亩。自主研制的国内首台580马力大型智能自走式青饲料收获机，可配置4.5和6米可折叠割台，突破了发动机输出功率与行进速度自适应控制等关键技术，显著提升机器适应性和收获效率。

（四）病虫草害防控技术

2023年我国牧草产业病虫草害研发技术有如下突破，研发出了牧草病虫害识别APP和调查监测的网络平台、苜蓿杂草的识别系统和外来入侵生物黄花刺茄"天空地"智能监测系统，解决了牧草病虫草种类多，牧草生产和研究者无法识别而无法对症下药的问题，也解决了我国长期缺乏全国范围内监测系统的问题。在生物防治技术研发与应用方面，芽孢杆菌、绿僵菌、白僵菌、植物根际促生菌PGPR等生防菌剂已应用于牧草生产，减少了化学农药的使用。

但与国际相比，牧草病虫草的识别与监测技术有待进一步改进，应加强无人机技术、人工智能技术、遥感技术等在牧草病虫草害防控方面的应用研究。此外，生防菌的田间防治效果远低于室内测定的防效，使用成本偏高，需加大解决力度。

五、主要结论与政策建议

（一）结论与展望

牧草生产将总体保持稳定。在一些长期性利好政策带动及部分地区牧草种植用地矛盾逐步缓解的背景下，牧草生产继续保持稳定发展。值得注意的是，受天气及成本居高等影响，多数牧草单产及纯收益出现下降，牧草进口量减价跌。美国苜蓿草种植面积在国际的占比进一步提升，我国的占比下降。牧草产业化技术持续突破。2023 年我国保有牧草种质资源 62 795 份，审定通过 20 个草品种，但美国农业部植物种质资源系统保存有苜蓿属、三叶草属等 65 984 份，登记品种达 100 个；在盐碱地、季节性闲田、天然牧草地、林间隙地种草，拓展饲草生产空间，扩面增量效果显著；苜蓿玉米间套种重大引领性技术持续示范，苜蓿—旱碱麦—夏玉米等轮作复种等技术不断取得进展。草地免耕补播机保墒开沟、多形态种子组配排种、自走式青贮收获机大喂入量割台、高质量切碎与自适应抛送等机械卡点取得突破；病虫草害智能识别和监测技术有较大提高，生物防治技术研发与应用得到重视。

展望未来，要持续推进拓面增量，探索多元化发展模式，缓解饲草紧缺格局。在技术模式方面，要继续开展饲草产量、品质等优异基因资源挖掘，创制新种质，培育新品种；研发适宜我国气候和土壤特点的粮草兼顾性发展模式，研制相应机械设备，拓展无人机技术、人工智能技术和遥感信息技术在牧草产业中的应用。

（二）政策建议

在践行大农业观、大食物观、建设现代化大产业以及豆粕减量替代策略等推动下，优化土地资源配置，出台相关饲草用地政策。持续加大国家"粮改饲"、振兴奶业苜蓿行动等相关政策支持的同时，加强地方政策的配套完善，加强种业发展、完善产品质量追溯体系建设、适宜丘陵山区的机械补贴名录完善及标准等政策支持。

（国家牧草产业技术体系首席科学家　张英俊　提供）

2023 年度生猪产业与技术发展报告

（国家生猪产业技术体系）

一、生猪生产变化分析

（一）国内生猪生产变化

2023 年我国生猪生产持续增长，全年出栏 72 662 万头，同比增长 3.81%，猪肉产量 5 794 万吨，同比增长 4.6%，生猪年末存栏 43 422 万头，同比下降 4.1%，市场供应充足。近两年，全国能繁母猪存栏量始终高于 4 100 万头的正常保有量，2023 年初开始进入去产能阶段，但去化速度慢、幅度小。截至 2023 年末，全国能繁母猪存栏 4 142 万头，同比仅下降 5.7%。同时，我国能繁母猪整体生产效率逐年攀升，猪肉消费在肉类消费结构中比例呈下降趋势，生猪产能合理水平有待进一步评估。

（二）世界生猪生产变化

全球生猪存栏量略有下降。2023 年，全球生猪存栏量为 77 810.9 万头，同比下降 0.8%。尽管如此，全球猪肉总产量仍同比增长 0.85%，达到 11 550 万吨。预计 2024 年全球猪肉产量将稳定在 1.155 亿吨。巴西和美国猪肉产量有望增长，欧盟面临种猪数量减少、国内需求疲软的问题，预计猪肉产量将有所下降。我国猪肉产量将受国内需求乏力影响，呈小幅下滑趋势。

二、生猪市场与贸易变化分析

（一）市场价格变化

1. 国内市场价格变化

2023 年生猪供应充裕，行情低迷，是自 2014 年以来，首个全年算总账亏损年。给养殖户带来了较大的经营压力，据农业农村部发布数据，2021 年、2022 年、2023 年活猪月度平均价格分别为 20.78 元/千克、19.10 元/千克、15.45 元/千克，呈逐年下降趋势。全年生猪价格波动的特点是旺季不旺，价格持续疲弱。供大于求成为价格持续低迷的关键原因。

2. 世界市场价格变化

从美国来看，2023 年生猪市场总体上陷入了价格的低迷期，全年生猪月平均价格为 1.37 美元/千克，同比下滑 15.01%。

从欧盟来看，其生猪价格的走势则呈现出一波三折的局面。受通货膨胀的冲击以及非洲猪瘟疫情的影响，欧洲生猪产量出现明显的减少，上半年猪肉价格维持在相对较高的水平。2023 年欧盟生猪月度平均价格为 2.28 欧元/千克，同比上涨 23.67%。由于生猪价格高企，欧盟猪肉在国际市场上的价格竞争力受到削弱，出口量明显下滑。

（二）生猪贸易变化

1. 我国生猪贸易变化

2023 年我国猪肉进口量仍保持第一位，全年进口 227.5 万吨（包括可食用猪杂碎），主要进口国包括巴西、西班牙与加拿大等。长远来看，随着中国消费者对高品质肉类产品的需求不断提高，进口猪肉市场仍有较大发展空间。全年猪肉出口 9.2 万吨。预计 2024 年我国猪肉进口维持在 230 万吨左右。

2. 世界生猪贸易变化

2023 年，全球猪肉贸易总体呈现小幅下滑的态势。全年全球猪肉总进口量为 964.1 万吨，同比下降 1.6%。在全球猪肉进口市场中，中国、日本和墨西哥保持领先地位，三国进口总量占全球的 52.6%。尽管全球猪肉贸易在 2020—2023 年呈现出下滑趋势，但得益于中国、日本和墨西哥的稳定需求，全球猪肉市场得到有效支撑。

在猪肉出口方面，欧盟猪肉在国际市场上的竞争力减弱，2023 年出口仅 320 万吨，同比下滑 18.1%。巴西和美国的猪肉出口量却显著增加。

2024 年全球猪肉贸易将保持稳定，但各地区仍存在不确定因素。

三、生猪加工与消费变化分析

2023 年我国猪肉产量 5 794 万吨，同比增长 4.6%。全年规模以上生猪定点屠宰企业（年屠宰量 2 万头以上）屠宰量 33 926 万头，同比增长 18.88%。猪肉消费类型仍以鲜肉为主，占比超过 80%，肉制品约 20%。鲜肉消费中，55% 是通过农贸市场渠道销售的热鲜肉，25% 为农贸市场、商超等渠道销售的冷却肉，20% 为冷冻肉。猪肉制品消费中，40% 为低温肉制品，60% 为高温肉制品。

2023 年我国预制菜市场持续增长，新增注册企业 4 026 家，总量达到 6.19 万家。预制菜以肉类和水产品为主，2023 年最为火爆的预制菜品为猪肉制品—小酥肉，其市场规模已突破 100 亿元。

四、生猪技术研发变化分析

（一）遗传改良技术研发变化

1. 国内遗传改良技术研发变化

乡下黑猪、山下长黑、天府黑猪 3 个新品种和龙民黑猪、蓝思猪 2 个配套系通过国家审定；开发了基因组育种大数据计算新工具 HIBLUP，提出了适合基因组育种大数据计算的"HE+PCG"新策略；分析了不同营养条件下的染色质构象和转录组学变化，发现染色质结构重塑支持 ATs 中的转录差异；整合猪的育种芯片数据 GWAS 和表观基因组鉴定的顺式调控元件分析结果，在 17 号染色体上鉴定了一个与 LMD 显著相关的数量性状位点（QTL），结合功能实验确定了 BMP2 基因作为主要候选基因，SNP rs1111440035 和 rs321846600 为影响 LMD 性状的候选功能突变；通过对全球 43 个猪种共计 1 096 个高深度重测序样本，结合系谱信息、有效单倍型读长（Phase informative Reads）以及连锁不平衡信息，构建了覆盖全球多品种、大样本、准确的千猪单倍型数据库，并将该单倍型数据库应用于猪复杂性状因果机制的解析中。

2. 世界遗传改良技术研发变化

针对猪中性粒细胞的可及染色质区域和转录状态开展研究，定义了由转录因子调控的猪的中性粒细胞共表达网络，为猪先天性免疫的遗传机制研究提供了重要基础；AgAnimalGenomes 数据库平台发布，为猪等家养动物的基因组功能位点搜索和注释提供了重要的开源数据平台；针对基于 RNA-seq 数据开展生物信息学注释的工具在功能和数据时效性方面的限制，开发了一个能够有效扩展动物编码和非编码基因及转录本注释数量的分析软件——TAGATA，为组学数据分析和研究提供了新的选择。

（二）营养与饲料技术研发变化

1. 国内营养与饲料技术研发变化

一是精准营养。集中在不同生理阶段日粮蛋白质、氨基酸、能量和 Ca/P 等的需要量研究，建立不同品种不同来源的大麦、大豆、米糠等饲料原料的营养指标与生长猪消化能和代谢能的预测方程，评价不同生长阶段猪的净能分配模式，并利用线性回归（NLR）和人工神经网络（ANN）建立相应的预测模型。二是饲料原料营养价值精准评定。开展米糠粕、棉籽蛋白、葵花籽粕等常规饲料原料和非常规饲料原料的营养价值评定和养分消化率评价，发酵类饲料原料研究呈增加趋势。三是减抗替抗饲料营养关键技术。抗生素减量替代聚焦于益生菌饲料、植物提取物、饲料添加剂，氨基酸等提高仔猪生长性能，改善机体免疫功能和降低腹泻方面。四是豆粕减量替代与非粮饲料生物发酵提质增效，减量替代主要通过开源节流和提质增效来实现，非粮饲料的资源化利用是饲料端开源的重要途径。

2. 世界营养与饲料技术研发变化

一是精准营养，不同生理阶段饲粮净能、Ca/P、氨基酸等适宜添加量仍为研究重点。二是饲料营养价值评定，持续评估不同加工工艺豌豆粉、向日葵粉等的营养价值评定及养分消化率，开展了饲料成分查表法、化学成分+体外消化率法以及基于饲料和粪便光谱的近红外光谱校正法评估饲料营养成分的研究。三是抗生素替代，集中在抗生素替代产品（如益生菌、抗菌肽等）的研发以及其他直接或间接提高仔猪免疫的饲料添加剂。四是豆粕减量替代，充分挖掘蛋白饲料及复合酶制剂在提高饲料养分利用率上的应用。

（三）疾病防控技术研发变化

1. 国内疾病防控技术研发变化

非洲猪瘟疫苗研发成为关注的焦点和热点，但不同的技术途径并未取得实质性进展。发现非洲猪瘟病毒劫持宿主细胞胞葬途径，利用凋亡小体进行胞间传播，进而逃逸抗体的中和作用，由此提示研发安全高效非洲猪瘟疫苗的难度。安全高效的基因工程亚单位疫苗、病毒样颗粒疫苗、多价/多联疫苗、黏膜免疫疫苗以及新型佐剂成为猪用疫苗研发的重点方向。种猪场疫病净化的持续推进有助于从种源控制疫病传播和提升种猪健康程度和质量，2023 年新增国家级猪伪狂犬病净化场 41 个、猪瘟净化场 3 个、猪繁殖与呼吸综合征净化场 2 个。

2. 世界疾病防控技术研发变化

非洲猪瘟（ASF）已对全球生猪产业构成威胁，欧洲和亚洲的疫情严重。猪繁殖与呼吸综合征（PRRS）主要存在于北美、欧洲（主要是东欧）和亚洲，北美以猪繁殖与呼吸综合征病毒 2（PRRSV-2）为主，欧洲以 PRRSV-1 为主；PRRSV-2 和 PRRSV-1 同时流行于亚洲，但 PRRSV-2 危害较重。非洲猪瘟疫苗的研发成为国际关注的重要领域，WOAH 对非洲猪瘟疫苗的研发高度重视，强调高质量的疫苗对非洲猪瘟防控的重要性，正组织相关国家兽医行政管理与科研人员讨论与修订关于非洲猪瘟疫苗的标准和要求。

(四) 生产与环境控制技术研发变化

1. 国内生产与环境控制技术研发变化

主要聚焦绿色养殖、机械化和智能化养殖；研究在早期生活条件、玩耍行为、猪舍结构、饲槽空间、富集材料、饲养密度等对商品猪福利和健康的影响；利用机器视觉等开展猪只表情、姿态、采食行为、个体、体重预估等识别方法、算法及模型构建，研发群养动物的呼吸频率（RR）监测系统、基于物联网的猪舍环境智能控制系统等；人工智能结合的环控技术发展迅速，基于检测设备和无线传感技术的猪舍环境监测与控制研究、基于数学模型的猪舍环境因子分布与规律性研究、基于计算机技术的猪舍环境模拟与检测研究成为研究热点；聚焦废弃物处理利用技术向多种废弃物混合处理及污染减排协同方向发展，国家碳达峰碳中和政策和修订后的《中华人民共和国畜牧法》实施，建立畜产品全生命周期碳排放估算方法，实现资源化利用与减污降碳协同，是研究热点。

2. 世界生产与环境控制技术研发变化

国际上，在甲烷排放控制的新形势下，甲烷利用受到重视。甲烷选择性氧化制甲醇、甲醛、甲酸和乙酸等以及沼气中二氧化碳加氢制绿色甲醇，实现基于高附加值产品的养殖废水资源化利用将成为研究的热点。智能设施装置的研发成为新热点，自动下料喂食槽、全自动刮粪机、猪舍循环保温、智能恒温、猪舍除臭设备和智能机器人等。有关非洲猪瘟病毒的灭活装置和猪舍的消毒装置也是研究的热点之一。

(五) 加工技术研发变化

1. 国内加工技术研发变化

机械化、自动化和智能化的技术设备成为研究热点，旨在提高生猪屠宰的效率，确保生猪屠宰质量与安全等；自主研发的智能三段分割技术及设备，打破了国外长期在猪胴体智能分割设备中的垄断；新型保鲜技术和新鲜度指示技术受到关注，在肉制品物流保鲜和新型包装方式的研发中，生物基可降解聚合物支撑的可食用性薄膜和涂层依旧是研究热点；肉品安全及控制方面，关注抗生素残留、耐药性、沙门氏菌、非洲猪瘟防控、猪肉溯源与新检测技术的研发应用；肉制品发酵剂、钠盐替代、危害物控制等技术取得突破性进展；预制菜行业多元化、规范化发展趋势明显；探索新型营养化加工方式成为热点。

2. 世界加工技术研发变化

生物信息分析技术取得突破，Source tracker 作为一种新方法来识别特征单核苷酸变异（SNVs），比 FEAST 分析具有更准确的溯源追踪贡献率；开展绿色加工材料和技术，其中壳聚糖和海藻酸钠在肉和肉制品中的应用最多；通过多组学联用和分子模拟等技术评估新型包装材料的抗菌、保鲜性能和风味改善作用；开展猪肉及其相关产品的加工工艺以及猪肉风味的研究，不同加工技术对猪肉品质的影响；关注猪肉安全，包括猪肉中常见病原微生物以及不同处理方式的杀菌效果等，研究多以拉曼光谱、高光谱成像、荧光定量技术、双波段近红外光谱等方法应用于猪肉品质、猪肉加工等相关指标检测。

五、主要结论与政策建议

(一) 结论与展望

1. 节粮、高繁成为主要猪育种目标

培育节粮、高繁种猪一方面通过提升母系猪效率，减少母猪养殖规模，另一方面通过节粮，降低玉米、豆粕的消耗，是目前最重要的育种目标。

2. 非洲猪瘟防控形势严峻，疫苗研发仍很漫长

强化以生物安全为主的综合性防控措施是生猪养殖场的关键措施。非洲猪瘟疫苗研发之路仍很漫长和艰辛，高质量疫苗短期内难以实现突破。推动种猪场非洲猪瘟、猪瘟、猪繁殖与呼吸综合征、猪伪狂犬病、猪口蹄疫的净化势在必行，构建非洲猪瘟生物安全区、实现非洲猪瘟的区域控制是目前我国非洲猪瘟防控的必由之路。

3. 饲用豆粕减量取得初步成效

通过《饲用豆粕减量替代三年行动方案》的实施，初步构建了低蛋白高品质饲料标准体系。2023年全国养殖业饲料消耗量4.72亿吨，同比增长4.0%。豆粕饲用消费量6 150万吨，同比减少430万吨，直接减少大豆饲用需求550吨。豆粕在饲料消耗量中占比为13.0%，同比下降1.5个百分点，饲用豆粕减量取得初步成效。

4. 多层养殖亟须规范化

多层养殖具有节约土地、利于设施自动化、易环境调控等优点，但也存在建设成本大、缺乏建设规范和标准、生物安全挑战大等不足。为引导多层养殖科学发展，国家生猪产业技术体系组织专家制定《生猪多层养殖技术指导意见》，旨在规范多层养殖选址、工艺、建设、生物安全、设施装备、智能化控制等。

5. 预制菜行业受到消费者的质疑

预制菜行业业态多元化、规范化发展趋势明显，全产业链视角的预制菜肴食品工业化关键技术装备及标准体系的建立被进一步推进，但工业化预制菜肴加工中存在品质保真度低、复热难还原以及货架期短等问题，专用装备缺乏等瓶颈问题也非常突出，受到消费者广泛质疑。

6. 生猪价格低迷，母猪去产能不及预期

2023年生猪均价15.45元/千克，外购仔猪养殖全年平均亏损272元/头，自繁自养全年平均亏损135元/头，行业现金压力大，部分头部企业因资金链断裂被迫重组。通过产能调控，能繁母猪存栏量平均每月减少21万头，年末能繁母猪存栏4 142万头，同比下降5.7%，去产能仍需持续推进。

（二）政策建议

1. 加快节粮高繁型种猪培育与推广

依托国家生猪核心育种场和国家种业阵型企业，结合国家种源核心技术攻关、生物育种等专项的实施，加快培育节粮高繁型种猪，采用边培育、边推广模式，以国家核心种公猪站或省级（区域性）核心种公猪为纽带，推动优质高效种猪基因的普及。

2. 加强非洲猪瘟等重大疾病防控，非洲猪瘟疫苗审批要谨慎

加强生猪养殖场非洲猪瘟病毒流行病学监测与检测，科学优化疫情上报机制，强化各级畜牧兽医管理部门在非洲猪瘟疫情管控中的作用，严格疫情处置，落实养殖企业主体责任。加强屠宰、销售和食品生产经营等环节的监管，强化与猪相关的各个流通环节的消毒工作。

3. 加大低蛋白日粮等豆粕减量技术推广，持续优化减抗替抗技术

围绕豆粕减量替代，以低蛋白、低豆粕、多元化、高转化率为目标，加快畜禽副产品、微生物蛋白、昆虫蛋白等新饲料资源开发利用，持续推广低蛋白日粮、饲料精准配方等技术。开发多种饲料添加剂组合技术，优化减抗替抗技术，完善新饲料和新添加剂审批制度体系。

4. 加快提升养殖场设施化水平,推进智能化养殖

围绕"生产高效、生态环保、管理先进、产品安全"的理念,提升养殖场的设施化水平,包括空气过滤、环境自动控制、自动送料、自动饮水、精准饲喂、臭气控制等关键环节,推进智能化养殖设施,实现智能化养殖。

5. 推进高品质、安全、绿色猪肉的生产

加快提升产品质构、风味等食用品质;解决运输过程配套保鲜中微生物超标等安全问题。推进肉类预制菜相关技术、产品、规程等标准体系的建设;推进建立全产业链标准化技术体系;推进特需肉制品、功能性肉制品的研发与推广,助力肉制品加工行业高质量发展。

6. 提升行业预警能力,优化产能布局

完善生猪市场价格监测预警体系,实现对生猪产业的有效调控,确保监测预警数据的准确性和实时性。基于数据分析,对生猪市场进行科学预测,为政策制定提供有力支撑。基于当前非洲猪瘟疫情、消费等关键因素的变化,优化产能布局,减少跨区域流动。

(国家生猪产业技术体系首席科学家　陈瑶生　提供)

2023年度奶牛产业与技术发展报告

(国家奶牛产业技术体系)

一、奶牛生产变化分析

根据国家统计局数据,2023年中国原料奶总产量4197万吨,同比增长了6.7%,与2022年增幅基本持平,这也是中国牛奶产量连续第4年增幅超过6%。截至2022年,中国奶牛存栏1160.8万头,与2021年相比,增长6.1%,这是2018年以来奶牛存栏增长最快的一年。2022年中国成母牛年单产为9.2吨,同比增长5.7%。由于玉米、豆粕等饲料投入品价格居高不下,2023年牛奶生产成本也处于高位。据国家奶牛产业技术体系监测牧场原料奶平均生产成本为3.82元/千克,与2022年持平,仍处于历年最高水平;但是全年原料奶价格持续下降,奶牛养殖的收益率也持续下降,价格成本比从1月的1.07降至12月的0.98,这是十多年来中国奶牛养殖的价格成本比首次降至1以下。根据对155个牧场2023年3月生产经营状况调查发现,59.8%的牧场原料奶销售价格低于总成本,面临亏损;由于原料奶价格较大下降,2023年年末奶牛养殖亏损面可能超过70%。从趋势来看,预期2024年国内原料奶产量仍处于上升过程,并且奶牛存栏也在继续增长,将给已面临严峻困难的奶牛养殖业带来更大压力。

根据FAO数据,2022年全球奶牛存栏2.78亿头,总产奶量7.53亿吨,奶牛年平均单产2.72吨。根据对美国、欧盟27国、新西兰、澳大利亚、英国、阿根廷、巴西、俄罗斯等国家和地区的监测,2023年全年原料奶总产量3.91亿吨,同比增长0.13%。

二、奶牛市场与贸易变化分析

2023年国内原料奶销售价格大幅下跌。根据农业农村部监测数据,截至12月底,全国10个主产省原料奶销售均价为3.66元/千克,比2022年同期均价下降了11.2%;2023年全年均价3.83元/千克,同比下降7.9%。另据国家奶牛产业技术体系监测数据,辐射牧场12月份原料奶销售均价为3.79元/千克,与2022年12月相比下降10.0%,全年均价3.91元/千克,与2022年相比下降7.3%。

根据全球乳制品交易平台拍卖价格数据,2023年乳制品国际市场价格呈现先降后升趋势;1—8月,所有乳制品加权均价延续2022年的下降趋势,从平均3365美元/吨降至2875美元/吨,降幅达到14.6%;8月中旬以来乳制品拍卖成交价格开始回升,至12月份所有乳制品加权均价升至3388美元/吨,甚至超出年初价格,上升了17.8%。2023年全年来看,所有乳制品加权均价为3285美元/吨,与2022年相比下降了23.0%。

根据中国海关数据,2023年我国共进口各类乳制品305.8万吨,同比减少10.0%,这也是中国乳制品进口总量连续两年出口下降,上一次出现这种情况是在2015年。其中,进口干乳制品222.3万吨,同比减少7.3%;进口液态奶83.5万吨,同比减少16.6%。进口乳制品均价同比下降3.3%,其中液态奶均价上升17.2%,干乳制品均价下降7.7%。

全年净进口乳制品折合原料奶的总量为 1 872.5 万吨，同比减少了 7.9%。在折合原料奶的净进口量中，液态奶占 4.8%，同比减少了 0.6 个百分点，该比重是自 2018 年来首次下降。

三、奶牛加工与消费变化分析

根据国家统计局数据，2023 年乳制品产量 3 054.6 万吨，同比增长 3.1%。假设 2023 年奶类总产量增速与牛奶总产量增速相同，那么 2023 年奶类总产量将达到 4 302 万吨，全年奶类表观消费量为 6 186 万吨，同比增长 2.0%。如果 2022 年和 2023 年新增的奶粉库存分别按 20 万吨和 10 万吨计算，2023 年奶类实际总消费量约 6 106 万吨，与 2022 年相比增长了 3.4%。按照这一消费量，2023 年中国人均奶类消费量为 43.8 千克。在消费需求增长动力不足的情况下，消费增长主要归因于乳制品价格下降，即以价换量的结果。

根据商务部市场监测数据，2023 年 12 月，液态奶销售均价为 12.39 元/千克，同比下降 3.7%；液态奶全年销售均价 12.53 元/千克，同比下降 3.5%。但是，根据经济日报——伊利集团消费趋势报告数据进行测算，2023 年全年液态奶销售量同比减少约 1.5%，并且市场呈现分化发展趋势。其中，高端产品同比增长 6.1%，基础产品销量同比减少 0.7%，而中端产品销量同比增长 4.1%。在全年销售均价方面，基础产品同比下降 0.9%，高端产品同比下降 0.5%，而中端产品同比增长 1.3%。

四、奶牛技术研发变化分析

（一）中国荷斯坦牛育种和繁殖技术取得重要进展，仍面临基础薄弱问题

与奶业发达国家相比，我国奶牛育种当前一段时期面临的最突出技术问题是奶牛育种表型、性状覆盖度不高，关键技术和产品缺乏自主创新，良种高效扩繁产业化程度低，种畜健康监测和记录不完整。针对这些问题，2023 年研究建立了单班次采样测定全天乳脂率和乳蛋白率的计算方法，准确性可达 0.82 和 0.93，大幅度提高乳指标检测效率。全国遗传评估平台性能和运行效率持续提高，数据准备和评估后期分析工作模块化处理，基因组遗传评估平均时间进一步减少 1/4。我国育种基础工作不断夯实，2023 年《中国荷斯坦牛（GB/T 3157—2023）》《牛蜘蛛腿综合征检测 PCR 法（NY/T 4422—2023）》两部标准颁布实施；奶牛 DHI 测定规模达到历史最高水平（195 万头），体型线性鉴定奶牛 5.8 万头。国家标准《牛体内胚胎生产与移植技术规程（GB/T 26938—2023）》正式实施，推动同期发情、胚胎快繁技术实施规范化，在我国奶牛头部种业阵型企业和部分核心育种场的应用程度不断提高。

奶业发达国家使用高通量测序和组学技术极大地加快了奶牛重要性状遗传机制研究进程。截至 2023 年底，已报道 7 744、9 980、11 955 和 3 004 个与牛产奶量、乳蛋白率、乳脂率和体型相关的数量性状基因组座位（QTLs）。

（二）奶牛精准营养与绿色低碳是奶牛养殖趋势

随着奶牛生产水平的不断提升，精准营养研究是国内外奶业工作者面临的共同课题。2023 年国内开展了一系列精准营养调控技术研究，结果表明添加 200 毫克/千克甜菊糖苷或 5 克/日·头酵母培养物可提高犊牛的采食量和日增重，0.3 毫克/千克的 L-硒代蛋氨酸或 15% 的有机锌可提高泌乳奶牛的抗氧化能力，20 克/日·头的过瘤胃淀粉酶，提高淀粉消化率，使奶牛产奶量提高 5.1%，10 克/日 DHA 会使产奶量、能量校正乳及乳脂含量显著增加，30克/日DHA显著改善乳脂脂肪酸组成。

2023年针对饲料资源不足、饲料原料价格高、原料奶价格低迷的局面，开发低蛋白+过瘤胃氨基酸日粮饲喂技术，中高产奶牛蛋白由16.5%降到15%，配方豆粕用量由13%降低到11.6%，在不影响产奶量和乳蛋白率的前提下，对乳脂率有提升作用；同时注意使用低蛋白日粮时要进行氨基酸的补充，可以有效缓解氨基酸失衡，提高乳蛋白合成。2023年对国内有代表性的不同规模牧场进行了碳盘查工作，为我国规模化养殖条件下牧场全生命周期的碳排放提供了基础数据。在甲烷调控技术研发方面，发现在高牧草日粮条件下添加9.67%膨化大豆的高n-6多不饱和脂肪酸（PUFA）日粮（HN6，n-6/n-3 = 3.04）可以显著减少CH_4排放；添加硝酸异山梨酯200毫克/千克DM使奶牛肠道甲烷排放量减少54%。巴西联邦大学奶牛研究中心针对奶牛甲烷排放进行模型构建研究，通过建立全球性实验数据库，搭建模型来准确估计饲料转化率与甲烷排放之间的相关性，根据模型构建得出提高奶牛饲料转化率应该优先考虑降低奶牛甲烷排放的问题。

（三）奶牛疫病和牛奶风险物质检测技术国产化研究进展良好，"两病"净化仍是重中之重

2023年，国内奶牛重要疫病仍为牛口蹄疫、布鲁氏菌病、结节性皮肤病、传染性鼻气管炎、病毒性腹泻黏膜病等。虽然奶牛场生物防控措施在逐年加强，但各类常见病病原阳性检出率上升，主要是因为养殖环境的变化、病原体的变异以及生物防控措施不健全导致。牛病防控技术进展良好，布鲁氏菌病活疫苗（BA0711株）、牛结节性皮肤病灭活疫苗（山羊痘病毒AV41株，悬浮培养）、牛多杀性巴氏杆菌病二价灭活疫苗（A型Pm-TJ株+B型C45-2株）获批新兽药；研制结核分枝杆菌、卡介苗、犬种布鲁氏菌、猪种布鲁氏菌等4种基因组DNA标准物质，已申请国家二级标准物质认证；创建国家级"两病"净化场20个、国家奶牛产业技术体系"两病"净化场2个，为奶牛场"两病"净化的有序推进发挥了良好示范与带动作用。奶牛普通病防控研究主要集中在药物研发方面，"围产期代谢健康'四维度'稳态平衡及技术产品与示范"获神农中华农业科技一等奖；中兽药和微生态制剂替抗研究越来越受到关注，复方黄芩素乳房注入剂（泌乳期）、千里光颗粒、卡洛芬注射液、次氯酸溶液获批新兽药。牛奶及奶制品中风险物质残留检测技术快速提升，不仅试剂盒研究国产化进展良好，新型免疫层析检测设备国产化有明显进步，研发的利福昔明、酮洛芬、敌鼠等检测试纸实现产业化，乳制品质量检测实现了自动化、标准化和规范化。在上述技术和产品的保障下，2023年国内奶牛群体健康程度有明显提升。奶业发达国家兽用疫苗的研发主要集中在新型冠状病毒疫苗、牛结核病疫苗、牛布病新型多表位疫苗、牛疱疹病毒4型疫苗、巴贝虫疫苗、牛流行热病毒疫苗等。牛病诊断新技术以病原核酸检测技术和血清学诊断为主，人工智能技术开始用于早期检测。

与奶业发达国家相比，我国疫病防控形势仍然严峻，奶牛发病率高，奶牛场对"两病"净化工作的重视度不够，主动性不足；牛结核病精准诊断和检测技术仍需要加强；布鲁氏菌野毒感染阳性和疫苗免疫阳性仍缺乏鉴别技术；国产奶牛专用化学药物不能满足日常防病需求，与进口产品品质有差距；中兽医药在奶牛场抗生素补充治疗方面已显现出较好效果，但研发投入不足制约了产品开发进程。

（四）奶及奶制品检测技术提升明显，节能、环保、智能化牛舍设施设备研发是发展方向

2023年在国际上率先开发制定乳铁蛋白检测方法，制定农业行业标准《奶及奶制品中乳铁蛋白的测定高效液相色谱法》，支撑量化的乳铁蛋白含量值标识到41家乳制品企业的巴氏杀菌乳产品包装上，显著增强了国产奶的核心竞争力。创制奶牛体况自动评分设备，研发了面向边缘计算的奶牛体况评分平台，实现了奶牛身份识别精度达到99.75%，体况评分在0.5分误差下的查准率达到96%。创新性提出了浅层地源热泵环境调控系统，兼备夏季降温和冬季供暖双重功能，冷床/暖床工艺运行费用仅为同规模风机—喷淋系统的1/3。开展光伏牛舍热特性与可行性研究，长114米×宽30米的牛舍屋面铺设光伏面积为68%，建成光伏建筑一体化牛舍，8月屋面内侧温度较未覆盖区域低10.9℃，有效缓解奶牛热应激的发生，同时奶牛舍可节省电费30%~40%。粪覆膜式好氧堆肥系统促进好氧发酵的同时，降低甲烷等温室气体排放可达30%以上。

随着我国奶牛养殖场规模化进程的加快以及劳动力成本的上涨，机械化已经成为实现养殖场高效生产的物质基础和强力抓手。与奶业发达国家比，我国机械化智能化养殖发展基础薄弱，奶牛设备对外依存度高，TMR饲喂设备国外产品牌占比达到35%左右，挤奶设备以进口品牌为主，占比约85%左右。因此，短期应该加强现有设施设备单项技术的集成转化；长期要进行牧场主要大型设备，如饲喂机械，挤奶机械、智能化设备研发，降低对外依存度。

（五）国产乳制品研发进程加快，跨领域合作推动牛奶消费

2023年尽管中国奶业形势严峻，但是益生乳酸菌及发酵乳行业始终保持增长，发展为产值超过千亿元的朝阳产业。2023年持续夯实乳酸菌种质资源库、基因组共享数据库建设，分离鉴定乳酸菌10 264株，建成全球最大、种类齐全的原创性乳酸菌种质资源库，入选首批国家农业微生物种质资源库序列；同时不断加大乳酸菌精准筛选、产业化关键技术及高活性复合益生菌发酵乳加工关键技术的突破和创新，微生态制剂也正在成为奶牛绿色养殖领域的替抗方案。在液态奶加工技术领域主要关注两方面，一是健康产品研发，乳铁蛋白定向保护技术、控糖牛奶开发等不断挖掘新的技术突破口。二是牛奶与咖啡和茶饮的跨界融合，针对牛奶与咖啡或奶茶等快消品的结合推出各类调制乳产品，以咖啡和茶饮的需求推动液态奶茶产品开发。奶粉领域，母乳低聚糖（HMOs）获批使用带动新一轮婴幼儿母乳化配方的进步。2023年α-乳白蛋白的分离纯化取得重要进展，得到纯度90.83%的α-乳白蛋白，该法节约了工业化生产所需第一步凝胶层析填料的成本并提高了乳清蛋白的分离效率，且不产生工业废水及环境污染物。国外在婴配粉的核心配料方面具有技术优势，2023年针对α-乳白蛋白的分离纯化，使用酶解、超高压、凝胶层析或硫酸铵沉淀结合离子交换层析等分离纯化方式开展研究，比较了其优劣性，为工业化生产积累了基础。

与国外相比，由于我国益生乳酸菌、益生元、后生元及其下游应用行业起步较晚，现有法规并不完善，需及时填补标准法规的空白。重点关注菌株高活性和高稳定性加工技术攻关和多元化功能性乳制品的研发。此外以奶酪为主的干乳制品占我国乳制品消费比重逐年提升，已成为我国乳业发展的重要增长点，同时也是解决我国乳制品消费市场扩容和缓解原料奶行业低谷期的重点品类之一。

五、主要结论与政策建议

（一）结论与展望

2023年，面对百年变局和世纪疫情，在国家政策、技术创新等多重因素加持下，我国奶产业素质跨上新高度。奶业技术创新不断加强，不仅在遗传改良、精准饲养、疾病防控等方面取得重要进展，还在国产乳制品开发、智能化、信息化养殖等前沿技术方面进行了探索和应用，支撑产业高质量发展。据国家奶牛产业技术体系监测数据，2023年辐射场产能明显提升，单产达到10.7吨，乳脂率3.93%，乳蛋白率3.28%，细菌数2.85万，体细胞数19.4万。中国奶牛养殖水平已步入全球奶牛高产国家行列。

但是我们也看到，2023年原料奶供给过剩驱动奶价下行，养殖成本居高不下，同时供给持续增加加剧供需失衡，多重因素作用下导致奶牛养殖业面临十多年来最困难局面，奶牛养殖亏损面超过70%。面对挑战，创新是产业发展的重要动力，更是摆脱当前困境的重要途径。提升全国奶牛遗传评估平台效率，支撑种公牛遗传评估和培育，加快"种源"自主进程；应对高成本饲养压力，持续饲料资源开发，开展低碳低蛋白和精准营养，提高饲料转化效率；不断发展新兴技术加快我国奶牛疫病诊断、兽药和疫苗等"卡脖子"技术的研发进程，继续推进"两病"净化，全面提升疫病防控水平；适应产业发展需求，大力发展智能化、信息化养殖；研发更多差异化产品和更加符合国人消费习惯的产品，探索更加多元的消费模式和消费场景，以充分开发乳制品消费潜力，不仅要关注高附加值产品的开发，更要加强质优价廉乳制品的研发和供给，才能充分发挥奶业的消费增长潜力。

（二）政策建议

为破解产业发展困境，技术要创新，管理要创新，政策也要创新。亟待通过政策创新保障产业稳定发展，一方面，要完善市场稳定机制，通过临时收储制度等促进供需平衡和价格稳定，保障奶牛养殖场户顺利度过困难阶段。另一方面，要重点加强对奶牛养殖环节中小规模牧场、家庭牧场和社会牧场的支持与保护，保障中国奶业产业生态环境的健康。

（国家奶牛产业技术体系首席科学家　李胜利　提供）

2023 年度肉牛牦牛产业与技术发展报告

(国家肉牛牦牛产业技术体系)

一、肉牛牦牛生产变化分析

2023 年肉牛产业呈现产量增幅大于产值增幅的特点。根据国家统计局数据，2023 年全国牛存栏 10 509 万头、出栏 5 023 万头、牛肉产量 753 万吨，比 2022 年分别增长了 2.87%、3.78%、4.87%。受"新冠"肺炎疫情和进口牛肉累积效应的影响，本年度肉牛牦牛产业呈现短期的"蓄积性供给过剩"现象，活牛及牛肉等产品价格相继异常下降，普通牛肉产值约为 6 216 亿元（据国家统计局数据以"牛肉产量×集贸市场牛肉均价"计算），同比增幅仅为 1%。牦牛产量相对稳定，但产值呈现下降态势。2023 年很多肉牛养殖主体呈现年度亏损状态，部分养殖主体正在优化养殖规模、减少养殖数量甚至退出养殖行业。受养殖环节多、链条长等特点影响，肉牛产业对市场冲击的反应存在一定的滞后期，2023 年部分养殖主体减产和退出短期内对活牛供给影响不会太大，但长期将可能导致供给不足，特别是价格低迷导致的屠宰繁育母牛和小母牛不留养等问题，对后期的犊牛和架子牛供应可能产生一定程度的影响。

2023 年世界活牛与牛肉生产稳步增长。根据 USDA 数据，世界牛存栏量约为 9.44 亿头，同比增长 0.4%，印度和巴西是存栏较多的国家。世界牛肉总产量约为 5 937 万吨，同比增长 0.05%，中国、巴西和澳大利亚等国牛肉产量呈现增加趋势，但美国牛肉产量则呈现下降特点。得益于肉牛养殖数量和下游牛肉及其制品需求的不断增长，2023 年世界犊牛产量约为 2.90 亿头，同比增长 0.5%。考虑到亚洲和非洲等国家对牛肉的需求量不断增加等因素的影响，世界活牛饲养数量与牛肉产量在 2024 年度依然将呈现平稳增长态势。

二、肉牛牦牛市场与贸易变化分析

2023 年我国肉牛产业主要产品呈现价格异常下降的特点。根据国家统计局数据，全国集贸市场活牛平均价格从 1 月的 37.27 元/千克下降至 7 月的 32.73 元/千克，然后小幅反升后再度下降，12 月价格下降至 32.55 元/千克，同比下降了 12.48%。体系调查数据表明，部分地区活牛收购价格低至 26 元/千克以下。牦牛产业相关产品也呈现了价格小幅下降特点。受同质化产品短期集中供应的影响，西杂交牛价格下降幅度较大，差异化发展的肉牛（如安格斯牛、和牛、地方黄牛）价格下降幅度相对较小。牛肉价格变化特点与活牛价格变化相类似，但下降幅度略小，集贸市场牛肉全年平均价格约为 82.55 元/千克，比 2022 年（85.80 元/千克）下降了 3.8%。国际市场上活牛与牛肉价格在不同区域呈现不同的变动方向，美国和欧洲活牛及牛肉价格因供不应求呈现上涨趋势，其他国家和地区则出现牛肉产品价格下降的态势。

根据海关统计，2023 年中国大陆地区进出口牛肉约为 273.73 万吨。其中，进口牛肉约为273.72万吨（占进出口总量的99%以上），同比增长1.8%；进口金额约为1002亿元，同比下降19.9%。源自巴西、阿根廷、乌拉圭三国的牛肉进口量占到国内牛肉进口总量的72%。在进口牛肉的冲击下，国内活牛与牛肉交易遇到了巨大挑战，差异化发展策略的肉牛产品在交易中彰显了发展潜力，基于提供热鲜牛肉或花纹牛肉为目标而确定的产品销售模式将呈现更大的市场竞争力。

2023年国际牛肉进出口总量与2022年基本持平。根据USDA数据，2023年牛肉进出口量约为2226万吨。进口牛肉1032.8万吨，同比增长4.2%。出口牛肉总量约为1193.2万吨，同比下降2.9%。下一年度预计牛肉进出口总量波动相对稳定，但具有生产成本优势的国家和地区的牛肉出口将趋于增长。

三、肉牛牦牛加工与消费变化分析

2023年，国内活牛与牛肉呈现价格双降态势，煎烤、酱卤用冷鲜、冷冻牛肉价格降势明显，炒、烤、涮、炖用传统热、凉鲜牛肉价格降势轻微，并且较进口牛肉价格优势依然突出。北牛南运依旧，主产区大型肉牛屠宰企业鲜牛肉产销势旺，冷鲜、冷冻牛肉产销萎缩，产能利用与效益低下，依赖进口牛肉分割、精深加工存活与反哺肉牛养殖能力不足难题仍亟待破解。主产与主销区中小型屠宰、牛肉分割企业热鲜及冻肉产品直销、网销等新业态运转顺畅。不同区域、规模肉牛屠宰加工企业仍需明确牛肉主体消费区域、人群、方式、场景及品质定位，实现产销质态有效对应。冷鲜、冷冻牛肉的质量评定分级标准长期不适应市场实际情况，传统鲜牛肉产业链亟待通过技术和政策规范予以重塑；新业态预制菜品安全与品质标准、生产规范有待创制。运牛变运肉、牛肉及副产物转变为商品等需技术支撑。

2024年，国内肉牛屠宰加工界和学研界将积极顺应消费需求在四方面展开学术研究与技术研发。第一是产业界将自行改进现有技术，加速生产鲜牛肉以满足传统炒、烤、涮、炖、炒等的突出需求。第二是我国传统鲜牛肉的鲜味机制，将进入学术界研究范畴，由此出现系列学术成果填补这一学术领域的空白，同时，鲜牛肉保鲜技术需求将促使产学研进一步融合。第三是旨在追求国产冷冻牛肉与国外进口牛肉的异质化、冻变鲜等技术的研发创新，将进一步满足商超等市场对冷冻和缓化牛肉的国产化需求。第四是牛肉预制菜加工技术进一步渗透产业。

四、肉牛牦牛技术研发变化分析

越来越多的国家将经典选种技术与基因组选择联合应用，以加快群体遗传进展；我国基因组选择技术的应用使种牛选择准确度、主要品种的选择效率进一步提高，初步形成了经典选种加现代分子生物技术的创新育种技术体系。人工授精仍是规模群体配种的重要手段。胚胎移植在优秀种质扩繁上起到了重要作用。活体采卵和体外胚胎生产技术（OPU-IVP）快速成熟并有所应用。活体取卵、体外受精以及精子、卵子和胚胎的冷冻技术与胚胎移植技术的深入应用，不仅有效加强了肉牛遗传资源的易位保护，也提高了优秀种牛的利用效率。

尽管技术上快速发展，但我国育种基础工作仍然薄弱，重要经济性状特别是饲料转化效率亟待提升，引进品种本土化选育效率不高，培育品种持续选育力度不够，联合育种机制不完善，地方品种优良特性挖掘利用不足等制约肉牛种业发展的问题仍需着力解决。为推进肉牛产业的可持续发展，有效应对未来气候变化、兽医公共卫生及食品安全等多重挑战，基因编辑等生物育种技术，在加速肉牛改良进程中作用初现。

活牛与牛肉价格下跌，活牛与饲草料跨区域运输推高了生产成本，使传统的玉米—豆粕—全株青贮的日粮模式发生多元化变化，本地化低成本饲草料得到高度重视，逐渐形成了专业化的本地粗饲料加工企业。粗饲料加工利用技术逐渐向绿色高效的综合技术发展。饲养技术向节本、提质、增效和多元化发展。利用棉籽粕、菜籽粕、DDGS、尿素等原料通过同类替代、组合增效进行豆粕减量替代的技术得以推广，尤其是包被尿素等团体标准的制定推动非蛋白氮规范使用。

着力推进饲料与养殖生产的低成本化将成为必然。在生产技术上进一步按照品种和生产目的确定差异化营养供应方案。人工智能与智慧牧场应用扩大，逐渐向精准饲养方向发展。高原牧区牦牛的季节性舍饲错峰出栏和低海拔农区牦牛高效育肥模式继续扩大。地方黄牛的差异化育肥和产肉品质进一步受到生产和消费两方面的认可。

2023年我国报告发生4次由O/Ind—2001毒株引起疫情，均与动物调运有关。牛呼吸疾病综合征及犊牛腹泻仍是制约产业发展的主要疾病。牛病防控新产品研究取得一定进展，牛多杀性巴氏杆菌A、B二价灭活疫苗、布鲁氏菌病活疫苗（BA0711株）获新兽药注册证书（三类）；牛用山羊痘病毒牛结节性皮肤病灭活疫苗（AV41株）通过应急评价，应用于市场。牛支原体活疫苗已送复核检验，牛支原体ELISA试剂盒通过注册复核检验。2024年，肉牛疫病控制技术将进一步在预防、群体用药和安全长效上实现创新性发展。利用基因缺失、亚单位重叠、mRNA和人工智能（AI）等前沿技术，有望研发出新型高效广谱性疫苗，实现疾病早期预警和精准快速诊断，提高疾病防控的及时性和准确性。同时，过瘤胃给药、靶向、广谱长效药物等技术和产品的需求旺盛。传统兽药（中兽药、藏药、蒙药等）在防治牛病中将得到更广泛的应用。

肉牛牦牛标准化、机械化养殖在促进经济效益提升方面的作用越来越明显，行业机械化养殖水平得到了显著提升。牛场对配套养殖工艺和养殖设施设备技术水平要求也越来越高，在饲料营养、工艺装备、设施环控等多学科领域、多方位技术协同发展，在不同规模层面推动肉牛牦牛养殖标准化、机械化、智能化发展。牛场粪污处理与利用方面，国内外技术研发仍以能源化、资源化利用为主，同时关注新污染物的潜在环境与健康风险。2024年，标准化、规模化、机械化、低成本绿色高效养殖将是行业技术应用发展的主导方向。标准化牛场建设及养殖技术工艺、饲草料多样化高效收贮机械、高效精准饲喂装备、肉牛场精准环控系统、粪污收集处理机械等将持续发展和应用，同时将着重强化肉牛牦牛养殖智能化信息化技术研究，加大信息化管理系统技术研发力度。

满足安全优质、降本提效、绿色低碳新型消费需求已成为国内肉牛屠宰加工产业的技术创新目标。单一的冷鲜肉品质控制技术向融合冰温保鲜、多类型包装技术的转变，已从产品形式上拓展了消费；主副产品深加工技术研究应用也已处于由传统高温制品加工向"短保质期"预制品转变状态。特色、差异化的牛肉分级技术亟须研制。各品种鲜牛肉火锅、烤肉用热、凉鲜肉售卖的"全牛利用"模式，开辟了中小微企业"全牛利用"新赛道，显著提高了肉牛产业链效益。热、凉鲜肉已悄然引发消费热潮，重新审视中国牛肉饮食习惯，技术研发由以冷鲜肉品质控制为主向热、凉鲜肉等多元化产品及多样化消费方式的技术支撑转变已是大势所趋。

国际牛肉加工产业技术研发重点在于生鲜牛肉品质评判、在场在线无损检测、智能剔骨分割、宰后肌内脂肪等食用品质快速检测技术、人工智能驱动自动牛肉分切，快速熟成技术。盈利能力作为度量衡将筛选这些技术，从而显著提升肉牛屠宰加工生产效率。

五、主要结论与政策建议

筑牢基础与研究前沿并重，坚持自主创新，开展核心技术攻关和生物育种技术研究，在夯实传统育种技术的基础上，逐步完善用种与杂交配套生产体系，建立肉牛基因编辑、干细胞育种、多品种基因组选择技术研发平台，构建生物育种技术体系。探索适合我国国情的长效持续联合育种机制创新，促进实质性联合育种。加大种质市场检查监管力度。强化核心场的疫病净化措施。全面提升肉牛种业发展质量和效益，引领肉牛种业参与国际竞争。

生产成本是影响产业效益的主要因素，以提高饲料转化率、养殖效率和差异化生产技术水平为重点。持续推进本地饲草料的专业化高效开发和豆粕减量替代工作，将草料运输纳入减免费专项支持。推动肉牛牦牛养殖生产大数据建设和人工智能化促进精准饲养，推广适度规模场的种养循环绿色低碳高质量养殖模式。

口蹄疫、布氏杆菌病和结核病仍是影响产业发展的重要疫病。同时，重要牛病净化场建设和区域净化的步伐正在加速。牛呼吸疾病综合征、犊牛腹泻、梭菌病等重要常见病防控产品短缺。建立政产学研用多方合作机制，整合资源，加大对重要疫病净化与新技术新产品创制的支持力度，集成生物安全和综合防控措施，提高我国牛病防控、食品安全和公共卫生水平。

农区和牧区的母牛养殖户与带有屠宰销售的适度规模育肥牛企业抗击市场风险能力明显优于规模繁育场和规模育肥场。粪污处理与利用方面仍存在处理技术相对粗放、设施设备相对落后、处理—利用—运营不能有效衔接等问题。应继续加大农区秸秆饲养母牛的家庭牧场秸秆饲料化收贮设备、基础设施建设和适度规模肉牛养殖场购置养殖机械设备的扶持力度。

长期以来，在发展城市化的大前提之下，我国肉牛屠宰加工业发展旨在推动冷鲜与冷冻牛肉生产消费，已有政策、技术与管理模式、产品标准等支撑主体消费，对热、凉鲜牛肉关注相对不足，因而对兴起的热鲜牛肉等需求缺乏应对的手段和准备。"中国式现代化"肉牛屠宰加工亟待全面探索，其发展既应关注冷鲜牛肉，更要重点关注热、凉鲜肉与其预制菜品。着力研发相应安全与品质标准，提质增效技术与模式、调整肉牛屠宰加工整体与区域发展规划已势在必行。

2023年肉牛牦牛产业遇到了短期的蓄积性供大于求的问题，活牛与牛肉价格异常下降使大部分经营主体亏损。考虑到国内居民牛肉需求保障和国外牛肉资源利用的科学性，建议加快制定国内牛肉消费分级标准或相关制度，减弱进口牛肉直接利用国内牛肉分销渠道对国内肉牛产业的冲击；加大对差异化发展、热鲜肉获得为目标的经营模式的支持和引导；构建北牛南运新模式，完善异地供牛与屠宰加工地适配的税收政策；研制本地养牛本地消费政策、打造旨在区别于进口牛肉的"中国热链"；建立母牛养殖扶持基金和财政补贴机制，保障母牛养殖者的合理收益，巩固和扩大母牛群体，确保产业发展基础不动摇。

（国家肉牛牦牛产业技术体系首席科学家　曹兵海　提供）

2023 年度肉羊产业与技术发展报告

(国家肉羊产业技术体系)

一、肉羊生产变化分析

(一) 中国及世界肉羊生产概况

2022—2023 年中国肉羊生产稳定发展，出栏量与产量持续增长，但存栏量和净利润出现下降。从存出栏量看，2023 年，全国羊出栏 33 864.0 万只，较去年增加 240 万只，增长 0.7%；年底羊存栏 32 233.0 万只，同比下降 1.2%。从出栏率看，近五年出栏率均突破了 100%，2023 年达 105.1%，基本与上年度持平。从羊肉产量看，2023 年达 531 万吨，较上年度增加 7 万吨，增长 1.3%。另外，最新数据显示，2021—2022 年中国肉羊生产成本与收益均有不同幅度的上涨，但利润率有所下降。每只散养肉羊的物质与服务费用、人工成本分别增加至 905.0 元、533.0 元。每只散养肉羊平均主产品产量和产值达到 46.0 千克和 1 539.2 元，净利润在 2020 年达到最高点 205.8 元，2022 年利润仅为 101.2 元，降幅较大，行情欠佳。2021—2022 年全球肉羊产能不断上升，羊肉供给能力稳步增长。从存出栏量看，2022 年全球绵羊、山羊存栏量分别为 13.2 亿只、11.5 亿只，同比分别增长 1.7% 和下降 6.2%；绵羊出栏量增长至 6.4 亿只，山羊出栏量增长至 5.0 亿只，增长率分别为 2.5% 和 1.2%。从羊肉产量看，2022 年全球的羊肉产量达到 1 650 万吨，其中绵羊肉产量为 1 027.2 万吨，同比增长 3.1%，而山羊肉产量有所下降，为 636.8 万吨，较 2021 年减少了 0.5%。

(二) 肉羊生产突出问题

目前肉羊生产主要面临以下突出问题：一是生产组织发展水平有待提高。一些地区仍然采用传统的养殖方式，导致生产效率较低、成本较高等问题。通过现代化的养殖技术和管理实践的推广，提高生产效率、降低成本，是全球肉羊生产面临的挑战。二是疾病防控和动物健康。传染病和寄生虫对羊群的健康造成威胁，影响生产效益，一些国家和地区的兽医保健、疫苗接种和定期检查等措施仍较落后。三是肉羊生产需要更加注重可持续养殖实践。随着社会对可持续发展和环保的关注增加，传统肉羊生产需向环境友好的养殖方式转变，同时对土地、水资源和能源进行合理利用，以减少负面影响并维护生态平衡。

(三) 2024 年肉羊产业生产趋势分析

肉羊产业生产趋势分析需要从市场需求、气候影响、养殖技术创新、政策环境等方面进行综合考量。首先，肉羊产业标准化、规模化、品牌化建设以及产业支持政策等因素均会促进产业提质增效。一是专业化程度不断提高会带动产能增长。二是肉羊养殖规模化发展将推动产业质量提升。三是养殖技术创新将有助于提高单产，从而增加总体产量。但同时，养殖成本升高、环境压力增大以及抑制性政策等会限制产量增长。采用时间序列模型对中国羊肉产量进行预测，结果如表 1 所示。预计中国羊肉产量将持续增长，2024 年可达到 556.65 万吨。

表1　2024年中国羊肉产量预测　　　　　　　　　　（单位：万吨）

年份	产量	
	实际值	预测值
2020	492.31	491.31
2021	514.08	505.15
2022	524.53	528.90
2023	531.00	544.44
2024	/	556.65

二、肉羊市场与贸易变化分析

（一）中国及世界羊肉产品市场价格变化

2023年全国羊肉集贸市场月度平均价格（以下简称羊肉价格）整体由83.3元/千克下降至77.3元/千克，总体下降了7.3%。与2022年相比，价格有明显的下降趋势，上半年各月同比下降率平均为1.1%，差值基本保持稳定，但下半年由于羊肉价格增长乏力，与去年同期的价格差距逐渐拉大。具体来看，2023年1—7月羊肉价格显著下降，由83.3元/千克快速降低至77.9元/千克，下降了6.5%；8—12月降速逐渐放缓，由78.0元/千克降至77.3元/千克（图1）。从全球绵羊肉生产者价格来看，总体上，澳大利亚绵羊肉生产者价格引领全球绵羊肉市场价格走势。2022年澳大利亚的绵羊肉生产者价格达5 253.5美元/吨，较2021年增长了6.0%；2018—2022年，奥地利的绵羊肉生产者价格由5 655.6美元/吨增长至6 498.4美元/吨，五年间增长14.9%。中国绵羊肉生产者价格要明显高于其他主要羊生产国，2022年达10 000.8美元/吨，较2021年增长了13.8%，增幅明显。

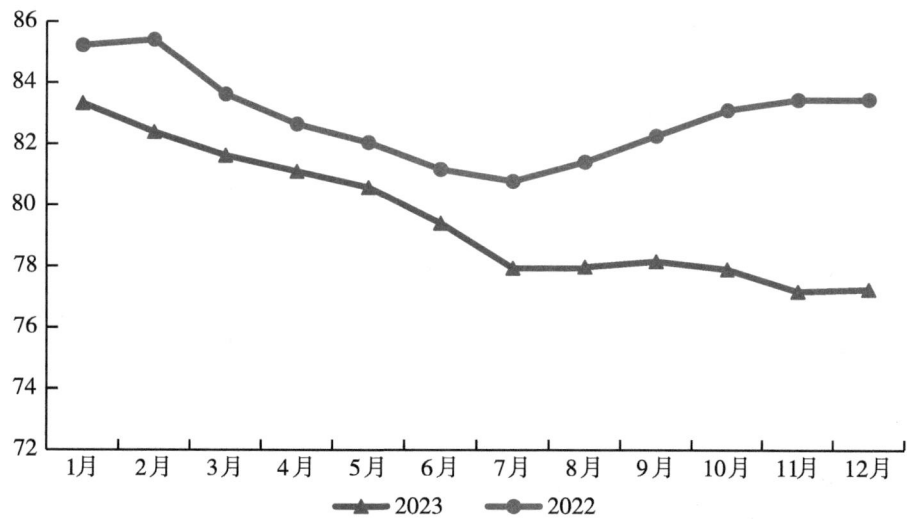

图1　2022—2023年中国羊肉市场月度价格变化情况（单位：元/千克）
数据来源：农业农村部监测数据（http://www.moa.gov.cn/）。

（二）中国及世界羊肉产品贸易概况

2022—2023 年中国羊肉进口量大幅增长，出口量有所下降，贸易逆差进一步扩大。进口方面，2023 年中国羊肉进口总量和进口总额为 43.4 万吨和 124.5 亿元，同比增长 21.2% 和下降 9.3%。冻带骨绵羊肉是中国第一大羊肉进口品类，2023 年进口量达到 34.4 万吨，同比增长 17.4%。中国羊肉进口主要来源于新西兰和澳大利亚，占中国羊肉进口总量的 96% 以上。出口方面，2023 年中国羊肉出口总量为 0.16 万吨，同比下降 20%；羊肉出口总额达到 1.3 亿元。主要出口国（区域）包括中国香港、中国澳门和科威特等，出口量占比分别为 91.0%、5.5% 和 2.0%。全球羊肉进出口贸易呈增长态势。进口方面，2022 年全球羊肉进口贸易额增长至 97.0 亿美元，同比增长 10.8%。中国、美国、法国和英国的进口贸易额位居全球前四，约占全球总量的 46.9%。出口方面，2022 年，全球羊肉出口量和贸易额达到 131.1 万吨和 94.2 亿美元，较 2021 年分别增长 2.5% 和 2.1%。从出口数量来看，澳大利亚、荷兰分别实现了 4.0% 和 23.5% 的增长，而新西兰和西班牙则分别下降了 3.6%、8.5%。从贸易额来看，荷兰和比利时的贸易额增长幅度较大，分别增长了 31.1% 和 24.3%，而新西兰和西班牙的贸易额则下降了 4.5% 和 4.9%。

（三）羊肉产品贸易流通突出问题

目前羊肉产品贸易流通主要面临以下突出问题：一是供应链韧性不足。季节性需求波动、运输和储存条件的不确定性以及疾病暴发等因素导致了供应链的脆弱性，对羊肉产品的稳定供应和质量产生负面影响。二是食品安全和规范化管理问题。在畜产品加工流通等领域，缺乏统一的标准和行业规范，导致不同国家、企业之间标准不一，贸易中存在不同的质量和安全标准，阻碍了羊肉产品的国际贸易，给食品安全带来潜在风险。三是存在贸易壁垒。关税、配额和其他非关税壁垒，对羊肉产品的国际贸易造成了限制，影响不同国家和地区之间的贸易平衡，增加市场准入难度。

三、肉羊加工与消费变化分析

（一）中国及世界羊肉加工领域发展概况

世界范围内的羊肉加工，欧美 80% 以上主要是用于烧烤、煎炸等的冷鲜和冷冻调理产品，产品转化为肉制品的比例 70% 左右。产品种类最多的是以中国为主导的亚洲国家，但加工比例和规模均较小，主要是以鲜销和烹饪产品形式消费，进入市场的主要产品形式为屠宰初级加工的胴体肉，少量分割肉，其中冷冻羊肉约占 95%，加工制品仅占 5% 左右，深加工转化率不足 3%。发达国家羊屠宰加工基本实现了机器代替人工，加工规范标准，产品质量高，智能屠宰、分割、工业机器人等技术广泛应用，大大降低了劳动强度和胴体被污染的风险，同时给羊屠宰加工企业带来了巨大的效益。近年来，中国虽然在中式标准化分级分割技术、羊肉真实性鉴别技术、羊肉制品加工技术、肉羊脂肪副产物高值化加工技术方面有所突破，但还需继续提升羊屠宰关键技术装备的规模化、标准化和智能化水平。

（二）中国及世界羊肉产品消费情况

中国羊肉表观消费量和人均羊肉消费保持稳定的上升态势。2022—2023 年羊肉表观消费量达到 574.2 万吨，同比增长 2.5%，人均表观消费量达到 4.1 千克。据最新数据，2021—2022 年城镇和农村居民人均户内羊肉消费量分别为 1.5 千克/人、1.3 千克/人。羊肉消费偏好存在区域差异性，羊肉消费主要集中在中国西北和华北地区，两者之和超过全国消费量的一半。西北地区少数民族居民较多，受饮食习惯与宗教信仰等因素影响，羊肉消费以清真品牌居多。从全球绵羊肉消费总量来看，2022年全球绵羊肉总消费1 646.9万吨，较2021年增加了1.4%，各大洲绵羊肉总消费也较2021年普遍增加。其中亚洲消费1 087.3万吨，占66.0%；非洲消费331.5万吨，占20.1%；欧洲消费127.6万吨，占7.8%；拉丁美洲、大洋洲、北美洲则分别占比2.8%、1.8%、1.6%。

（三）羊肉产品加工、消费突出问题

从全球来看，首先是全球范围内加工技术水平不均衡。一些地区仍使用较为传统的加工方式，而另一些发达地区已采用先进智能技术，这造成区域间产品质量和加工效率的差异，影响市场竞争力。二是加工产业在鲜肉和加工品间不平衡，难以满足不同市场和消费者的需求，且多数加工产业缺乏严格的生产标准、卫生条件的维护以及有效的质量控制体系，产品的质量和食品安全水平较低导致在国际市场中缺乏竞争力。三是产品同质性较高。不同地区和文化对羊肉产品的需求存在差异，生产者和加工商需灵活调整产品种类和规格，以满足全球不同消费市场的需求。

四、肉羊技术研发变化分析

（一）肉羊营养与饲料技术

2023年中国肉羊营养与饲料技术研究主要集中在功能调节性添加剂、发酵饲料、非常规饲料资源开发、胃肠道菌群、营养需要量等方面。添加0.6~0.9毫克/千克酵母硒可显著降低尿素氮含量，促进湖羊蛋白质合成，显著降低血液中甘油三酯、胆固醇含量，促进脂类的代谢。30%金针菇菌渣、30%鲍菇、40%中药渣发菌渣发酵全混合日粮均可显著提高贵州黑山羊采食量、生产性能，促进反刍。柠条青贮替代等比例全株玉米青贮（15%）可提高滩羊生长性能，改善肉品质。使用25%饲用油菜替代花生秧饲喂湖羊可降低饲养成本，提高经济效益。2023年国外学者主要围绕肉羊养殖中的非常规饲料开发、豆粕替代、肉品质、饲料加工技术、添加剂等进行了研究。在羔羊日粮中添加榛子皮可通过延缓脂质氧化改善肉的氧化稳定性，可能和榛子皮中所含的抗氧化分子有关。饲喂含有50%木薯叶青贮饲料使山羊的抗氧化能力、生长性能和免疫力更强。在羔羊日粮中用芝麻粉替代棉籽饼，大多数生长性能参数和养分消化率都有显著改善，瘤胃pH值和VFA随着添加量的增加而增加。

中国肉羊养殖业通过运用营养与饲料技术，不断提高生产效益、形成新质生产力、开拓新领域，为产业的可持续发展奠定了坚实基础。通过科学的饲养管理和配方，养殖者可以更精准地满足肉羊的营养需求，提高生产效益；针对不同生长阶段和用途的肉羊，量身定制的饲料配方能促进健康生长，减少饲料浪费，降低养殖成本。例如：低蛋白低豆粕日粮技术的应用，使得示范场2万余只肉羊日增重达230克，每天每100只羊可节约成本6.3元。同时，通过引入先进的饲料加工技术、追踪技术和数字化管理系统，养殖者可以更好地监控羊群健康状况、饲料利用效率，提高养殖智能化水平。但当前肉羊生产中，饲料配制较为粗放，日粮配合饲喂观念尚未广泛普及，仍存在较大改进的空间；饲草料供应不稳定，饲料配制技术和加工工艺研发投入不足，导致养殖成本居高不下。

（二）肉羊疾病防治技术

2023年，国际上肉羊布病防治技术研发的进展主要涉及血清学调查、传播以及布鲁氏菌的基因组分析等方面；其他细菌病研究进展主要有产气荚膜梭菌等的临床诊断、李斯

特菌等的抗药性研究等。国际上肉羊病毒病防治技术研发的进展主要有基于分子和血清学的梅迪-维斯纳病毒、山羊关节炎脑炎病毒、痒疫、羊口疮病毒等感染的流行病学调查；乳头瘤病毒、边界病病毒、恶性卡他热病毒、Q热、施马伦贝格病毒等感染的诊断；戊型肝炎病毒等的跨物种传播等。同时，国外学者在羊胃肠道寄生虫、泰勒虫属和无形体、弓形虫和钩端螺旋体的流行病学调查、临床诊断等方面也开展了工作。我国学者完成了布鲁氏菌S2疫苗株接种后绵羊免疫反应的系统分析；开展了山羊地方流行性鼻内腺瘤病毒（ENAV-2）的流行病学调查；完成了我国21个地方品种羊的寄生虫流行情况的调查。研发了"小反刍兽疫病毒抗体化学发光检测试剂盒"等检测试剂盒。建立完善了中国痒疫发生风险评估模型，为我国痒疫的预防提供了重要参考。完成了羊疫病病原数据库（Sheep and Goat Pathogen Database，SGPD）的构建和功能实现。但在布病、羔羊腹泻等肉羊重要疾病防治技术的转化、示范、推广等方面还有待加强。

（三）肉羊屠宰与羊肉加工技术

2023年国内肉羊屠宰与羊肉加工技术研发进展表现在以下几个方面：①中式标准化分级分割技术。明确了舍饲和放牧羊肉品质差异，构建了基于中国烹饪方式的羊肉品质分级系统；②冷鲜羊肉加工与保鲜技术。证实了托盘包装羊肉中假单胞菌具有较强的生长能力和蛋白质降解能力，真空包装羊肉中乳杆菌具有较强的蛋白质降解能力和良好的脂肪氧化能力；③羊骨、羊血等副产物高值化加工技术。明确了羊骨硫酸软骨素的生物学结构、功能特性，开发了硫酸软骨素功能产品。国际肉羊屠宰与羊肉加工技术研发主要表现在以下几个方面：①羊肉品质调控技术。确证了屠宰方式会显著影响羊肉的品质特性，明晰了屠宰方式影响羊肉品质的分子基础；②羊肉保质保鲜技术。解析了贴体包装、气调包装等不同包装方式羊肉品质的变化规律；明晰了活性包装材料延长冷鲜羊肉货架期的内在机制；③羊肉加工技术。阐明了羊肉烤制过程中营养品质、食用品质、加工品质的演变规律，明晰了不同烤制方式对羊肉肌原纤维蛋白起泡性、乳化性、凝胶性等功能特性的影响。

目前，我国肉羊屠宰与羊肉加工技术发展迅速，与国际领先水平差距逐渐缩小，但在羊肉自动化分割、羊肉品质智能分级等方面还存在一定不足。具体如下：一是我国羊肉的智能化分割设备缺乏，自动化生产水平不高；二是我国羊肉精深加工产品市场拓展能力不足，产品种类单一，无法满足消费者的需求；三是目前我国肉羊加工副产物高值化利用不足，副产物精深加工产品少，产品附加值低。

五、主要结论与政策建议

1. 规范肉羊屠宰与加工流通体系

应用现代化的屠宰工艺技术，制定适用于新型加工技术与生产方式配套的标准体系，鼓励屠宰加工企业建设冷藏加工设施，推动物流配送企业完善冷链配送体系，促进屠宰企业多方面标准化改造与升级。一是要充分利用地方品种资源优势，发展具有地区绿色资源优势和民族文化特色的肉类加工产品。二是提升区域屠宰加工生产能力和生产效率，并引导同类企业通过参股、兼并、合作、租赁等方式联合重组，扩大规模效率，减少无效竞争。三是通过本地消化转移或引进外地精深加工企业等方式，完成对下游产品的转化和利用，聚合特色副产品加工业，实现资源的充分利用。

2. 全面加强羊肉贸易规范化管理

提高羊肉贸易的质量，实现标准化管理。第一，建立完善羊肉贸易标准体系，明确品质、卫生、安全等方面的标准，以确保产品符合国际贸易要求。第二，推动生产环节标准化管理。在饲养、屠宰、加工等环节，确保生产全程可追溯性，提高产品质量和安全。第三，加强检验检疫体系。设立严格的质量检测标准，对入境和出口的羊肉进行全面检测。第四，建立贸易伙伴之间的沟通渠道，加强协作，共同维护羊肉产业市场秩序。最后，积极宣传推广，提高消费者对标准化羊肉的认知和接受度，并不断提高中国肉羊产品品牌整体竞争实力，鼓励地方特色品牌做精做优、稳定发展。

3. 不断提升肉羊产业技术水平

首先，加大对技术研发的支持力度，设立专项资金、科技项目，鼓励科研机构、高校和企业在肉羊养殖、疫病防控、饲料科技等方面进行创新性研究。同时，通过设立奖学金、人才引进计划，吸引更多优秀的科技人才投身肉羊产业的技术研发。第二，加大监测和防治力度。通过建立疫病监测体系、提高检疫标准，有效控制疫病的传播，不断提升养殖业的健康水平，推动整个产业的可持续发展，提升产品质量。第三，扩大对专业技术应用的推广。面向肉羊生产一线推广普及新饲养标准与饲料配制理念，增强科技成果转化度。同时，加强研发肉羊饲料配制技术和加工工艺，大力发展青贮玉米、高产优质苜蓿等饲草料生产，加快现代饲草料产业体系发展。

（国家肉羊产业技术体系首席科学家　金海　提供）

2023年度绒毛用羊产业与技术发展报告

(国家绒毛用羊产业技术体系)

近年来,在科技推动下,国家绒毛用羊产业的综合生产能力稳步提升,为畜牧种业振兴、巩固脱贫攻坚和乡村振兴发挥了重要的作用。从2023年绒毛用羊产业和技术发展情况看,虽然全年绒毛用羊产业生产和消费增长仍保持良好态势,但羊毛、羊绒及羊肉等特产品的价格波动较大,仍维持低位运行,对生产经营者效益增加带来很大的挑战。本文在分析2023年绒毛用羊产业发展概况和技术研发进展的基础上,剖析当前产业发展存在的问题,预测2024年我国绒毛用羊产业发展趋势,并提出进一步促进绒毛用羊产业高质量发展的政策建议。

一、绒毛用羊生产变化分析

根据联合国粮农组织(FAO)的统计数据,截至2020年末,全球山羊存栏量为2.21亿只,较2010年增加1.15%;而全球绵羊存栏量在2020年末为2.57亿只,与2010年持平。到2021年,全球山羊与绵羊存栏量分别约为2.23亿只与2.61亿只。但是全球不同地区和国家之间数据存在显著差异。

根据国家统计局数据,2022年末,全国羊存栏量为32 627.26万只,同比增长了2.06%。山羊存栏量为13 224.25万只,绵羊存栏量为19 403.01万只。具体来说,绵羊存栏量从2013年的15 277.7万只增长至2022年的19 403.01万只;而山羊存栏从2013年的13 657.52万只下降至2022年的13 224.25万只。自2019年开始,绵羊存栏占比从2019年54.37%上涨至2022年的9.47%,而山羊从2019的45.63%下降至2022年的40.53%。到了2023年上半年,羊存栏量已达33 367万只,较2022年存栏量增加了739.74万只,整体显现出明显的向好态势。

(一)绒山羊产业生产变化分析

世界范围内,绒山羊品种有30个左右,但60%的绒山羊品种在中国。在2016年我国绒山羊存栏约5 000万只,当时山羊绒产量达到历史最高的1.88万吨。但2017年以来,绒山羊存栏逐年下降,羊绒产量也呈下降态势,2023年山羊绒产量约1.41万吨,占世界山羊绒产量不足70.0%。

2023年,各调研地区绒山羊存栏总量为79.37万只,较2022年的79.99万只下降0.78%。各调研旗县羊绒产量继续减少,羊绒产量为491.85吨,较2022年的492.39吨减少0.11%。

(二)细毛羊产业生产变化分析

2000年以来,我国细毛羊存栏量呈先波动增长后波动下降趋势。具体来看,2000—2017年,细毛羊存栏量从1 609.66万只增加到2 392.82万只,增幅为48.65%;细羊毛产量从11.74万吨增至12.79万吨,增幅为8.94%。2017—2022年,存栏量从2 392.82万只降至1 782.11万只,降幅为25.52%;细羊毛产量大幅下降,从12.79万吨降至6.88

万吨,降幅为 46.21%。

2023 年,调研地区细毛羊存栏持续下降,细毛羊存栏总量为 66.60 万只,较 2022 年的 68.6 万只减少 2.92%;细羊毛总产量为 2 657.10 吨,较 2022 年的 2 761.20 吨减少 3.77%。但是目前国产细支和高支羊毛的比例在不断增加。

(二) 半细毛羊产业生产变化分析

我国半细毛羊存栏量羊毛产量呈先波动增长经小幅下降后再次波动增长的趋势。具体来看,2000—2016 年,半细毛羊存栏量从 607.78 万只快速增至 1 900.50 万只,增幅为 212.70%;半细羊毛产量波动增长,从 8.49 万吨增至 13.80 万吨,增幅为 62.54%。2016—2019 年,受禁牧减畜等草原生态保护政策的影响,存栏量从 1 900.50 万只降至 1 417.25 万只,降幅为 25.43%;产量也从 13.80 万吨降至 11.33 万吨,降幅为 17.90%。2019—2022 年,存栏量呈波动增长趋势,从 1 417.25 万只增至 1 875.97 万只,增幅为 32.37%;产量也再次快速增长,从 11.33 万吨增至 15.50 万吨,增幅为 36.80%。

2023 年,调研地区半细毛羊存栏小幅增长,半细毛羊存栏总量为 11.57 万只,较 2022 年的 10.84 万只增长 6.73%。调研地区半细羊毛总产量亦有所增长,半细羊毛总产量为 288.60 吨,较 2022 年的 284.49 吨增加 1.44%。

(三) 地毯毛羊、裘 (羔) 皮用羊产业变化分析

1. 世界地毯产业情况

地毯产业是一个具有悠久历史和广泛影响的行业,地毯市场规模也很大。但是在全球经济不景气的大背景下,消费者对地毯和地毯产品的需求有所减少。目前地毯生产主要集中在亚洲地区,特别是印度、中国、伊朗和土耳其等国家。这些地区以其传统的手工艺和技术闻名于世。在材料和设计方面:地毯制造商在材料选择和设计方面越来越注重可持续性和创新。越来越多的品牌开始使用环保材料和生产技术,以满足现代消费者对可持续产品的需求。而随着电子商务的兴起,地毯行业也逐渐向在线销售转变。许多地毯制造商和零售商通过在线平台拓展业务,吸引全球消费者。从市场情况来看,地毯不仅被视为室内装饰品,还承载着文化和艺术的价值。一些地区的传统地毯设计和图案反映了当地的文化和历史,成为重要的旅游商品。近年来地毯行业遇到化纤等的影响巨大,一些制造商采用再生材料、减少废弃物和改善生产过程,以降低对环境的影响。

土耳其是世界著名的地毯生产国之一,拥有悠久的地毯制作传统和历史。土耳其地毯以其精美的设计、高品质的材料和手工技艺闻名于世。土耳其地毯产业在过去几十年里一直保持着稳步增长,成为土耳其重要的出口产品之一。土耳其的地毯产业主要集中在安那托利亚地区,这里有许多家庭和工厂从事地毯制作。土耳其地毯的设计风格多样,既有传统的安那托利亚地毯,也有现代风格的设计,适应了不同国家和地区的需求。随着全球市场的扩大和对手工艺品的重视,土耳其地毯在国际市场上的地位逐渐提升。土耳其政府也在加大对地毯产业的支持力度,通过培训工匠、推广销售等方式促进地毯业的发展。然而,与许多手工艺品产业一样,土耳其的地毯产业也面临一些挑战,比如市场竞争激烈,原材料成本上涨等问题。为了应对这些挑战,土耳其地毯生产商正在不断提高产品质量,开发新的设计和销售渠道,以保持竞争优势。

总的来说,世界地毯产业在不断发展和变化中,面临着挑战和机遇。随着消费者对质量、设计和可持续性的需求不断提高,地毯制造商和行业相关者将继续努力适应市场变

化，推动行业的发展。

2. 中国地毯发展的情况

中国地毯产业生产各种类型的地毯，包括丝绸地毯、羊毛地毯、棉地毯等。是世界上最大的地毯生产国之一。2023年中国地毯产业也遇到市场消费不振、新材料对传统羊毛毯的冲击、国际贸易竞争复杂多变等不利影响，但也在各种艰难中逐渐发展。中国地毯产业在技术研发和创新方面不断努力，致力于提高产品质量和生产效率。一些地毯生产企业引进先进的生产设备和工艺，以满足国内外市场需求。此外，随着人们对环保和可持续发展的重视，中国地毯产业也在逐渐关注环保生产和绿色产品。一些企业开始采用环保材料和生产工艺，以满足消费者对绿色产品的需求。

藏毯产业是符合青海实际的产业，有扶贫致富、推进乡村振兴的作用，还有促进民族团结的作用。国家绒毛用羊产业体系积极践行国家要求，针对毯用羊缺少选种育种的工具，联合优势单位历时两年研发，攻克多项技术难题，到2023年已经开发出全自动抗压缩弹性测量装置。目前已经开始在此基础上开展生产性能测定、遗传评估和产品加工试验。

（四）绵羊绒的产业变化分析

中国是世界上第一个开发绵羊绒的国家。经国家绒毛羊产业体系资源调查，中国地方绵羊品种和遗传资源都有绵羊绒的生产能力，且都具备纺织加工价值。目前中国约有15万吨绵羊绒。但过去，绵羊绒因为加工工艺和社会认知等问题，较少被人了解和开发。近几年，绵羊绒开发技术提高很快，绵羊绒也被越来越多的人认知，已经能成为双面呢等产品。且因为其颜色比山羊绒更丰富，也被开发出非常有特点的产品。因此，已经成为绒毛用羊的一个新原料，目前已经被河北、内蒙古、江苏等很多地方广泛使用，成为农牧民增收的好伙伴。

二、绒毛用羊市场与贸易变化分析

（一）绒毛市场价格变化

2023年，澳大利亚和新西兰羊毛拍卖价格下跌，澳大利亚羊毛拍卖市场的东部地区价格同比下跌13.38%，其中70S和66S的价格略有下降，64S的价格略有上涨。新西兰羊毛拍卖市场的羊毛拍卖均价小幅下跌2.27%。根据绒毛用羊体系调研数据发现，2023年细羊毛和半细羊毛销售价格也明显下降：甘肃省细毛羊主产县（肃南县、天祝县）的细羊毛合计平均价格为13.75元/千克，其中肃南县的价格（17.50元/千克）高于天祝县（10.00元/千克），但较2022年分别下降了27.08%和23.08%；云南省半细毛羊产区（巧家县、鲁甸县和永善县）的半细羊毛合计平均价格为7.6元/千克，较2022年下降了21.6%，这表明，国内羊毛市场面临着较大的竞争压力和需求疲软的问题。

2023年，澳毛条70S、66S和64S的价格均呈现波动下降态势，其中70S平均价格低于去年，其他型号的平均价格略高于去年。2023年国产毛条价格继续保持低位，66S毛条价格基本维持在70.00元/千克，较去年下降2.44%，64S毛条的平均价格为49.08元/千克，较2022年的59.43元/千克下降了17.42%。

国内各调研地区的羊绒销售价格普遍下降。除巴林左旗外，其他地区的价格均较2022年有所下降。例如，2023年岢岚县羊绒平均销售价格为200元/千克，较2022年的220元/千克下降了9.09%。岚县与2022年相比价格持稳。巴林右旗：羊绒平均销售价格为 230 元/千克，较 2022 年的 240 元/千克下降了 4.17%。巴林左旗羊绒平均销售价格为 220 元/千克，较 2022 年的 212 元/千克上涨了 3.77%。此外，蒙古国和伊朗的羊绒价格指数也呈现下降趋势，受国内外需求、供给等多方面因素影响。2023 年各地区羊绒价格表现不一，尤其是出口方面我国羊绒市场 2023 年面临较大的价格下行压力，总体趋势是下降的。

（二）绒毛贸易变化

根据中国海关总署数据，2023 年 1—11 月我国累计进口原毛 23.19 万吨（去年同期为 21.3 万吨），同比上涨 8.89%；进口总额 18.11 亿美金（去年同期为 19.9 亿美金），同比下跌 9.01%。羊毛累计出口量为 0.91 万吨，较去年同期增加 48.48%；累计出口额为 0.41 亿美元，较去年同期增加 31.94%。这一趋势表明，中国在羊毛市场上保持着一定的需求，同时也加强了在全球羊毛市场的地位。同时，2023 年 1—11 月毛条的进口量较去年同期减少了 36.56%，而出口量较去年同期增长了 15.74%。这表明中国在毛条市场上的进口需求减少，出口需求增加。

我国作为世界上最大的羊绒原料生产、加工和面料出口国，面临着一系列的挑战。2023 年 1—10 月，我国羊绒价格整体保持稳定态势，平均价格为 72.00 万元/吨，较 2022 年同期下降了 5.57%。2023 年 1—10 月，我国羊绒累计进口量为 4 050.54 吨，较 2022 年同期的 7522.61 吨减少了 46.16%；羊绒累计进口额为 17 825.95 万美元，较 2022 年同期的 35 450.63 万美元减少了 49.72%；羊绒累计出口量为 191.00 吨，较 2022 年同期的 6.42 吨增加了 29.75 倍，羊绒累计出口额为 1 283.22 万美元，较 2022 年同期的 31.52 万美元增加了 40.71 倍。羊绒的进口量和出口量的变化可能与特定时期市场需求或供应链调整有关。

澳大利亚和新西兰作为世界前两大羊毛出口国，其出口预测量的变化反映了全球羊毛市场的供需状况和竞争格局。澳大利亚在 2023/2024 年度预测羊毛出口量为 41.82 万吨，较上一年度减少了 1.00%。而新西兰预测 2023/2024 年度羊毛出口量为 7.81 万吨，较上一年度增加了 0.90%。此外，蒙古国是世界羊绒出口大国，也是我国最重要的进口来源国。2023 年 1—11 月蒙古国原绒出口为 5 000 吨，较去年同期减少了 16.67%。然而，随着对羊绒行业高附加值产品生产和出口的支持，该国粗硬绒和精梳绒出口量明显增长。2023 年 1—11 月该国精梳绒出口为 863 吨，同比增加 6.67%。

（三）绒毛羊综合效益越来越受到关注

绒毛用羊虽然名为绒毛用，但绒毛并不是绒毛羊唯一的产品。事实上，绒毛羊也产肉、奶、皮张、肠衣等。绒毛是羊环境适应性的重要组成部分。绒毛羊对四季分明、冬寒夏暑的区域，有更强适应性；而且，绒毛羊因为能更好御寒，在寒冷地区养殖中，基础代谢所消耗的能量，显著低于非绒毛用羊，因此寒冷区域的绒毛羊所消耗的营养更少，料肉比也相对更有优势。

随着市场的变化，人们对畜产品品质的要求不断提高。过于肥腻的羊肉，使用高浓度营养的饲料生产的羊肉，只能走低端的市场。而绒毛羊多为放牧，采食的饲草料种类更丰富，运动也更多，因此其生产的羊肉，品质更受到市场的关注。此外，湖羊、滩羊等过去都被作为羔皮羊、绒毛用羊的品种，目前成了中国羊肉生产的主导品种。被推广到全国各地。在羊肉消费方面，以绒山羊为食材的羊汤馆等餐饮业发展势头持续较好，辽宁省鞍山市鞍山岫岩羊汤打造非遗产品并发展连锁经营；本溪小市羊汤打造地域特色餐饮文化，结合电商平台，即食羊汤通过快递运输直达消费者餐桌，并受到消费者喜爱；新疆阿克苏地区、阿勒泰地区的小山羊、冰碛驹里等，深受市场喜爱。

我国羊肉需求量持续增长，羊肉总消费量和人均消费量总体呈现上升趋势。此外，2023年我国羊肉进口量为35.8万吨，同比下降14.8%，进口额为20.8亿美元，同比下降14.4%。我国羊肉进口来源国主要为新西兰和澳大利亚，2022年从新西兰进口的羊肉数量为19.5万吨，占进口总量的54.6%；从澳大利亚进口的羊肉数量为14.9万吨，较2021年上涨了3.1%，占进口总量的41.8%，澳洲羊肉的贸易竞争力有所增加。

（四）原因分析

在销售价格方面，2023年羊毛和羊绒市场价格普遍下跌主要是受全球经济形势低迷、外部需求不足的影响。新冠疫情、俄乌冲突和能源危机等因素导致全球经济不稳定，消费增长缓慢，进而影响了毛绒市场的供需关系。此外，国内经济增速放缓、毛纺行业景气度下降以及全球供应链调整、外贸订单转移也对羊毛和羊绒市场造成了影响。企业生产缩减导致羊毛原料需求减少，进一步推动了羊毛价格的下跌。

在贸易方面，2023年我国羊毛进口量和出口量都大幅增加。据产业经济研究团队分析，澳大利亚、新西兰等羊毛主产国的羊毛价格下行、羊毛供应量增加，而国内毛产量下降，有效供给不足，这些因素促使羊毛进口量增长。"一带一路"倡议和区域全面经济伙伴关系协定的实施，加深了我国与"一带一路"国家的贸易往来，因此我国对相关国家的羊毛出口量增加。对于羊绒，我国羊绒贸易以进口为主，出口很少。2023年度，我国羊绒进口量大幅减少，主要原因是主要进口国蒙古国的产业政策变化与极端天气频发，造成羊绒供给量下降，我国进口量减少。

三、绒毛用羊加工与消费变化分析

（一）加工领域

中国是全球最大的羊毛加工国和最大的山羊绒生产国，这一地位得益于其庞大的产业规模和加工优势。随着全球经济的发展和生活水平的提高，羊绒制品正在逐步迈向平民化，消费需求逐年扩大。2022年全球羊绒服装市场规模达到223.03亿元，预计到2023年将进一步增长至235.20亿元。而在时尚奢华领域，2022年全球时尚奢华羊绒服装市场规模约为28.495亿美元，预计到2023年将扩大至35.314亿美元。

目前，中国经济正在从投资主导型向消费主导型转变，羊绒技术创新成为推动消费升级的重要力量。各种新类别、新服务和新模式的出现，以及不断变化的消费习惯、变革的消费模式和重塑的消费过程，都在催生各种新的消费形式，如跨地区跨境、在线和离线以及经验分享等。2023年1—5月，我国毛纺企业毛纱线产量同比增长6.4%，增速较上年同期有所回升。但是生产水平较2019年及以前同期水平仍有差距。同期，毛织物产量同比下跌5.9%，生产水平高于2020—2021年同期水平，但与上年同期毛织物产量的高位相比有明显回落。在羊毛加工方面，中国在中低端市场占据主导地位，其中低端产品占据了41%的市场份额，中端产品约占45%，而高端产品的市场份额仅为14%。2023年1—5月，服装、鞋帽、针纺织品零售同比增长14.1%，网上零售额同比增长14.6%，都呈现了快速增长。考虑到上年同期的低基数，较快的增速并不代表国内纺织服装的消费已经完全地恢复。与过去5年服装、鞋帽、针纺织品零售额同比来看，2023年1—5月消费形势与 2021 年同期持平。以过去 5 年前 5 个月穿类商品网上零售额同比增速情况来看，2023年的增速较 2019 年和 2021 年增速仍有一定差距。在此背景下，各类毛纺产品的国内消费市场仍有待进一步恢复。

而在羊绒加工方面，中国的羊绒产品种类繁多，包括羊绒衫、大衣、衬衫、裤子、围巾、披肩、手套和帽子等。销售渠道主要依赖于间接销售渠道，占比高达 82.1%，而直销渠道的占比约为 17.9%。然而，随着电子商务和在线销售平台的兴起，销售渠道可能会出现新的变化，使市场更加多元化。中国的山羊饲养数量基本保持稳定，生产成本和市场价格相对稳定，这对于维持行业的长期健康发展至关重要。预计中国山羊绒产业将继续保持全球领先地位，随着国内外市场需求的增长和销售渠道的多样化，该行业有望实现进一步的增长。

（二）消费领域

虽然中国是羊毛的生产大国，但高质量的羊毛生产不足，中国的羊绒产品种类繁多，覆盖了服装、配饰等多个领域。但欧洲毛纺企业在纺纱工艺、装备水平和设计理念等方面具备优势，因而导致我们在高端市场上缺乏定价话语权和主导地位。针对国内毛精纺纱行业的现状，企业亟须在技术创新和品牌建设方面加大力度，旨在提升产品质量和附加值。同时，产业链的整合与协同也至关重要，有助于提高整个产业的效率和竞争力。

随着消费者观念的转变，羊毛产品正朝着舒适性、透气性、保暖性和美观性等方向发展。因此，企业需紧跟市场趋势，满足消费者多样化的需求。此外，绿色发展和环保问题不容忽视。企业应积极采取措施，降低生产过程中的环境污染，确保可持续发展。这不仅是社会责任的体现，也是企业长远发展的必然要求。

四、绒毛用羊技术研发变化分析

（一）遗传改良与质量控制技术

在育种方向上，毛绒产量和品质仍是绒毛用羊选育的主体目标性状，澳大利亚等羊产业发达国家大多已形成相应的遗传评定体系。同时，贴身针织类毛纺品的设计开发为羊毛供求提供了新的市场。这类毛纺品需要纤维直径更细的羊毛绒，因此改善毛绒纤维直径性状仍是绒毛羊育种的主要方向之一。此外，天然彩色纤维因为无化学染色而深受中高端市场的喜爱，是中国毛绒育种未来发展的重要趋势。羊毛羊绒的长度、抗压缩弹性、强力等也都受到市场的关注。另外，动物福利、抗病、繁殖、产肉性能及环境保护等相关性状也是国外绒毛羊育种领域所关注的目标性状，但在国内，类似的育种研究目前仍然比较少。2023 年，绒毛用羊体系牵头培育的毛肉兼用型细毛羊-德新肉用细毛羊（农 03 新品种证字第 31 号）新品种通过农业农村部审定。此外，辽宁绒山羊入选 2023 年全国十大优异畜禽遗传资源。

在育种技术方面，性能测定、遗传评估和基因组学技术发展迅速。在性能测定技术上，已研发出羊脸识别、热成像、体尺测定、饲料转化率测定、CT 扫描等智能化测定系统，特别是"全天候便携式户外毛绒一体快速检测机"的推广应用，大幅提升了毛绒品质测定效率和准确性。在功能基因挖掘上，基因组重测序和基因组关联分析等技术被广泛应用于毛囊生长和羊毛细度等性状的遗传机理研究中。例如，2023 年体系团队对疆南绒山羊和藏西北白绒山羊进行了全基因组重测序和 PCA 主成分分析，发现 *YAP1*、*POGLUT1*、*AAK1* 等基因参与毛囊的生长发育过程；通过整合全基因组重测序、芯片和转录组数据分析，精准鉴定了分别决定羊毛细度和密度的主效基因，角蛋白基因 KRT74 和外异蛋白 A 受体基因 EDAR，为细毛羊产量和质量双提升提供了分子育种靶点；通过多组学技术鉴定出印记基因 Gtl2-miRNAs 位点是调控细毛羊羊毛返祖现象的主效基因，利用幼龄返祖细毛羊杂交获得了幼龄抗逆性强、成年后羊毛品质好的细毛羊个体，为解决抗性和产量负相关的育种瓶颈问题提供了新方案。

在基因组育种技术上，全基因组选择育种技术在内蒙古绒山羊、高山美利奴、湖羊等品种中得到初步应用，并取得一定成效，缩短了育种世代间隔，提高了选择准确性，提升了遗传增益。2023 年绒毛用羊体系多个育种岗位团队发布了可用于细毛羊种质资源鉴定和基因组选择的细毛羊 50K、40K 液相芯片，以及绒山羊 10K 育种芯片，填补了我国绒山羊、细毛羊育种芯片空白，可应用于遗传变异检测、基因组选择、亲缘关系鉴定、分子标记辅助选择等领域。

在繁殖技术方面，2023 年度体系利用 OPU-IVEP 技术首次在细毛羊上得到较大规模应用，对加快德新细毛羊新品种培育及快速扩繁发挥了积极作用。以性成熟前羔羊为供体的 JIVET 技术也越来越受到育种企业的重视，2022—2023 年度体系共生产羔羊囊胚 1 425 枚，移植受体 881 只，平均受胎率达到 70.4%，技术效率和应用规模达到新高。该技术在绵羊快速育种上有巨大应用前景。2022—2023 年，体系岗站团队利用常规慢速冷冻和玻璃化快速冷冻等方法，累计冷冻保存敖汉细毛羊、东北细毛羊和罕山白绒山羊等绒毛用羊胚胎上千枚，为绒毛用羊珍贵种质资源的长期保存提供了支持。此外，内蒙古农业大学研究了精子冻融损伤机制，利用适量浓度胆固醇-环糊精预处理内蒙古绒山羊的精液，发现可以降低精子蛋白酪氨酸磷酸化水平，提高精液冷冻保存效果，对改良羊精液冷冻技术有参考价值。

（二）营养与饲料技术

在饲养管理方面，随着互联网和技术的融合发展，羊养殖环境控制正朝着智能化、自动化的方向发展。智能环境控制系统可以根据养殖特点和所需控制精度选择合适的控制算法，通过合理的控制技术实现环境自动控制。体系团队开发了 3 种"易"检验技术和质量追溯系统，用于绒毛品质控制和加工领域。精准饲养管理技术也是我们研究的重点之一。通过传感器、无人机等技术手段，我们可以实现对羊的实时监测和预警，及时调整饲养方案，提高羊的生长效率和健康水平。同时，增加产羔数和提高绒毛品质的发展需求也促使绒毛羊育种场中出现多个品种、品系，让企业的育种目标更加明确。这些技术和系统提高了绒毛检测效率和准确度，对缩短育种周期、深度开展种质资源挖掘等方面都具有重大意义。

在营养需要方面，体系牵头制定的《绒山羊营养需要量》标准的应用验证工作和《半细毛羊营养需要量》制定工作都在推进中。这些标准为舍饲日粮配方制作和放牧补饲提供了可靠的参考。同时，非常规饲料原料的营养价值评价工作也在广泛开展，产生了许多有价值的营养参数，为多元化日粮配制奠定了基础。遗传改良技术在绒毛用羊产业中的应用也越来越广泛。选择优良的种羊进行繁殖可以提高绒毛的产量和质量、生长速度和抗病能力。而利用基因编辑技术则可以精确地改变特定基因的表达，进一步提高绒毛的品质和功能。

防灾减灾技术也是国家绒毛用羊产业技术体系关注的重点，在过去一年中发挥了重要作用。2024年初，世界很多地区出现了冻灾，新疆出现了最低温度-53℃的极端天气。绒毛羊因以放牧为主，受冻灾的影响较大，历年冬天都多少会有些损失。相邻的一些国家和地区，牲畜因冻灾死亡的数量达到3百余万只，而新疆等虽然出现历史上最低的温度，但是却历史性实现冻灾中零损失的情况。

（三）疫病防治技术

近年来，随着国家对于兽用抗菌药减量化行动的实施，兽用化药的使用管理愈发严格，反之，作为替代品的兽用中药迎来了多项政策支持。在2022年新获批的78个新兽药中，中兽药仅有5个。中兽药现代化发展趋势未来，随着制药技术的发展及行业规范的严格，中兽药将进一步迈向现代化，成为我国兽药领域特色产业，中西兽药的结合趋势也将逐步显著。

我国由于疫情的复杂性和养殖方式的多样性，现阶段主要采取新型高效疫苗有效控制结合淘汰净化同时并举的方式开展疫病防控。"以种畜场、奶畜场和规模养殖场为对象，稳步推进布鲁氏菌病、牛结核病等人畜共患病净化，实现人病兽防、源头防控"，表明今后一段时期，种羊场动物疫病净化将迎来新的发展机遇，进入新发展阶段。

病死动物运输是无害化处理监管工作中的重要环节，规范运输车辆消毒是压实运输环节监管的着力点。长期以来，无害化收集车辆消毒工作大都由车辆运输人员操作，因其专业性不强、疫病防控认识不够、责任心不到位等原因，容易出现车辆消毒不彻底情况。物联网、传感器等技术的发展为搭建自动化、智能化的洗消中心智能监控系统提供了可能。基于此背景而建成无害化收集处理体系的，积极推进"无害化消毒监控一体化平台"项目搭建，通过"互联网+车辆消毒"转型升级，实现数据采集电子化、数据传输网络化、数据分析智能化等全面覆盖，车辆洗消全流程实现自动智能监控，有效切断病毒传播途径。

（四）生产与环境控制技术

绒毛用羊产业在图像识别、羊舍智能化控制、大数据和云计算等方面开展了设计研发羊舍智能化控制系统。该系统通过图像识别技术，利用图像信息，可以实时监测羊只的体态、食欲和活动情况等，提高养殖管理的精确性和效率。可以实现对温度、湿度、通风和饲喂等关键环境因素的精确控制，提高了绒毛用羊的生产效率和养殖环境的稳定性，减少了人力成本和资源浪费。随着传感器技术的发展，各类数据如环境信息、饲养量、饲养条件和羊只健康等方面的数据得以采集、分析和挖掘，可以深入了解羊只的生长发育规律和健康状态，优化养殖模式和管理策略，最大程度地提高绒毛产量和质量。该系统为绒毛用羊产业提供了高效的数据存储和处理能力。通过云平台，养殖者可以实现远程管理和监控，进行大规模数据分析和模式识别，推动养殖业的现代化和智能化进程。

污染气体排放是羊粪堆肥处理的重要限制因素，层膜覆盖被广泛应用于好氧堆肥污染气体的减排。体系团队创新结合国内国际先进的生物质膜制备方法，采用秸秆液化—交联固化技术，研发了秸秆基生物膜材料表层覆盖技术，对堆肥过程 NH_3、H_2S 和 N_2O 减排率分别达45.3%、36.7%和19.4%。

结合传统堆沤发酵和现代发酵技术氧气扩散原理，体系团队创新研发了就近就地无动力轻简化发酵技术，主要采用低成本的秸秆材料，重塑堆肥体系空间结构，可在西北寒冷地区应用，即使冬季最低气温（-15℃），堆体高温期可达65℃以上持续10余天，种子发芽指数高于90%，降低总温室气体排放42.4%~57.0%。该技术既借鉴了现代发酵技术方便高效、腐熟度及无害化程度高的优点，又规避了其设施设备所需的高成本，同时有效解决了西北寒冷地区羊粪堆肥处理效果不佳的问题。

纳米肥料为农用化学品向智能化、精细化方向发展提供了可能，包括纳米结构肥料与纳米材料包膜或胶结缓、控释肥料等。体系团队将羊粪有机肥和碳基材料（生物炭、纳米生物炭和纳米碳）进行复配，研制出优质纳米有机—无机复混肥，经实验验证，所研制复混肥显著提高了土壤有机质含量（22.97%~60.97%），和小白菜产量（61.24%~145.77%），在肥力较低和退化土壤中也具有良好的保水保肥效果。

（五）质量控制、标准化与加工

由于人工费用的快速上涨，剪毛分级等劳动力成本大幅上涨。抓绒的价格迅速上涨，新疆已经从5元/只上涨到15~20元/只；而辽宁绒山羊公羊抓绒的价格更是达到了50元/只。因此剪绒技术已经在辽宁、内蒙古、山西、河北、陕西等地逐步流行起来。但是剪绒后绒长有损失。细毛羊、半细毛羊电剪也很普遍。目前的价格约为每只羊6元。迫切需要更高效便捷的剪毛技术。

此外，中国羊毛羊绒的异性纤维污染问题非常严重。因为缺少掉丝的包装袋供应商，且没有建立优毛优价的机制，牧民使用尿素袋、化肥袋的情况非常普遍。而这些包装物的化纤丝很容易脱落。从而造成异性纤维的污染，混入羊毛和羊绒后，很难被清理掉，染色时会造成染色不匀，从而给生产商带来巨额损失。这是近年来国产羊毛市场大量流失的重要原因。迫切需要建立起杜绝异性纤维污染的市场机制。

中国纺织工业的迭代很快，无人工厂、绿色工厂的数量越来越多，因此对原料的标准化水平要求更高。但中国毛绒生产的组织化程度低，联合育种、联合组织毛绒标准化生产的水平都很低。因此出现巩乃斯种羊场的羊毛销售达到30元/千克的价格，而其他地区的羊毛从10~20元的都有的局面；也才会出现澳大利亚等羊毛从过去的近70%的羊毛出口中国，发展为将近90%的羊毛销售到中国，从而挤压国产羊毛的销售、遭受市场冲击。

纳米技术、拉升细化技术、混纺、数智化管理技术，使得羊毛过去容易受到市场诟病的那些缺点（如毛织品易起球、不宜护理、容易遭到虫蛀等问题）得到改变。此外，再生纤维技术、植物染色技术（非化学染色技术）、易护理技术、低碳生产、绿色生产等新技术发展趋势，也深深影响了原料生产。

此外，皮张和羊血等副产品资源化利用程度低，影响到综合效益。

五、主要结论与政策建议

（一）结论与展望

1. 毛纺是世界启动第一次工业革命的行业

首先，虽然在一定程度上有所萎缩，但至今在中国纺织业中仍然占据很重要的位置，中国至今仍然是世界第一大毛绒生产国、加工国、进口国、消费国，也是世界最大的毛绒制品出口国。其次，超细毛绒、极细毛绒以及天然彩色的需求不断增加。迫切需要加快品种培育，帮助绒毛羊品种结构与市场链接更紧密。

2. 要注重绒毛羊的综合效益提升

绒毛羊不仅能产毛，而且能生产肉、乳、皮、肠衣等。而绒毛羊往往是三区三州主要畜种之一，是这些地区乡村振兴的关键产业。中国幅员辽阔，气候多样，绒毛羊仍然是羊肉供给的主体。特别是在 2023 年饲草料成本和人力成本居高不下，但是消费不振、市场下滑等的背景下，全国范围内舍饲的肉羊养殖绝大多处于亏损状态，而绒毛羊因为放牧为主成本更低，同时放牧羊生产的羊肉市场价格更好。体系推动产业集群和乡村振兴中，要善于挖掘综合效益。

3. 2023 年以来牛肉、牛奶、猪肉等畜牧各产业先后遇到较为困难的局面，绒毛羊也同样遇到一定困难

细毛羊和绒山羊的存栏数量持续减少，细羊毛和羊绒的产量也出现下降。羊肉和绒毛的进口量和出口量也出现了大幅增长和下滑，这反映了国内外市场需求的变化和竞争的激烈。羊肉价格的持续走低对肉羊养殖业造成了压力，而绒毛价格也处于较低水平。尽管如此，一些积极的趋势和机遇也在显现。例如，高品质绒毛的需求增加，推动了相关产品的发展。同时，国家政策的支持和市场调节机制也有助于产业的可持续发展。随着饲料原料价格回落，肉羊养殖已逐渐扭亏为盈，市场调节使养殖效益逐渐趋于合理。对于绒毛羊生产来说，肉羊行业的低迷可能使绒肉生产的经济效益差距缩小，让之前转向肉用方向的绒山羊生产回归到以绒毛生产为主的生产方式；同时价格差明显的绒毛优质优价政策促使绒毛羊养殖向高品质方向发展，这也驱动了优质绒山羊快繁技术的推广应用，通过高效发展实现优质增产增效。

4. 我国绒毛用羊产业的发展将以绿色理念和数字化为引领，优化产业结构、提质增效、加快新技术创新和应用，推进羊产业升级

同时，加强育种创新和自主育种能力，建立稳定的羊育种长效机制，促进产学研深度融合，提升产业主体和头部品牌的实力，降低养殖成本，拓展销售渠道，培养基层畜牧兽医人才等，共同推动羊产业进入高质量发展阶段。

（二）政策建议

1. 建议实施肉毛兼用羊联合育种与质量控制科技专项

一是积极支持绒毛兼用肉羊、超细型和极细型、高繁殖力、抗病的联合育种技术，加快提升种业水平。过去，很多管理部门，没有认识到绒毛羊也能产肉，在设置政策支持肉羊发展时，竟然把绒毛羊生产与羊肉生产对立起来。没有认识到绒毛羊在中国分布之广，更没有意识到绒毛羊实际上也是羊肉的主要来源之一。应该制订更多政策，支持绒毛羊发展。二是积极开展畜禽废弃物资源化利用专项，提升羊皮、奶、肉综合效益。三是积极开展绒毛质量控制技术，解决国产羊毛确实分选技术。通过培育更多新质生产力，才能更好提升国产毛绒效益。四是积极发展化学剪毛、生物剪毛技术，降低毛绒收获的成本。五是开展绒毛用羊养殖与生产数智化综合开发等科技专项支持。六是开展绒毛肉羊育种关键核心共性技术研究。在生物育种、毛绒收获、分割加工、抗病育种、疫病防治等关键技术研究。

2. 品牌建设和推广

一是增加对头部品牌的扶持，通过宣传推广提高其影响力。二是打造国际化的绒毛用羊品牌，提升产品知名度和美誉度，进而增加市场份额和出口额。三是安排科技专项，支持绒毛羊的肉、奶、皮张等标准制订和纯羊毛、纯羊绒、放牧羊肉等认证体系等。

3. 质量监管和标准统一

制定并执行严格的质量标准，规范质量检测和认证流程。加强质量监管，确保产品的信誉和满意度。同时，对羊毛和羊绒的质量标准进行统一，为产业提供一个明确的方向。

4. 政策支持

一是将现有的绒毛用羊产业体系，改为绒毛及奶用羊体系，积极支持奶山羊、奶绵羊的发展。二是建议政府给予财政补贴、金融贷款、保险保障和税收优惠等政策措施，降低养殖成本和风险，提高收益和效益。同时，加强市场监管，打击违法行为，维护市场秩序和消费者权益。三是建立容错机制，羊毛拍卖等属于市场行为，但其总有市场波动的时候。不太可能为了有市场领域的常胜将军，不能因为市场波动，而随意追究做事者的责任。

5. 产业链整合

促进绒毛用羊产业的产业联盟，促进地方体系与国家体系更紧密融合，鼓励上下游协调，省市之间互动共享资源，构建完整的产业链条。从原料生产到终端销售，每个环节都应得到优化，以提高产品的附加值和市场竞争力。

（国家绒毛用羊产业技术体系首席科学家　郑文新　提供）

2023 年度蛋鸡产业与技术发展报告

(国家蛋鸡产业技术体系)

一、蛋鸡生产变化分析

(一) 我国蛋鸡生产情况分析与前景展望

祖代蛋种鸡存栏减少,对进口种鸡的依赖性继续下降。2023 年在产祖代种鸡存栏 57.28 万套,同比下降 15.84%,可充分满足全国供种需求。受国外禽流感疫情影响,蛋种鸡进口受阻,全年仅进口 0.9 万套,国产蛋种鸡市场占有率进一步提高。在产蛋鸡存栏量缓慢波动增加,整体水平依然较低。2023 年全国在产蛋鸡平均存栏量为 11.92 亿只,同比增加 1.53%,但与前五年存栏均值 12.22 亿只相比下降 0.3 亿只。蛋鸡产蛋率保持平稳,波动幅度较往年缩小。2023 年蛋鸡产蛋率与 2022 年相当,但仍低于 2021 年,全年产蛋率最高值出现在 3—5 月,达到 92%。鸡蛋产量同比增长,市场供应稳定有保障。2023 年禽蛋产量 3 563 万吨,同比增长 3.1%。蛋鸡产业规模化趋势明显,信息技术逐步应用。大型蛋品生产加工企业不断发展,产业集中度不断提升,信息技术逐步应用于蛋鸡饲养过程,产业数智化进程加快。

蛋鸡生产性能潜力有待挖掘。一是蛋鸡养殖环控上,冷热应激和养殖场空气质量问题容易影响蛋鸡免疫力。二是蛋鸡营养保障上,营养与饲料技术参数与不同品种蛋鸡、不同生长阶段、不同生长环境等不匹配问题短期内仍存在。三是饲料加工方式上,饲料安全质量和营养品质难以充分保障。此外,部分养殖户粪污资源化利用程度低,生态环保存在一定压力。

预计 2024 年我国蛋鸡产业生产将呈现以下趋势:一是产量稳步增长,养殖高效。在产蛋鸡存栏的高水平有力支撑产能,预计 2024 年将继续保持较高产量;同时国产品种市场占有率提高与生产性能提升,能满足 36 万套/年需求量,并保证产蛋率。二是蛋鸡养殖模式呈现规模化、机械化、数智化。规模化养殖稳步提升,机械化设备与数字技术的应用,缩小了与欧美国家的差距。三是不同规模蛋鸡场竞合共存。"小规模,大群体"特征仍旧明显,不同规模的蛋鸡场将长期共存、竞争合作、共同发展。

(二) 国际蛋鸡生产情况分析与前景展望

禽流感疫情损害蛋鸡产能。国际禽流感疫情造成的全球鸡蛋供应紧张局面在 2023 年下半年有所缓解,但随着北半球进入秋冬季,美国、加拿大、墨西哥、荷兰等国家又出现较为严重禽流感,蛋鸡产能受损。国际蛋鸡产业发展不均衡,部分国家养殖方式落后,环境问题突出。规模化、无笼养殖、非密集笼养在欧盟、美国等发达国家逐渐普及,但仍有部分国家以农户庭院式养殖模式为主,存在养殖水平较低、基础设施简陋、设备老化等问题。

预计 2024 年上半年部分受禽流感疫情影响的国家将引发蛋鸡延期淘汰、产蛋率下降等问题;下半年疫情反复将影响供需平衡,对国际鸡蛋价格的稳定性造成冲击。蛋鸡产能向大型企业集中，规模化生产日益显著。非密集笼养加速发展，动物福利与绿色生产的关注进一步加强。

二、蛋鸡市场与贸易变化分析

（一）我国蛋鸡价格变化分析与前景展望

鸡蛋价格较为稳定，年度走势延续往年规律。2023年鸡蛋月均零售价格为10.40元/千克，同比下降0.15%。上半年鸡蛋平均价格同比上涨6.94%；7月鸡蛋价格下降至9.69元/千克；8月和9月需求增量导致价格上涨；四季度鸡蛋供应量上升价格下降。饲料价格仍处于高位，饲料成本与饲养成本轻微上升。2023年蛋鸡饲料成本同比增加6.46%，平均饲养成本为179.44元/只，同比增加6.12%。蛋鸡养殖利润同比下降，但仍有较高盈利。蛋鸡养殖盈利波动较大，周期在3~5年。2023年蛋鸡养殖平均利润14.25元/只，处在中等偏上水平。

预计2024年我国蛋鸡产业流通将呈现以下趋势：一是鸡蛋价格或有小幅下降。2023年鸡蛋价格未突破固有规律，在连涨2年后微幅回落；2024年在鸡蛋产能充足的情况下，供需格局比较宽松，预计鸡蛋价格将下跌。二是饲料价格维持高位，小幅回落。饲料原料问题以及国外紧张局势持续缓解，饲料及其原料价格小幅回落的可能性大，还将维持高位。三是盈利水平或有下降。预计2024年蛋鸡养殖盈利水平低于2023年，盈利压力上升。

（二）国际蛋鸡价格变化分析与前景展望

饲料价格上涨提高生产成本。俄乌冲突等因素导致全球能源、粮食价格大涨，带动饲料成本上升。叠加禽流感频发导致的产能缩减，造成鸡蛋价格上涨。如日本2023年1—10月鸡蛋市场批发价格同比增长42.5%。

预计2024年国际粮食供应和粮价变化仍存在不确定性，饲料价格有上涨可能。若禽流感能够趋于稳定，鸡蛋价格则可基本回到正常区间。

（三）我国鸡蛋贸易情况分析与前景展望

自主培育种鸡首次走出国门。峪口禽业的1.55万只京红1号高产蛋鸡出口坦桑尼亚，对于推动中国种业"走出去"具有深远意义。鸡蛋贸易以出口为主，创历史新高，对象为中国香港和中国澳门。国际禽流感疫情仍在持续，我国鸡蛋价格相较国际价格具有明显优势，利好出口。2023年鸡蛋月均出口10 995吨，同比增长23.1%，月均出口额为1 856.61万美元，同比增长15.3%。加工蛋品出口量均小幅下降。蛋清粉进口大幅下降，同比下降77.32%。

预计2024年我国鸡蛋贸易量将小幅增长，蛋鸡产业对外投资扩大。国际禽流感疫情尚未消退，我国鸡蛋出口仍存在优势。同时，国内对鸡蛋深加工的重视将促进鸡蛋加工制品出口。此外，在"一带一路"等实施机遇下，大型蛋鸡企业集团陆续在相关国家投资建厂，对外投资规模将不断扩大。

（四）国际鸡蛋贸易情况分析与前景展望

禽流感影响多国鸡蛋贸易结构。欧盟、日本等国出口量大幅下降，进口量大幅上升；巴西、土耳其、墨西哥等国家出口量大幅增长，如2023年10月巴西鸡蛋出口量102.6万吨，同比增长74.8%，出口额同比增长38.5%。

预计2024年巴西、土耳其等国家出口量仍有一定增长，弥补美国、欧盟等国家和地区的鸡蛋供给缺口。

三、蛋鸡加工与消费变化分析

（一）鸡蛋加工领域变化与分析

2023 年鸡蛋加工领域重点研发技术依旧聚焦在产品品质提升、产品种类创制、蛋品应用领域的拓宽、高值化应用拓展及智能化装备集成等方面。国内蛋制品研发及工艺改良较为活跃。新增多种创新性蛋制品，且蛋制品加工工艺和功能特性改良成果颇丰，如蛋黄酱加工工艺优化，全蛋液溶解度、凝胶性能、乳化性能的改善研究与工艺优化等。然而，当前我国蛋品加工行业同质化现象严重，健康和口味并重的产品缺乏，亟待摆脱片面追求产值、产量，而忽略深化质量管理和满足各层次消费者需求等是产业发展中遇到的突出问题。

在国际上，关于蛋品加工的研究有蛋粉水化性能的提升、鸡蛋的高值化利用、对蛋清蛋黄等的功能改性和蛋制品的技术改良研究等。从市场导向来看，壳蛋销售趋向于有机鸡蛋，能满足消费者对蛋白或蛋黄的特殊需求鸡蛋，及品类众多的方便蛋制品。

（二）鸡蛋消费变化与分析

我国鸡蛋消费总量稳步提升。预计 2023 年我国禽蛋消费量 3 462 万吨，同比增长 0.5%，仍居全球首位，人均年消费 286.6 个鸡蛋，同比增长 2.2%。鸡蛋消费市场细分多样，品牌鸡蛋消费快速发展。鸡蛋消费更加注重品质，细分鸡蛋市场具备潜在空间，品牌化产品以及品牌战略逐渐得到市场认可。电商平台和线下销售联动推动鸡蛋消费升级。中大型蛋鸡企业采取"线下+线上"销售模式；直播带货、社群营销、小程序直销等新型销售得到消费者青睐。但当前鸡蛋产品同质化仍较为严重，难以与多元化市场需求匹配。

预计 2024 年我国鸡蛋消费升级趋势明显，品牌化加速。消费者更倾向于消费有品质保障的品牌产品，如"绿色、安全、营养、健康"的高品质鸡蛋，可生食、无菌蛋、非笼养鸡蛋以及各种功能性鸡蛋等。蛋白粉、溏心蛋、蛋黄酱、醋蛋液等加工蛋品消费流行，扩大鸡蛋市场的需求。

国际上，受鸡蛋价格上涨影响，国际鸡蛋消费略有收缩。如日本 2023 年 1—6 月消费者购买鸡蛋支出大幅增加，同比上涨 26.1%；而人均鸡蛋消费量大幅减少，同比减少 7.7%。鸡蛋消费更加注重生产透明度与来源可追溯。蛋鸡行业通过社交媒体、参加展览等方式，提升鸡蛋生产透明度；同时建立蛋品来源追溯系统，公开蛋品来源以及生产加工过程。

预计 2024 年全球消费仍受鸡蛋价格波动影响。发达国家人均鸡蛋消费量趋于稳定，发展中国家人均鸡蛋消费量继续呈现增长趋势。同时鸡蛋加工品的消费比例越来越高，高品质鲜蛋的消费需求上升。

四、蛋鸡技术研发变化分析

（一）国内技术研发变化分析

2023 年，我国蛋鸡产业技术研发仍聚焦于"蛋鸡超长产蛋期及配套技术制定""蛋鸡多元化精准日粮与玉米豆粕提效减量技术研究"以及"蛋鸡疫病高效防控技术研究"三方面，福利养殖和数字化赋能是产业技术新趋势。

在超长产蛋期研究方面，持续推进优良品种的选育与提升，优化蛋鸡良种繁育体系建设，针对商品蛋鸡市场存在的后期产蛋性能乏力、蛋壳质量、鸡蛋内容物品质等问题，延长核心育种群测定周期至100周龄，开展个体与家系群体多元化测定，针对各类指标开展智能化、精细化测定，在核心群开多组学研究，解析并阐明超长产蛋期间各种经济性状的调控机理。

在养殖支撑技术体系方面，饲料资源的高效利用与疫病防控技术的创新是产业持续发展的重要保障。饲料与营养方面主要聚焦产蛋后期及延养期营养素需要、肠道和生殖健康调控、改善蛋品质等研究。疾病防控方面主要是快速分型的诊断方法和可视化诊断方法的研发以及种禽场禽白血病和鸡白痢净化。研发可同时用于多个疫病预防的联苗是目前研发的重点，目前基于HVT、腺病毒、新城疫病毒开发的联苗已成为新型禽用疫苗的研究热点。

在耕地保护、土地资源紧缺以及动物福利观念兴起的大环境下，蛋鸡养殖过程中自然行为、情绪波动和应激状态等逐渐受到关注。未来较长一段时间，我国蛋鸡养殖模式将仍然以立体笼养为主，需结合产业实际需求，逐步开发出适合我国国情的福利化蛋鸡立体笼养模式和配套技术。

在数字化时代，智慧蛋鸡养殖正成为农业领域的一大创新。未来，我国蛋鸡产业高质量发展必将成为融合多学科的高科技新兴行业，建设以数字为基础的养殖管理方式是本领域未来研发和生产的发展方向，也是实现蛋鸡智慧健康养殖的必由之路。

（二）国际技术研发变化分析

国际上，当前国内外蛋鸡产业主要将研究重点放在基因编辑育种、福利养殖研究、数字化技术的应用等方面，以用来降低规模化养殖经营成本，提升生产效能，带动蛋鸡产业快速发展。

在基因编辑育种方面，本年度完成了首个跨组织的鸡基因组调控元件图谱，提供了鸡遗传学和基因组学的宝贵资源；组装完成了鸡基因组的完整序列，揭示从祖先脊椎动物到早期脊椎动物和羊膜动物染色体变化的进化轨迹。以色列一所高校实现了鸡成纤维细胞的自发永生化产生稳定高产的细胞系，可用于无血清培养肉。

动物福利方面，作为最先提出"动物福利"概念的欧洲，消费者和养殖业从业者均已认同了福利养殖的意义和必要性，欧洲地区对动物福利的研究最为丰富，并且开始关注东南亚地区的散养活动。

国际上，应用数字化技术和智能化监控系统推动养殖模式向集约化方向发展，通过实时监测环境参数，精准调控养殖场的光照、温度、湿度等因素，提高了养殖效率，能够更好地指导决策和调整养殖方案，提升整体管理水平。引入无线传感器等感知设备，养殖场实现了对环境参数的即时采集，为智能调控提供了数据支持。物联网技术的应用与智能养殖监控系统的推出，实现了养殖场的手动、自动、远程三种控制方式，为产业升级提供了智能支持。

五、主要结论与政策建议

（一）结论与展望

2023年我国蛋鸡产业稳步发展，为市场提供了充足的供应并确保了价格的稳定。科技创新与集成推广取得了显著成果，自主培育蛋种鸡首次走出国门，使我国蛋鸡产业在国际市场上占据了领先地位。此外，蛋鸡产业作为我国农业经济的重要组分，在促进农民增收和助力乡村振兴方面发挥了不可或缺的作用。

在蛋鸡产业发展中，我们必须转变观念，从产品到商品，再到食品，树立全新的发展理念。这要求从业者深入了解并满足消费者的需求，始终将食品安全放在第一位；关注品牌建设和抗生素残留等问题。通过推进标准化规模养殖、严格的生产过程控制和产品可追溯体系的建设，我们不仅可以提升消费者对产品的信任度和满意度，还可以进一步增强蛋鸡产业的竞争力。

（二）政策建议

1. 合理控制产能，引导蛋鸡产业适度规模发展

加强鸡蛋生产销售的调整和指导工作，全面准确收集鸡蛋供需预测所需信息，依据科学推算，合理控制产能。蛋鸡产业适度规模发展对于指导中小养殖户合理决策及宏观上把握蛋鸡养殖规模发展趋势有重要意义。农业农村部蛋鸡监测数据表明，相较于中小规模养殖场，养殖规模大于10万只的养殖场盈利规模效应显现，因此目前蛋鸡养殖场的规模化程度还有一定提升空间。同时，着眼于全产业，要避免过度扩张造成的行业产能过剩，出现"长周期"亏损。

2. 强化疫病防治技术创新与应用，积极防范禽流感疫情

疫病防控仍然是蛋鸡养殖业未来发展的重要趋势，尤其是国外禽流感疫情严峻背景下，更需积极防控。一是根据国家动物重要疫病净化标准及方案，采取集成现有疫病防控新理论、新技术和新产品的策略，实施鸡群中垂直传播疾病和重大疫病的净化工作。二是为强化防治技术，实施严密的流行病学监测，持续开展禽流感和新城疫等疫病的监测工作。三是建立禽流感监测体系，加强区域国际和技术交流合作，强化疫情监测与全球范围内疫情信息的收集整理。

3. 以生产引领消费，推动蛋品加工与品牌建设不断深化

当前新型蛋制品如液态蛋、有助于关节修复的蛋壳膜、易吸收的蛋白粉等产品显示出巨大的市场发展潜力，受到市场强烈关注和积极反馈。需要推动我国鸡蛋加工产品的检测标准与国际标准和国外先进标准接轨，进一步充实、完善我国鸡蛋及蛋制品加工标准体系，以生产加工促进消费升级。同时，推进品牌建设，增强品牌意识，树立品牌建设长期持续性观念，实现"区域公用品牌+企业品牌"双品牌驱动，分阶段长期持续投入，带动辐射更多企业，推进蛋鸡产业高质量发展。

4. 利用国内蛋品价格优势，探索对外贸易与海外投资市场

全球鸡蛋及其制品供应面临紧张局面，而国内价格优势逐渐明显。在国际供需缺口扩大的背景下，巩固香港、澳门等地区的市场基础，严格把控食品安全，积极探索东盟、俄罗斯、南亚、中东、北美、欧洲等新兴市场。加大禽蛋产品开发、生产与加工研发力度，促进蛋液、蛋粉、预制菜等加工品出口，加快探索双边及多边蛋品进出口品质标准和质量认证，推动国内标准与国际市场接轨。加强在产品、疫苗及其他技术服务等方面的国际农业合作，鼓励有能力有意愿的企业到"一带一路"国家开展蛋鸡养殖，带动优质品种和养殖技术输出，有效缓解国际鸡蛋供给偏紧局面。

（国家蛋鸡产业技术体系首席科学家　杨宁　提供）

2023年度肉鸡产业与技术发展报告

(国家肉鸡产业技术体系)

一、肉鸡生产变化分析

(一) 国内肉鸡生产

2023年我国种鸡产能居高位,肉鸡产量增长超过10%,白羽肉鸡增、黄羽肉鸡降。种鸡产能方面,2023年,白羽祖代种鸡更新127.99万套,较2022年增加32.85%。至2023年12月,白羽肉鸡祖代种鸡在产存栏109.97万套;黄羽肉鸡祖代种鸡在产存栏146.48万套。商品鸡生产方面,2023年,白羽肉鸡出栏71.95亿只,较上年增加18.14%;黄羽肉鸡出栏35.95亿只,较2022年减少3.52%。2023年,肉鸡产量2 152.36万吨,较上年增加12.59%,其中,白羽、黄羽和小型白羽肉鸡分别为1 429.37万吨、467.31万吨和255.68万吨。在供给端产能支持以及需求端消费增长拉动双方面因素作用下,预计2024年肉鸡产量将有5.8%左右的增幅。

(二) 国际肉鸡生产

全球鸡肉产量微幅增长,增速进一步放缓。据USDA统计数据,2023年全球鸡肉产量为10 238.9万吨,较2022年增长54.9万吨,增长率由2022年的0.77%下降至0.54%。美国、巴西、中国和欧盟是全球鸡肉四大主产国(地区),2023年的鸡肉产量分别为2 109.5万吨、1 490万吨、1 430万吨和1 115万吨,四大主产国(地区)鸡肉产量占全球鸡肉总产量的60%。其中,巴西增长率高达3.01%,欧盟为1.47%,美国为0.63%,中国与2022年持平。2024年,供给增加预期下,饲料价格的下降给肉鸡生产带来更大盈利空间,刺激肉鸡生产进一步扩大,预计2024年全球肉鸡产量可达10 326.0万吨,较2023年增长0.85%。

二、肉鸡市场与贸易变化分析

(一) 国内肉鸡市场与贸易

我国肉鸡市场价格全年波动下降,年末价格明显低于2022年同期。产品供过于求,2023年肉鸡价格呈现较大幅度下降。据农业农村部农贸市场监测数据,全年最低谷价格是7月第二周,价格为23.50元/千克。据农业农村部对肉鸡养殖户跟踪监测数据,白羽肉鸡出栏价格全年平均8.91元/千克,较2022年降低1.13%。黄羽肉鸡出栏价格全年平均为16.08元/千克,较2022年下降7.81%。

我国鸡肉产品进出口量均有增加。2023年鸡肉产品进口量为130.20万吨、进口额为41.90亿美元,分别较2022年增加1.18%和2.93%;出口量为55.43万吨、出口额为17.76亿美元,分别较2022年增加5.14%和减少2.54%。鸡肉进口来源国主要集中在巴西、美国、泰国等。冻鸡爪和冻鸡翅是两类最大的鸡肉进口产品。我国鸡肉产品出口去向国(地区)主要为日本和中国香港地区,出口产品主要是加工鸡肉、冻鸡块和冷鲜整鸡。

（二）国际肉鸡市场与贸易

全球肉鸡产品贸易呈现增长趋势，但增幅明显低于上年。2023年世界肉鸡进口量为1 123.2万吨，较2022年增长14.2万吨，增幅为1.28%；世界肉鸡出口量为1 360.6万吨，较2022年增长3.2万吨，增幅为0.24%。从贸易量变动来看，进口方面，肉鸡进口市场较为分散，排名前10位的国家（地区）中进口增长幅度较为明显的是伊拉克，进口量53.5万吨，增幅10.31%。出口方面，2023年巴西实现8.95%的出口增长；此外，欧盟出口量为172.5万吨，与2022年基本持平。

三、肉鸡加工与消费变化分析

2023年国内市场不断有鸡肉新产品迭代推出，例如正大食品的青花椒和奥尔良风味等4款鸡肉于10月上市，销量稳步增长。在更好风味、更方便食用、更高新鲜度的消费需求驱动下，加工端开始注重使用新型天然配料、提升滋味与香气的新品研发和蒸汽抗菌生物包装系统等新型鸡肉智能保鲜薄膜应用等。肉制品的保鲜是目前生鲜鸡肉产品的技术瓶颈之一。2023年国内加大了鸡肉智能保鲜薄膜的研发力度，但是目前的研究基本停留在实验室或小试阶段，未能进行大规模的推广。国际上鸡肉加工领域主要关注肉鸡的福利屠宰、鸡肉抗生素残留检测以及保鲜薄膜的制备。2024年国内外加工趋势仍然是以肉鸡福利屠宰为基础，提质增效为主要目标，通过新技术、新工艺的应用促进肉鸡产业的发展。

我国鸡肉消费呈现较大幅度的恢复性增长，全球鸡肉消费延续小幅增长趋势。国内方面，2023年消费市场逐步回暖，全年鸡肉消费总量增幅显著，表观鸡肉消费量为2 384.21万吨，增长11.18%；人均鸡肉消费量16.38千克。2024年，消费端需求的增长仍将是拉动肉鸡生产增长的重要因素，2024年表观鸡肉消费量预计达到2 508.80万吨，增长5.23%。全球方面，预计鸡肉消费量和人均消费量持续增长。据USDA预测，2023年全球鸡肉消费量为9 993.1万吨，较2022年增长0.67%；2024年全球鸡肉消费量将达1.01亿吨，较2023年增长0.83%。

四、肉鸡技术研发变化分析

（一）遗传资源与育种

在遗传资源与育种领域，本年度我国在配套系培育、遗传资源的保护利用、表型智能测定和大数据育种等领域加强了技术研发，有力促进了产业提质增效。在配套系培育方面，岭南黄鸡5号等4个新配套系通过审定，企业筛选出快速型黄脚麻、加工型新品种雪山黑鸡和双莲鸡3个配套系正在开展性能测定。在遗传资源保护利用方面，鉴定黑水凤尾鸡等新资源5个；建立了部分品种PGCs细胞、精液等遗传材料资源库。在表型智能测定方面，采用X光、B超等手段，利用深度学习等算法，通过大数据分析，建立了多个品种的表型性状数据库，提升了数据收集效率与精度。在大数据驱动的生物育种技术方面，通过大数据、人工智能等技术，提高选择配种精确度，研发杂交优势预测与遗传评估技术等。

在国际上，本领域研究主要致力于利用基因组选择等技术提高肉鸡的生产效率。在生物技术方面，国际上重点开展鸡的基因编辑技术研发，利用基因编辑技术制备抗病鸡是国际研究热点之一。此外，基于化学标志物等手段研发鸡早期性别鉴定技术也是本领域的热点。

（二）营养与饲料

在营养与饲料领域，我国在替抗技术、新型饲料原料开发及利用等领域加强了技术投入，为肉鸡产业的健康发展提供了技术支撑。在替抗技术方面，开发高活性大豆黄酮新产品和霉菌毒素降解复合酶新产品，研发植物提取物保护肠道健康技术和无抗饲料配制技术，建立肉鸡净能需要量模型，研发低蛋白低豆粕日粮技术。在新型饲料原料开发及高效利用方面，在玉米豆粕减量替代以及低蛋白饲粮技术应用大趋势下，制定了团体标准"肉鸡低蛋白低豆粕多元化日粮生产技术规范"，提出了豆粕和非常规饲料原料的限量标准和应用参数，实现降本增效。开展黄羽肉鸡精准营养与饲料配制技术示范与推广，饲粮粗蛋白质水平降低1~3个百分点，豆粕用量降低20%。

在国际上，本领域聚焦于非常规饲料中复合酶制剂的研发与应用，如小麦、菜籽粕日粮中添加复合酶制剂对于促进肠道发育和增强屏障功能具有显著功效，在小麦日粮中添加复合酶可显著改善肠道绒毛参数；在菜籽粕日粮中添加酶制剂显著增加空肠绒毛表面积；经酶处理固态发酵的大麦饲粮，能够改善肠道健康水平。

（三）生产与环境

在生产与环境领域，智能化养殖技术、立体笼养技术等领域的技术进步为肉鸡产业提质增效提供了动力。在智能化养殖技术方面，开展了数字化、智能化技术开发和应用。通过肉鸡行为的识别了解其福利状况，并通过行为数据实现对肉鸡健康体况识别，建立肉鸡行为识别与健康体况识别模型。基于深度学习的大型养殖场死鸡监测系统，使用自动监测平台采集多层笼中肉鸡的图像数据，从而实现鸡舍中死鸡的识别。在立体笼养技术方面，肉鸡立体高效养殖模式已较为成熟，目前白羽肉鸡立体养殖已占80%，立体养殖模式从目前的以3~4层为主向4~6层发展。制定《中慢速型黄羽肉鸡笼养技术规程》，比平养模式料重比降低0.27。优化白鸡笼养技术工艺，推广使用通风系数参照表，生产性能持续改良，料重比降至1.40以下。

在国际上，肉鸡养殖以平面养殖为主，在优化和提高家禽生产效率方面，开展了大数据和智能化技术的应用研究，通过使用传感器技术、机器学习等技术，可以最大限度地提高农场盈利能力、提高动物福利。在废弃物资源化方面，德国采用覆膜式静态正压通风堆肥发酵生产有机肥，可大幅降低臭气、粉尘和病原菌外排污染环境；荷兰采用鸡舍余热用于鸡粪烘干以降低能耗。

（四）疾病防控

在疾病防控领域，种源性疫病净化等领域的技术进步为肉鸡产业提供了安全保障。在禽流感疫苗研发方面，重组禽流感病毒（H5+H7）二价灭活疫苗获新兽药证书，禽流感（H5+H7）三价灭活疫苗应用超过120亿羽份。禽流感防控中面临的主要问题仍是毒株变异，需持续关注当前所用疫苗对流行病毒的免疫保护效果。同时，需在全国范围内持续进行禽流感监测，为新疫苗研发和种毒更新提供可靠的种毒来源。在种源性疫病净化方面，肉种鸡"两白"净化工作已持续开展多年，种鸡阳性率已大幅下降。北京油鸡（遵化）基地获批国家级禽白血病净化场，福建圣泽大青原种场等获批国家级白痢（非免疫）净化场。

在国际上，与我国目前采用的基于免疫为主的高致病性禽流感综合防控措施不同，国际上多数国家仍采取基于生物安全和扑杀淘汰的防控策略。自2023年开始，法国已对商品鸭实行高致病性禽流感疫苗免疫。欧盟国家意识到免疫接种在一些特定环境下已成为防控高致病性禽流感的一个重要选项。另外，卵内免疫和群体免疫是国外肉鸡免疫的主要方式，其中后者主要包括喷雾免疫、饮水免疫、喷淋免疫等方式，指引了新型禽用疫苗创制的方向。

（五）鸡肉加工

在鸡肉加工领域，肉鸡副产物加工、肉鸡保鲜和预制菜等领域的技术研发为肉鸡产业开辟了新领域。在肉鸡副产物加工技术发展与产品开发方面，从副产物中提纯获得蛋白活性成分，将副产物以湿的匀浆态和干粉末的形式加入肉类产品中，可在物理和化学性质方面最接近对照样肉品。通过优选双歧杆菌获得高活性的胆盐水解酶，用其可从鸡胆汁中获得含量为70%的鹅去氧胆酸，可作为畜类胆汁供应不足的家禽替代来源。从肉鸡副产物提纯加工形成了血球蛋白肽亚铁螯合新产品，含量达70毫克/克以上。肉鸡保鲜方面，发现3kGy以上的γ辐照剂量能够有效灭菌并且对烟熏鸡胸肉的整体品质也有显著影响。选用茶多酚、迷迭香和肉桂提取物复配组成复合天然保鲜剂，可使烧鸡的保鲜期延长6天至25天。在预制菜方面，通过产学研结合，打造了河南三高农牧等预制菜龙头企业，推动了新兴产业发展。

国际上，鸡肉加工领域重点关注功能性添加物或热加工方式对鸡肉产品品质的影响。热加工方式方面，比较发现直接接触式烧烤和间接接触式烧烤都会导致多环芳烃的生成。功能性添加物方面，发现烹饪温度、茶叶类型和浓度会影响杂环胺水平。

五、主要结论与政策建议

（一）结论与展望

2023年我国肉鸡生产大幅增长，鸡肉消费上升。全年肉鸡出栏、鸡肉产量均明显增加，鸡肉产品进口小幅增长。2023年，饲料价格仍处高位，肉鸡养殖收益总体处于历史平均水平，产业总体收益偏低。预计2024年鸡肉产量继续增长，将有5%~8%的增幅，鸡肉消费结构继续转变，产量增长可能导致鸡肉产品价格低位波动。从长期来看，鸡肉低价位和"三低一高"营养优势将拉动鸡肉消费总量进一步扩大。

2023年肉鸡产业科技发展方面，黄羽肉鸡资源和品种培育取得显著进展，国产白羽肉鸡性能和市场竞争力稳步提升，肉鸡设施化立体养殖技术推广覆盖度超过60%，肉鸡低蛋白低豆粕技术研发取得阶段性进展，新型重大疫病防控技术研发和推广持续强化。展望未来产业科技需求，随着全球资源紧张加剧，生物技术和信息技术迅猛发展，在育种技术方面，需加速基因编辑技术、性别控制技术的研发；在饲料营养技术方面，需强化合成生物蛋白技术开发，缓解蛋白饲料资源短缺，研发洁净饲料技术，提高肉鸡饲料转化效率和鸡肉品质；在疾病防控方面，需通过研发多联多价疫苗、新型减抗替抗技术、抗病育种技术，逐步扩大种源性疾病净化范围，持续提升养禽场生物安全水平和防控重大疫病暴发的能力；在环境控制方面，需加强肉鸡健康高效生产综合表型生物学前沿研究，组织生物、信息、装备多学科联合攻关、模式集成研发和推广应用；在屠宰加工技术方面，需完善自动化屠宰加工和品质智能监控技术；研发肉鸡深加工系列菜品；研发副产物靶向精准酶解技术；创建高标准鸡细胞培养肉种子平台库，探索人造肉制备技术。

（二）政策建议

一是强化产业发展顶层设计。充分认识大力发展肉鸡产业对于保障国家粮食和食物安全、推进健康中国建设的战略意义，把肉鸡产业放在与生猪产业、草食畜牧业同等位置上，加强对肉鸡产业发展规划的顶层设计。

二是强化科技支撑。持续推进育种创新和推广，优化种业投资政策，加大财政资金投入，科学制定符合国内需求的肉鸡育种目标。持续推进饲料产业科技创新和推广，优化饲料配方结构，推广低蛋白日粮。持续推进肉鸡高效养殖技术创新和推广，推动养殖标准化智能化基础设施建设，加快养殖端转型升级。

三是强化信息监测预警和风险防控管理。建议国家层面将肉鸡产业列入专项数据统计范畴，对肉鸡生产消费等指标进行专项统计。建立国际国内鸡肉供需监测预警系统，对鸡肉供需状况及价格走势做出科学研判。探索研发并加快推动鸡肉期货上市，帮助产业利用期货套期保值功能减少现货市场带来的价格风险。

四是规范种禽场健康标准并加强重大疫病预警能力建设。建立禽场生物安全体系评定标准，进一步做好"两白"等为代表的种源性疫病净化和无疫小区建设，适时明确种禽场健康标准以及市场准入；加强对高致病性禽流感等重大禽病的流行病学监测和预警能力，防控重大疫病暴发流行。

五是强化产品质量安全保障。严格执行肉鸡药残监控计划，推行产品质量可追溯制度。完善质量安全标准，建立投入品和质量监测监管体系，强化药残第三方检验制度，构建严密的监管体系和问责制度。

六是提升养殖业环保水平。加大养殖废弃物处理设备设施和有机肥推广应用的财政补助范围和力度。借鉴发达国家的畜禽粪便综合养分管理计划，建立公益性服务队伍，指导养殖业粪污的无害环保化处理及有机肥产品在种植业中的科学应用。

（国家肉鸡产业技术体系首席科学家　文杰　提供）

2023 年度水禽产业与技术发展报告

(国家水禽产业技术体系)

一、水禽生产变化分析

根据对全国 23 个水禽主产省（市、区）水禽生产情况的调查统计，2023 年水禽产业总产值 2 172.4 亿元，较 2022 年上涨 2.54%。全年商品肉鸭出栏 42.2 亿只，较 2022 年上涨 5.4%；肉鸭总产值 1 263.7 亿元，较 2022 年上涨 5.0%。蛋鸭存栏 1.5 亿只，较 2022 年下降 1.3%；鸭蛋产量 267.1 万吨，较 2022 年上涨 0.8%；蛋鸭总产值 377 亿元，较 2022 年下降 3.0%。商品鹅出栏 5.2 亿只，较 2022 年上涨 10.0%；肉鹅产值 531.7 亿元，较 2022 年上涨 1.0%。

（一）肉鸭产业生产变化分析

2023 年我国 23 个肉鸭主产省的肉鸭出栏量和产值有以下趋势。第一，就区域生产布局而言，肉鸭产业的生产的区域集中度较高，主要集中在华东地区，其出栏量高达 26.1 亿只，占全国总出栏量的 62%；第二，就省域生产布局而言，山东在出栏量和产值上独占鳌头，其出栏量与产值分别是排名第二的安徽和广西的 7 倍与 5.5 倍。第三，就肉鸭品种而言，肉鸭养殖仍以白羽肉鸭为主，其占比高达 82.7%，番鸭、半番鸭占比仅 5.4%，其他地方品种合计占比达 11.9%，其中，山东肉鸭养殖均为白羽肉鸭，广东是全国番鸭、半番鸭养殖最集中的省。

（二）蛋鸭产业生产变化分析

2023 年我国 23 个蛋鸭主产省的商品蛋量和蛋鸭产值趋势。第一，就区域生产布局而言，主要集中在华中、华东地区，两个地区的产蛋量和产值占比均高达全国的 70% 左右。第二，就省域生产布局而言，蛋鸭生产并没有出现一省独占鳌头的现象，在主产省份的布局相对均衡。

（三）肉鹅产业变化分析

2023 年我国 23 个肉鹅主产省的商品鹅出栏量和产值趋势如下。第一，就区域生产布局而言，华东地区独占鳌头，出栏量约 1.74 亿只，占全国总出栏量的 1/3，华南区域则由于存在价格优势使得其产值略高于华东区域。第二，就省域生产布局而言，山东、广东、四川和安徽是商品鹅生产最集中的省份，四省总和占全国的 56.6%，其中，广东因其价格优势使得其产值高于山东，位居全国第一。

二、水禽市场与贸易变化分析

从水禽产品价格来看，进入 2023 年以来，水禽价格呈现出稳中有降的趋势，鸭蛋和活鹅价格波动较小，毛鸭和鸭苗全年价格存在较大波动。

2023 年毛鸭全年平均价格为 9.44 元/千克，与 2022 年的 9.60 元/千克基本持平；2023 年全年月度价格最高为 2 月的 11.14 元/千克，比 11 月全年最低价 8.12 元/千克高了

37.2%，价格波动比较明显，整体行情面临的压力增大。

2023年鸭蛋全年平均价格为14.46元/千克，较2022年增长1.97%；全年价格最低点在12月，为14.00元/千克，全年价格最高点在6月，为14.85元/千克，最高点较最低点价格增幅6.07%，价格波动较小。全年来看，2023年鸭蛋均价虽呈下降趋势，但整体波动不大。

2023年鸭苗平均价格为3.41元/羽，较2022年增长5.90%，较2021年增长47.62%；全年价格最低点在10月，为1.65元/羽，全年价格最高点在3月，为6.79元/羽，最高点较最低点价格增幅311.52%，价格波动比较大。总体来看，2023年鸭苗价格呈现出先升后降的趋势。

2023年活鹅平均价格为24.85元/千克，较2022年减少1.31%，较2021年减少8.80%。总体来看，2023年活鹅价格波幅相对较小。

从对外贸易来看，2023年我国水禽进出口均呈现上升趋势，尤其是出口贸易有较大幅度增长。根据海关总署的数据统计，2023年1—11月，整只冻鸭出口数量约为1 396.6吨，出口金额为16 740.8万元人民币，相比去年同期增长16%。冻的鸭块及杂碎出口数量约为967.4吨，出口金额为11 250.4万元人民币，出口数量与金额基本上是去年同期的两倍。从2023年各月贸易情况来看，1—11月，不论从数量还是金额上来看，我国鸭产品出口大致呈现增长态势。

在国际市场上，我国水禽产品的进出口总量稳居世界第一的位置。根据世界粮农组织（FAO）提供的数据，近5年来，水禽产品出口量居前4位的国家包括中国、匈牙利、荷兰王国和法国，水禽产品进口量居前4位的国家是德国、中国、英国和法国。且德国近5年来水禽进口量一直远超其他国家。从世界水禽贸易来看，各国进出口也呈现出上升趋势，预计2024年在严格防控禽流感等疫病影响下，世界各国水禽产品进出口贸易将进一步增长。

三、水禽加工与消费变化分析

（一）加工领域

水禽加工产品呈现多元化和特色化的趋势。肉鸭是其中的主力，主要分为传统烤鸭、分割产品和小型整鸭加工，对应的产品包括分割产品、未分割产品（以大白条和小白条为主）以及烤鸭等。在这些产品中，分割产品占据55%的份额，而未分割产品中大白条和小白条分别占30%和15%。深加工产品中，烤鸭占据了40%左右的比例。相比之下，鹅肉的加工生产主要集中在原料和半成品的生产，包括白条鹅、分割鹅和冷冻鹅的加工。在整体加工过程中，屠宰的加工比重大于深加工和精加工，而鹅肉的深加工产品仍以中式传统鹅肉制品为主。鸭蛋消费以传统加工为主，其中约80%被加工成咸鸭蛋和松花蛋（皮蛋），其余20%则用于鲜蛋和其他鸭蛋制品，其中咸鸭蛋和松花蛋也衍生出各种产品，包括皮蛋肠、皮蛋粒、咸蛋干、面条、咸蛋饼干等。这反映了消费者在水禽领域的多元选择，同时也反映了行业在满足市场需求方面的不断创新和发展。此外，我国鸭肉预制菜也呈现出蓬勃发展的趋势。

（二）消费领域

目前，我国肉鸭消费占禽肉消费的比重近1/3。2023年，我国人均肉鸭消费量为5.7千克/人，同比增长10.6%。水禽消费领域龙头企业销售额快速增长，其中，绝味食品预计实现净利润 2.28 亿元的目标，同比增长 131.25%。从全球视角来看，2023 年禽类消费整体呈上升趋势，其中肉鸭消费量年增长率位于第二，达到 2.7%。不过，随着全球经济下行，肉鸭市场呈现出价格驱动特点，未来消费者更倾向于购买低价鸭肉产品。

目前，我国鸭蛋消费呈稳定增长态势：一是鸭蛋消费在禽蛋消费中的比重基本保持不变，约占 26%左右；二是受饮食习惯的影响，鸭蛋消费以传统品类为主，主要为咸鸭蛋和松花蛋（皮蛋），并且随着烘焙行业的蓬勃发展，作为原材料的咸鸭蛋消费前景广阔。此外，鹅肉只占家禽肉类消费的 8%左右，相当于鹅肉占肉类总消费的 2%~3%，可以推算出中国人年均鹅肉需求量约为 1.4 千克，消费场景以餐饮酒店、酱卤制品为主。

四、水禽技术研发变化分析

在新品种培育方面，肉鸭新品种占白羽肉鸭的比例已接近 40%。其中，中国农科院北京畜牧兽医研究所培育的"中畜草原白羽肉鸭、中新白羽肉鸭"率先打破了国外品种对我国瘦肉型肉鸭品种的垄断，实现了核心种源自主可控。此外，2023 年，武禽 10 肉鸭配套系通过国家畜禽新品种审定，是国内首个利用地方优良资源培育的中小体型优质肉鸭新品种。父母代鸭具有开产早、产蛋多、繁殖率高等特性，商品代鸭具有外貌独特（乌嘴、青脚、白羽），肉质风味优良和适应性强成活率高等特性。

在育种技术方面，基于全基因组关联分析的蛋鸭分子育种技术建立了蛋鸭产蛋数据收集记录、DNA 提取，全基因组关联分析模型构建，候选基因筛选、候选基因注释等蛋鸭产蛋性能遗传解析全过程，为蛋鸭重要经济性状遗传解析及分子育种奠定基础。

在养殖技术方面，"鸭绿色养殖与质量安全提升关键技术研发与应用"获全国商业科技进步特等奖。该项目针对我国优质抗逆鸭品种缺乏，传统临水养殖模式疫病发生率高，产品质量安全管控技术系统化程度不高等问题，研发了鸭绿色养殖关键技术及配套的设施设备，建立了鸭产品生产加工过程的质量安全控制体系，开发了多元化的高附加值鸭产品，构建了集种源、养殖、质量安全于一体的高质量生产技术体系，取得了显著的经济社会生态效益。

在技术标准方面，由黄山综合试验站依托单位安徽强英食品集团有限公司主持制定的地方标准《商品肉鸭立体笼养饲养管理技术规程》，已由宿州市市场监督管理局于 2023 年 7 月 24 日批准发布，并于 2023 年 8 月 24 日正式实施。该标准规定了立体笼养商品肉鸭的雏鸭引进、饲养管理、出栏要求、疫病防控、废弃物处理、档案记录等要求，适用于各地区的商品肉鸭多层立体笼养，对于推动商品肉鸭多层立体笼养的规范化和规模化生产具有重要的指导意义。

五、主要结论与政策建议

（一）结论与展望

1. 产业特点

一是国产优良品种繁育体系建设加速。水禽行业始终积极依靠企业、高校和科研院所，以严谨的态度培育国产和地方性优良品种。目前，已建立起较为完善的原种保护、祖代扩繁和商品推广的繁育体系，并加速推进其发展。

二是产业发展动力转变。随着消费市场的巨大变化，从业者的经营理念发生了转变，越来越多的企业开始重视提升产品质量和实施品牌化经营，以确保满足市场需求并实现可持续发展。

三是市场波动风险加剧。受疫情、政策以及产品供求的影响，水禽市场价格波动较为剧烈，给企业的生产经营带来巨大风险。尤其是多数产品单一、产业链条较短的中小企业，缺乏市场定价权和谈判能力，应对市场波动风险的能力有限。

2. 突出问题

一是资源环境刚性约束趋紧，养殖成本持续增加。环境因子对水禽饲养的约束作用持续增强，水禽排泄物综合利用程度低，环境治理成本日趋增加。同时，受到极端天气与国际局势紧张带来的影响，各地原料供不应求，饲料成本持续上涨。

二是产能过剩问题反复，规模调整进度缓慢。2019年在非洲猪瘟背景下产能迅速提升，近几年水禽产业一直在积极去产能，但产能过剩问题导致水禽产品市场饱和，养殖场投入成本过高，产品分摊利润大幅下降，不利于产业的持续健康发展。

三是疫病防控难度较大，疫病防控亟待加强。近年来，随着养殖规模扩张，饲养集约化程度的不断提高，养殖环境压力不断加大，使得病原微生物在养殖场间广泛存在和传播，疫病防控压力不断增高。

四是加工产业标准化准则不完善。水禽产品加工过程中，主要面临产业标准化和深加工技术的问题。缺乏统一的产业标准可能导致生产环节中出现差异，无法确保产品质量的稳定性，影响整个水禽产品的质量提升。

五是消费场景单一、营销渠道不健全。鸭肉作为优质动物蛋白，其在终端消费市场的应用场景过于单一，已成为全产业链面临的共同挑战。

3. 趋势展望

一是养殖智能化程度进一步提高。水禽智能养殖技术不断深入到水禽养殖链的各个环节，智能环境调控、智能饮水饲喂、智能消杀、自动粪便处理以及智能化系统平台等关键技术手段，水禽养殖智能化技术应用水平将进一步提升。

二是消费市场愈加多元化。水禽产品消费结构不断升级，进一步催生消费新业态新模式的形成。同时，消费者对终端产品的消费偏好也呈现出多元化特征，分割产品、深加工产品逐步成为消费新风向。此外，消费方式、消费渠道也更加多样化、市场区域化，熟食专柜、品牌直营店、第三方线上平台等消费新业态新模式日趋成熟。

三是绿色低碳生产趋势加快。在国家双碳政策的大背景下，针对畜禽养殖的环境规制政策陆续发布，这些政策对养殖企业与养殖户提出了绿色低碳生产的要求。这些环境规制政策不仅推动了养殖企业与养殖户积极探索绿色低碳的生产模式，还催生了一系列创新技术和解决方案。

（二）政策建议

一是以环境承载力为刚性约束，优化养殖结构。通过改善养殖环境、优化日常管理，提升水禽生产性能，间接降低饲料成本，提升经济效益。

拓宽原料选择思路，合理使用替代原料，精准营养、精准饲喂，有效提高饲料利用率。通过改进饲养管理、疫病防控、饲料配方、自动化和智能化水平等方面的技术，提升水禽生产性能，尽可能保证高产稳产。

二是政府部门需着力稳基础政策，稳基础产能，稳动物疫情形势；经营主体则需主攻关键制约，节本增效，推进规模化养殖，加强科技创新。

政府部门加强跨周期和逆周期调节，提高监测预警的精准性和前瞻性，引导生产者"按需定产"，更好满足消费者的多元需求。经营主体需加强产能调节能力，打造特色，延伸产业链，强化组织，提升竞争力。

三是推动水禽养殖业转型升级，提高水禽养殖业准入门槛，加强基层防疫机构队伍建设，不断提升防控疫病的能力。

通过提高养殖行业准入门槛，将明确的硬件标准作为准入条件，将生物安全的理念融入养殖环节中，倒逼养殖主体改进和升级养殖设施。加强防疫队伍技术培训，着力提升基层防疫人员的综合素质、业务水平，确保重大动物疫情的防控质量。

四是坚持以市场为导向，打造全方位、全产业链的水禽品牌化建设体系，从"销售产品"转变为"销售服务"。

建立健全水禽产品品牌战略规划，发挥好市场在品牌建设中的推动作用。培育新型经营主体，推动水禽产品新型产业链经营与品牌化建设的有机融合。坚持以标准化为支撑、以规模化为基础、以品牌化为引领、以市场化为导向，不断提升产品质量与市场价值。

（国家水禽产业技术体系首席科学家　侯水生　提供）

2023 年度兔产业与技术发展报告

（国家兔产业技术体系）

一、兔生产变化分析

1. 国内外兔业生产及存在的问题

中国是全球家兔最大生产国。据统计①，2021 年我国家兔出栏 31 682.7 万只，同比下降 4.7%，年末存栏 10 547 万只，同比下降 3.4%，兔肉产量 45.6 万吨，同比下降 6.5%。但 2022 年在多数畜禽部门生产不景气、利润下滑的情况下，兔产业则一枝独秀。

从全球来看，根据联合国粮农组织（FAO）数据②，2022 年全球兔出栏 5.335 亿只，同比下降 7.49%，存栏 1.584 亿只，同比下降 8.45%，兔肉产量 75.65 万吨，同比下降 13.12%。从地区看：①出栏量亚洲地区最大，美洲最小。2022 年家兔出栏量中亚洲占 66.01%，美洲占 2.46%，欧洲和非洲分别占 17.02% 和 14.51%；②存栏结构与出栏类似。2022 年出栏量中亚洲占 72.63%，美洲占 3.35%，欧洲和非洲分别占 12.65% 和 11.37%；③兔肉产量依然是亚洲地区最大，美洲最小。其中，亚洲占比 67.80%，欧洲、非洲和美洲分别占 18.22%、11.91% 和 2.07%。2021 年我国家兔出栏、存栏和兔肉产量分别占全球的 48.11%、57.41% 和 53.59%。

目前，我国兔产业生产中存在的问题：①产品加工创新不足。表现在：兔毛和兔皮产品相对单一，新产品研发不够；兔肉产品加工创新力度不够，除生鲜分割兔肉外，目前精深加工的兔肉产品主要为酱卤、腌腊及休闲兔肉干等传统产品，技术含量低，同质化严重，适应不同地区市场需求的预调理兔肉、兔肉预制菜肴等产品少；梯度加工和副产物综合利用不充分，原料的精细化分割程度较低，难以形成高附加值的细分品类；②良种普及率低。目前，我国家兔的良种普及率维持在 70% 左右。从原种场或祖代场引种的成本高，致使大部分养殖户引种率低；③养殖成本上升。2023 年苜蓿、豆粕等饲料原材料价格上涨，使兔业养殖成本难以承受；粗饲料种类繁多、零散，体积大、比重轻，贮藏难度大，粗饲料的合理利用已成为我国家兔养殖成本控制的重要限制因素之一；人工成本不断提高，也极大程度上推动养殖成本的上升；④品牌建设滞后，产品营销能力不足。目前，国内兔产业品牌地域性较强，主要集中在四川、重庆等局部地区，缺乏全国知名品牌；⑤产业数字化转型缓慢。数字化、智能化是各行业发展的趋势，兔产业中一些大中型企业开始推进数字化转型，探索智能化发展，但多数中小型兔场或企业数字化水平仍然不高。

2. 国内外兔产业生产趋势及展望

2020 年新冠疫情暴发以来，兔产业受到较大冲击，但很快得以恢复。2021—2023 年

---

① 数据来源：《中国畜牧兽医年鉴 2022》，中国农业出版社。除特殊说明外，下文数据均出自此处。

② 数据来源：联合国 FAO 数据库 https://www.fao.org/faostat/en/。

兔产业指数不断提高，分别为 131.42、139.31 和 144.41①。但从 2023 年月度指数来看，呈下降趋势，由 1 月的 151.07，下降到 6 月的 149.36，12 月进一步下降到 126.58。兔产品价格变动也呈现出降低的趋势，由年初的 21.27 元/千克（第 3 周）下降到 13.97 元/千克（第 49 周）。分品种看，兔产业发展趋势如下。

（1）肉兔。受需求拉动和智能技术推动的共同作用，肉兔产业将持续增长，但增速将趋于放缓。主要原因是过去五年肉兔产业一直处于上升通道，即使近年来面临疫情等冲击，兔肉价格依然维持上升态势。在其他畜禽养殖利润较小甚至亏损的情况下，肉兔养殖依然利润丰厚。但是，未来几年肉兔产业发展速度将有所放缓，这除受其他行业不景气的外部影响外，过去几年较快的扩张也大大增加了供给。

（2）獭兔。獭兔产业将继续调整并不断转型升级。在兔肉价格拉动下，獭兔活兔的价格基本从 2020 年下半年以来一直上升，2022 年底达到 24.5 元/千克左右。未来獭兔产业随着库存优质獭兔皮的消化和兔皮产品加工技术的发展，獭兔产业有望逐步回归到重视优质兔皮、以兔皮为主的格局，将会通过优质高价获得更高的收益。

（3）毛兔。毛兔产业稳定发展，增长动力进一步加强。目前，毛兔产业的瓶颈主要是兔毛加工和销售。近年来，随着企业新产品开发力度加大，兔毛产品开发取得巨大进展，兔毛产品的销售将趋于增加。在兔毛加工和销售不断扩大的带动下，兔毛需求也将呈上升态势，毛兔产业有望回升。

二、兔市场与贸易变化分析

1. 国内兔产品价格变化

2023 年，我国兔产品价格走势的基本特点为：兔肉价格先升后降，兔皮价格波动中略降，兔毛价格趋于走高。具体来看：①兔肉价格先升后降，从 1 月的 36.5 元/千克上升到 4 月的 40 元/千克，之后下降到 12 月的 28.1 元/千克。肉兔活兔价格的波动趋势与兔肉类似；②獭兔活兔价格 2023 年处于稳定状态，从 1 月的 25.5 元/千克小幅波动到 12 月的 24 元/千克；③兔毛价格稳步上涨。粗毛价格上升势头强劲，由年初的 226.67 元/千克上升到年底的 278.33 元/千克，剪毛统货价格则全年稳定在 140 元/千克左右。

2. 世界兔产品贸易

兔肉贸易方面，2023 年全球 41 个国家和地区出口兔肉，72 个国家和地区进口兔肉。兔肉总出口量 3.015 万吨，出口额 1.45 亿美元。主要出口国包括西班牙、匈牙利、法国、中国和欧盟，5 国合计出口 2.28 万吨，出口额 1.077 亿美元，分别占世界兔肉出口量和出口额的 75.62% 和 74.27%。德国、意大利、比利时、欧盟和葡萄牙为进口的前五位国家，合计占进口总量的 63.02% 和进口额的 57.66%。主要出口国的平均出口价，匈牙利最高，为 6.58 美元/千克，而西班牙最低，为 3.56 美元/千克。

3. 中国兔产品贸易

我国兔产品贸易的基本格局：出口兔肉和少量兔毛，进口兔皮，另外还出口兔皮和兔毛制品。①兔肉。多年来我国兔肉一直为净出口。2023 年前 11 个月出口兔肉（HS 编码

---

① 国家兔产业技术体系产业经济研究室自 2011 年开始编制兔产业发展指数，2011 年 1—3 月为基期。

02081020）0.36万吨，同比上升5.88%，全年预计出口0.38万吨；②兔毛和制品。2023年前11个月出口兔毛78.19吨，同比下降43.74%。另外，出口兔毛制品（HS编码61101920）9.73万件，包括织钩编套头衫、开襟衫、外穿背心等；③兔皮，以进口整张兔皮（HS编码43018010）为主，同时出口少量未缝制整张兔皮（HS编码43021920）。2023年前11个月进口整张兔皮0.661万吨，同比下降40%。2023年1—11月我国出口未缝制整张兔皮12.83吨，同比下降51.12%。

三、兔加工与消费变化分析

目前，肉兔的主要加工品种为料理兔肉、熟食和休闲兔肉等，由于政府对预制菜的支持，大量兔肉加工企业加入，开发兔肉预制菜成为一个主要趋势。兔毛和兔皮则主要加工为各种服装、服饰，由于国内环保压力以及市场消费观念转变导致国内裘皮市场持续低迷。

兔产品加工存在如下问题：①加工与消费区域分布不一致。我国兔肉主要消费地在西南地区，而传统的家兔养殖区除四川外，还包括山东和河南，以及近年来迅速崛起的新疆，为此，出现了兔肉由山东、河南和陕西，甚至新疆，向四川或重庆长距离运输的情况；②加工产品种类单一。兔肉产品加工形式多为初加工的生鲜兔肉，精深加工比例较低，附加值不高。同时，由于兔肉主要针对川渝地区消费者开发，口味偏麻辣，难以满足其他地区消费者的需求；③加工标准化程度不高，产品质量难以保证。大中型兔肉加工企业相对较好，中小加工企业难以监管，食品安全不易保障。

2022年我国人均年消费兔肉约0.328千克，四川省消费兔肉最多，其人均兔肉消费量约为全国平均水平的10倍左右。多年来我国年人均兔肉消费量一直在0.3~0.45千克波动，疫情以来三年（2020—2022年）平均消费量为0.330千克，呈上升趋势。

从全球来看，欧洲国家曾经消费兔肉较多，但近年来趋于下降。新冠肺炎疫情前全球平均消费量为0.117千克，其中朝鲜人均兔肉消费量增长较快，疫情前（2017—2019年平均）朝鲜年人均兔肉消费量为6.04千克，为全球最高。疫情后，全球兔肉消费均出现小幅下降，2020—2022年全球平均消费量降到0.107千克。

四、兔技术研发变化分析

2023年我国养兔技术在育种、疫病防控、饲料营养和环境调控等方面都有所突破。

1. 育种方面

2023年国内外家兔遗传育种方面取得了显著进展。在遗传育种领域，通过分子生物学技术，成功识别了与生长性能、繁殖力等关键性状相关的基因，"天府黑兔"新品种于2023年通过国家审定。此外，兔肉品质调控的研究方面，发现兔肉品质与肌肉组成相关，其调控主要受遗传因素和营养因素影响，可通过选育、在基础日粮中添加发酵饲料、营养添加剂、"替抗"添加剂等来提升兔肉品质。

2. 在疫病防控方面

2023年在兔病领域，我国有1种商品化的兔病毒性出血症、多杀性巴氏杆菌病二联灭活疫苗上市应用，对兔瘟1型和多杀性巴氏杆菌A型有保护作用；有1种三价兔球虫病活疫苗获批国家一类新兽药证书，另有1种三价兔球虫病活疫苗完成临床中试阶段；对新型兔瘟（RHDV2），目前尚无获新兽药证书的商品化疫苗。

3. 饲料营养技术方面

中草药添加在家兔当中的试验大幅度减少，氨基酸和微量元素的研究则是常规开展，发展较快的是提取物类（单一或复合成分）的研究。另外，关于饲料中替抗技术的研究日益增加，通过中草药提取物、益生菌、抗菌肽、酸化剂和酶制等产品的联合应用，不断提高替抗产品的效果。但总体来看，还需要加大研发力度。

4. 在环境调控方面

国际领域主要集中在热应激对家兔繁殖性能的影响，以及兔舍内氨气浓度对家兔生理机能的影响等方面。国内主要研究降温方式对开放式兔舍肉兔生产性能的影响，喂料装置和环境实时监测系统的设计，高温环境下光色对家兔免疫性能的影响，饲喂时间和饲喂量对肉兔生产性能及行为、体温昼夜节律的影响，以及兔舍环境变量多步预测模型构建等方面。

5. 设施设备技术方面

国内在兔产业机械化自动化技术、人工智能技术在兔产业应用等方面进行了较多的研究，包括：研发了连续可变兔饲料喂料定量杯，以及能够自主巡检并进行精准喂料的自主喂料机器人。开展了兔舍多种图像获取与模型建立分析研究，为实现肉兔精准养殖提供了技术支撑。

6. 兔肉加工技术方面

开发了原料肉的品质控制的绿色减菌技术、微冻技术等，肉质改良方面的生物酶技术、多糖嫩化保水技术，风味调控方面的天然提取物赋香增味、风味包埋与缓释技术等。国际领域，在原料生产技术上越来越注重动物福利和生态环保，在加工技术上冷链控制、生物发酵、天然防腐研发与应用逐步深化；在安全控制方面，在线精准检测、智能控制和安全可追溯不断取得进展。

五、主要结论与政策建议

（一）结论与展望

2023 年我国兔业在生产、市场、加工和技术研发方面都有了较大成就。

1. 生产方面

2021 年我国兔业生产出现一定程度下降，2022 年和 2023 年都有所回升，2024 年末有望恢复到疫情前的水平。

2. 市场和贸易方面

2023 年上半年兔产品价格相对稳定，但从 21 周开始出现较快下降。我国仍然是兔产品出口大国，2023 年兔产品出口量有小幅下降，2024 年预计兔产品出口将有一定增加。

3. 加工方面

近年来，我国兔产品加工技术取得一定进展，但加工仍然是制约我国兔业发展的关键环节。兔肉和兔皮加工产品相对单一，兔毛加工的品牌建设和市场营销也需要相应推进。

4. 技术方面

2023 年我国在育种方面取得进一步突破，饲料营养、疫病防控、环境调控和设施设备技术以及加工技术等领域也取得较大成绩。

（二）政策建议

2023 年国内兔产业发展情况总体很好，为促进 2024 年更好发展，提出以下建议。

1. 着力推动兔产品加工创新，强化产业和产品宣传推广力度

长期以来，我国重视养殖生产、轻视加工营销，导致兔产品加工一直滞后，产品相对单一，难以更好地满足消费需求。近年来，加工企业强化了新产品开发力度，特别是在政府鼓励"预制菜"发展背景下，丰富多样的兔肉预制菜产品不断问世，但是产品的品牌建设和营销推广力度还需加强。政府、教学科研机构和协会等社会服务组织应加强兔产业和兔文化宣传，兔业企业（特别是龙头企业）应强化产品和品牌宣传。

2. 继续强化肉兔良种繁育体系建设，加强选育技术的推广普及

目前，我国引进了优秀的国外专门化品种和品系，也培育了生产性能优异的肉兔品种（配套系），具有了一定的供种能力。然而，国内繁育体系还不够完善，导致种兔价格较高，这极大地抑制了养殖户对种兔的需求。为此，一方面要提升肉兔良种繁育体系建设，增加良种繁育场数量，提升供种能力，从而降低良种价格；另一方面加强肉兔良种的宣传，推动选种选配技术的推广普及。

3. 积极采取节本增效措施，提高企业竞争力

受国际市场影响国内玉米和大豆等饲料原料价格出现一定程度上涨，未来随着各行业的恢复，饲料和人工等成本依然难以降低。为此，需要养殖场（户）科学养殖，严格控制不必要的支出。对于中小规模农户，积极开辟饲草资源，控制饲料成本。对于大中型养殖企业适度推进机械化智能化，降低人工成本，推进标准化、智能化养殖。

4. 持续推动产业数字化转型，促进自动化智能化养殖

自动化、数字化和智能化是兔产业发展的必然趋势。对于规模化兔场，要积极探索通过温湿度、光照、通风智能化调整，保证环境适宜和生物安全；通过自动化、智能化生产管理，减少人工用量和劳动强度，提高家兔养殖效率；对于中小规模养殖户，积极探索兔场购销等生产经营信息的数字化，逐步形成兔场生产经营"数据库"，通过智能化科学分析，及时发现生产经营中的问题，从而针对性地解决问题，提高效率和效益。

5. 继续做好兔病预防工作，减少兔病发生

疾病是养殖业的首要敌人。近年来，我国一些地区发生了Ⅱ型兔瘟，而目前我国已研制出Ⅱ型兔瘟疫苗，建议政府加快Ⅱ型兔瘟疫苗的行政评审程序，尽快推进疫苗上市。另外，由于饲料禁抗引起的家兔死亡也是生产实践中的一个重要问题，为此要加强饲料替抗技术的研发和推广，降低家兔发病率，从而提高养殖效率，增加养殖户收入。

6. 密切监测毛产品市场变化，合理引导家兔养殖

从2023年肉兔市场的走势来看，2024年肉兔产业将进入调整期，兔肉行情预计将有所回落。为此，需要适度引导避免更多的投资进入肉兔养殖；要加强宣传和引导，避免行情出现大起大落。

（国家兔产业技术体系首席科学家　秦应和　提供）

2023年度蜂产业与技术发展报告

（国家蜂产业技术体系）

一、蜂生产变化分析

（一）生产情况

1. 蜂群

蜂产业是畜牧业的重要组成部分。我国是养蜂大国，得益于国家扶贫政策的支持及乡村振兴发展战略的全面推进。我国饲养的两种主要蜜蜂品种，中华蜜蜂（中蜂）和意大利蜜蜂（意蜂）种群数量均分别得到了不同程度的增长。特别是中蜂，由原先的400万群左右增至现在的约700万群。与去年相比，得到较大提升，增幅超过10%，支撑产业提质增效。意蜂则维持在600万群左右的规模。两种蜜蜂在养蜂生产实践中，各有优缺点。中蜂的蜂产品较为单一，主要是蜂蜜，且产量较意蜂低，每群中蜂的年平均产蜜量约为5千克，少部分较高的可达10~15千克，而每群意蜂的年平均产蜜量约为50千克。此外，意蜂还可以生产蜂王浆、蜂花粉、蜂胶等蜂产品。

2. 蜂蜜

我国蜂蜜年产量稳居世界第一。近年来，我国蜂蜜年产量稳定在50万吨左右，占亚洲地区总产量的55%左右，约占世界年总生产份额的27%，连续数年全球排名第一。欧盟位居第二，每年蜂蜜平均产量25万吨，约占世界年总生产份额的13%。排名第三的则是土耳其，每年蜂蜜平均产量10万吨，约占世界年总生产份额的5%。2023年受天气影响以及蜂场减少等原因，蜂蜜产情不如2022年。受天气影响，上半年油菜蜂蜜减产15%~20%；中期洋槐蜂蜜减产15%~25%；由于旱情荆条花蜜减产20%~30%，枣花蜂蜜减产超过70%；受早期冻害、流蜜期连续降雨、冰雹和低温等因素影响，椴树蜂蜜减产30%。茴香蜂蜜、葵花蜂蜜以及后期的油菜蜂蜜产量与去年基本持平略好。除枣花和椴树蜂蜜因大幅减产，价格比去年上升30%~40%，其他蜂蜜价格依然普遍不高。2023年预计整体减产15%~20%左右，价格比去年上升10%~15%。虽然价格略有升高，但由于蜂蜜产量下降，蜂农收入还是减少，养蜂业面临较大困难。

3. 蜂王浆

2023年3月20日安徽、浙江一带陆续开始取浆，时间比2022年稍早。4月5日以后几乎所有蜂场开始全面取浆。安徽、江苏一带的油菜取浆持续到4月20日左右，蜂农见面价格在130~135元/千克。4月20日到5月上旬，在河南、以及山东的鲁西南地区，蜜源主要以泡桐和槐花、花椒为主，蜂农见面价格降到130~125元/千克。5月中上旬在河北、北京、山东鲁中地区，蜜源主要是槐花，蜂王浆蜂农见面价格下降至125~115元/千克。5月下旬至6月初，胶东半岛和辽宁地区，还是以采槐花为主，蜂王浆的蜂农见面价格在115~105元/千克。6月中旬开始，枣花场地、荆条场地和椴树场地一直到后期的海拉尔油菜场地和葵花场地，蜂王浆价格在105~98元/千克。7月后，山东、河北以及辽宁蜂王浆价格一直维持在96~100元/千克区间。蜂王浆单产普遍偏高，但10-HDA含量持续降低，由前几年的1.7~1.8降至近几年的1.55~1.72。此外，部分地区的蜂王浆农药残留现象依然存在，不同程度地降低了蜂王浆的产品品质。

蜂胶与蜂花粉原料产情与往年相比基本稳定，没有显著变化。

（二）主要问题

1. 蜜蜂良种意识不足

我国蜜蜂种质资源丰富，为遗传改良提供了优良的种群基础。然而在我国尚未形成专业大型的种业公司，蜂种贸易还处于初期阶段。蜂农仍然以购买少量种蜂王自行育种的方式进行蜂群养殖。据有关报道统计，全国蜂王交易数量共计60万只以上，但经品种鉴定或认证的种蜂王约占10%；经品种鉴定或认证的生产王不足30%。蜜蜂良种繁育及种业振兴在蜜蜂产业带动乡村振兴中的作用不突出，缺少良种宣传和引导，不利于我国蜜蜂种业的发展。

2. 蜜蜂健康问题堪忧

疾病、农药施用等问题危害蜜蜂种群，直接影响到蜂蜜等蜂产品市场的可持续性发展。由于植物开花期特别是经济作物集中喷洒农药，蜜蜂农药中毒事件时有发生。

3. 养蜂人员进一步收缩

地方保护主义造成流动蜂场放蜂遇阻的现象依然比较普遍。蜂蜜减产，养蜂人员老龄化等各种因素，使部分养蜂人持续减少蜜蜂饲养数量，甚至放弃养殖。蜂农数量的下降，对部分地区养蜂业影响很大。

4. 授粉专业化服务亟待加强

研究显示，蜂授粉能显著提高设施作物的产量，如番茄、西瓜、草莓和蔬菜制种。尽管国内对授粉蜂群的需求不断增长，但目前我国专业化的蜜蜂授粉公司或授粉蜂场仍然相对较少。这一现状表明，我们需要加强授粉专业化服务的发展，以满足日益增长的需求。

二、蜂市场与贸易变化分析

（一）国内市场情况

我国的蜜蜂饲养量大约有1 100万群，养蜂户超过30万户。中国是养蜂大国，并非养蜂强国，蜂产业规模较小。蜂王的商业化育种不完善，多由民间自主交易，定价多样化。其中中蜂蜂王价格区间在50~300元/只，西蜂蜂王价格区间在60~100元/只。在中蜂蜂王中，带有选育标记或特征性蜂王的价格往往会比普通蜂王价格偏高，比如中蜂阿坝王、中蜂红环王、中蜂杂交黑王等；在西蜂蜂王中产浆型蜂王比产蜜型蜂王的价格高。

2023年是疫情结束后的第一年，在经历三年疫情对蜂产业影响较大的情况下，业界一致预期蜂产品市场向好，但通过原料及市场调研情况并非如此。蜂蜜基本上相当于往年水平没有下降或略有下降。椴树蜜纯度不同价格不等，1.3万~1.6万元/吨，高价1.8万~1.9万元/吨；洋槐蜜收购价格：40~41°Bé以上1.2万~1.3万元/吨。荆条花蜜收购价格高于正常年份。根据中国蜂产品协会蜂胶专委会的估算，2023年与疫情之前相比，在全国蜂胶市场销售额下滑50%~80%的情况下，继续下滑至90%左右。2023年90%以上的蜂王浆原料收购数量普遍比2022年上升，但除了洋槐浆收购价格略高于2022年外，其他王浆收购价比去年平均下降10元/千克左右。根据中国蜂产品协会蜂王浆专委会的调查问卷显示，2023年有60%的蜂王浆企业蜂王浆产品销售数量上升，持平的占30%，下降的只有10%，表明国内蜂王浆产品消费市场规模扩大。

本年度授粉昆虫繁殖和应用产业的发展趋势良好，其中熊蜂授粉产业发展较为突出。国内熊蜂繁育公司、科研院所如山东省黄三角农高区国产授粉熊蜂基地、中科院动物所、云南省农业科学院蚕桑蜜蜂研究所、吉林省养蜂科学研究所、北京蜂为媒生物科技有限公司智能化授粉熊蜂繁育车间等，在本土熊蜂的驯化和繁育方面取得显著突破，精准化育种技术实现了重大进展。

作为设施农业中的关键授粉昆虫，熊蜂已初步建立了从繁育饲养到销售再到授粉应用的完整产业链条。这一链条的建立不仅可以提高设施作物的产量，实现经济效益的增长，还有助于维护农业生态的安全稳定，推动绿色农业的发展。公司授粉熊蜂的大力推广，打破了国外企业对我国熊蜂授粉市场的垄断局面，使国外进口熊蜂单价由最初的1 400多元，降低到如今400元左右，能让我国更多农户用得上熊蜂，用得起熊蜂。进一步攻破熊蜂繁育"卡脖子"难题，实现工厂化饲养，替代进口熊蜂，降低生物入侵风险。

（二）蜂产品对外贸易情况

我国是世界主要的蜂产品出口国。1981—2020年，中国蜂蜜出口量占世界18.86%~30.52%（22.87%），但中国蜂蜜出口单价一直处于低位，是世界蜂蜜出口平均单价的66.86%。虽然去年底新冠肺炎疫情放开，但我国蜂产品特别是蜂蜜在国际市场上的恢复不如预期，蜂蜜等蜂产品出口的数量和价格均出现下跌现象。占比最大的出口产品蜂蜜的出口量下降了8.03%，其他的如蜂花粉下降了31.08%，蜂蜡下降了28.51%，仅蜂王浆冻干粉略增长4.4%。

2023年1—11月的出口数据显示，我国对61个国家/地区出口蜂蜜合计136 502吨，金额22 902万美元；向68个国家/地区出口蜂王浆合计917吨，金额2 989万美元；向39个国家/地区出口蜂花粉合计2 077吨，金额886万美元；向46个国家/地区出口其他蜂产品合计306吨，金额716万美元。

近年数据显示中国蜂蜡的国际市场占有率下降。中国是世界上重要的蜂蜡出口大国，2023年1—10月中国蜂蜡出口到全球二十多个国家和地区，共计出口蜂蜡5 991.92吨，与上年同期相比减少了28.51%，出口金额为2 881.44万美元，同比下降32.27%，出口单价平均为4.81美元/千克，较2022年下降5.26%。

同时，随着国民经济的持续发展，我国中产阶级规模的持续增加，我国蜂蜜和蜂蜡的进口量也呈逐年递增的趋势。尽管中国蜂蜜、蜂蜡的出口量远高于进口量，但进口单价明显高于出口单价。特别是2011—2015年，2016—2020年蜂蜜进口单价与出口单价比分别为4.71∶1和8.13∶1，这不符合正常市场规律，值得我国政府高度重视，尽快出台有针对性的策略。2023年，我国蜂蜡进口总量为153.41吨，与上年同期相比上升了59.18%，进口金额为141.28万美元，与上年同期相比上升了37.08%，进口单价平均为9.21美元/千克，同比下降了13.88%。

（三）主要问题

（1）原料储存与产品掺假问题影响蜂产品质量。蜂产品企业在原料采购端由于不合理储存导致产品质量下降的情况频繁出现，掺杂使假的现象也较为严重。这些质量问题不仅影响了消费者的信任，还阻碍了蜂产业的健康发展，使我国蜂产品难以在国际市场上获得良好口碑。

（2）深加工领域同质化与技术壁垒限制行业升级。我国蜂产品深加工领域同质化严重，缺乏创新，导致出口产品仍以原料为主，产品附加值低。技术性壁垒已成为限制蜂产品出口价值提升的主要问题，导致我国在国际市场上竞争力不足，影响了出口收益的增长。

（3）国产蜂蜜品牌培育不足，价格劣势突出。国产蜂蜜销售价格远低于进口蜂蜜，主要原因在于国产品牌的培育、包装和推广滞后，缺乏地方特色，加之部分消费者对进口蜂蜜的偏好，进一步导致价格上的劣势。

（4）行业内卷严重。行业内常将意蜂蜜与土蜂蜜、浓缩蜜与成熟蜜、超市蜜与自产自销蜜对立，造成内耗。这种以牺牲行业整体为代价的个体竞争只会缩小市场空间，不利于可持续发展。蜂产业应尊重市场、培育市场，推进合作共赢。我国蜂产品出口中，单价逐年下降，行业恶性低价竞争严重，无论在欧洲还是日本市场，均以低价抢占份额。此外，产品质量问题突出：对欧洲市场蜂蜜抽检中，疑似假蜜样本达77.5%，日本市场也存在类似情况。这些问题已严重阻碍我国蜂产业的健康发展。

三、蜂蜜加工与消费变化分析

近年来，蜂蜜加工技术快速发展，各国工艺趋于一致，以浓缩技术最为成熟。中国蜂产品包括蜂蜜、蜂王浆、蜂花粉及制品，其中蜂蜜深加工产品多样，如饮料、食品、护肤品和保健品等。当前，我国蜂产品流通呈现主体多元、体系现代化和平台多样化特征，电商成为新销售渠道，提高了销售效率和品牌互动。2023年，全国有超过2 000家蜂产品加工企业，集中在浙江、江苏等地，新技术如低温稳态加工得到应用。

中国蜂蜜消费量逐年增长，需求多元化，从普通蜂蜜到有机蜂蜜、特色蜂蜜及创新包装产品均受欢迎。蜂产品衍生品在日化用品和保健品市场表现强劲，如蜂蜜面膜、护唇膏和党参蜂蜜等。我国蜂蜜消费中，自产蜂蜜消费数量一直大于98%。尽管我国人均蜂蜜消费量仅为0.3千克/年，远低于德国、美国等发达国家，但随着健康意识增强，市场潜力巨大。

四、蜂技术研发变化分析

近年来，我国蜂产业技术在多个关键领域取得了显著突破，为行业的高质量、可持续发展奠定了重要基础。2023年，随着"全国蜜蜂育种协作网络"的构建，标志着我国现代蜜蜂育种体系的初步建立。这一体系推动了授粉蜂种的培育和推广，支持了多箱体饲养技术的普及，以及物联网数字蜂箱、蜂群健康监测系统和数字养蜂技术的发展。这些创新显著提升了蜂产业的生产效率、管理水平和产品质量，为可持续发展提供了坚实的科技支撑。

在蜂产品研发方面，2023年的研究主要聚焦于蜂产品的生物学活性、化学成分和质量控制，广泛应用了高效液相色谱和质谱等先进技术，进一步提升了产品的科学性和可靠性。同时，2023年与蜜蜂相关的专利数量为1051项，较前一年略有减少，其中发明授权专利442项，实用新型专利609项，外观专利304项。值得注意的是，蜂毒相关专利显著增长，发明授权专利增至23项，显示出该领域的创新潜力。

此外，我国近年来积极推广蜜蜂授粉技术，大力提升了农产品的品质和产量。蜜蜂与生态环境的紧密关系逐渐受到重视，成为评估农药、环境污染等生态威胁的重要指示性生物。至2023年，全国已建成多个蜜蜂授粉标准化示范场和授粉蜜蜂良种繁育场，其中浙江省的授粉蜂群繁育比例已达到1∶10以上，进一步推动了蜜蜂授粉技术在农业生产中的广泛应用和发展。

未来蜂产业的可持续发展对科技创新和市场拓展提出了更高要求。科技创新对提高蜂产品的质量和产量具有重要意义。例如，一些研究机构和企业开始采用生物技术、信息技术和自动化技术来提高蜜蜂的育种效率、疾病诊断和防控能力，以及蜂产品的质量和产量。这些技术创新为蜂产业的可持续发展提供了有力支持。国内外市场对高品质蜂产品的需求不断增长，这为中国蜂产业的市场拓展提供了机遇。随着消费者对健康食品的需求增加，以及对外贸易的拓展，中国蜂产业面临着新的市场机遇。为了抓住这些机遇，中国蜂产业需要进一步提升产品质量，加强品牌建设，拓展国际市场。

五、主要结论与政策建议

（一）结论与展望

蜜蜂及其蜂产品的价值正逐步获得政府和社会的认可与支持。一方面，蜂产业作为现代设施农业集约化生产的重要组成，被誉为"农业之翼"。蜜蜂授粉是提升农作物产量和品质的关键技术，有助于减少化学农药使用，保护生态环境。随着乡村振兴战略的深入实施，蜂产业将持续发展，推动农业与生态的双重效益。

另一方面，蜂蜜等蜂产品市场机遇与挑战并存。健康意识的提升和对天然保健品需求的增长使蜂产品市场前景广阔，且在化妆品等领域的广泛应用为行业发展提供了更多元的支撑。随着我国中等收入群体的壮大，这一群体将成为蜂产品的主要消费力量。在全面推进高质量发展的大背景下，蜂产业应充分利用超大规模市场优势，以中产消费需求为基础构建稳固的内循环，为掌握国际市场定价权提供坚实动力，助力提升蜂产品在国际市场上的形象和竞争力。

（二）政策建议

蜜蜂及其蜂产品的价值已经逐步得到政府和社会的支持和认可。一方面，蜂产业是现代设施农业集约化生产的重要组成部分，被誉为农业之翼。蜜蜂授粉是提高农作物产量和质量的关键环节，在乡村振兴战略深入实施进程中，蜂业需要持续发展。另一方面，随着人们健康意识的增强，在人们对天然保健食品需求旺盛的推动下，蜂产品市场必将蓬勃发展。根据现代社会的发展趋势，蜂产业的发展方向是规模化、机械化、智能化。

1. 加强种质遗传资源保护

中蜂遗传资源是发展中蜂产业的基础，西方蜜蜂与中蜂因为利用的蜜粉源资源非常相似，因此具有非常强的竞争关系。设立中华蜜蜂等遗传资源保护区和生产保护区，立法保护野生蜂种资源，禁止猎取野生黑大蜜蜂、黑小蜜蜂、大蜜蜂、小蜜蜂、无刺蜂蜂巢。

2. 加强科研投入和科学普及

鼓励和支持蜂产业的科学研究，特别是加强在蜜蜂育种、疾病防治和养殖技术等领域的研发投入。出台科普相关政策法规，使蜜蜂科普不断发展，甚至将科普上升为国家战略，对提高百姓蜜蜂科普文化水平大有裨益。

2023年在现代蜜蜂育种体系建设上的关键进展，我国蜜蜂良种选育具备了重要的基础和高的起点。鉴于育种是一项长期的、多方协作的工作，建议设立相关育种支撑专项，让我国现代蜜蜂育种在起步阶段有稳定的支持。推进本土蜜蜂的种质资源调查，开展种质资源表型与基因型精准鉴定评价，为蜜蜂育种创新提供优异基因资源和理论支撑。此外，建立蜜蜂种养分离模式及蜜蜂育种供种服务体系，促进蜜蜂良种的开放共享，利用物联网结合大数据服务蜜蜂育种产业，研发适应现代蜜蜂种业发展的技术和方法，提升我国蜂业产业的服务能力。

蜜蜂授粉技术亟须政策扶持。蜜蜂授粉是蜂业发展重要的方向之一。随着党中央领导和农业农村部对授粉的重视，接续农业农村部授粉技术推广与市场培育项目，深入推进蜜蜂授粉，充分调动养蜂业者和种植业者的积极性，制定相关授粉扶持政策。

3. 加快标准化建设，使蜂业发展有据可依

有效发挥国标委管理和组织能力，进一步优化布局，推进标准化。鼓励和支持龙头企业和专业合作社发挥带动作用，推行蜂产业标准化、规模化和组织化、集约化经营，提高蜂产品生产技术水平和精深加工水平，培育和创建一批高质量的蜂产品标准化示范区和生产基地。

4. 优化产业结构，扩大国际合作

推动蜂产业结构调整，发展深加工和高附加值产品，提升产业链的整体竞争力。规模较大的企业必须要深入了解世界主要蜂产品消费大国及地区的法规、标准和认证制度，要有参与的精神，积极参与编制国际蜂蜜等蜂产品的相关标准，主动与国际标准接轨。积极参与国际交流合作，学习先进的养蜂技术和管理经验，提升中国蜂产业的国际影响力。

国内蜂产品企业之间，相互沟通、交流和学习，联手打造我国自己的蜂蜜等蜂产品品牌，开辟新赛道，打造类似巴西绿蜂胶、麦卢卡蜂蜜等在国际市场上具有重要影响力的蜂产品品牌。此外，蜂蜜等蜂产品在化妆品等市场的广泛应用也为产业的进一步发展提供了更广阔的空间。只有掌握出口蜂产品的定价权，才能为我国蜂产品企业的良性发展带来持久动力。

同时，我国中等收入群体规模持续扩大，将成为蜂产品消费的主力军。在国家全面推动高质量发展的时代，蜂产业必须要主动作为，利用好我国超大规模市场的优势，使国内蜂产品消费大循环建立在庞大的中产群体消费的基础上，进而为能够在国际市场上掌握蜂产品定价权提供强有力的内生动能，从而提升蜂产品国际循环的质量和水平，彻底改变我国蜂产品在国际市场上的低价现象。

5. 推进智能蜂业发展

顺应时代潮流，出台相关政策，支持基于物联网的蜂场环境信息采集与监测、智能蜂箱关键设备、蜂产品质量安全控制及全产业链大数据分析技术研究，实现蜂产业信息智慧管理平台，建立标准化、信息化、智能化的蜂业信息服务模式。

6. 积极推进蜂业人才建设

养蜂人才是蜂业发展的基础。养殖技术能力较差，生产水平不高，养蜂队伍后继乏人，许多先进的科学技术和方法难以迅速推广，制约着蜂产业的发展速度和质量。从政策上加强蜂业人才队伍建设，有针对性地加强蜂业生产技术培训与推广，提高从业人员的整体素质和生产技能，引导蜂农科学养蜂，实现养蜂致富。让科研人员走进蜂场，积极培养懂技术、善经营、会管理的养蜂后备人才，扭转蜂产业后继乏人的不利局面。

中央经济工作会议对明年经济工作提出"坚持稳中求进、以进促稳、先立后破"的要求，对指导蜂产业的发展同样具有重要的意义。蜂产业呈现出来的蜂农老龄化现象严重、不同企业同质化竞争、消费不振、行业内卷及恶性竞争等问题，核心是整个市场秩序的失衡，企业创新和转型能力不足。国内的蜂蜜等蜂产品行业应该更加积极主动地发挥"走出去"，进一步接轨国际标准体系，进而打破技术性壁垒，提高出口蜂产品附加值。此外，从蜂产品的原料到终端消费，需要政府、协会等相关部门加强协同监管，共同厘清现有的各类行业和地方蜂产品标准体系、检测标准等，建立更加高效、协同、健全的国家蜂产品标准体系，严厉打击蜂蜜掺杂使假等突出问题。同时，政府相关部门要通过立法、生态补偿等方面加大对养蜂生产一线人员的政策扶持和保护力度，提高蜂农待遇，提高蜂农风险应对能力。提高蜂产品市场准入门槛及出口国际市场的门槛，鼓励企业提升生产设备的水平、加速产品创新，进而形成优胜劣汰的市场机制。通过政府、协会、企业等之间各方的加强合作，共同努力，一起推动我国蜂产业健康可持续发展。中国蜂产业在 2023 年有着良好的发展前景，但也需要关注行业内存在的问题和挑战，通过科技创新、市场拓展和政策支持等措施，推动蜂产业的持续健康发展。

（国家蜂产业技术体系首席科学家　彭文君　提供）

2023 年度大宗淡水鱼产业与技术发展报告

(国家大宗淡水鱼产业技术体系)

一、大宗淡水鱼生产变化分析

(一) 养殖情况总体稳定,面积和产量双增

根据《2023 中国渔业统计年鉴》统计,2022 年我国大宗淡水鱼养殖产量 2 026.1 万吨,占淡水养殖产量的 61.6%;占我国水产品总产量的 36.4%,比 2021 年提高了 6.7 个百分点。2023 年我国大宗淡水鱼产业总体规模保持稳定,养殖面积和产量稳定增长。根据对 24 个体系综合试验站 107 个示范县的产业调查,2023 年示范县大宗淡水鱼养殖面积和产量分别比 2022 年增长 1.4%和 3.5%。

(二) 养殖成本上升,直接影响养殖效益

2023 年大宗淡水鱼全行业普遍面临市场低迷、养殖效益低甚至亏损情况。据 60 个有效样本测算,示范县大宗淡水鱼平均塘边价格 12.6 元/千克,比 2022 年相比下跌 13.7%。2023 年大宗淡水鱼养殖成本居高不下。体系示范县配合饲料成本较上年高 8.6%,而饲料成本占到养殖成本的 70%~80%。示范县调查结果显示,54%的养殖户反映 2023 年大宗淡水鱼养殖效益差,40%的养殖户反映效益一般,只有 6%的养殖户认为养殖效益好。由于行情和效益较为低迷,养殖户积极性下降,有生产积极性的仅 25.6%。

(三) 科技支撑产业发展,单产水平继续提高

2023 年除受洪涝灾害影响的个别地区外,监测地区大宗淡水鱼单产为 978.2 千克/亩,比 2022 年的 967.7 千克/亩,每亩增加了 10.5 千克的产量。西南、西北地区的单产水平提高。如贵州凯里稻田单产 40.6 千克/亩,比 2022 年的 35.9 千克/亩,每亩提高了约 5 千克;贵州 5 个示范县的池塘养殖平均单产 978 千克/亩,比 2022 年的 932 千克/亩,每亩提高了 46 千克。新疆养殖单产 609 千克/亩,比 2022 年的 578 千克/亩,每亩提高了 31 千克。宁夏养殖单产 546 千克/亩,比 2022 年的 526 千克/亩,每亩提高了 20 千克。

(四) 市场销售不旺,存塘量处于较高水平

2022 年末至 2023 年春,受疫情影响,大宗淡水鱼销售受阻、流通较慢,导致投苗季压塘普遍。据调查,2023 年上半年有 52.5%的示范县存在大宗淡水鱼压塘情况,大宗淡水鱼存塘水平较 2022 年同期增长约 17%;由于压塘影响了苗种投放,42.5%的示范县对大规格苗种的需求下降。根据最新的监测数据,2023 年 12 月大宗淡水鱼存塘率为 65.0%,较 2022 年同期高约 12 个百分点。

(五) 2024 年生产趋势展望

从供给端来看,2023 年养殖户平本甚至亏损出鱼的情况较多,直接影响养殖户 2024 年的投苗积极性。示范县预判 2024 年大宗淡水鱼产量将持平的占 56%,产量将增长的占 17%。2023 年饲料价格有下行趋势,主要原料豆粕、玉米等价格均从高位回落,成本压力会得到一定缓解,有利于养殖转型升级。从需求端来看,消费需求仍在复苏进程中。综

合研判，2024年大宗淡水鱼产量以稳为主，价格将有所回暖。

二、大宗淡水鱼市场与贸易变化分析

（一）市场变化及问题分析

2023年，鲤鱼和草鱼的批发市场价格明显下行。1—12月，国内大宗淡水鱼加权平均价格为每千克15.42元，同比下跌7.4%，成交量为127.15万吨，同比减少6.9%。月度走势上，大宗淡水鱼价格行情高开低走。据中国农业信息网数据，除2023年1月大宗淡水鱼价格较高外，其余月份的批发价格连续下跌，4月15元/千克的价格已跌至2021年初水平。5—8月一般是大宗淡水鱼的生长季节，市场供应减少，市场价格小幅上涨，8月的价格涨至15.74元的年中高点，此后随着9月供应旺季的到来，大宗淡水鱼价格一路下行，到12月跌至15.03元/千克。

究其原因，大宗淡水鱼连续三年的生产情况具有叠加关联效应。2021年大宗淡水鱼价格行情高企，带动2022年养殖积极性提高，大宗淡水鱼供应量显著增加；但疫情三年直接影响到大宗淡水鱼流通和销售，2022年底新冠肺炎疫情防控措施优化之后，大宗淡水鱼开始集中上市，但消费端恢复不及预期，市场供大于求。特别是草鱼行情持续低迷。总体上看，2023年在我国水产品批发市场量价齐跌的大环境下，大宗淡水鱼作为保障性水产品也未能幸免。

（二）贸易情况及问题分析

2023年，我国水产品出口量稳额减，出口市场的外部需求减少，鲤科鱼类出口减少。2023年，我国鲤科鱼类及其相关产品出口量3.43万吨，出口额1.38亿美元，分别较上年减少2.89%和10.18%。前三大鲤科鱼出口市场分别为中国香港、中国澳门和越南，出口量分别为2.65万吨、0.26万吨、0.20万吨，对中国香港的出口量占出口总量的77.0%。产品结构看，鲤科鱼出口以活鱼为主，占出口总量的92.3%。

2023年1—11月，全球鲤科鱼类及其相关产品①出口量7.96万吨，出口额11.98亿美元，较上年下降43.9%和42.6%。前五大鲤科鱼类的出口市场分别为中国、印度、捷克、日本和美国，出口量分别为6.70万吨、0.87万吨、0.84万吨、0.69万吨和0.50万吨，前五大出口国合计占全球出口量的80.1%。中国是全球最大的鲤科鱼类出口国，占全球出口量的55.9%。全球鲤科鱼出口以活鱼为主，占出口总量的79.9%。

三、大宗淡水鱼加工与消费变化分析

（一）加工领域变化情况和突出问题

加工方面，由于国内外市场消费不振，国内大宗淡水鱼类加工发展速度放缓。据产业调查，示范县反映大宗淡水鱼加工变多的情况只占9%，持平的占79%，变少的占12%。据艾媒数据中心统计，水产预制品已成为我国预制菜的第二大类型，其市场规模已超过千亿元，预计2026年中国水产预制菜市场规模将突破2 500亿元。2023年水产预制菜热度有所下降，面临发展不规范、消费者对预制菜标准化、安全性和信息公开等仍有顾虑；同时，口味还原度低、产品同质化重、物流成本高等问题制约了水产预制菜产业的高质量发展，亟须突破水产预制品的品质保证和口味复原技术瓶颈。在鱼糜制品、保鲜加工和副产

---

① 注：全球统计中没有区分鲤科鱼苗和罗非鱼苗、鲟鱼苗、罗非鱼、鲀。

物加工方面，虽然在加工技术和加工产品研发取得了一些进步，但是部分研究仍处于试验阶段，有些缺乏工业化生产设备，有些是因为生产成本较高、操作复杂、品质不够稳定、风味不理想等，水产品粗加工后所产生的大量副产物（约390万吨/年）尚未得到充分利用，未来需加强对水产活性物质的功能因子及其化学结构的深入研究。

（二）消费市场变化情况和突出问题

2023年我国大宗淡水鱼市场消费不旺、增长动力不足。据调查，主产县大宗淡水鱼餐饮消费变多的占15%，消费持平的占52%，消费减少的占33%；家庭消费变多的占17%，消费持平的占56%，消费减少的占27%。品质是影响消费的重要因素。池塘高密度养殖和渔用配合饲料的广泛应用造成养殖水体水质降低和鱼体生长速度加快，使鱼体脂肪大量积累，泥腥味、鱼腥味大，肉质松散，口感变差。整体消费低迷使得稻渔综合种养的大宗淡水鱼优质不优价；适合普通消费者价格承受能力的水产预制菜品种缺乏；优质产品市场占有率低；休闲渔业整体效益一般。

四、大宗淡水鱼技术研发变化分析

（一）育种与繁育方面

2023年大宗淡水鱼育种与繁育研究主要集中在国内，构建了大宗淡水鱼全基因组选择育种、基于无减数融合生殖方式的不育异源多倍体合成的高效路径、基因编辑精准育种技术等高效育种技术，筛选鉴定到一批大宗淡水鱼重要选育性状相关的基因/分子标记，显著提高了我国大宗淡水鱼的精准育种技术水平。培育了鲤'龙科12号'、穗丰鲫2个水产新品种；申报了草鱼'沪苏2号'、鳙'上高鳙1号''合方鳊'3个新品种；培育了完全无肌间刺团头鲂和银鲫F2代品系、无肌间刺草鱼F1代新种质、少肌间刺F0代鲢新种质。然而，当前我国大宗淡水鱼种质资源混杂、良种短缺的矛盾依然突出。国际水产动物育种研究正朝着全基因组选择育种、基因编辑精准育种快速发展，孟加拉国、印度、埃及、美国等国家开展了一些关于鲤、鲫方面的研究，主要集中在分子标记开发、免疫、生长等影响因素方面。

（二）饲料营养与投喂方面

大宗淡水鱼营养与饲料的研究主要集中在鱼类健康、添加剂、蛋白质及氨基酸、产品品质等方面，探讨了对生长、饲料利用的影响，阐释了生理生化过程及分子生物学机制。添加剂的研究多数与鱼类健康相关，包括植物及提取物、氨基酸、维生素类、无机盐、有机酸（盐）、益生菌等，主要关注对鱼类抗氧化、抗病、促进生长和饲料利用及鱼产品品质等。这些研究有效地提升了鱼类健康、饲料利用和产品品质。对蛋白源替代物的研究较多，包括棉籽浓缩蛋白、乙醇梭菌蛋白、酶解豆粕、昆虫蛋白、藻类蛋白、水产加工副产物等。研究结果对降低鱼粉及豆粕依赖起到了重要的作用。产业中遇到最突出的问题就是鱼粉和豆粕及其他饲料原料的价格上涨、新原料的开发及应用技术不足；饲料加工工艺、投喂技术方面的研究仍然较少。世界鱼饲料产业研发的重点仍然是替代蛋白源及饲料的高效利用。

（三）病害防控方面

2023年我国创建了小瓜虫的ddPCR和qPCR检测技术、嗜水气单胞菌的LAMP快速检测技术、草鱼出血病GCRV的RAA-CRISPR/Cas12a快速诊断技术、鲤疱疹病毒Ⅱ型抗体胶体金快检试纸条等，促进了疾病精准快速诊断；探索研究多子小瓜虫灭活疫苗防治效果，获得 CyHV-2 减毒活疫苗候选物 G-RP7，构建了 VP4、VP56 和 VP35 病毒样颗粒（VLPs）和巴斯德毕赤酵母 VLP 疫苗；采用 RNA 沉默技术，靶向 lncRNA3076 可降低 GCRV 的复制；为从源头控制苗种带毒造成疾病发生，开展草鱼、鲫无特定疫病苗种场创建关键技术研发，为保障苗种质量提供技术支撑。针对病原菌耐药性问题和减量用药产业需求，开展 β-甘草次酸等植物提取物抗菌和提高鱼体抗病力研究，为绿色新渔药研发奠定基础。国际上在鲤科鱼类相关疾病方面，采用计算机辅助设计多子小瓜虫的混杂多表位肽（MEBP）疫苗研究；采用反义寡核苷酸及其金纳米缀合物沉默多子小瓜虫的 HSP90 并抑制其生长发育，降低了对鲤感染率；构建的 SVCV-P 基因靶标 miRNA（rSHRV-AmiR-P3）对鲤感染 SVCV 有很好的治疗潜力。

（四）养殖与环境控制方面

2023 年我国大宗淡水鱼产业在信息智能化、机械自动化以及养殖生态高效化等方面取得进展。基于物联网和大数据分析，精准投喂、环境监测、自动调控、智能分选等智能化设施设备的迅速发展和应用推动了养殖管理的数字化和自动化，提高了养殖效率并降低了生产成本。同时，智能化设施设备与环境调控、生态养殖等绿色高效养殖技术相结合，改变了传统养殖模式，这些技术的耦合和运用减少了水产养殖对水资源的浪费，减轻了环境压力，实现了养殖与环境的良性互动，营造了节水、节地、绿色、生态的高效高产养殖环境，提升了大宗淡水鱼产业的可持续性，有效助力了产业提质增效。但如何加强疾病监测、控制和防治，有效进行水产养殖废弃物处理和资源化利用是产业发展中亟待解决的突出技术问题。同时，全球范围内的技术创新也主要关注于提高养殖效率、降低养殖对环境的影响以及改善养殖水域的生态环境。

（五）加工方面

在淡水鱼加工方面，对于水产品营养健康与安全的关注度更高，绿色、高质化、高值化和高效的加工技术仍然是 2023 年研究的重点方向。开发出功能性配料，或采用高强度超声、高静压等技术，以改善鱼糜制品的凝胶性能、提高水产品的贮藏稳定性；研发了多种天然的生物薄膜材料，并分析了其对淡水鱼制品的保鲜效果和货架期的影响；采用汽爆、生物定向酶解等技术快速提取副产物中的营养成分，开发出系列高值化产品，但部分技术存在一定程度的二次环境污染、产品生产成本偏高、产品市场竞争力不足等问题，制约着产业的发展。目前，我国不仅迫切需要开发更加安全、卫生、味美、方便的水产食品，为居民提供更多的优质蛋白质，而且有必要利用水产原料中的生物活性物质，开发出可增进健康、预防疾病的营养食品和保健食品。国外重点研究了对鱼肉功能特性的调控及其应用、鱼糜凝胶性能及其冻藏稳定性的提升，以及副产物中有效成分的提取利用技术。

五、主要结论与政策建议

（一）主要结论

大宗淡水鱼总体供大于求、消费乏力，将迎来新一轮市场调整。在成本和市场的双重压力下，对养殖新品种和新技术提出了更高要求。对高抗病抗逆、饲料利用率高、肉质品质优、适合不同养殖模式、适合加工的新品种产业需求大，结合绿色高效养殖技术模式、精准营养配给技术、绿色生态防控技术，实现养殖品种的高质量更新以及关键配套技术升级将是未来提质增效的研发重点。个性化、定制型的消费需求日益增加，方便、营养、美味、安全的大宗淡水鱼加工食品已成为居民消费热点，建设大宗淡水鱼加工产业基地，形成淡水鱼养殖—加工—冷链物流—销售全产业链，对淡水渔业高质量发展、实现乡村振兴具有重要意义。

（二）政策建议

一是提升池塘基础设施和装备水平，大力发展绿色健康养殖方式。在加大老旧池塘升级改造力度，稳定现有池塘养殖面积的基础上，大力发展盐碱地养殖、稻渔综合种养和大水面生态渔业，拓宽大宗淡水鱼养殖发展空间，生产更多优质水产品。

二是发展绿色养殖模式，提高养殖鱼品质。从精细化的养殖技术和环境调控技术入手，合理控制养殖密度，提升水体环境；推广渔业绿色发展模式，以饵料（如草）替代或部分替代配合饲料。

三是规范渔药使用，积极研发替代药品。源头上做好监管，严控网上不法销售，加强养殖户宣传教育。严格执行产地准出、准入制度，做好整条产业链药品抽检工作。药物研发部门要尽快研发出价格低、药效好的替代药品。

四是做好养殖尾水达标排放，大力推广循环水养殖模式。鼓励养殖户采用现代化的尾水处理设备，适当降低养殖密度，定期排水，保证良好水体环境。水产品分散出塘，有效发挥鱼自身的水体净化功能。大力推广池塘三级净化循环水养殖模式、池塘工程化循环水养殖模式、"集污式网箱+短程净水系统"养殖模式等绿色高效养殖技术。

五是延长产业链，重视消费群体培育。大宗淡水鱼产业要扩规模、提效益必须与加工、餐饮、旅游、文化等产业相配套，完善产业链，提高附加值。在加工方面，迎合年轻一代消费群体新需求，改良产品，例如通过深加工去掉鱼刺；研发适合北方的加工产品，打开大宗淡水鱼及其鱼糜制品的北方市场。在消费方面，强化引导和宣传，发挥电商、直播的作用，形成有地域特色的产品品牌和渔文化品牌，引导扩大需求。

六是做好信息发布和宏观调控，逐步改变现有养殖方式。鼓励渔民合理利用市场信息，实现错峰上市。逐步改变以鲜活销售为主的养殖方式，建立规模化的加工原料鱼养殖基地，均衡保证大宗淡水鱼加工原料鱼的常年供应。

（国家大宗淡水鱼产业技术体系首席科学家　戈贤平　提供）

2023年度特色淡水鱼产业与技术发展报告

（国家特色淡水鱼产业技术体系）

一、特色淡水鱼生产变化分析

（一）我国特色淡水鱼产量变化

特色淡水鱼包括罗非鱼、鲖、鳗鲡、鳜、淡水鲈、鳢、黄鳝、泥鳅、黄颡鱼、鲟、鲑鳟11大类。近几年，罗非鱼、黄颡鱼、泥鳅、鲑鳟产量占比下降明显，淡水鲈、鲖、鲟显著增长，其他品种平稳。根据《2023中国渔业统计年鉴》统计，2022年中国特色淡水鱼总产量为567.4万吨，其中罗非鱼173.9万吨，淡水鲈80.2万吨，黄颡鱼60.0万吨，鳢55.3万吨，鲖41.6万吨，鳜40.1万吨，泥鳅37.5万吨，黄鳝33.4万吨，鳗鲡28.2万吨，鲟13.1万吨，鳟3.7万吨，鲑0.3万吨。2023年预计特色淡水鱼总产量为584.9万吨，较2022年增长3.1%。其中罗非鱼177.2万吨，同比增长1.9%；淡水鲈81.7万吨，增长1.9%；黄颡鱼62.7万吨，增长4.6%；鳢56.9万吨，增长2.9%；鲖47.2万吨，增长13.3%；鳜41.0万吨，增长2.2%；泥鳅37.2万吨，下降0.9%；黄鳝33.0万吨，下降1.2%；鳗鲡29.7万吨，增长5.4%；鲟14.4万吨，增长9.6%；鳟3.7万吨，下降1.9%；鲑0.3万吨，增长3.5%。2023年特色淡水鱼平均亩产1 065.3千克/亩，其中罗非鱼、淡水鲈亩产较2022年有所增长，分别为1 714千克/亩和357.6千克/亩，鲑鳟单产上升显著，为594.5千克/亩。罗非鱼养殖成本约为9.1元/千克，平均净利润为0.11元/千克，净利润率同比下降2.1%；鳜净利润为12.5元/千克，净利润率同比增长26.4%。

（二）特色淡水鱼生产中遇到的突出问题

在苗种方面，罗非鱼、鳜、淡水鲈等品种总体来说苗种供过于求，但存在质量参差不齐、良种覆盖率低、苗种携带病原等诸多问题；而鳗鲡等苗种完全依赖野生资源捕捞，虹鳟三倍体苗种被欧美企业垄断，存在巨大的苗种缺口。在养殖方面，豆粕和鱼粉等饲料原料价格居高不下进一步推高了饲料成本，不合理的养殖管理和饲料配方导致病害问题突出。

（三）世界特色淡水鱼产量变化

根据联合国粮农组织数据库最新数据，2021年全球特色淡水鱼总产量为1 617.3万吨，其中罗非鱼708.3万吨、鲑420.7万吨、鳟103.7万吨、淡水鲈70.5万吨、黄颡鱼58.8万吨、鳢54.9万吨、鲖50.9万吨、鳜37.4万吨、泥鳅36.8万吨、黄鳝31.4万吨、鳗鲡29.7万吨、鲟14.3万吨。2023年全球特色淡水鱼预估产量为1 796万吨，其中罗非鱼750万吨、鲑497万吨、鳟106万吨、淡水鲈91万吨、鲖66万吨、黄颡鱼63万吨、鳢57万吨、鳜42万吨、泥鳅38万吨、鳗鲡35万吨、黄鳝34万吨、鲟17万吨，同比分别增长4.90%、6.42%、0.95%、12.35%、13.79%、5.00%、1.79%、5.00%、0.01%、6.06%、0.01%、13.33%。

（四）2024 年国内外生产趋势展望

2024 年国内特色淡水鱼总产量预计约为 591.3 万吨，其中罗非鱼、黄颡鱼、黄鳝、泥鳅的养殖规模保持平稳，产量分别为 170.6 万吨、60.3 万吨、40.3 万吨和 37.4 万吨；鳜、鲟、鲑鳟、鲍养殖规模持续扩大，产量为 42.6 万吨、16.4 万吨、3.7 万吨和 0.3 万吨；淡水鲈、鮰、鳢的养殖规模略微下降，产量为 83.3 万吨、53.6 万吨和 53.0 万吨。全球范围内特色淡水鱼产量将保持增长趋势，预计增长 5%，其中印度尼西亚罗非鱼产量增长最快，2024 年全球占比预计达 20%，产量逼近第一位的中国。

二、特色淡水鱼市场与贸易变化分析

（一）特色淡水鱼市场变化

基于水产养殖重点品种监测系统基础数据并结合实地调查研究，2023 年国内市场特色淡水鱼价格趋势涨跌各异。其中黄鳝塘口价为 77.14 元/千克，同比增长 19.1%；鳜 72.0 元/千克，同比增长 17.28%；鲟（鱼籽酱）均价 29.79 元/千克，同比增长 3.80%；罗非鱼 9.3 元/千克，同比增长 2.42%；黄颡鱼 22.28 元/千克，同比增长 2.29%；泥鳅 20.42 元/千克，同比增长 1.34%。较之往年，鳢、鮰、淡水鲈等品种价格下滑明显，由于养殖区域分散、缺乏信息沟通渠道，导致跟风、盲目生产现象突出，致使这些品种生产规模与市场需求脱节，价格波动较大、效益不稳定。鳢塘口价为 14.71 元/千克，同比下降 28.28%；鮰 15.84 元/千克，同比下降 20.80%；鲑鳟 25.22 元/千克，同比下降 11.42%；鳗鲡 60.77 元/千克，同比下降 10.65%；淡水鲈 25.68 元/千克，同比下降 9.48%。从全球主要消费市场来看，2023 年罗非鱼、鳗、鮰价格均呈下降趋势，跌幅分别约 25%、15% 和 17%，鲟（鱼籽酱）价格却增长约 7%。

（二）特色淡水鱼贸易变化

2023 年我国特色淡水鱼国际贸易面临的突出问题是贸易顺差减少，出口竞争力下降。据中国海关统计数据，2023 年 1—9 月，特色淡水鱼累计贸易顺差额同比减少 19.82%。其中，罗非鱼、鳗、鲑、鮰的顺差额减少，同比分别下降 27.97%、12.55%、10.93%、8.62%；但鳟、鲟（鱼籽酱）的顺差额分别增长 33.52% 和 6.61%。由于美国"去风险化"政策、通胀高企以及巴沙鱼等替代产品竞争，罗非鱼第一大出口目的国市场需求疲软。在鳗鲡贸易方面，日本仍是最大的出口目的国，出口额占比达到 53.47%，马来西亚迅速增长为我国第二大出口市场。

根据联合国商品贸易统计数据库数据，2022 年全球特色淡水鱼贸易总额 543.45 亿美元。鳗和罗非鱼贸易额分别下降 10.71% 和 5.78%；鳟、鲟、鲑、鮰分别增长 36.46%、14.42%、13.51% 和 6.12%。2023 年，科特迪瓦等发展中国家的罗非鱼市场保持快速增长，马来西亚和韩国的鳗需求量呈增长态势，墨西哥、加拿大、欧盟、巴西和泰国等鮰市场呈现正增长，鲟（鱼籽酱）正成为阿联酋等中东国家市场消费热点。

三、特色淡水鱼加工与消费变化分析

（一）加工变化

国内特色淡水鱼调理食品、即食食品等产品类别不断丰富，除酸菜鱼、烤鱼、臭鳜鱼等加工产品产量继续增长外，鱼糜、调味鱼柳、即食鱼皮、低盐腌干鱼的加工需求也出现增长，烤鳗的国内需求不断增加。在罗非鱼方面，以脆肉罗非鱼为原料的加工酸菜鱼产品的企业显著增加；在鲟鱼方面，通过开发烟熏、罐头、冷冻调理产品等多样化产品解决了鲟鱼肉的市场销售。同时，特色淡水鱼加工中如何有针对性地进行腥味脱除并保持水产品特有的风味仍是加工中的难点，水产品加工贮藏中由于原料不同及技术差别等导致的品质差异也是加工中的突出问题，鲟鱼籽酱的风味控制和贮藏期限仍未取得突破。在世界范围内特色淡水鱼的加工主要包括鲑鳟、鲟、罗非鱼、鳗鲡等品种，主要产品形式基本不变，以鱼籽酱、冰鲜及熏制鱼片和鱼块、冻鱼片、冷冻分割产品、烤鳗为主，加工量逐年增加。2024年，国内外加工的发展趋向于优质化、营养化和多元化，通过品质的提升满足不同人群的膳食需求。

（二）消费变化

我国特色淡水鱼以国内消费为主，国际消费为辅。从消费场景看，美国等发达国家消费场景主要为家庭，以水产品预制菜等加工产品为主，而我国消费场景以餐饮外食为主，更偏好鲜活产品。从消费渠道看，2020年以来，罗非鱼、鳢、鮰等预制菜产品大规模进入我国连锁餐饮、商超等商业端市场，以净菜、半成品等产品形式通过各大生鲜平台进入终端市场，机关、事业单位食堂等团餐市场增长，水产品直播电商兴起；从消费品类看，国内高品质特色淡水鱼市场潜力巨大，鳗、黄鳝和鲑鳟国内消费增长迅速；从市场格局来看，由于保鲜新技术应用和冷链物流发展，罗非鱼、鳢、淡水鲈、鮰等鲜活产品的销售范围从主产区向西北地区延伸。同时，特色淡水鱼产品存在同质化严重、品牌认知度不高等问题，市场亟待培育。

四、特色淡水鱼技术研发变化分析

（一）我国特色淡水鱼产业中重点研发技术变化

种业方面，我国鳢全基因组选择育种取得突破，'鳢芯1号'50K育种芯片应用于乌鳢和斑鳢品种选育；罗非鱼、黄颡鱼、鳜等品种选育出多个水产新品种，生长、抗病和单性率等性状显著提升；大口黑鲈早苗工厂化养殖、反季节秋苗养殖技术取得初步进展。饲料方面，特色淡水鱼饲料中鱼粉豆粕替代减量使用技术入选农业农村部2023年主推技术，通过功能性饲料添加剂添加消减鱼粉豆粕替代后的负面作用，成为饲料重点发展方向。养殖方面，高效工厂化循环水养殖成为研究热点，通过优化生物膜快速培养技术、厌氧反硝化技术、自动投饵和自动化控制技术等工艺，实现降低养殖系统建设成本和运行能耗的目标；此外，以鱼菜共生为代表的综合养殖技术正崭露头角，稻渔生态种养原理、新型稻渔生态种养模式等渔农复合多营养层次研究正取得进展，并处于世界领先位置。病害方面，"虹鳟IHN核酸疫苗"获批我国水产核酸疫苗领域首个转基因生物安全证书。加工方面，开发出以冷冻调理食品为主的预制菜产品品质保持技术，如酸菜鱼、烤鱼的冷链技术及复热技术；研发出鲈、鳜等腌干制品的低盐发酵技术，罗非鱼、乌鳢等鱼糜制品的生物定向发酵技术。

（二）鳜饲料替代助推产业提质增效，虹鳟深远海养殖开辟养殖新领域

配合饲料养殖鳜方兴未艾。随着饲料配方与配套养殖技术的不断试验，鳜鱼低蛋白高能配合饲料、限制性氨基酸平衡等方面的技术逐步突破，实现鳜鱼活饵被部分替代，鳜鱼饲料养殖比例正逐步扩大。人工配合饲料对活饵的替代技术不仅有助于降低养殖成本，减少氮排泄，还降低了病害发生，助力鳜鱼产业提质增效。

鲑鳟网箱养殖模式拓宽至深远海领域。目前我国鲑鳟鱼内陆养殖的空间和规模均处于

收缩状态，产能提升十分有限，因此向海洋拓展养殖空间成为了产业转型升级、形成新质生产力的必由之路。目前我国自主设计、建造了多种大型深远海养殖装备、设施，用于陆基向海基的转换实现鲑鳟的陆海接力养殖，建立了深远海养殖新模式，并研发了关键配套技术，搭建了新的鲑鳟养殖赛道，为实现我国鲑鳟产能跃升提供了技术支撑。

（三）产业发展中遇到的突出技术问题

种业方面，基因编辑、全基因组选育等新兴育种技术的应用较少，鳗鲡人工繁殖技术待突破，鲟性成熟周期长、规模化全雌苗种培育技术缺乏等问题突出；营养与饲料方面，基础营养需求及精准营养需求研究不完善，鱼粉减量替代技术尚不成熟，开口饵料研究相对缺乏。养殖方面，水质调理、养殖尾水及池塘底泥处理效率低；病害方面，罗非鱼、鮰、淡水鲈等品种病害形成原因日益复杂，防控手段有限；加工与储运方面，冷链物流技术发展滞后，预制菜风味保持技术及多口味产品研发等技术存在短板。

（四）世界特色淡水鱼产业中重点研发技术变化

种业方面，全基因组关联分析等新兴技术已运用到罗非鱼、鲑鳟等品种的生长、抗病和耐盐等性状挖掘和相关分子标记开发中，欧美鲑鳟育种企业在此基础上通过育种芯片和基因编辑技术，培育出速生、抗病和性晚熟等鲑鳟优良品系，并利用光周期和温度调节实现全季节供卵。营养与饲料方面，减少饲料中动物性原料比例是水产饲料研究与产业应用的热点。养殖方面，采用封闭循环水养殖技术开展苗种培育和养殖的欧美企业日益增多，厌氧反应器、微藻技术与生物絮团技术逐步应用到养殖尾水脱氮处理中，目前工厂化循环水养殖模式已基本实现机械化、自动化、信息化和管理智能化，养殖品种包括大西洋鲑、罗非鱼、鳗和鳟等。加工与储运方面，冰鲜产品保鲜技术和无损鲜度检测技术取得进展，加工过程中可有效延长产品货架期的微生物和脂质氧化控制技术逐渐成为热点，副产物高值化利用技术趋向成熟，已实现活性肽在食品、化妆品中的应用。

五、主要结论与政策建议

（一）结论与展望

（1）罗非鱼、鮰、鳜等选育品种通过育繁推种业体系的不断完善扩大了养殖覆盖率，但市场中仍然存在抗病、抗逆等优良性状苗种供应不足的问题；此外，黄鳝、鳗鲡等尚未解决人工繁育问题，成为产业发展瓶颈。

（2）鱼粉豆粕替代减量使用技术持续进步，利用天然植物提取物或益生菌等功能性饲料添加剂可消减鱼粉豆粕替代后的负面作用，提高养殖对象健康水平和抗逆能力是鱼粉豆粕替代后需要解决的关键问题。此外，鳜鱼饲料驯化养殖技术成为焦点，鳜鱼易驯饲品种选育、营养与饲料配方优化、饲料养殖配套技术亟待突破。

（3）池塘尾水治理成为水产养殖的核心问题，推进池塘标准化改造，实现养殖尾水的达标排放和循环利用意义重大；机械化、智能化、生态化的陆基圆池循环水养殖、鱼菜共生养殖、多级人工湿地养殖等新型养殖模式也成池塘养殖模式的重要补充，具有节水、节地和排放可控的优点，但相关工艺和技术尚不完善；通过建造大型养殖工船，深远海养殖也逐渐成为鲑鳟鱼养殖模式创新的重要途径。

（4）冻罗非鱼片、烤鳗等产品通过品质和安全性的提升维持了国际市场的稳定，罗非鱼、鳢、鮰、鲟精深加工技术持续发展，产品种类日益丰富，国内市场不断发展。

（二）政策建议

（1）提高"水产苗种生产许可证"准入门槛，加强苗种质量标准规范执行力，完善良种育繁推支撑体系建设，解决苗以次充好的问题；打造新型生物育种创新平台，集中攻克鳗鲡繁育等种业关键核心问题。

（2）完善特色淡水鱼饲料质量评价标准体系，宣贯特色淡水鱼饲料质量标准，扎实推进水产饲料中鱼粉豆粕减量替代技术示范和冰鲜活饵替代技术示范。

（3）通过政策引导和资金支持，提高养殖设施化、自动化和信息化水平；建立全周期、全要素的质量安全监管和技术支撑，对养殖过程的饲料、鱼药等投入品进行全方位监管，严格贯彻"以防为主，防重于治"的方针，扎实推进养殖规范用药宣传培训力度。

（4）加强冷链物流及仓储建设，建立加工产品标准化体系及可追溯体系，实现加工和流通过程的可控，提升产品的品质与安全，推进产品的品牌打造。

（国家特色淡水鱼产业技术体系首席科学家　杨弘　提供）

2023年度海水鱼产业与技术发展报告

(国家海水鱼产业技术体系)

一、海水鱼生产变化分析

(一) 国内生产变化分析

2023年国家海水鱼产业技术体系（以下简称"体系"）跟踪区县海水鱼养殖面积总体呈现上升趋势，第四季度的养殖面积为272.78万公顷，同比上升了12.48%。不同养殖模式的面积变化情况各不相同，如表1所示。

表1 体系跟踪区县各养殖模式养殖面积变动情况①

时间	工厂化养殖（万立方米）			网箱养殖（万平方米）				池塘养殖（万公顷）		
	工厂化流水养殖	工厂化循环水养殖	合计	普通网箱养殖	深水网箱养殖	围栏养殖	合计	普通池塘养殖	工程化池塘养殖	合计
2023年第1季度	683.42	63.50	746.92	2 299.35	930.56	158.62	3 388.53	1.03	0.007	1.038
2023年第2季度	699.48	65.96	765.44	2 311.32	1 091.10	198.77	3 601.19	1.19	0.007	1.202
2023年第3季度	686.55	65.65	752.20	2 312.50	1 063.14	198.77	3 574.41	1.20	0.008	1.213
2023年第4季度	686.17	68.62	754.79	2 308.71	1 014.12	198.77	3 521.59	1.20	0.007	1.211

2023年体系跟踪区域主要海水鱼养殖品种总产量为106.80万吨，同比上升了17.74%，如表2所示。许氏平鲉、暗纹东方鲀和卵形鲳鲹增幅较高，增幅分别为324.55%、99.80%和75.73%；大菱鲆和红鳍东方鲀产量有所下降，降幅分别为4.07%和4.71%。

2023年，在体系重点监测的10种海水鱼中，与2022年相比，8种单位总成本上升，2种单位总成本下降，主要原因是鱼粉价格上涨引起饲料成本上升。2023年平均成本利润率和销售利润率分别为56.96%和33.83%。其中，红鳍东方鲀最高，分别为169.98%和75.98%，而池塘养殖模式下海鲈最低，分别为4.83%和4.61%。在养殖风险方面，2023年平均安全边际率为74.88%，同比下降2.62%，表明2023年养殖风险略微加大。其中，军曹鱼普通网箱养殖风险最低，安全边际率为94.99%；而牙鲆的养殖风险最高，安全边际率为25.92%。2020—2023年全要素生产率年均增长3.0%，技术进步对全要素生产率的增长起明显促进作用。但海水鱼产业发展中仍存在优质苗种缺乏、种质资源退化、饲料价格高涨和品质不稳定、养殖保险发展滞后等问题。

---

① 注：为了便于比较，深水网箱养殖面积以1:1比例由立方米转化为平方米（下同）。

2024年，受鱼粉价格上涨、劳动力成本增加等因素影响，养殖成本上涨可能性较大。供给方面，跟踪区县年初养殖海水鱼存量同比增加20.11%；需求方面，受日本核污水排海等冲击，市场拓展难度加大。受供需双方因素影响，2024年养殖海水鱼综合价格下行可能性较大。其中，卵形鲳鲹、许氏平鲉、石斑鱼、大菱鲆、半滑舌鳎出池价格下行压力大，需各方高度关注。

表2　2023年体系跟踪区域海水鱼产量统计表　　　（单位：万吨）

鱼类品种	示范县产量	非示范县产量	合计
大菱鲆	5.26	0.00	5.26
牙鲆	0.40	0.00	0.40
半滑舌鳎	0.46	0.00	0.46
其他鲆鲽类	0.00	0.00	0.00
珍珠龙胆	2.16	5.00	7.16
其他石斑鱼	2.88	0.88	3.76
暗纹东方鲀	0.51	0.72	1.23
红鳍东方鲀	0.32	0.00	0.32
其他河鲀	0.36	0.00	0.36
大黄鱼	18.24	0.99	19.23
海鲈	14.32	1.03	15.35
军曹鱼	0.20	0.78	0.98
卵形鲳鲹	10.25	5.79	16.04
鲷鱼	1.86	9.05	10.91
美国红鱼	1.25	2.90	4.15
鰤鱼	0.08	1.15	1.23
许氏平鲉	0.47	0.00	0.47
其他海水鱼	1.09	17.68	18.77
合计	60.11	45.97	106.08

（二）国际生产变化分析

全球海水鱼捕捞产量在2021年达6 753.7万吨，结束连续两年下降趋势，同比增长1.9%，占海洋捕捞总量的83.4%。同时，养殖产量为889.6万吨，增长5.6%，以亚洲和欧洲为主。养殖种类超过100种，大西洋鲑产量最高，达290.3万吨，主要由挪威、智利、英国和加拿大等国生产。总体来看，捕捞产量增量高于养殖，但两者均呈增长趋势。亚洲和欧洲是海水鱼类养殖的主要区域，而大西洋鲑则是养殖产量最高的单一物种。世界粮农组织预测到2030年全球渔业总产量将增至2.02亿吨，养殖将贡献大部分的增长，捕捞也将得到恢复。

二、海水鱼市场与贸易变化分析

（一）市场变化分析

2023年我国海水鱼市场需求强劲。受饲料成本上涨、存塘量低以及市场需求增长等多重因素影响，国内海水鱼价格普遍上涨。在体系重点监测的10种海水鱼中，有8种价格上涨，仅牙鲆和半滑舌鳎2种价格下跌，跌幅分别为32.5%和14.5%。在价格上涨的品种中，大黄鱼、卵形鲳鲹、军曹鱼、红鳍东方鲀和大菱鲆的涨幅较大，达到了25%~49%；而许氏平鲉、珍珠龙胆石斑鱼和海鲈的涨幅相对较小，为5%~9%。

从全球范围来看，美国持续的通胀导致其水产品零售市场呈现低迷态势，价格普遍下跌。欧盟经济增长乏力以及持续的通货膨胀抑制了消费者的可支配收入，使得水产品市场需求疲软、供过于求，多数品种的价格普遍下跌，消费者的产品偏好也加速向价格更低的养殖鱼类转变。

（二）贸易变化分析

我国是海水鱼的进出口大国。其中黄鱼、卵形鲳鲹、河鲀、海鲈等出口量全球领先，主要销往亚洲和大洋洲地区。军曹鱼、其他鲆鲽类出口也占据重要地位，主要销往亚洲和欧洲地区。石斑鱼、大菱鲆在国际市场上竞争力不足，不具有价格优势，出口较少，其中大菱鲆基本是国内消费。从消费习惯来看，美国和欧洲市场多偏好冰鲜海水鱼的消费。欧洲作为大菱鲆的传统消费市场，主要进口鲜冷大菱鲆，但出口成本较高，使得我国大菱鲆进军国外市场存在较大困难。

水产品是我国主要出口农产品，但受进口刚性、出口竞争加剧和国际贸易环境局部恶化等因素影响，2022年首次出现贸易逆差，2023年逆差持续扩大，前11个月已达约28亿美元。面对冲击，我国应该高度重视水产品贸易出现的新变化，谨慎应对。

三、海水鱼加工与消费变化分析

（一）加工变化分析

我国水产品加工业整体呈现向好的趋势，预计2023年市场规模将达4.2万亿元[①]。当前，海水鱼加工业以初级与粗加工为主，随着海水鱼预制菜加工产业迅速发展，保鲜包装贮运、加工产品开发、预制菜品质保真等关键加工技术亟待提升。2023年，在保鲜与贮运领域，国内开发了智能包装对海水鱼冷链贮运过程中品质的实时监控，可向消费者展示最佳的食用时间；解析了影响冷冻海水鱼在贮运过程中的品质变化因素；拓展了相变冷储能材料在海水鱼预冷、加工、包装、运输和储存等方面的应用研究。在鱼品加工领域，基于营养品质靶向设计的海水鱼精准深加工、风味修饰、护色保水、肉质口感提升的研究居多，解析了大黄鱼、海鲈等产品在不同烹调条件下的品质及营养变化机制，提供合适的加工烹煮条件，并开发了健康方便营养的相关产品；在食品安全方面，在海水鱼药残及次黄嘌呤快速检测方面有了较大的进步。

国际上，海水鱼加工业更加侧重技术创新和设备升级，自动化、智能化和高效化水平较高；深海鱼油、鱼粉、鱼片等高附加值产品在国际市场上具有较高的竞争力和利润空

---

① 数据来源：中研普华研究院撰写的《2023—2027年中国海洋渔业行业市场全景调研与投资前景预测报告》。

间；上下游产业的合作和整合程度高，形成了完整的产业链和价值链。2024年，国内外将重点开展大宗养殖海水鱼绿色加工与全利用技术研发，特别是研发差异化、多元化的保鲜加工技术与装备，国内将建立海水鱼预制菜产业标准化生产体系。

（二）消费变化分析

我国居民的水产品需求呈逐年增长态势，消费偏好逐步向营养、健康转变。2023年我国海水鱼类终端消费强劲，流通量增幅明显。监测数据表明，以2022年为基期，海水鱼出塘综合价格指数为115.3%。海水鱼类产品流通由传统线下模式转变为"线上+线下"的全渠道模式；消费形式从鲜活、冰鲜和冷冻等初级加工品向半加工预制菜转变。2023年京东销售数据显示，鱼类销量最高，占35%，其次为虾类，占34%。鱼类产品中，三文鱼的销量最高，占26%；黄鱼居第二位，占17%。线上销售的地理标志性商品广受欢迎，如广东白蕉海鲈等。但我国鱼类等水产品的人均消费量存在结构性不足，农村居民低于推荐标准、内陆省份普遍低于沿海省份。由于部分人群对预制菜的误解消费者对于水产预制菜的消费有所下降。此外，日本核污水排放事件造成我国对海水鱼消费的恐慌。

国际水产品消费趋势多样，其中，美国人均消费量稳健增长，偏好新鲜、冷冻产品，消费前三位的水产品为虾、三文鱼和金枪鱼。欧盟消费量下降，因市场疲软和服务业减弱，消费偏好转向低价养殖鱼。日本消费量跌至1960年来最低，饮食习惯改变，年轻人喜肉和西餐。韩国维持较高水平，逐渐偏向冰鲜水产品。

四、海水鱼技术研发变化分析

（一）海水养殖鱼类遗传改良技术

2023年，我国海水鱼遗传改良开始分子设计育种技术的应用研究。突破了大菱鲆个体识别技术，开展了抗逆新型表型探索与开发，建立起基于"抗逆区间"判定的大菱鲆等主养海水鱼类"SSP-AMMI-GGE"抗逆育种技术；完成了半滑舌鳎20K和卵形鲳鲹40K育种基因芯片研发；优化了大黄鱼多性状基因组选择技术；建立了杂交石斑鱼物种鉴定方法，实现了龙虎斑、金虎斑、云龙斑、杉虎斑和龙鼠斑杂交个体父母本的鉴定，鉴定准确率达到100%；研发了海鲈耐高温及游泳能力表型测定技术、基因型填充、多性状综合育种值评估等育种相关技术。整体上看，我国海水鱼育种技术水平处于国际先进行列，在个别方向甚至达到国际领先水平。

（二）海水鱼养殖模式与工程技术

2023年，开发了池塘养殖品种选配与物质能量循环利用调控、池塘机械化起捕、尾水高效处理等技术，构建具有地理区域特色的池塘多营养层级与工程化池塘循环水高效养殖模式是国内研究的热点。网箱养殖方面，广东首批"加强型重力式深水网箱"正式下水布设，共计30口网箱投放于水深约20米的海域，国内自主研发的智能化升潜式网箱进入海上试验阶段。工厂化养殖方面，我国新规划立项海水陆基工厂化产业园区20余个，开工建设项目7个，面积40余万平方米，开展了鱼类行为智能判断、水质智能管控等关键技术研发；国外提出了海上浮动式工厂化循环系统、堆叠式鲆鲽类养殖等新概念，开展了污染监控、疾病预测等智能化模型的研究。深远海养殖方面，国家及沿海地方省市先后出台了深远海养殖发展指导意见和相关规划，推动深远海养殖高质量快速发展。2023年，沿海各省市新建不同结构的桁架类大型网箱10余台套，"国信2-1"号10万吨级养殖工船开工建造；开发并示范了黄条鰤、三文鱼、大黄鱼、卵形鲳鲹等海水鱼深远海养殖技术与模式，为全球首艘十万吨级养殖工船打造精准营养技术体系，饲料利用效率提高20%以上。同时，欧美等国家正积极探索各类型深远海养殖模式，以应对养殖海域环境变化。

（三）海水鱼疾病防控技术

2023年，国内外针对海水鱼类主要病原的研究集中在探究细菌病原、病毒性病原以及寄生虫的致病机制。病害控制技术研发方面呈现多元化，但疫苗接种依然是最为热点的疾病防控策略。我国部分企业完成了大菱鲆疫苗联合接种生产示范，形成了《大菱鲆疫苗联合接种实施规程》，实现全程"无抗"养殖。除传统的疫苗技术，国内外正在开发鱼类DNA疫苗、mRNA疫苗以及针对寄生虫病的新型疫苗，进一步推动鱼类疫苗工程技术的发展。此外，推进深远海养殖的病害防治成为我国海水鱼疾病防控的重要问题之一，目前已经批准的3个国家一类新兽药证书，10余个优选的疫苗品种（其中有4个疫苗获批农业部新兽药临床批件，2个疫苗获评国家转基因生物安全证书），为疫苗应用于深远海养殖奠定良好基础。今后应针对深远海适宜养殖品种，面向各型深远海养殖工况，研发制定深远海养殖鱼类疫苗和接种规范。

（四）海水鱼营养需求与饲料技术

2023年，鱼粉产量锐减，鱼粉、豆粕等饲料原料价格飙升，水产饲料价格高企，水产饲料新型蛋白源开发与高效利用成为产业迫切需求。我国在鱼粉替代理论及技术方面取得突破，研发的肉食性鱼类"无鱼基饲料"处于国际领先水平。尽管深远海养殖的迅猛发展，但该模式下鱼类营养需求与代谢理论研究、精准营养供给技术尚不成熟，应成为我国海水鱼营养学研究的重要内容。

五、主要结论与政策建议

（一）主要结论

1. 海水鱼养殖业发展总体向好

2023年体系跟踪示范区县海水鱼产业养殖面积与产量均呈上升趋势，产量增幅大于面积增幅。虽然养殖成本上升，但消费市场需求强劲，价格普遍上涨，全要素生产率总体提升，在这些综合因素作用下，多数品种养殖效益好于往年。

2. 各品种国际竞争力表现各异

各海水鱼种出口贸易规模存在差距，大黄鱼、卵形鲳鲹、军曹鱼、河鲀等国际市场竞争力较强，而石斑鱼、海鲈及鲆鲽类竞争力较弱。大菱鲆、半滑舌鳎等价格之负向警情需引起业界关注。

3. 绿色高质量发展任重道远

近海小型网箱、传统池塘、工厂化流水养殖仍占较大比重，设施陈旧、产能低、抗灾能力弱、深远海拓展能力不足、鲜杂鱼直接投喂、病害绿色防控技术缺乏等问题仍较突出，海水鱼养殖业转型升级仍需持续推进。

（二）政策建议

1. 重点支持传统养殖模式转型升级和深远海养殖发展

建议沿海各省市依据产区主养模式，重点支持对近海小型网箱、传统池塘和工厂化流水养殖模式的升级改造，提升区域海水鱼养殖基础设施水平。适于发展深远海养殖的沿海省份，尽快出台深远海养殖空间规划和产业发展指导意见，推动深远海养殖科学有序快速发展。

2. 重视水产品国际贸易格局变化，构建"双循环"格局

重视维护美国、欧盟、日韩等出口的同时，深耕我国台湾地区、香港地区和东南亚、中东等市场，并拓展国内消费市场。对于警情较重的大菱鲆、半滑舌鳎等品种，建议发挥行业组织与地方行业管理部门协调功能，加大国内市场拓展与产能协调力度。

3. 完善水产养殖保险体系，提升深远海养殖风险防范能力

水产养殖保险滞后阻碍了产业投资融资及运营。建议尽快出台支持深远海养殖的政策性保险，并完善产业的商业信贷、保险及再保险体系。

(国家海水鱼产业技术体系首席科学家　关长涛　提供)

2023 年度虾蟹产业与技术发展报告

(国家虾蟹产业技术体系)

一、虾蟹生产变化分析

2023 年全球海水虾类养殖产量预计约 709 万吨,与上一年度基本持平。我国(不含台湾地区)海水虾类养殖产量约 198 万吨,厄瓜多尔约 150 万吨,印度约 88 万吨,越南约 80 万吨,印度尼西亚约 60 万吨,泰国约 35 万吨,墨西哥约 20 万吨,中东约 13 万吨,马来西亚约 13 万吨,巴西约 11 万吨,中南美洲其他地区约 10 万吨,菲律宾约 10 万吨,斯里兰卡约 8 万吨,缅甸约 6 万吨,马达加斯加约 4 万吨,柬埔寨约 3 万吨。罗氏沼虾全球养殖产量约 31.7 万吨,我国(不含台湾地区)产量约 19.5 万吨。日本沼虾 24.2 万吨,我国是唯一养殖生产国。中华绒螯蟹产量约 81.5 万吨,三疣梭子蟹养殖产量约 9 万吨,我国是 2 种蟹唯一养殖生产国。预计 2024 年国际虾蟹养殖产量较 2023 年略有增加。

虾蟹是我国水产养殖产业中重要的种类,2023 年凡纳滨对虾、斑节对虾、日本对虾、中国对虾、克氏原螯虾、罗氏沼虾、日本沼虾、中华绒螯蟹、三疣梭子蟹、青蟹 10 种主养虾蟹养殖产量 639.2 万吨,约占虾蟹养殖产量的 99%。对虾养殖产量约 198 万吨,增加 10%,凡纳滨对虾产量约 170.7 万吨,占全国对虾养殖总量的 86% 以上,斑节对虾约 20 万吨,中国对虾约 3 万吨,日本对虾约 4.3 万吨。淡水虾类养殖约 343.7 万吨,克氏原螯虾约 300 万吨,增加 5%;罗氏沼虾约 19.5 万吨,增加 10%;日本沼虾约 24.2 万吨,增加 7%。蟹类养殖产量约 97.5 万吨,中华绒螯蟹约 81.5 万吨,增加 8%;三疣梭子蟹约 9 万吨,降低 11%;青蟹养殖产量约 7 万吨,降低 25%。预计 2024 年国内虾蟹养殖产量较 2023 年略有增加。

2023 年我国对虾养殖面积约 653.5 万亩,其中,工厂化养殖面积约 1.5 万亩,年平均亩产约 10 000 千克,小棚养殖面积约 14 万亩,年平均亩产约 1 429 千克,池塘养殖面积约 230 万亩,年平均亩产约 584 千克,大汪子养殖面积约 300 万亩,年平均亩产约 46 千克,多营养层级养殖面积约 88 万亩,年平均亩产约 34 千克。克氏原螯虾养殖面积约 2 900 万亩,年平均亩产约 103 千克。罗氏沼虾养殖面积约 56 万亩,年平均亩产约 350 千克。日本沼虾养殖面积 350 万亩,其中精养面积约 50 万亩,年平均亩产约 150 千克,套养面积约 300 万亩,年平均亩产约 55 千克。中华绒螯蟹养殖面积约 1 260 万亩,年平均亩产约 65 千克。

近两年饲料、尾水处理、塘租、新现病害等因素导致养殖成本增加,且虾蟹当家品种市场价格下降,养殖收益下降。虾蟹产业急需降本增效技术。

二、虾蟹市场与贸易变化分析

对虾是我国虾蟹类主要进出口品种,对虾市场供给约 300 万吨,其中进口 101.5 万吨,厄瓜多尔、越南、印度、泰国是我国进口对虾的主要来源国,其中厄瓜多尔 60 万吨,占比超过50%；我国养殖对虾出口14.7万吨，对虾价格处于近6年的低位，塘口价每千克平均较2022年低10元。另外，克氏原螯虾出口8 140吨。我国对虾养殖成本高于其他对虾主要养殖国家，在国内市场的价格竞争力不足，进口量增加，对2023年我国对虾养殖产业造成了冲击。

三、虾蟹加工与消费变化分析

我国虾蟹加工产品占比得到进一步提高，加工产品以冻品、干制品为主，预制产品、调味品、风味佐料等深加工制品得到快速发展，形成了低值虾蟹原料高值化、加工副产物综合利用协同发展的产业格局。虾蟹加工总量181万吨，占养殖产量28%，其中对虾45万吨，克氏原螯虾135万吨，中华绒螯蟹8 000吨。预制类产品消费量逐步增加，居民对加工产品接受度逐渐提升。我国虾蟹加工产品占比需要进一步提升，需要进一步增强加工产品对养殖端市场价格的调节能力。

四、虾蟹技术研发变化分析

（一）我国虾蟹产业中重点研发技术变化情况

围绕虾蟹种质资源瓶颈和育种前沿技术，鱼粉、豆粕等饲料原料替代技术，病害绿色防控技术，尾水处理技术，新型高效养殖模式，加工技术等进行系统梳理和分析。

在种质资源收集评价和育种技术方面，新增虾蟹种质资源1 134份，新增育种材料1 794份，评价了生长、抗病毒、抗细菌、饲料高效利用、耐氨氮、耐亚硝酸盐、耐寒、耐高温等性状，完善了虾蟹类基因信息数据库；挖掘生长、抗病性状相关基因10个；开发基因编辑技术2套、育种液相芯片4套、全基因组选择技术2套、表型精准测定技术1套、智能育种测评技术1套；获得了4个国审新品种。完善了对虾和罗氏沼虾无特定病原（SPF）良种虾苗生产技术，凡纳滨对虾生产SPF良种虾苗1 700亿尾，罗氏沼虾生产SPF良种虾苗391亿尾。

在营养需求与饲料技术方面，进一步完善了10种虾蟹营养需求数据库和主要原料营养数据库；开发了黑水虻、黄粉虫粉和深度发酵豆粕3种非粮饲料蛋白源；开发了饲料用人参发酵物和虫草微藻粉2种新型功能性饲料添加剂；研制了2种高低水温对虾低鱼粉配合饲料，饲料蛋白沉积率从30%提高到45%，1种拟穴青蟹育肥期功能性饲料，1种中华绒螯蟹育肥饲料。

在病害绿色防控技术方面，建立了虾蟹病原现场快速高灵敏度高准确性的检测技术；建立了基于病害发生的凡纳滨对虾养殖环境容纳量标准；开发了微生物组和科赫法则融合的病原高效鉴定策略；揭示了对虾传染性肌肉坏死病毒（IMNV）防控基础，提出了IMNV防控措施，建立了IMNV防控技术方案；揭示了虾肝肠胞虫病（EHP）传染源和传播途径，提出了EHP防控措施，建立了EHP防控技术方案；阐释了中华绒螯蟹"牛奶"病病原二尖梅奇酵母的生活史，提出了"牛奶"病防控技术策略。

在养殖技术和养殖模式方面，研发了对虾自动投喂机、打"活结"的自动绑蟹机，每小时绑蟹240~400只；创制了中华绒螯蟹智能投喂、池塘清污、水质监控等自主作业智能装备3种；建立了提高饲料利用率和增产的降本增效凡纳滨对虾自动投喂技术；创建了高密度凡纳滨对虾+耐盐罗非鱼异位串联的生物絮团零排水养殖模式，养殖的饲料综合利用率70%以上，实现了对虾和罗非鱼的高产；创建了高密度日本对虾+耐盐罗非鱼+微型藻类+贝类（尖紫蛤）串联的养殖模式，养殖模式饲料综合利用率70%以上，实现了对虾和贝类的高产；建立了适合南方高温地区凡纳滨对虾工厂化养殖模式，每平方米产量10.75千克；适合北方的温棚斑节对虾养殖模式，亩产2 500千克；建立了斑节对虾池塘工程化高密度养殖模式，亩产约2 500千克；日本对虾无沙高密度养殖模式，亩产约1 850千克；进一步完善了4套对虾生态养殖模式；建立了罗氏沼虾高密度轮放轮捕养殖模式和"一茬稻两季虾"养殖模式；建立了中华绒螯蟹+小麦轮作模式，初步建立了中华绒螯蟹智能立体养殖工厂技术；建立了盐碱地水稻—青蟹共作的生态养殖模式。

在加工与质量安全方面，研制了5项虾蟹加工新工艺，研发出26款新产品，其中对虾18款、克氏原螯虾7款、中华绒螯蟹1款；开发了3项对虾保鲜和呈味技术，包括微酸性电解水结合冰对虾保鲜技术，货架期从6天延长到12天，对虾两段式液氮速冻关键技术，减少液氮消耗量20%以上，高压CO_2处理虾头蛋白适度变性改良呈味基料风味的技术；开发了具有优异的抗菌性能、自愈合性能、吸水保水性和生物相容性能，在生物医学方面具有广阔应用前景的壳聚糖基水凝胶（医用）；建立了超高效有毒有害物质监测技术，测定了虾蟹中氨基甲酸酯类化合物、有机磷类等53种农药残留，快速测定虾蟹中地西泮等10种苯二氮卓类镇静剂，评估了潜江市小龙虾食用安全。

（二）国际虾蟹产业中重点研发技术变化情况

我国虾蟹产业技术总体处于主导地位。国外主要聚焦于凡纳滨对虾、斑节对虾和罗氏沼虾的育种技术，开展了全基因组选择、基因编辑、家系选育技术等，突破了罗氏沼虾受精卵离体孵化和基因编辑技术。

2023年虾蟹养殖相关论文1 157篇，其中SCI收录论文908篇，中文249篇。国家知识产权局公布相关专利224件。

五、主要结论与政策建议

（一）结论

技术创新驱动是我国虾蟹养殖产业高质量发展的核心动力，依托种质资源评价与育种技术引领种业进入了快速发展的轨道，基本实现我国虾蟹种质资源的自主可控，为打好种业翻身仗奠定了坚实基础；营养与饲料、病害防控、绿色养殖技术及装备、加工与质量安全的全产业链科技创新，实现了我国虾蟹养殖产业的转型升级，饲料利用得到大幅提升，形成了行之有效的系统性病害绿色防控技术，工厂化养殖、高效生态池塘养殖已经成为产业转型升级的方向，突破了原位的资源有效利用与水体处理一体化技术，践行了大食物观，支撑了我国虾蟹产品保供和农民增收。

对虾是全球性养殖品种，也是国际贸易最活跃的水产品，在种业方面国际竞争激烈，不进则退；每3~5年，就会发生新的疾病，需转变防控思路，发展主动防控；我国鱼粉、豆粕等饲料蛋白源严重依赖国外进口，迫切需要发展新型非粮饲料蛋白源的技术；高效系统化养殖技术与模式有待进一步提升，要发展以资源高效利用和环境保护为核心的新型养殖技术和模式；加工产品形态单一，需要开发以家庭消费为主的产品形态。

（二）展望

随着虾蟹主要病害，如对虾肝胰腺坏死症、白便综合征、对虾和克氏原螯虾白斑综合征等主要疾病防控技术日趋成熟，新品种等良种覆盖率提升，新型养殖模式推广应用，预计2024年我国虾蟹养殖产量较2023年有所提升。我国作为对虾主要生产国和进口国的格局不会发生根本转变。

1. 对虾

2024年对虾养殖面积与2023年基本持平，池塘工程化和工厂化养殖模式面积大幅提升，产量预计较2023年有所提升，预计200万吨。国际出口到我国的对虾与2023年基本持平，我国养殖对虾价格将与2023年基本持平或有所提升。

2. 淡水虾

养殖面积较2023年基本持平。克氏原螯虾稻田养殖面积与2023年基本持平，产量预计有所提升。罗氏沼虾养殖面积和产量均高于2023年。日本沼虾养殖面积与产量与2023年基本持平；稻田养殖罗氏沼虾和日本沼虾成效显著。

3. 蟹类

气候变化对蟹类养殖影响较大，极端气候常态化严重影响蟹类养殖产量。技术进步会缓解中华绒螯蟹"牛奶"病发生，预计2024年中华绒螯蟹养殖产量持平或增加。环境调控技术进步等因素，青蟹养殖面积扩大，产量较2023年明显增加。三疣梭子蟹主要以生态养殖模式为主，不会有太大的波动，养殖面积和产量与2023年基本持平。

4. 2024年我国进口虾蟹与2023年基本持平，出口虾蟹持续下降

节本增效技术驱动，我国虾蟹产品在我国市场的竞争力得到显著提升。

（三）政策建议

节本增效和绿色环保引导虾蟹产业高质量发展。

（1）加大对虾蟹种业的扶持力度，支持自主知识产权种业的发展，提高虾蟹自主产权品种的政策性补贴。

（2）加强养殖种苗质量控制，加大苗种繁育场苗种出场检疫，保证苗种的质量水平。

（3）发展养殖环境容纳量提升技术，益生菌是养殖环境容纳量和环保的关键技术，建议益生菌纳入养殖水体环境调控产品。

（4）建议加强对设施渔业的投入，加快虾蟹养殖产业标准化、自动化、智慧化发展。

（国家虾蟹产业技术体系首席科学家　何建国　提供）

2023年度贝类产业与技术发展报告

(国家贝类产业技术体系)

一、贝类生产变化分析

(一) 国内生产情况及变化

1. 得益于海水贝类养殖业的发展,我国贝类产量总体显著增加

2022年我国贝类产量1 651.18万吨,同比增长4.66%,海水贝类养殖是主要增长来源。2017以来,我国贝类淡水养殖和捕捞、海水捕捞均连年下降。但在我国海水养殖贝类"良种""良法""良技"协同增效的示范及推广应用下,国内海水养殖贝类产量稳定增加,2022年产量达1 569.58万吨,5年净增132.45万吨,带动我国贝类产量同期增加123.1万吨,海水养殖贝类产量占比由94.05%增至95.06%。

据动态跟踪调查,得益于前期效益较好,养殖主体持续扩大生产,预计2023年国内贝类养殖面积增约0.5%,但因养殖过密、大量死亡、价格下降等原因,产量可能略降,降幅为2%左右。

2. 海水贝类养殖单产略有增加

近年海水贝类养殖的单产略有增加,2022年为12.36吨/公顷,较2019年增长3%以上。直观解释是海水贝类养殖的产量增加而面积趋降,其背后原因是海水养殖业近年产业改革及科技研发应用,使得生产效率提升和产业转型升级。

3. 贝类产值持续增加

与产量增势一致,我国贝类产业产值也持续增长。根据FAO数据,2021年我国养殖贝类产值为239亿美元,同比增长约6%,较2001年增长258.46%。同期我国单位产品价值年均增长3.64%,2021年为1 394.82美元/吨,较上年微增,这主要得益于我国贝类产品结构优化调整。

4. 生产成本收益变化

2023年贝类总体单位收益为9.7元/斤,成本为5.2元/斤,成本收益率为85.6%,与去年基本持平。分品种来看,主要养殖贝类产品利润率仍保持较高水平,由高到低依次为扇贝(110.5%)、蛤类(94.4%)、螺(92.7%)、牡蛎(81.4%)和鲍(15.8%)。但由于出塘价和投入要素价格的变化,不同品种的利润率变化略有差异。

表1　2023年海水贝类养殖成本收益

成本收益	牡蛎	蛤类	扇贝	鲍	螺	贝类总体
单位收益(元/斤)	3.9	8.8	20.0	44.0	53.0	9.7
单位成本(元/斤)	2.2	4.5	9.5	38.0	27.5	5.2
利润(元/斤)	1.8	4.3	10.5	6.0	25.5	4.5

(续表)

成本收益	牡蛎	蛤类	扇贝	鲍	螺	贝类总体
利润率（%）	81.4	94.4	110.5	15.8	92.7	85.6
上年利润率（%）	129.8	92.5	106.7	18.6	87.7	85.8
利润率变化（%）	-37.3	2.1	3.6	-15.0	5.7	-0.2

数据来源：体系动态跟踪。

（二）国际生产情况及变化

1. 全球（除中国外）贝类产量 766.50 万吨、养殖产值 65.77 亿美元，总体增长明显

2001—2021 年全球（除中国外）贝类产量和产值均呈现上升态势。从产量来看，2021 年全球贝类产量为 2 480.00 万吨（中国为 1 731.5 万吨），较 2001 年增长 41.15%，总体年均增长率为 1.74%；捕捞在全球贝类产量中的比重下降趋势明显，2021 年仅为 63.83 万吨，占比为 25.74%，随着养殖技术的不断改进，捕捞份额将进一步下降。从产值来看，2021 年全球贝类产值为 304.8 亿美元（中国为 239 亿美元），较 2001 年增长 244.43%，总体年均增长率为 6.38%。

2. 全球贝类生产布局未显著变化

无论是从产量还是从产值，中国都是全球增长的主要来源。具体而言，2021 年全球贝类产量排名前 10 的国家为中国、日本、越南、美国、秘鲁、韩国、智利、印度尼西亚、印度和西班牙，其产量分别占全球总产量的 69.09%、3.27%、3.08%、2.58%、2.57%、2.44%、2.10%、1.64%、1.13% 和 0.99%。其中，中国的贝类产量自 2001 年起在全球产量的占比一直超过 50%。与 2011 年相比，越南、印度尼西亚和印度的产量有所提升，美国、韩国、智利、泰国和西班牙的产量有所下降。

（三）生产形势展望

国内外贝类产业发展面临大食物观、"双碳"战略、经济持续增长和需求潜力较大等机遇形势。但要促进贝类绿色高质量发展，还应重点关注四大突出问题。一是以牡蛎、扇贝、鲍等为代表的贝类主养品种普遍存在超容量养殖，加上可能的外部污染，使得病害频发、养殖大范围死亡、产品肥满度下降。二是以牡蛎为主的贝类种苗无序问题，即各类种苗"鱼目混珠"，养殖主体难以辨析苗种来源和质量。三是养殖机械化水平低，牡蛎、扇贝、鲍等养殖过程中的分苗、夹苗、倒笼、采收等仍以人工为主，压缩了贝类产业利润空间。四是以鲍为主的养殖贝类受龙须菜、海带价格大幅上涨影响，生产成本大幅增加。此外，还需要关注贝类加工产品研发不足、市场接受度不高，导致二产带动不足，以及养殖环节适应后端价格波动的能力较低，易出现压塘、价格波动的问题。

在解决以上问题基础上，贝类产业生产将大概率呈现量稳、值增的势头。具体到 2024 年，在牡蛎、蛤类、扇贝等主养品种生产周期作用和春节消费旺季带动下，国内贝类压塘问题将得到缓解，假设不受较大自然灾害影响下，全年出塘价格、主要投入成本和收益等将恢复至 2022 年水平。国际方面，日本、韩国等具有代表性的贝类国家均出台了引导和支持贝类产业发展的政策法规，全球贝类产业大概率将呈量、额持续稳定双增态势。

二、贝类市场与贸易变化分析

(一) 市场情况及变化

1. 国内市场价格及流通

2023年国内贝类批发市场价格为12.66元/斤,与去年12.68元/斤的水平基本持平。各品种增减分异,其中牡蛎、鲍鱼分别受肥满度下降、供给结构性过剩等影响,下降至10.48元/斤、62.32元/斤,相应降幅为13.47%、3.78%;相反,由于产量、质量基本稳定,扇贝、蛏的价格呈较大幅度的增加,蛤类价格与去年基本持平,增幅小于1%。市场流通方式方面,全年贝类电商销售呈稳定增加态势,但传统商超和终端零售市场基数较大,其市场份额没有显著变化。

表2 国内主养贝类产品批发市场价格

年份	牡蛎	扇贝	鲍鱼	蛤类	蛏	贝类
2022	12.11	20.69	64.77	10.03	14.90	12.68
2023	10.48	25.21	62.32	10.09	16.85	12.66
增长率	-13.47%	21.85%	-3.78%	0.66%	13.11%	-0.09%

2. 国际市场价格先增后降

2022年和2023年国际贝类市场价格呈现先增后降的态势。以贝类消费的代表性国家为例,2022年韩国和日本贝类产品价格均有不同幅度的增加,日本牡蛎、扇贝、蛤类价格指数分别较上年增长了9.4%、7.1%、23.3%。2023年,韩国牡蛎、鲍鱼价格分别为2.36万韩元/千克、1.37万韩元/千克,在上年上涨基础上下降了4%、15%,受出口受阻影响,日本贝类产品市场价格也大幅下降,估计在30%以上。

表3 日本和韩国贝类主要价格及变化

国家	韩国 (万韩元/千克)		日本 (贝类CPI, 以2020=100)		
产品	牡蛎	鲍鱼	牡蛎	扇贝	蛤类
2021	2.21	1.43	98.3193 3	107.0384	103.4146
2022	2.46	1.61	105.3	117.1	127.2
2023	2.36	1.37	/	/	/
变化*	-4%	-15%	9.4%	7.1%	23.3%

注:数据来源于日本农林水产省网站和韩国统计厅;*为最新年份同比增长率。

(二) 贸易情况及变化

1. 中国贸易变化

2023年,贝类进口量、额分别为13.07万吨和7.38亿美元,较2017年分别上涨172.88%和141.38%,进口最高年份为2022年,贝类进口量、额分别为17.05万吨和8.65亿美元。

2017年以来,我国贝类出口量、额呈现波动下降态势。海关数据显示,2023年,贝类出口量、额分别为 20.97 万吨和 13.77 亿美元,较 2017 年分别下降 26.66% 和 20.99%。

2. 国际贸易变化

2022 年全球（除中国大陆外）贝类贸易量降、额增,分别为 436.57 万吨、48.74 亿美元,其中进口量 220.71 万吨、进口额 132.47 亿美元,同比分别降低 1.37%、增长 9.22%,进口额增速较快,使得进口单价增长 10.73%、至 6 001.76 美元/吨;出口量为 215.85 万吨、降低 3.21%,出口额 116.27 亿美元、增长 6.69%,出口单价为 5 386.51 美元/吨、同比增长 10.23%。比较发现,虽然 2022 年全球贝类进口量和出口量均有所减少,但贸易额不降反增,进口单价和出口单价也在近 3 年稳步上涨,表明全球贝类贸易结构中高经济价值类占比日益提升。进口额、出口量和出口额三项指标值均为历史新高,表明全球贝类贸易的开放度进一步增加。

2023 年贸易格局未发生大变化,受核污水的影响,日本贝类贸易可能是全球贝类贸易值得关注的变化。较 2022 年上半年,日本贝类（调制）上半年出口额增加 39 亿日元,达到 79.78 亿日元,增幅约 94%,主要原因是香港地区等地对贝类（调制）的需求增加;日本贝类（生鲜等）上半年出口额较 2022 年上半年减幅 1.1%,为 382.99 亿日元,主要原因是对美国出口的减少。

三、贝类加工与消费变化分析

（一）国内外加工变化

1. 国内加工变化

（1）2023 年我国贝类加工领域的变化。贝类保活流通技术在国内大规模推广应用,内地居民可在大型超市购买到鲜活的海洋贝类产品;贝类预制菜发展迅速,水产类预制菜消费者常购买贝类的占 50.5%,佛跳墙、粉丝扇贝等贝类预制菜广受消费者喜爱;贝类加工装备由常见的清洗、净化、蒸煮、干制、罐头加工等增加了生鲜开壳、冷杀菌等新装备,目前国产半连续式超高压设备已经取得突破和应用;贝类副产物利用取得突破,贝壳土壤改良剂、水体净化剂等产品在生产端进行了示范。

（2）突出问题。受民众饮食习惯的影响,高附加值贝类精深加工产品在消费市场占有比重较低;贝类种类多、规格形状差异性大,加工装备通用性不强;加工装备的连续性和自动化程度还需进一步提高。

2. 国际加工变化

国外贝类产量和消费量相对较少,产品形式也比较单一,以冷冻为主。但贝类加工技术装备在不断创新,新型的加工设备、加工工艺和保鲜技术的出现,提高了贝类加工产品的质量和口感,满足了消费者对高品质、新鲜、健康食品的需求;贝类加工企业注重多元化发展,开发不同口味、不同形式的产品,以满足不同市场的需求;监管部门及产业界注重质量安全控制和管理体系建设,确保原料及加工过程中的卫生和质量安全。

3. 趋势展望

2024 年,国内外贝类加工业将继续投资研发更高效、节能的保鲜和保活技术,以满足市场对长距离运输和长时间保存的需求;贝类加工装备将进一步实现智能化和自动化;将更加注重精深加工产品、食品安全和质量控制、副产物资源化利用等加工技术及装备的研发。

（二）国内外消费变化

1. 国内消费

国内人均表观消费持续增长。新冠疫情以来，我国贝类消费并未受影响，反而得益于产量增长、新冠疫情压力下的主动作为和出口转内销、居家消费增加等因素，贝类消费持续较快增长。2022年，我国贝类人均表观消费量为11.74千克/人，同比增长4.3%。较新冠疫情前的2019年增长9%以上，均与国内贝类产量增速保持了基本一致的速度。

2. 国际消费

从绝对量来看，2021年，全球（除中国大陆外，下同）贝类人均表观消费量为0.76千克/人，同比增长仅1.3%，绝对量和增幅均低于中国大陆水平。人均表观消费量最高前五位是智利、新西兰、韩国、日本和中国，分别是18.33千克/人、13.46千克/人、10.20千克/人、7.36千克/人和6.50千克/人。

从长期变化来看，不同区域增减分异。1976—2021年人均表观消费量年均增速最快的前三位是中国、智利和新西兰，分别为7.17%、2.55%和2.03%，主要原因是贝类生产技术创新产量增速较快。相反，美国、西班牙和加拿大的增速均为负值，主要原因是这些国家贝类产量下降、出口量增加或贝类清洗困难导致食用量减少等[①]。

表4　1976—2021年世界及主要生产国家贝类人均表观消费量

	1976年	2005年	2015年	2020年	2021年
全球（除中国外）	0.78	0.90	0.92	0.75	0.76
中国	0.29	4.23	5.33	6.08	6.50
日本	5.28	7.76	6.69	6.69	7.35
智利	5.91	9.19	11.55	18.04	18.33
美国	2.72	2.50	1.72	1.58	1.79
韩国	6.69	7.91	8.79	9.85	10.20
西班牙	5.79	4.89	5.04	6.10	5.65
法国	3.56	4.76	3.28	3.46	3.81
加拿大	4.07	3.55	3.25	3.08	3.26
新西兰	5.44	16.13	11.42	14.51	13.46

数据来源：原始数据来源于FAO，世界银行世界发展指标数据库；单位为千克/人。

对日本、韩国两个贝类典型消费国的跟踪发现，2022年以来，全球贝类消费略有增加，且呈现鲜活比重增加、加工贝类产品微降的趋势。日本贝类加工品主要是生鲜冷冻水产品，受日本核污水排海及中国全面禁止进口日本水产品等影响，日本、美国等国加大了扇贝的采购及消费。近年来，随着预制菜逐渐普及，韩国贝类深加工形式逐渐增多，比如

---

① https://www.nippon.com/cn/japan-data/h01349/.

鲍鱼粥、鲍鱼参鸡汤等。

四、贝类技术研发变化分析

（一）国内技术研发变化

1. 国内技术变化情况

2023年国内在贝类产业技术研发方面取得一些新进展。一是遗传与改良方面，贝类基因编辑技术效率得到较大提升，杂交育种、多倍体育种、全基因组选择等在贝类得到广泛应用；二是养殖模式与容量控制方面，创新研发并应用了多种类型的生态养殖模式，发展了基于"先面后点"理念为支撑的养殖容量动态评估技术并启动了试点建设；三是疾病防控方面，明确了贝类典型重大疾病病原的流行规律，建立了牡蛎疱疹病毒和鲍疱疹病毒的快速检测方法，发展并完善了贝类病害预警预报技术；四是营养与饲料研发方面，侧重于抗（耐）逆饵料微藻的筛选、创制和培养技术研发，双壳类饲料研发亦逐步受到重视。

2. 突出技术问题

一是贝类养殖技术粗放，机械化水平偏低；养殖容量动态评估技术研发亟待突破；贝类养殖碳汇尚未形成体系化的标准、监测和计量方法学等；二是高效、标准化的贝类育苗与养殖技术体系尚未建立，养殖病害缺乏有效的防控措施，易造成养殖成活率低、效益差等问题；三是抗逆饵料微藻种质筛选进展缓慢，双壳类营养生理和需求研究落后，饲料研发进展缓慢；四是贝类加工技术落后，产品单一，缺乏精深加工技术和高附加值产品的研发；五是贝类产品的质量安全检测手段不完善、标准体系不健全。

（二）国际技术研发动态

2023年国际贝类产业技术研发动态有四方面：第一，耐高温、糖原、抗病、性别决定等贝类性状分子机制解析仍是国际研究热点，印度、墨西哥、智利开始发展海水珍珠养殖，我国珍珠产业将面临更多国际竞争。第二，基于全域空间模型的养殖容量评估技术有了进一步的发展，以多营养层次综合养殖（IMTA）为代表的生态养殖模式的理论研究和应用实践也在持续推进。第三，双壳贝类营养与饲料领域继续以筛选优质饵料微藻为主，浓缩藻粉、植物叶片粉等替代饵料微藻得到加强，扩大饵料原料来源是鲍产业理论研究和产业发展的热点。第四，净化、保鲜及精深加工、增值利用以及安全追溯与质量检测技术迅速发展。

五、主要结论与政策建议

（一）结论及展望

2023年，国内外贝类产业总体稳定有序发展。国内方面，贝类产业规模小幅扩大，主养品种利润率仍保持较高水平；贝类产品批发市场价格略有下降，进、出口有所下降；贝类加工产品研发更多样化，但第三季度以来，受主养品种肥度下降、消费不振等因素影响，贝类消费明显下降；在"先面后点"理念和多种类型生态养殖，杂交、多倍体、全基因组选择贝类育种，贝类养殖风险预警及抗（耐）逆饵料微藻等技术方面取得新突破。此外，海水贝类养殖业面临着苗种供给无序、超容量养殖、机械化程度低、病害频发等严峻形势。国际方面，贝类产量、产值稳定增长，捕捞产量趋降；典型国家贝类消费仍以鲜活为主，市场价格在2022年增长基础上有所下降；主要受日本核污水的涟漪效应影响，日本贝类出口和消费向本土、美国转移是全球贝类贸易变化的主要特征；国际上技术研发和研究热点集中于贝类净化和质量保障、贝类性状分子机制解析、不同贝类饵料及藻源替代等方面。

得益于围绕绿色养殖目标的技术攻关、试点示范及应用，以及主要国家出台实施引导和支持贝类产业发展的政策，预计2024年贝类产量、产值保持双增长，养殖在贝类产业中的比重将进一步稳步提升；无大的自然灾害和病害前提下，市场价格不会出现大范围波动；国际贸易量、额很可能保持持续增长势头，但考虑到全球经济疲软、地缘政治和不确定性因素，增幅不会太大。

（二）政策建议

综合国内外贝类产业现状、形势，瞄准国内贝类产业发展亟待解决的问题，从四方面提出推动产业绿色高质量发展的针对性政策建议。

1. 提升苗种质量和有序供给水平

第一，加强贝类种苗扩繁的生产技术标准化研究，推进标准化和规范化生产模式。第二，研发基因编辑、全基因组选择等现代生物育种技术，加快贝类优质、抗逆良种培育。第三，加强种苗的市场准入制度和市场监管体系建设，提高种业行业门槛，加大水产苗种执法检查力度，严厉打击假劣苗种等违法犯罪行为。第四，探索第三方检测模式，利用DNA指纹快速检测和高通量技术对主养品种苗种溯源，加强水产品种的知识产权保护。

2. 示范推广贝类健康养殖技术及模式

第一，加快养殖容量动态评估技术的研发和应用，推进养殖容量评估制度体系建设；试点推广生态疏养理念及模式；推进贝类养殖生态系统碳汇核算方法、交易机制的研究与实践。第二，加大养殖海域关键水环境理化因子的监测力度，探索主要病原种类及病害发生规律，研发扇贝、牡蛎等贝类的健康状态评价技术，完善贝类病害预警防控技术体系。第三，加强优质抗逆饵料微藻筛选、种质创制和培育技术，以及饵料微藻生态适应性、种群竞争、与环境和微生物相互作用机制研究。

3. 推进生产机械化

一方面，积极争取财税补贴、社会资本投入，重点开展育苗、播苗、分笼、倒笼、采收、分拣及包装等产业关键环节的机械和装备研发及应用；借鉴农业社会化服务组织模式，探索贝类重点环节的机械社会化服务。另一方面，实施贝类养殖的"宜机化"改造，降低机械化推广难度。

4. 加强加工技术研发

首先，通过设立专项研发基金、鼓励企业加大研发投入、加强产学研合作等推动贝类加工技术的创新发展。其次，鼓励企业加强精深加工技术的研发，开发高附加值的贝类产品。第三，加强质量与安全控制技术的研发和应用，建立完善的质量安全控制体系。最后，通过培训、引进高层次人才等方式，提高贝类加工业从业人员技能水平和综合素质。

（国家贝类产业技术体系首席科学家　宋林生　提供）

2023 年度藻类产业与技术发展报告

(国家藻类产业技术体系)

一、藻类生产变化分析

1. 我国核心藻类产品的基本生产情况

我国大宗、传统食品藻类主要是经济海藻,2022 年总产量为 271.4 万吨。其中核心物种是海带、裙带菜、江蓠和紫菜,总产量分别是 143.1 万吨、20.6 万吨、61.1 万吨、21.8 万吨(干重),养殖面积分别是 45 627 公顷、7 619 公顷、13 924 公顷、66 312 公顷,主产区在辽宁、山东、江苏、浙江和福建沿海,四类海藻的单产(单位:吨/公顷)依次为 31.3、27.1、43.9、3.3。根据 FAO 数据,国际上海藻生产大国依据产量自高至低顺序依次是中国、印度尼西亚、韩国、菲律宾和朝鲜,总产量依次是 2 158.4 万吨、909.1 万吨、184.6 万吨、134.3 万吨、60.3 万吨(2021 年,鲜重),中国是生产藻类种类最多、产量最高、面积最大的生产国。

2. 生产中遇到的突出问题

2022 年,我国经济海藻生产过程遇到的突出问题是海洋环境变化带来的生产灾害频发。最突出的是 2021—2022 年山东荣成主产区的海带发生大面积溃烂,导致我国海带整体减产 17.8%,以及江苏赣榆的条斑紫菜主产区发生的大面积溃烂事件,导致当地 70% 的紫菜绝产。这些灾害的暴发对地方国民经济发展造成了严重负面影响,需引起高度关注。其他较为突出的问题包括:从业人员老龄化严重,生产过程机械化水平过低导致严重依赖劳动力手工操作。劳动力成本不断增加,蚕食企业利润,限制企业发展空间。

3. 国内外生产趋势展望

2024 年度,我国四大类经济海藻生产形势良好,预计海带产量将恢复至历史最高水平,裙带菜产量持平,紫菜产量会略有下降,江蓠产量持平或略有下降。国际上,北欧国家挪威的海带养殖热情高涨,新注册的海带养殖许可从几年前的不足 10 家,上升到 100 多家;美国也在阿拉斯加开展了海带栽培尝试;地处热带的南亚国家印度尼西亚和菲律宾,因自然条件优越,仍将是生产卡拉胶原料海藻麒麟菜和卡帕藻的核心国家。由于劳动力老龄化日趋严重,年轻劳动力匮乏,日本的海藻产量预计将继续下降。

二、藻类市场与贸易变化分析

1. 我国藻类产品市场价格变化情况

核心产品海带,山东价格监测与价格指数发布网数据显示,2023 年每周海带价格均值为 8.26 元/千克,最高价为 9 元/千克,最低价为 7 元/千克。在第 32 周之前,海带的周均价维持在 8.6 元/千克左右波动,32 周之后价格下行,跌幅达 2 元,主要原因是进入海带主收割期,供应量增加所致。

核心产品紫菜,全国农产品批发市场价格信息系统价格数据显示,2023 年每周紫菜价格平均为43.45元/千克,最高价格为45.5元/千克。2023年紫菜价格经历了波动上升和下降两个阶段。在波动上升阶段,紫菜价格从年初的44元/千克上涨至第26周的45.6元/千克。紧接着,在第27周紫菜价格大幅下降至42.5元/千克。价格波动的主因是供应量的变化。

2. 世界藻类市场价格变化情况

我国海关总署数据显示:进口方面,2023年干紫菜的进口单价为11.34美元/千克,与2022年相比下降1.45%;干麒麟菜的进口单价为1.60美元/千克,与2022年相比下降32.07%;海带进口单价为8.13美元/千克,与2022年相比增加68.24%。出口方面,2023年生鲜藻类中干紫菜的出口单价为17.78美元/千克,与2022年相比下降8.85%;海带的出口单价为6.23美元/千克,与2022年相比增加3.33%。

联合国统计署2022年数据显示:世界藻类贸易中进口单价为3.79美元/千克,134个藻类进口国的平均进口单价为12.41美元/千克;藻类出口单价为3.32美元/千克,84个藻类出口国的平均出口单价为19.67美元/千克。藻类主要进口国中,中国进口单价最低,为2.24美元/千克;韩国次之,为2.43美元/千克;澳大利亚最高,为16.97美元/千克。其他主要进口国平均进口单价在4~13美元/千克之间波动。藻类主要出口国中,印度尼西亚的平均出口单价最低,为1.88美元/千克;荷兰最高,为15.53美元/千克;其次是西班牙,为13.71美元/千克。

3. 我国藻类产品贸易情况

(1) 贸易情况。海关总署数据显示:2023年我国生鲜藻类贸易进口量远高于出口量,但我国的加工藻类出口量高于进口量。从2020年至2023年,我国海带进口量持续下降,到2023年降至近四年来的最低值,为86.84吨。2023年紫菜、裙带菜进口量和进口额均呈下降趋势。加工藻类中,继2022年海带进口量骤增至1 894.26吨后,2023年回落至528.29吨。2023年紫菜进口量和进口额较2022年有所回升,分别为2 731.23吨和8.45千万美元。裙带菜进口量从2020年的6 041.57吨降至2023年的793.85吨,进口额也降至近四年最低值。

出口情况:在生鲜藻类方面,海带的出口量在2020至2022年间逐年下降,但在2023年有所回升,达到2 595.59吨,出口额为1.62千万美元。紫菜、裙带菜近四年出口量和出口额总体呈下降趋势。在加工藻类中,海带的出口量和出口额近四年呈下降趋势,2023年分别降至7 857.67吨和4.38千万美元。近四年紫菜出口量变化不大,均在2 000~3 000吨之间。裙带菜近四年出口量和出口额总体呈下降趋势,2023年分别降至13 899.39吨和4.80千万美元。

根据联合国贸易统计数据,2023年全球海藻原料及加工食品的进出口总量265 537.4吨(进口236 477.2吨,出口29 060.2吨);2022年全球海藻原料及加工食品的进出口总量531 847.6吨(进口273 566.6吨,出口258 281.0吨)。相对于2022年,2023年的海藻原料及加工食品的贸易量降低50.1%。

(2) 贸易中遇到的突出问题。一些国家对我国藻类进出口设置了贸易和技术壁垒,限制了我国藻类产品的出口规模和市场拓展,增加了贸易成本。同时,国际市场对藻类产品的质量和安全性要求越来越高,限制了我国藻类产品的出口竞争力。目前国际市场对藻类产品的需求日益多样化,包括食品、保健品、化妆品、能源等领域,而我国藻类产业链延伸不足，限制了我国藻类产品的出口潜力。

三、藻类加工与消费变化分析

1. 我国藻类产品加工与消费领域的变化

我国是全球最大的藻类生产、加工和贸易进出口国。2023 年受预制菜概念的影响，藻类作为原料的预制菜产品产量有所增加，其他方面变化不大。褐藻（海带和裙带菜）加工主要以盐渍、干制为主。受海带原料收获量影响，海带鲜菜与盐渍加工品的价格保持高价位运行。受全球经济低迷影响，褐藻胶生产企业订单减少，褐藻胶产量有所下降。我国每年出口褐藻胶产量约占全球总产量的 70%。中国海关数据显示：2022 年我国褐藻胶出口量为 2.94 万吨，2023 年 1—11 月出口量为 2.16 万吨，约占去年出口量的 73.5%。

红藻加工主要以琼胶、卡拉胶和紫菜食品为主，相对于 2022 年，加工产量有所下降。受需求量减少影响，琼胶和卡拉胶产量均降低，琼胶加工产量约 0.68 万吨，降低约 16%；卡拉胶加工产量约 2.6 万吨，降低约 14%；由于紫菜养殖面积减少，条斑紫菜加工量 1.21 万吨（干品），降低 24.9%；坛紫菜加工产量约 13.2 万吨，减少 15.5%。

2. 加工与消费中遇到的突出问题

突出问题包括：褐藻初级品加工过程机械化、自动化程度低，是劳动力依赖性产业，人力成本高，加工企业利润率普遍偏低；缺乏藻类产品质量追溯体系、风险评估水平有待加强，法规和标准不够健全，制约了产业发展；海藻食品加工技术门槛较低，导致企业间产品结构类似、同质化严重，影响了行业良性发展；海藻胶加工原料严重依赖进口，国外原材料价格波动和质量等因素会影响我国加工品产量和质量。

3. 当前世界藻类产品加工与消费领域发展情况

海洋药物、生物制品及化妆品等一些高附加值藻类加工产品逐渐出现；海藻胶加工领域国际化趋势明显，我国褐藻胶和红藻胶产品的出口量维持在较高水平。近些年我国与印度尼西亚、智利等原料出口国间建立了良好的国际贸易关系，有部分大型藻胶企业还在国外建立了工厂，利用当地海藻原料优势就地加工，以解决原料短缺问题。

4. 2024 年国内外加工与消费趋势展望

随着人们对藻类促进人类健康认知的提升，功能性海藻产品将成为市场的热点；通过酶解、发酵工程等技术手段提高藻类加工产品的产量、品质和纯度将成为新趋势；升级更环保的生产工艺和设备，以减少对环境的污染，同时加强加工副产物的回收利用，提高藻类原料利用率，将成为加工产业努力的新方向；藻类食品加工也将趋向于多元化和个性化产品研发，满足不同层次消费者的需求。

四、藻类技术研发变化分析

1. 重点研发技术变化情况

2023 年更加注重四大类核心经济藻类海带、裙带菜、紫菜和江蓠种质资源收集、鉴定和评价，全国各地良种场实现不同程度的扩容，新增国家级海带良种场 1 个；传统杂交、定向选育技术目前仍然是藻类新品种培育的主流技术，全基因选择分析、分子标记辅助育种等分子技术实用化程度有所提高，基因编辑技术正在不断实现技术突破，但距离实现实用化还有一定差距；针对特色水域培育特色品种的努力得到加强，多个适合不同产区的特色品系涌现；更加注重了对海藻养殖海水环境生源要素的综合分析，结合海域潜在生产力表现，做出养殖容量的科学评估；更加注重综合评估全球气候变化带来的对海洋藻类生产环境的影响，综合使用大数据分析，做出生产预警；更加注重使用现代微生物技术来分析海水中病原微生物动态变化，做出病害预警；多个和海带夹苗、收割以及干燥加工的自动化设备得到优化和改进，距离实用化的距离在缩短；褐藻初级品加工尾水处理工艺得到优化，电化学法逐渐在藻类加工尾水中应用，为保障加工环保铺平了道路。

2. 技术支撑产业提质增效情况

体系育种团队培育的海带新品种（系）实现增产10%以上，延长收获期15~20天，叶绿素含量提高5%，帮助企业实现增收；培育的全能型裙带菜新品系，在保证产量的前提下，可同时获得优质的孢子囊叶、中肋和叶片，可以满足出口和内销的双重要求；培育的抗逆紫菜新品系可以抵御我国南方紫菜栽培区的高温条件，实现安全生产。这些为特色水域培育的特色品种保障了生产企业的效益。体系专家结合大数据综合分析而建立的海藻生产海域环境预警系统，可以为生产企业提供预警信息，为安全生产保驾护航；海带自动化生产设备的研发（自动夹苗机、自动收割机、干燥设备等）为未来半自动、全自动化完成海带的生产过程铺平了道路。体系加工团队研发的海藻新型食品拓宽了生产企业的发展道路，扩大了海藻食品的消费群体，提高了人们对海藻有益于人体健康的认知。

3. 形成新质生产力情况

褐藻（海带和裙带菜）单倍体克隆杂交技术可以实现融品系选择和杂交育种为一体的双重目的，实现为特色水域量身打造特色品种的育种目标。单倍体杂交育种具有性状稳定、后代经济性状突出、产品适应性强等多项显著优于其他传统育种方法的特点，可以培育出具有突破性特点的新品种。单克隆杂交品种以及相关配套技术的综合使用符合了技术突破、生产要素创新性配制、促进种苗和养殖生产深度转型的新质生产力特征，值得大力推广和使用，可以使我国经济海藻良种产业化提升到一个崭新的技术水平。大型经济褐藻人工栽培生产过程自动化设备的研发和使用，在可见的未来，将实质性改变目前基本依靠手工劳动力的现状，这个领域每前进一小步，将会让整个海藻产业前进一大步。

4. 开辟新领域新赛道情况

离岸式经济海藻人工栽培生产是解决我国目前近岸养殖环境拥挤受限、生产力持续下降问题的一个有效方法。离岸式养殖对栽培品种、深入理解养殖环境、养殖设施、运输和加工方法提出了全新挑战。体系离岸式养殖岗团队针对这些问题，开始研发附着能力强、适应离岸式水域环境的大型经济海藻物种，设计抗风浪养殖筏架等，取得初步成效。离岸式经济海藻栽培将为我国海藻生产提供一个全新、无限的发展空间，成为海藻生产领域的新赛道。

5. 产业发展遇到的突出技术问题

全球气候变化深刻影响了经济海藻生产领域，海藻生产遭遇的、由于海洋环境变化导致的自然灾害的频率在升高，带来的经济损失也越来越严重，如何综合利用大数据，建立高效率、实时预警技术来指导生产迫在眉睫；经济海藻从业人员老龄化、劳动力依赖性严重，迫切需要实现生产过程的机械化、自动化，相关设备和技术研发需求迫切；经济褐藻产品初级加工尾水处理技术需要优化和做到实用化，符合国家环保要求，保障产品加工不拖栽培生产的后腿。

6. 世界产业重点研发技术变化情况

日本和欧美国家对经济褐藻杂交育种有严格禁令，限制了他们在这个领域的进步，但是在对自然资源的评估和分析领域，先进的分子分析技术得到广泛的应用。在经济海藻生产和利用技术比较发达的日本，紫菜栽培生产的浮筏养殖、冷藏网技术和新品种使用是三大技术支柱，且实现了采收、加工的机械化。韩国的裙带菜增养殖部分实现了半自动化生产，栽培生产中有多种简易化机械设备投入使用。新兴海带养殖国家如挪威和美国采用了单绳绕苗方式构建单绳海带养殖筏架，在收获船上配备折臂吊机节省了人工，提高了收获效率。整体而言，日本、韩国和挪威等国家的养殖密度低，病害发生的频率显著低于中国。在产品加工领域，日本褐藻采用自然摊晒晾晒、热风干燥方式，重点研发技术转变为如何保证品质及口感工艺的深入研究。在欧洲，高附加值的海洋药物、生物制品及化妆品研发技术正在不断涌现，成为藻类产业向高附加值产业发展的一个亮点。

五、主要结论与政策建议

1. 主要结论

2023年我国经济海藻整体生产形势良好，育种、养殖、病害防治、加工和市场销售的全产业链齐整发展，超过2 158.4万吨鲜重的经济海藻生产量成为我国海水养殖产业发展的基石，在支撑起多个其他产业健康发展的同时，也对维护我国近岸海洋生态环境的健康作出了巨大贡献；整个产业最大的挑战是来自不确定的海洋生产环境的变化，自然灾害暴发的频率有增加的趋势，需要引起高度重视；我们仍然需要在提高生产过程的机械化水平、研发特色新品种、减少劳动力依赖性生产过程、提高人民对藻类产品认知度等领域中多下功夫。

后疫情时期国际市场虽逐渐回暖，但国际形势复杂多变加剧了市场的不确定性，影响到我国藻类产品的出口。近年我国藻类出口量持续下降，且单价明显低于其他主要出口国。因为中国在全球藻类产业中占据重要地位，国际贸易的不确定性会导致全球市场波动。此外受全球经济增长放缓影响，市场对藻类产品的需求下降，也抑制了藻类产品价格的上涨。

2. 政策建议

（1）提升藻类全产业链竞争力，强化地方优势特色品牌建设。总体来看，我国缺少具有竞争力的藻类产品品牌，产业竞争力不足。有必要借鉴日韩和欧美经验，实现藻类产业转型升级。当前，紫菜等产业依靠零食产品的热销，能够为大厂代工、生产套牌产品，但绝大多数藻类企业从事的仍然主要是养殖和加工环节，利润率较低。品牌建设上要强化消费者导向，体现为营养导向、绿色导向、健康导向和便利导向。产品结构要适当强调中高端产品，低端产品去产能，有所为有所不为。地方政府或产业协会应鼓励、扶持地方公用品牌和企业自有品牌建设，推动区域整体竞争力建设。藻类企业应将资金更多地倾斜向产品研发、品牌建设、信息宣传上。发挥藻类行业协会的功能，防止内部恶性竞争，共同维护品牌，以打造产业竞争力为核心推动藻类产业创新发展。

（2）扶持藻类产业机械化发展，降低藻类产业生产成本。藻类企业雇工工资上涨较快且雇工形势越来越严峻，提升机械化程度方面迫在眉睫。藻类生产上要大力强化机械化（尤其是智慧机械），减少重体力和作业风险。第一，组织调动大专院校、科研院所、产业技术体系等各方力量，鼓励产学研推相结合，加强育苗、养殖、采收、加工等全程装备的研发、推广应用。第二，加快制定藻类产业机械化发展规划和政策、藻类机械化技术和装备需求目录以及主推技术，积极争取财政、科技等部门立项支持。第三，设立农机购置补贴项目，支持藻类机械装备与设施，建立符合藻类机械化新产品、新装备以及成套设施设备补贴的方式；第四，引导金融机构对藻类机械生产企业信贷投放，落实用水用电优惠政策。第五，生产基地要强调绿色环保，尤其是海洋水体保护和尾水处理。

（3）洞悉新时代消费市场动向，培育新的消费增长点。海带、紫菜的零食产品逐渐受到年轻人市场的青睐，成为新的市场增长点。基于产业经济方面的调研资料显示，由于年轻消费群对藻类产品理解不足，产业可能面临市场教育的挑战。新一代年轻人消费更多体现从追求"品牌价值"到追求"情绪价值"的转变，藻类零食要瞄准"五新"：新人群、新场景、新渠道、新业态、新媒体。藻类食品企业布局强化扶持龙头企业，以牵引支撑整个产业发展。要加强对藻类产品的宣传和教育，强调其营养、环保和健康等优势，有助于拓展年轻消费者市场。零食产品对品牌建设、产品创新、加工技术、保鲜技术提出更高的要求，可以促进传统藻类企业提升技术水平。

（4）提高从业者能力素质，增加高品质产品有效供给。藻类产业发展离不开新一代从业者的支撑作用，应当激发包括生产者、经营者、研发者在内的藻类产业从业者的积极性，提高他们的收入水平。应当提升藻类从业者的业务素质，加强有关农技部门的队伍建设，培养一批有热情、有能力掌握最新科研技术的有为藻类从业人员。应当健全藻类从业人员的培训规划，将各岗位藻类从业者分批送入有关高等院校和机构进行培训，加强从业人员的管理、规划和监控能力。发挥人才的力量，实现藻类产业的高质量发展。

（5）支持产业数字化系统构建，加强产学研一体化。目前藻类的生产、养殖、加工和销售之间的链接仍依赖于传统的面对面沟通，各主体之间的协同性有待加强，应逐步加强当地数字农业建设，引导企业与学术机构紧密合作。引入物联网、大数据、云服务等技术，对关键培育技术形成示范区域，精准检测区域内的气象环境、作物长势、农事活动以及产销等数据，从而在各个主体间形成协同共享，提升技术创新的同时也优化产销效率。科研工作要强调市场导向的新品种开发，集中优势聚焦关键优质品种。要通过"科企""企科"模式相结合，强化协作、因地制宜，加强新兴研发机构建设，推动藻类产业产学研一体化进程。

（国家藻类产业技术体系首席科学家　逄少军　提供）